域外预防犯罪与刑事司法新趋势

/ 第二卷 /

张桂荣　葛向伟　主编

NEW TRENDS IN
EXTRATERRITORIAL CRIME PREVENTION
AND CRIMINAL JUSTICE

法律出版社 LAW PRESS · CHINA

前 言

犯罪是每个国家或者地区都会面临的问题，预防与打击犯罪、有效解决犯罪问题是各国或地区政府的重要职责。当前，世界范围内面临着犯罪类型变化、监狱人口增长迅速、监狱拥挤、监狱条件恶劣、重新犯罪率居高不下的问题。国际社会已经达成共识，即通过有效的刑事政策、立法和司法改革来预防和减少犯罪。为此，世界各国的研究者积极开展理论研究，决策者和实践者依据理论研究的最新成果，结合本国、本地区实际，吸收和应用新理念、新思想，不断改革与完善本国的刑事政策、立法和实践，形成了许多有价值的理论成果和实践做法。

习近平总书记在全国哲学社会科学工作座谈会上的讲话指出，在构建中国哲学社会科学体系过程中要善于融通古今中外各种资源，特别是国外哲学社会科学的资源，包括世界各国哲学社会科学取得的积极成果，也是重要的资源之一。要坚持古为今用、洋为中用，融通各种资源，不断推进知识创新、理论创新、方法创新。当前，我国正在进行司法体制改革，不断完善我国的司法制度。在这个过程中我们有必要广泛了解和学习国际社会的先进经验，参考借鉴国外相关领域的最新理论研究成果和实践经验，以便推动我国司法体制改革的创新和发展。

在上述背景下,司法部预防犯罪研究所以服务决策和司法实践为目标,围绕刑事司法改革中的热点和难点问题,组织研究人员对国际预防犯罪与刑事司法领域的最新发展趋势开展了系列研究,并将有关研究成果通过《国外预防犯罪与刑事司法新趋势》结集出版,希望能够为我国正在进行的包括监狱改革在内的刑事司法改革提供参考与借鉴。本书为该系列研究成果的第二卷,具体包含六个专题,即立法与改革、监禁趋势、矫正与管理、罪犯医疗、重新犯罪问题研究和戒毒康复专题。

立法与改革专题主要介绍联合国、主要国际组织及国家在囚犯待遇标准、量刑与矫正领域的最新立法规定、改革做法及其背景,为我国监狱改革及其立法提供有益参考。**监禁趋势专题**以研究大量国外监禁机构的整体情况为主,全面分析了全球监狱人群结构、监狱组织管理问题、监狱各项制度以及监禁替代措施使用方面存在的趋势和挑战,并就解决全球监禁问题提出切实可行的建议。**矫正与管理专题**主要围绕罪犯安全分类、警囚比、囚犯需求、囚犯管理方式、监狱服务水平以及干警能力建设等问题,介绍国际上较为成熟的做法,为我国开展相应工作提供参考。**罪犯医疗专题**围绕监狱内卫生保健服务,介绍主要国家的实际做法。监狱卫生是公共卫生的一部分,因为绝大多数罪犯终将从监狱释放并回归社会,所以为了罪犯利益和社会安全,必须避免监狱成为传染病和非传染病的繁殖地。国外有关应对狱内卫生保健的困难与挑战,以及狱内卫生保健的组织与良好管理等方面的做法对我国罪犯医疗制度改革和相关权利保障具有参考意义。**重新犯罪问题研究专题**重点对国外主要国家重新犯罪理论发展及调查研究情况进行了介绍,对重新犯罪率的概念和测量指标、调查统计方法、主要调查结果进行了阐述和分析,并以此为基础,提出了我国开展重新犯罪调查研究的建议与思考。**戒毒康复专题**主要介绍世界卫生组织或主要国家开发的循证药物戒断管理和药物依赖治疗方法,旨在为戒毒场所的工作人员对吸毒者进行恰当、安全、有效的戒断管理和药物依赖治疗提供服务与指导。

本书由司法部预防犯罪研究所张桂荣研究员、葛向伟副研究员共同策划主编,国外预防犯罪与刑事司法工作研究室的王奕超博士参与了编辑工作。由于水平有限,书中不当之处,敬请批评指正。同时欢迎广大读者积极投稿。

司法部预防犯罪研究所高贞所长、周勇副所长、高文副所长以及科研处对本书的出版给予大力支持，法律出版社及其独立策划部郑导先生做了大量工作，在此一并致谢。

编 者

2019 年 8 月 31 日

目　录

立法与改革

监 禁 趋 势

矫正与管理

罪 犯 医 疗

重新犯罪问题研究

戒 毒 康 复

立法与改革

近年来国外监狱法规发展变化及对我国《监狱法》修改的思考借鉴

周　勇[*]　席逢遥[**]　葛向伟[***]　司绍寒[****]

自 1994 年我国《监狱法》颁布以来,随着经济社会和刑事司法实践的发展,国外在国际和国家层面均有不少监狱法规和制度进行了修改和完善,以更好地履行监狱的职责使命。本文梳理了 20 多年来国外监狱法规和制度的发展变化概况,重点总结了国外监狱法规和制度发展变化的主要特点和动向,并在此基础上对我国《监狱法》修改提出借鉴建议。

一、国外监狱法规和制度发展变化概况

(一) 国际层面

一是《联合国囚犯待遇最低限度标准规则》的修订。1955 年通过的《联合国囚犯待遇最低限度标准规则》是国际上关于监狱和囚犯权利保障的最重要的规范性文

---

* 周勇:司法部预防犯罪研究所副所长、研究员。
** 席逢遥:司法部预防犯罪研究所编审。
*** 葛向伟:司法部预防犯罪研究所副研究员。
**** 司绍寒:司法部预防犯罪研究所副研究员。

件,尽管不具有法律约束力,但颁布以来一直是得到普遍承认的最低限度囚犯关押标准,成为各国刑事立法和司法改革、制定相关惩教法律、政策和规定的重要参考依据和标准指南,在国际刑事司法领域具有重要影响。联合国于2010年启动对《联合国囚犯待遇最低限度标准规则》的修订。2015年12月17日第70届联合国大会通过了对《联合国囚犯待遇最低限度标准规则》的修订并称为"《曼德拉规则》"。此次修订,尽管框架结构变化不大,但内容大大丰富,条款数量由95条增加到122条,篇幅字数由1.1万增加到1.6万。新修订的《曼德拉规则》充分体现了60年来国际刑事司法及人权保护理念的更新和进步,反映出监狱管理和罪犯人权保障的发展趋势。

二是《欧洲监狱规则》的修订。《欧洲监狱规则》是欧洲委员会通过的关于监狱实务的规范性文件。2006年,欧洲理事会部长委员会通过了新修订的《欧洲监狱规则》。与1997年旧版相比,虽然新版总条款数仅由100条增加到108条,但篇章结构发生较大调整,一些具体条款下的内容明显细化丰富,总的篇幅字数由1.2万增加到1.5万。新修订的《欧洲监狱规则》充分反映了欧洲各国在监狱管理领域的新的理念追求和实践发展趋势。

此外,第十二届联合国预防犯罪和刑事司法大会通过的《萨尔瓦多宣言》和第十三届联合国预防犯罪和刑事司法大会通过的《多哈宣言》均倡导建设一个有效、公正、负责和人道的包括监狱在内的预防犯罪和刑事司法系统。

(二)国家层面

据现有资料,自20世纪90年代以来,美国、英国、法国、意大利、日本、俄罗斯、加拿大、韩国、南非、新加坡等国均在不同程度上对监狱法规和相关制度进行了改革完善。归纳起来,主要有三种情形:一是对监狱法规作了较大的修改,甚至颁布了新的监狱法规。比如,1992年加拿大颁布了《加拿大矫正与有条件释放法》;1997年俄罗斯废除了苏联时期的《劳动改造法》,制定了《俄罗斯联邦刑事执行法典》;1998年南非颁布了《南非共和国矫正法》,以取代种族隔离制度时代制定的旧《监狱法》(1959年);2000年丹麦出台了《丹麦刑事执行法》;新加坡自20世纪90年代以来对1933年《监狱法》进行了15次修订;2006年日本彻底废除了旧《监狱法》,将"监狱"改称为"刑事设施",并出台《日本刑事设施及服刑者处遇法》,此后至2014年间又经历了数次修改,名称最后修改为《日本刑事收容设施与被收容者处遇法》;2007年韩国颁布了《韩国矫正机构犯人的管理和处遇法》;法国2009年出台了新的《法国监狱法》。

二是对监狱法规作了一些较小的修改,包括因需要与相关法律修改相适应而作出的技术性修改。例如,《意大利监狱法》自1975年颁布至今作了多次的修改和补充,2000年以总统政令的形式颁布了《关于监狱制度和执行剥夺及限制自由措施的规定》。该政令的名称与监狱法的名称相同,在适用上是作为1975年监狱法的补充性规定,是考虑到应对各方面的变化包括刑罚执行措施的改变而颁布的。2013年又颁布了《为保护囚犯最基本人权及减少监狱人数的紧急措施》,列明对刑事诉讼法、监狱组织法的相关修订,并作出了有条件提前释放的规定。此外,日本、韩国、法国、新加坡等国分别在监狱法的大修之后又进行了数次小修。

三是通过出台监狱改革法案或文件、配套法规等来推动监狱制度的发展。比如,英国司法部于2016年11月发布《监狱安全与改革》白皮书,启动了英国有史以来规模最大的监狱改革,立足于解决一些长期以来影响监狱工作的结构性问题,如监狱工作目标不清晰、成效评估标准不明确、队伍能力培训弱等;美国总统特朗普2018年12月21日签署了《囚犯改造后安全再融入社会法案》,要求监狱系统建立风险和需求评估制度、激励罪犯参与矫正项目、实施释放前监管等措施,通过帮助罪犯成功融入社会来遏制重新犯罪。日本、韩国分别在监狱法修改之后出台了与之配套的《日本刑事设施及被收容者处遇规则》《韩国矫正机构和囚犯处遇规则》,对如何实施新法作出详尽的规定,以促进其新法律的有效实施。

二、国外监狱法规和制度发展变化的主要特点

归纳起来,国外监狱法规和制度的发展变化主要呈现出以下突出特点或动向。

一是将"帮助罪犯重新融入社会"确立为监狱工作目标。这一点已成为国外监狱法规修改完善和制度发展变化的基本共识。包括《曼德拉规则》在内的诸多国外监狱法规均将"帮助罪犯重新融入社会"明确为监狱工作目标。监狱工作的目标不只是看住人。《曼德拉规则》第4条规定:"判处监禁或剥夺人的自由的类似措施的目的主要是保护社会避免受犯罪之害并减少再犯。唯有利用监禁期间在可能范围内确保犯人释放后重新融入社会,从而能够遵守法律、自食其力,才能达到这一目的","刑期完毕以前,宜采取必

要步骤,确保囚犯逐渐恢复正常社会生活”。美国《囚犯改造后安全再融入社会法案》要求“监狱应确立从罪犯入监第一天开始就要为其重新融入社会做准备的理念”。《欧洲监狱规则》明确规定“应当对所有拘留进行管理,以便促进被剥夺自由的人重新融入自由社会”“监狱工作人员的职责超出了单纯的看守人员的职责,应当考虑到有必要通过积极关怀和帮助的计划,促进犯人在服刑完毕后能够重新融入社会”。为帮助罪犯释放后顺利融入社会,国外不少监狱法规都规定了罪犯服刑期间获得的劳动报酬中一部分应作为释放准备金储蓄起来,待罪犯释放时交还罪犯。

二是重视对罪犯人格尊严的尊重。从国外监狱法规修改完善和制度发展变化来看,尊重罪犯的人格尊严越来越受到重视。在他们看来,罪犯首先是人,其人格尊严和价值理应受到尊重。《曼德拉规则》对“基本原则”部分进行了极大丰富,特别新增了人格尊严原则(第1条规定:“对待所有囚犯,均应尊重其作为人所固有的尊严和价值。任何囚犯均不应遭受——且所有囚犯均应得到保护以免遭受——酷刑和其他残忍、不人道或有辱人格的待遇或处罚”)、不歧视原则(第2条规定:“不应基于种族、肤色、性别、语言、宗教、政见或其他主张、国籍或社会出身、财产、出生或任何其他身份而加以歧视。应当尊重囚犯的宗教信仰和道德标准。为将不歧视的原则付诸实施,监狱管理部门应当考虑到囚犯的个人需要,特别是监狱环境中最脆弱的几类人。需要制定保护和促进有特殊需要的囚犯之权利的措施,而且这种措施不应被视为有歧视性”)和照顾病残犯原则(第5条第2款规定:“监狱管理部门应作出所有合理的通融和调整以确保有身体残疾、精神残疾或其他残疾的囚犯能够在公正基础上充分有效地融入监狱生活”)。2006年修订的《欧洲监狱规则》第1条就明确规定“所有被剥夺自由的人都应受到尊重其人权的待遇”。

三是倡导监狱工作追求科学有效的理念。从20世纪70年代“马丁森炸弹”到90年代美国马里兰大学《预防犯罪:哪些有效;哪些无效?哪些还在进行中?》研究报告,再到21世纪初美国国家矫正研究所提出循证矫正[1]八原则(风险与需求精确评估原则、强化内在动机原则、目标干预原则、技能培训原则、增加正面强化原则、在自然社区中持续支持原则、过程考核原则、

[1] 所谓循证矫正,是指寻找并遵循现有最佳证据(观念、方法、手段、措施等)来进行罪犯评估、分类、管理和教育等各种矫正活动的统称。

反馈评估原则),监狱改造罪犯措施的有效性一直是备受关注的焦点。事实上,循证矫正在国际行刑领域的兴起,其目的正是为了提高监狱改造罪犯工作的科学有效性。近年来联合国预防犯罪与刑事司法委员会会议及其边会和研习班多次倡导要宣传和推广各国在刑罚执行领域的最佳实践做法。《萨尔瓦多宣言》和《多哈宣言》更是明确把"有效"列为现代监狱系统的四大重要特征之一。《曼德拉规则》两次出现"循证"表述,要求推广罪犯改造领域的最佳实践和良好做法,反映出监狱工作追求科学有效的理念进步与发展动向。基于科学认识罪犯、科学管理罪犯和科学改造罪犯的目的,《曼德拉规则》《欧洲监狱规则》和许多国家的监狱法规明确规定了对罪犯开展全面深入的调查评估、建立监狱动态安保制度、制定罪犯个别化的服刑计划等新措施和新要求。

四是突出社会力量的参与。国际刑事司法领域普遍认为,矫正罪犯和促进重新融入社会不仅仅是监狱的责任,更是全社会的责任。如果离开社会力量的参与和配合,无论是罪犯的矫正还是回归,都难以取得良好效果,罪犯可能会再次走入重新犯罪的恶性循环。因此,国外监狱法规非常重视社会力量参与对罪犯改造和重新融入社会的重要作用。《曼德拉规则》规定:"政府或民间协助出狱囚犯重新自立于社会的服务部门和办事机构都应在可能和必要时确保出狱囚犯持有正当证件,获得住所和工作""此类机构经核可的代表应准予必要时进入监狱,会见囚犯,并应在囚犯判刑后受邀咨询囚犯的前途""宜要求这些机构的活动尽可能集中或协调,以发挥最大的效用"。《欧洲监狱规则》规定:"监狱当局应当不断向公众介绍监狱制度的目的和监狱工作人员的工作,以便鼓励公众更好地了解监狱在社会中的作用""应当鼓励公众在适当情况下自愿在监狱中提供服务""应当鼓励与外部社会服务部门合作"。

五是强调对罪犯违纪纪律处分和惩处的法定化。对于罪犯狱内违纪行为,监狱给予纪律处分、限制和惩处是十分必要的,但这些处分和惩处应当由法律予以明确规定,以严格限制惩处的随意性。对罪犯违纪纪律处分和惩处予以法定化,是国外监狱法规发展变化的新趋势。《曼德拉规则》第37条明确规定,罪犯违反纪律的行为、应受惩罚的种类和期限、有权执行惩罚的机关以及非自愿隔离(如单独监禁),"应始终依法律或依主管行政机关的规章核准";第39条明确规定了非依正当程序不得处罚、一事不二罚、违纪行为与处罚相适应、处罚记入档案、精神病犯和残疾犯减轻或免除处罚等几项原则;第43条明确规定了严格限制酷刑,并列明了应禁止的狱内处罚的种类。许多国家的监狱法规对于罪犯违纪处分都有明文规定,详细列举了违纪行为的种类和惩罚的方式以及纪律处分作出的程序。

六是进一步明确罪犯医疗的国家责任和内容标准。如何定位罪犯医疗保健服务责任以及向罪犯提供什么样的医疗保健服务是近年来国外监狱法规发展变化比较关注的内容。关于罪犯医疗保健的责任,《曼德拉规则》第24条明确规定“为囚犯提供医疗保健是国家的责任”;《欧洲监狱规则》第39条明确规定“监狱当局应当保障由其管理的所有犯人的健康”;《法国监狱法》2017年修改的条文规定,医疗机构根据公共卫生法规定的条件保证被监禁人员的健康权。关于罪犯医疗保健的内容和标准,《曼德拉规则》规定“囚犯应享有的医疗保健标准应与在社区中能够享有的相同,并应能够免费获得必要的医疗保健服务,不因其法律地位而受到歧视”,“应当遵守适用于社区中患者的道德标准和专业标准”,并将原有的“每个监所最少有一位合格医官”扩大为“所有监狱都应有医务处”,“医务处应有一个跨学科团队”。《欧洲监狱规则》规定“犯人应当根据其法律情况获得国家提供的卫生服务,不得进行歧视”;“监狱内的医疗服务部门应当与社区或者国家的普通卫生管理部门密切合作”;“监狱卫生政策应当纳入国家的卫生政策,并且与其相一致”。此外,英国2003年至2013年的监狱医疗体制改革表明,即使发达国家依靠部门财政拨款也无力负担罪犯医疗费用,只能通过全民医保解决罪犯医疗问题。

七是进一步规定罪犯获得资料权和申诉权。为了帮助罪犯尽快适应和顺利度过监狱生活,国外监狱法规对罪犯获得资料权和申诉权等进一步作出了明确规定。例如,《曼德拉规则》第54条规定,罪犯入监时应立即发给其载有监狱法和适用的监狱规章、权利(包括允许以何种方式寻求资料、获得法律咨询、提出请求或申诉的程序)、义务(包括适用的纪律惩罚)以及使罪犯能够适应监狱生活的所有其他必要事项的书面资料。关于罪犯的申诉权,《曼德拉规则》有关条款规定了罪犯可以向监狱长及其代表、检察官、中央监狱管理部门、司法当局或其他主管机关申述的权利,并将这项权利的行使主体扩大到了律师、亲属以及其他了解案情的人;同时还规定监狱对于罪犯的申诉“都应迅速处理并毫无迟延地给予答复”,同时监狱要保证申述的保密性,避免罪犯或其他提出申诉的人受到报复。

八是提出建立关于监狱工作的双重(内部和外部)检查制度。由于监狱工作的封闭性质，由监狱管理部门对监狱工作是否执行现行法律、条例、政策和程序所开展的检查结果往往不能令人信服。为此，《曼德拉规则》主张建立中央监狱管理部门进行的内部检查或行政检查和独立于监狱系统的机构(可包括国际或区域主管机构)进行的外部检查这一双重检查制度，并赋予检查人员一定的检查权，包括查阅各种信息、随机探访某个监狱或罪犯、会见时的保密权等。通过这一双重检查制度以确保执法的合法性和罪犯权利的保护。《欧洲监狱规则》明确要求“所有监狱应当接受政府的定期检查和独立的监督”。在英美法系国家，对监狱的检查和监督主体，还包括有社会独立人士，如《英国监狱法》《新加坡监狱法》中规定有“巡狱太平绅士”；《南非共和国矫正法》规定有“独立矫正中心访问者”。

九是更加注重监狱工作人员队伍建设。监狱的管理与运行依赖于一支合格的监狱工作人员队伍。从国外监狱法规和制度的发展变化来看，越来越注重监狱工作人员队伍建设。第一，严格入口关。就选拔监狱一般工作人员而言，《曼德拉规则》要求具有正直、仁慈、专业能力和个人的称职，符合品行优良、效率高、体能健全等条件，《欧洲监狱规则》要求具有工作所需要的正直、人道、专业能力和个人适合性；就选拔监狱长而言，《曼德拉规则》和《欧洲监狱规则》均要求应当在性格、行政能力、适当训练和经验上都合格胜任。第二，重视监狱工作人员培训和发展。《曼德拉规则》和《欧洲监狱规则》均规定，所有监狱工作人员就职前应接受培训并通过测试，就职后和在职期间应参加在职培训和发展课程，以维持并提高其知识与专业能力。从事外籍犯、女犯、少年犯或者精神病犯等特定犯人管理的监狱工作人员，还应当接受专门培训。第三，配备足够数量的专家。《曼德拉规则》和《欧洲监狱规则》均规定，应当尽可能在监狱工作人员中配备足够数量的精神病医生、心理学家、社会工作人员、教员、手艺教员等专家。第四，给予充分的保障。《曼德拉规则》规定，由于工作艰苦，对监狱工作人员的“雇用福利金及服务条件应该优厚”，《欧洲监狱规则》规定监狱工作人员提供重要的公共服务，其工资福利和条件应当足以吸引和留住合适的工作人员，并且赋予其在社会中能够受到尊重的地位。

三、对我国《监狱法》修改的思考借鉴

我国《监狱法》颁布至今将近 25 年。在这 25 年里，国外不少监狱法规和制度都作了修改和完善，呈现出诸多新特点，体现了这些年来刑事执行和

监狱管理领域的理念更新和实践动向。在这些国外监狱法规和制度发展的新变化、新动向中,有的我国已作出法律规定,如关于尊重罪犯人格尊严,我国现行《监狱法》第7条明确规定“罪犯的人格不受侮辱”;有的尽管没有法律规定但在我国监狱实践中有所体现,如关于监狱工作追求科学有效,且2015年召开的全国监狱工作会议就明确要求提高监狱教育管理工作的科学化水平;还有的很多变化和动向在我国监狱立法和实践中尚无体现。这些“他山之石”无疑对当前我国监狱法修改工作具有较大参考价值。立足我国国情、社情,就国外监狱法规和制度发展变化及其经验对我国《监狱法》修改的借鉴提出以下几点主要的思考建议:

1. 将“促进罪犯重新融入社会”增设为监狱工作目标。我们认为,国外监狱法规将帮助罪犯“重新融入社会”或相关表述明确为监狱工作目标的通行做法值得借鉴。首先,从国家治理体系和治理能力现代化角度来说,监狱工作是社会治理的重要方面,在监狱服刑的绝大多数罪犯最终都要回到社会,如果罪犯刑满释放后不能顺利融入社会,那么就会给整个社会带来诸多问题,有悖于社会治理现代化的要求。其次,作为监狱工作的目标,“促进罪犯重新融入社会”是对“将罪犯改造成为守法公民”的深化和延伸。由于监狱与社会隔离封闭,环境差异巨大,对于在监狱服刑尤其是长期服刑的罪犯,其刑满释放之后必然面临的难题就是能否重新融入社会。大量事实表明,不能顺利融入社会往往是导致刑满释放人员再次走上犯罪道路的重要原因之一。为此,监狱工作目标中应考虑到为罪犯释放后重新融入社会提供帮助。最后,较之“将罪犯改造成为守法公民”的目标,“促进罪犯重新融入社会”的目标更加具有清晰性、针对性和可操作性,这使监狱工作有了具体的导向和抓手,有利于科学规划和有效使用监狱各方面资源和措施(包括扩大假释等),努力为罪犯释放后重新、顺利地融入社会做准备,进而实现预防和减少重新犯罪的目的。综上所述,我们建议在监狱法总则中增设“促进罪犯重新融入社会”的监狱工作目标。

2. 增加“坚持科学有效”的监狱工作原则。我们认为,近年来国外监狱工作追求科学有效的理念具有重要启示作用。通常,监狱工作成效会受到多种因素的影响,比如干警的工作态度、能力素质,比如监狱的设施条件、保障水平,但其中一个十分关键的因素就是监狱工作本身的科学化水平。如果监狱工作还停留在主要凭借经验、粗放、随意、浅显、不讲规律等欠科学的较低水平,即使有足够的精力投入、良好的保障条件,监狱工作也很难取得比较理想的效果。因此，要做好监狱工作，必须树立和强化科学有效的理念，紧紧抓住认识把握和遵循运用监狱工作规律这个关键，通过潜心研究和深入探索，在深化对监狱工作规律认识的基础上，努力形成更加符合规律的监狱工作理念、模式和方法，不断提高监狱工作的科学性和有效性水平，以更好地履行党和人民赋予的职责使命。基于此，我们建议在监狱法修改中增加科学有效的监狱工作原则。

3. 将“全社会共同参与”写入监狱法基本原则。我们认为，国外监狱法规关于“社会力量参与”监狱工作的理念符合客观规律。无论是教育改造罪犯，还是促进罪犯重新融入社会以及预防再犯，不仅仅是监狱的责任，还是全社会的共同责任，需要包括政府机关、企事业单位、社会组织、罪犯家属等社会各方面力量的参与和努力。全社会共同参与就是各方力量共同为罪犯提供支持、协助和监管，从而帮助其在释放后过上远离犯罪的正常生活。现行《监狱法》第 68 条仅从社会帮教的角度规定“国家机关、社会团体、部队、企业事业单位和社会各界人士以及罪犯的亲属，应当协助监狱做好对罪犯的教育改造工作”，内容比较窄，且分量不够重。鉴于此，我们建议，应在《监狱法》基本原则中确立改造罪犯、促进罪犯重新融入社会是包括监狱在内的全社会的共同责任的意识，同时明确规定，政府机关、军队、企业事业单位和社会组织、社会各界人士以及罪犯亲属，应当协助监狱做好罪犯改造工作，共同促进罪犯重新融入社会和预防重新犯罪。

4. 将对违纪罪犯的强制及处罚措施予以法定化。我们认为，国外监狱法规将对罪犯违纪纪律处分和惩处予以法定化的做法值得肯定。通过法律对监狱给予违纪罪犯的强制和处罚措施予以明确规定，既是严格规范执法、减少强制和处罚随意性的需要，同时也有利于保护违纪罪犯的合法权益。现行《监狱法》“戒具和武器的使用”仅属于针对严重违法犯罪的高强度强制措施，并没有包含低强度强制措施，因此是不完整的。《监狱法》第 58 条规定了“警告”“记过”“禁闭”三种监狱内的处罚，并列举规定了八种处罚的情形。然而实践中，监狱内的处罚不仅限于这三种方式。而且，《监狱法》规定的强制和处罚措施缺少明确的使用原则、强度和程序（含执行、决定程序和抗辩程序）。为此，我们建议在修改《监狱法》时，吸收国外法律法规关于监狱内违纪行为及惩处法定化的原则、正当程序原则、一事不二罚原则，以及违纪行为与处罚相适应原则，依照《行政强制法》和《行政处罚法》的规定，结合监狱内的管理实践，扩大强制措施的种类，将搜查，徒手格斗，使用警棍、电击棒、束缚带、催泪瓦斯、佩戴镣铐等规定为强制措施;扩大处罚的种类,将临时禁止会见、通讯,在计分考核中降低分数等规定为对违纪行为的处罚;明确违纪行为、惩罚种类和期限、强制措施的种类、执行程序、决定程序、抗辩程序等问题,将对罪犯违纪的强制和惩处措施纳入法治化轨道。

5. 切实保障罪犯合法权益。我们认为,近年来国外监狱法规大幅度增加罪犯权益的保障是一种发展趋势。我国《宪法》明确规定,国家尊重和保障人权。监狱是人权保障相对集中的领域。保障罪犯合法权益是推进全面依法治国的重要内容和基本要求。现行《监狱法》对罪犯合法权益保障方面的规定较为笼统,内容有缺失,可操作性不够强,因此,有必要在《监狱法》修改中作进一步明确或充实。具体建议主要包括:在健康权方面,进一步明确罪犯医疗的国家责任和内容标准,规定罪犯享有社会一般医疗保障水平;在获得资料权方面,增加"罪犯入监时,应立即书面告知其依法享有的权利、应当遵守的义务以及帮助罪犯适应监狱生活的必要信息资料"规定;在申诉权方面,明确规定相关部门受理时限,以解决罪犯申诉、控告、检举材料长时间没有回复的问题,进一步提升和细化监狱会见时罪犯和律师的权利,建立在押罪犯诉权法定代理制度,明确规定可以由罪犯近亲属代理;在法律救济方面,建立罪犯不服考核奖惩结果时的救济方式;在监督体系方面,建立监狱系统内部检查和独立于监狱系统的外部检查双重检查制度,以及社会人士的监督制度,从而更好地保障罪犯的合法权益。

6. 大力加强监狱人民警察队伍建设。我们认为,国外监狱法规中注重监狱工作人员队伍建设的做法值得学习。"人才是第一资源",监狱人民警察队伍是做好监狱工作的根本保障。建议在《监狱法》修改中,按照落实以政治改造为统领的"五大改造"的要求,进一步丰富和充实加强监狱人民警察队伍建设的内容,具体包括:确立监狱人民警察队伍革命化、正规化、专业化、职业化的建设目标;明确监狱长任职应具备的条件或标准;对监狱人民警察就职前、就职后和在职期间的培训以及特殊岗位的专门培训及要求作出明确规定;加大监狱工作人员中专业人员的配备,尽可能配备足够数量的精神病医生、心理学家、社会工作人员、教员等专家;加强职业保障,规定监狱工作人员工资福利和条件应当足以吸引和留住合适的工作人员,并且赋予其在社会中能够受到尊重的地位。

犯罪统计的国际分类

——犯罪统计国际改革的重要举措

葛向伟*

一、概述[1]

(一)《犯罪统计的国际分类》的概念和特点

1. 概念

《犯罪统计的国际分类》(International Classification of Crime for Statistical Purposes, ICCS)是经联合国统计委员会和联合国刑事司法委员会共同批准,由联合国毒品和犯罪问题办公室(以下简称"联合国毒罪办")开发的旨在帮助各国对犯罪总量进行分类统计的国际标准文件。《犯罪统计的国际分类》根据国际公认的概念、定义和原则对刑事犯罪进行分类,目的是增强犯罪统计的连贯性和国际可比性,并提高国内国际层面的分析能力。总之,《犯罪统计的国际分类》提供了一种系统地编制和比较不同刑事司法机构和法域相关统计数据的框架,也是一个用于理解犯罪模式与犯罪特征的工具。

---

* 葛向伟:司法部预防犯罪研究所副研究员。

〔1〕 资料来源:http:www.unodc.org。

2. 特点

《犯罪统计的国际分类》具有以下特点:第一,《犯罪统计的国际分类》是国际上第一个以统计为目的对犯罪进行分类的标准文件,其提供了一种有意义和系统的对犯罪行为进行分类和组织的明确框架。第二,《犯罪统计的国际分类》适用于所有形式的犯罪数据,无论数据收集处于刑事司法程序的哪一阶段(侦查、起诉、定罪、监禁),并且适用于在犯罪受害调查中收集的数据,它对各层面犯罪数据的收集具有深远影响。第三,《犯罪统计的国际分类》所建立的犯罪分类框架是分层级的分类,各类别相互独立,完全穷尽,不重叠,不遗漏。第四,《犯罪统计的国际分类》中对犯罪的定义建立在对行为描述的基础之上,而不是根据法典为基础进行描述,因此适用于各司法辖区。第五,《犯罪统计的国际分类》的实施将提高各国内部以及国家之间数据收集方法的一致性,有利于提高国家间以及时空的对比性。

(二)《犯罪统计的国际分类》的目的

建立《犯罪统计的国际分类》的根本目的是提高国家间数据收集标准的一致性。在国际层面,《犯罪统计的国际分类》可提高国家之间犯罪数据的可比性。有了标准化的概念和定义,就能够系统地收集、分析和传播数据,同时也能够满足对跨国犯罪的深入研究和分析的需求。在国家层面,《犯罪统计的国际分类》可作为一个提供结构和组织统计数据的模型。此外,《犯罪统计的国际分类》还可协调国内刑事司法机构(警察机关、检察机关、法院、监狱)之间的数据以及从不同数据来源(行政记录和统计调查)收集的数据。[1] 同样,《犯罪统计的国际分类》还可被用作一种工具,用于整合可能采用不同统计制度或法律框架的国家以下一级实体的数据。

(三)对犯罪进行国际分类的必要性

可靠的犯罪统计数据是衡量犯罪水平的变化、监控国家应对犯罪的情况、评估相关政策以及认识不同情况下犯罪各个方面的关键。通常情况下,刑事司法程序不同阶段的原始数据是能够获取的,但为了获得能够在决策

---

〔1〕 联合国经济及社会理事会、统计委员会《墨西哥国家统计与地理研究所及联合国毒品和犯罪问题办公室关于改进国家和国际两级犯罪统计数据质量和可用性的路线图的报告》(2012 年 12 月 19 日)。E/CN. 3/2013/11。

中使用的有价值的信息,需要以统计形式、有目的地收集和组织这些数据。但是,由于缺乏一个国际上认可的标准化概念,缺乏一个促成比较的国际公认统计框架,因此特别难以对不同时期和不同国家之间的犯罪统计数据进行比较,或者将犯罪统计数据与其他可用的统计数据进行比较。

更进一步说,各种数据来源,往往是同一法域内,使用不同的定义和概念来组织犯罪数据,且往往依据的是法律原则而非统计原则。[1] 从分析的角度来看,立法和统计之间的这种密切的相互交织关系,制造了各种问题:统计数据往往根据法律规定(如法典或刑法典中的条文)来组织和分类,而从分析的角度来看,这些法律规定并不总是相关。此外,立法的变更及其他一些因素(如同样的行为在不同的国家,可能依据极其不同的法律规定被定为犯罪,也可能在一个国家被视为犯罪,而在另一国家不是犯罪)可能妨碍到不同时期和法域之间的可比性。

《犯罪统计的国际分类》提供了一种方法标准和统计标准以及一个提高数据质量和可比性的共同定义框架,以解决上述问题。同时各种罪行都以一种有意义的系统方式编组,因此提高了准确编制、传播和分析数据的能力,能够让公众了解,并与预防犯罪、法治及刑事司法改革领域的相关政策和方案相匹配。

(四)建立犯罪分类的里程碑事件

2009 年,欧洲统计员会议成立了一个工作组,由联合国毒品和犯罪问题办公室和联合国欧洲经济委员会领导,目的是以行为描述而不是以法典为基础编制一份犯罪分类框架。[2] 2012 年,首个国际犯罪分类框架由工作组编制并由欧洲统计员会议批准通过。[3]

---

〔1〕 联合国欧洲经济委员会欧洲统计员会议《毒品和犯罪问题办公室/欧洲经委会犯罪分类问题工作组给欧洲统计员会议的报告》,2011 年。载 http://www. unodc. org/documents/data-and-analysis/statistics/crime/Report_crime_classification_2012. pdf。

〔2〕 联合国欧洲经济委员会《欧洲经委会/毒品和犯罪问题办公室犯罪分类问题工作组的职权范围》(2009 年 10 月 16 日)ECE/CES/BUR/209/OCT/2012。

〔3〕 联合国欧洲经济委员会、欧洲统计员会议《毒品和犯罪问题办公室/欧洲经委会犯罪分类问题工作组给欧洲统计员会议的报告》,2011 年。载 http://www. unodc. org/documents/data-and-analysis/statistics/crime/Report_crime_classification_2012. pdf。联合国欧洲经济委员会、欧洲统计员会议《欧洲统计员会议第六十届全会报告》(2012 年 6 月 6 日至 8 日),ECE/CES/83。

2013 年,联合国统计委员会[1]和联合国预防犯罪和刑事司法委员会[2]批准了编制一份《犯罪统计的国际分类》的计划。[3]

2013 年至 2014 年,召开了三次专家组磋商会议,对《犯罪统计的国际分类》的前后多个版本开展了两次大规模的测试演练。[4] 总共有 77 个国家和 10 个国际组织参与这两项活动。这两次测试演练均证实编制和实施《犯罪统计的国际分类》切实可行,目的是逐步在国家层面制作统计数据时加以运用。

2014 年,联合国毒品和犯罪问题办公室和联合国统计司向成员国及其他相关组织发送了《犯罪统计的国际分类》的最终版本草案。[5]

2015 年,联合国统计委员会正式批准将《犯罪统计的国际分类》作为收集数据(包括从行政记录中收集的数据和调查产生的数据)的国际统计标准,并作为一项分析工具,将关于犯罪动因和犯罪因素的信息统一化。统计委员会还确认,由联合国毒品和犯罪问题办公室作为《犯罪统计的国际分类》的保管人,并批准在国家、区域和国际层面实施分类计划,包括建立一个技术咨询小组,为《犯罪统计的国际分类》的修订提供实务咨询意见和支持。[6]

2016 年,联合国毒罪办组织将《犯罪统计的国际分类》翻译成联合国六种官方语言,在奥地利维也纳召开了"《犯罪统计的国际分类》第一次技术咨询小组专家会议",就《犯罪统计的国际分类》的实施线路图进行了讨论,同年开始进行志愿国试点工作。

---

〔1〕 联合国经济及社会理事会、统计委员会《第四十三届会议报告》(2012 年 2 月 28 日至 3 月 2 日),E/2012/24,E/CN. 3/2012/34。

〔2〕 联合国经济及社会理事会、预防犯罪和刑事司法委员会《第二十一届会议报告》(2011 年 12 月 13 日及 2012 年 4 月 23 日至 27 日),E/2012/30,E/CN. 15/2012/24。

〔3〕 联合国经济及社会理事会、预防犯罪和刑事司法委员会《第二十二届会议报告》(2011 年 12 月 7 日及 2013 年 4 月 22 日至 26 日),E/2013/30,E/CN. 15/2013/27。联合国经济及社会理事会、统计委员会《第四十四届会议报告》(2013 年 2 月 26 日至 3 月 1 日),E/2013/24,E/CN. 3/2013/33。

〔4〕 第一次磋商会议于 2012 年 10 月在墨西哥城召开,来自美洲、亚洲和欧洲 13 个国家的代表以及来自国际组织的代表出席了会议。除分析其他问题外,会议还分析了在 16 个志愿国家对分类框架草案开展的第一次测试结果。第二次磋商会议于 2013 年 2 月在维也纳召开,来自非洲、美洲、亚洲和欧洲 18 个国家的代表以及来自国际组织和研究机构的代表出席了会议。第三次也是最后一次磋商会议于 2014 年 5 月在维也纳以专家组会议的形式召开,来自非洲、美洲、亚洲和欧洲 31 个国家的代表以及来自国际组织和研究机构的代表出席了会议。此次会议审议了《用于统计的国际犯罪分类》的升级版本,其中体现了 2014 年由 41 个志愿国家(其中 6 个非洲国家、7 个亚洲国家、7 个美洲国家、19 个欧洲国家和 2 个大洋洲国家)参与的第二次全面测试演练的结果。关于《用于统计的国际犯罪分类》编制程序的完整记录可查看 http://www. unodc. org/unodc/en/data-and-analysis/statistics/iccs. html。

〔5〕 有 44 个成员国(2 个非洲国家、9 个美洲国家、13 个亚洲国家、19 个欧洲国家和 1 个大洋洲国家)及 6 个国际组织提交了最终意见;在对分类的最终审查中讨论了这些意见。

〔6〕 联合国经济和社会理事会、统计委员会《第四十六届会议报告草案》(2015 年 3 月 3 日至 6 日)。

2017年,为了提高各国对建立和实施统一的犯罪分类的认识,联合国毒罪办建立了《犯罪统计的国际分类》网络平台,以便会员国在平台上进行技术交流,并且在韩国大田开展了《犯罪统计的国际分类》实施亚太区域培训班,在非洲也开展了类似培训班,对区域内国家《犯罪统计的国际分类》的实施提供技术援助。

2018年,联合国毒罪办完成《犯罪统计的国际分类实施手册》的开发,为各国《犯罪统计的国际分类》的实施提供详细的指导工具文本。《犯罪统计的国际分类实施手册》,分作不同卷,以解决将国内犯罪的行政统计系统纳入《犯罪统计的国际分类》的问题、将受害调查数据纳入《犯罪统计的国际分类》的问题以及分类变量统计和编码等问题。

二、《犯罪统计的国际分类》的分类原则

(一)全面性

全面性原则的含义是被研究对象的每一种基本表现都应被包含在分类中。全面性原则应用到《犯罪统计的国际分类》中,是指犯罪分类应当涵盖犯罪的每一种表现形式。很明显,在采纳此原则时,需要适当考虑可行情况。在任何一个国家的法规、规章和司法判决中被定为犯罪的行为数量极多,且不断有立法的变更,这些都妨碍到对当今全球存在的所有犯罪行为进行全面的罗列。因此,一种比较现实的分类目标是,收集在足够数量的国家中公认构成刑事犯罪的行为或事件,详略程度以细致兼顾分类的实用性与在国际层面的政策相关性为准。此外,《犯罪统计的国际分类》不包括通常构成行政违法行为的事件类别(如轻微交通违章行为)。

(二)互相排斥

互相排斥原则的含义是被研究对象的每一种基本表现都应该划分给分类的一个独有的类别,以免重叠。相互排斥原则应用到《犯罪统计的国际分类》中,是指将所有罪行划分到分类的一个独有类别当中,而不出现重叠。每个类别的描述,有明确定义的相应的事件/行为,还有包含范围和排除情形提供的额外指导,将进一步明确每个类别的界限。

关于包含范围,每个类别都有一个列表,列明包含范围,或者说是应归入该类别的犯罪或行为/事件的例子。这些并不是子类,而是属于所列各类别的

常见犯罪,目的是为罪行的归类提供实际的指导以及区分一种类别和另一种类别之间的界限。例如,在“交易或持有动植物群受保护物种或被禁物种”(1003)类别的包含范围中规定,贩卖野生动物和非法交易或持有野生动物属于这一类别的犯罪。包含范围并未穷尽,且将来可能进一步扩大包含范围列表。

关于排除情形,大多数类别还有一个列表,列明排除情形,或者说是虽然与本类别具有相似性但应归入别处分类的例子。在每个被排除的罪行后面,是该罪行应被归入的类别代码。例如,在“交易或持有动植物群受保护物种或被禁物种”(1003)类别项下的排除情形规定,盗窃宠物编号归入0502,违反动物处理、饲养或管理的罪行编号归入10091,抢劫牲畜编号归入04014,盗窃牲畜编号归入05025。

总之,这些包含范围和排除情形有助于加强相互排斥。它们阐明了不同类别之间的界限,以确保行为/事件仅能够归入一个类别。

(三)统计可行性

统计可行性原则是指依据可用信息(如在统计调查中或在行政表格中,对合理提出的相关问题作出的回答),将观察数据归入分类中的类别。《犯罪统计的国际分类》以行为描述为基础,仔细定义犯罪行为,并在每个类别中辅以包含范围和排除情形的例子,以此支持统计可行性。

三、《犯罪统计的国际分类》的分类单位、分类标准和层级结构

(一)《犯罪统计的国际分类》的分类单位

《犯罪统计的国际分类》的分类单位是构成刑事犯罪的行为。刑事犯罪则从犯罪行为人表现的行为角度加以描述。大多数情况下,明显的行为足以确定《犯罪统计的国际分类》的罪行,但在某些情况下,还需考虑更多的因素,如行为人的意图(心态)或受害者的条件/状态(如是否是未成年人)等情况。

(二)《犯罪统计的国际分类》的分类标准

刑事犯罪可从多个角度(如其对受害者的影响、犯罪方式、行为人的动机及罪行的严重性等等)理解和分类。在构建《犯罪统计的国际分类》层级结构时,采纳了大量标准,以期建立能够满足不同信息需求的各种类别。具体如下:

(1)行为/事件的政策领域(如保护财产权利、保护健康等);

(2)行为/事件的对象(如人、物体、自然环境、国家等);

(3)行为/事件的严重程度(如导致死亡的行为、造成危害的行为等);

(4)行为/事件的发生方式(如采用暴力或暴力威胁等)。

(三)《犯罪统计的国际分类》的层级结构

根据上述标准,[1]刑事犯罪可以分类为同质类别。同质类别分在四个不同的等级综列:一级、二级、三级和四级。[2] 一级有11个类别(如表1所示),旨在覆盖构成《犯罪统计的国际分类》范围内犯罪的所有行为或事件。二级、三级和四级的罪行可结合在一起,在更为概括的等级上提供观察数据,而较高等级的观察数据可以细分为较低等级的类别。在需要时,可将不同等级的类别汇总起来。各类别的数字编号对应于它们在分类中的等级:一级类别是最宽泛的类别,其编号是两位数(如01);二级类别有四位数的编号(如0101);三级类别有五位数的编号(如01011);四级类别是最详细的等级,有六位数的编号(如010111)。

表1 《犯罪统计的国际分类》一级类别

一级类别	
01	导致死亡或有意造成死亡的行为
02	对人造成伤害或有意对人造成伤害的行为
03	性伤害行为
04	涉及暴力攻击或威胁他人的侵犯财产行为
05	仅侵犯财产的行为
06	涉及管制药物或其他精神活性物质的行为
07	涉及欺诈、欺骗或腐败的行为
08	侵犯国家公共秩序、权力和规定的行为
09	危害公共安全和国家安全的行为
10	危害自然环境的行为
11	别处未加分类的其他犯罪行为

[1] 按具体组别的政策相关性来应用这四个标准,任一标准并不整体优先于其他标准。

[2] 作为具体的命名法,一级也可被称为章节,二级可被称为部分,三级可被称为组,四级可被称为小类。

具体而言,在选定一级的 11 个类别时,依据了上述所有 4 个标准,并对国家数据中经常使用的类别给予了应有的重视,以促进《犯罪统计的国际分类》在实践中的执行。在确定二级、三级和四级的类别时,使用了同样的标准。例如,依据行为/事件的对象,性剥削被分解为对成人的性剥削和对儿童的性剥削。依据政策相关性,对儿童的性剥削被进一步分解为四级的 4 个类别:儿童色情、儿童卖淫、儿童性修饰及对儿童的其他性剥削。

《犯罪统计的国际分类》的一级、二级和三级类别务求完整,意在涵盖每一种可能的犯罪行为。然而,并非二级和三级的所有类别都被进一步划分为四级类别,因为在确定与政策相关的罪行时,并不总是需要四级类别。在分类中,对每一等级的所有类别进行了详细描述。每一种罪行都有一个基于行为或事件的描述,即定义该罪行的系列核心行动、行为属性和态势情景属性。在这些描述中,还辅以法律包含范围和排除情形,以确定该类别中应当被纳入或被排除的最常见的或最重要的刑事犯罪。

四、附加的分门别类变量(Additional Disaggregating Variables)

(一)设置分门别类变量的必要性

分门别类变量记录了罪行的其他必要信息,有助于了解每个具体罪行的复杂性。《犯罪统计的国际分类》的各类别描述了犯罪行为的性质,但还有其他一些特征也很重要,能够帮助充分识别犯罪中与政策有关的模式和趋势,并帮助进行全面和细致的分析。例如,趋势数据表明杀人正在增加——但是,在哪里?哪种类型的杀人?哪个年龄群体?因此,在编制故意杀人罪统计数据时,以下做法更有价值:根据受害者特征和行为人特征,根据是否使用枪支或根据杀人动机,将数据进行具体的分门别类。为此目的,增加了一些额外的分门别类变量(也称为"标签"),帮助为罪行的其他相关信息编号,这有助于深入分析任何特定犯罪的具体事件特征、受害者特性和行为人特性。

分门别类的变量可以指的是犯罪、被害人或者行为人的变量。在某一国家犯罪和刑事司法统计中,使用一系列广泛的相关的分门别类变量,可能在其他国家并不相关(比如,被害人的种族:黑、白、西班牙裔)。在国际层面,最小的一套分门别类的变量应当被用于推动比较研究(比如,年龄群体或者被害人—行为人的关系)。表 2 概述了一组最低限度的分门别类变量,它们可被用于更充分地描述每个具体犯罪行为/事件或更深入地描述行为人和受害者的属性。在每个类别标题前面的首字母缩写词,是一种简称,用于在犯罪记录中对这些变量进行编码。

表2 分门别类变量类别[1](Disaggregating Variable Categories)

以事件为基础的分门别类法	以受害者为基础的分门别类法	以行为人为基础的分门别类法	数据描述/包含范围
未遂/既遂	受害者性别	行为人性别	包含威胁
使用的武器类型	受害者年龄	行为人年龄	包含协助/教唆
态势情景	受害者年龄状况(未成年人/成年人)	行为人年龄状况(未成年人/成年人)	包含从犯/同谋
地理位置	受害者与行为人之间的关系	受害者与行为人之间的关系	包含阴谋/策划/预备
日期和时间	国籍	国籍	包含煽动犯罪
地点类型	受害者的法律地位(自然人/法人)	行为人的法律地位(自然人/法人)	
动　机	受害者的醉酒情况	行为人的醉酒情况	
涉及网络犯罪	企业受害者的经济部门	行为人的经济活动情况	
报案者		行为人的累犯情况	

(二)《犯罪统计的国际分类》分门别类变量设计

世界不同地区理论上可能感兴趣的犯罪特征、受害者特征或行为人特征数量庞大。由于实际的原因,《犯罪统计的国际分类》不能提到所有可能的门类。[2] 但是,如已经在实施或计划在将来实施分门别类的变量系统,则应用一套统一的、与基本政策相关的罪行特征、行为人特征和受害者特征,以资分析和比较。根据政策相关性,至少有以下分门别类变量如果相关,就应当适用于刑事犯罪:

[1] 每个要素和变量尽可能与所选类别相关。

[2] 许多理论上可行的分门别类法仅在一些特定社会文化背景下被关注或者是其可能的详述所特有的,如受害者和行为人的种族、民族、种姓、宗教和其他特征。

(1)事件描述。完成程度、所用武器类型、情境、地理位置、日期和时间、地点类型、动机、涉及网络犯罪、报案实体。

(2)受害者描述。性别、年龄、年龄状况、国籍、法律地位、(受害企业的)经济部门、醉酒情况。

(3)行为人描述。性别、年龄、年龄状况、受害者与行为人之间的关系、国籍、法律地位、醉酒情况、惯犯。

大部分分类变量仅仅针对特定的刑事犯罪提供有用的分解。例如,被害人的性别和年龄——针对暴力犯罪类型,而不是入室盗窃或者海盗;武器类型——针对暴力犯罪类型,而不是欺诈或者盗窃;涉及网络犯罪——针对金融欺诈,而不是抢劫或者绑架。决定不同的犯罪应当收集何种分类变量在改善犯罪和刑事司法统计质量工作中是非常重要的设计决定。故意杀人罪由于其犯罪的严重程度及其对社会的广泛影响,因此其数据具有特定价值。有鉴于此,为了描述此罪行,有必要加入额外的分门别类变量,更加详细地描述相关态势情景、社会关系和杀人动机,为此,《犯罪统计的国际分类》为故意杀人罪设计了三套分门别类变量表。

每一种变量的设计都有其特定的理由,比如,以重要的事件分类为例:

(1)武器类型。这一标签根据犯罪所用武器的主要种类区分暴力犯罪。

(2)态势情景。这一标签提供了犯罪中涉及的某些显著类型犯罪组织的信息。

(3)地理位置。这一标签可标明发生犯罪的国内区域位置,并指出那些被记录为"域外"犯罪的罪行。

(4)日期和时间。这一标签有助于准确确定罪行发生的日期和时间(如果已知),并且可用于构建相关的派生类别(如在白天的特定时间段发生的入室盗窃)。

(5)犯罪地点。这一标签收集各类型的犯罪地点数据,有助于确定犯罪发生的典型或常见场所,如家中或监狱。

(6)动机。这一标签强调了几种与政策相关的犯罪特别动机,特别是由于受害者的特征、属性、信仰或价值观而明确针对受害者的某些仇恨犯罪。

(7)涉及网络犯罪。这一标签可用来识别使用电脑来实施的各种犯罪(如网络诈骗、网络跟踪或通过电子传播进行的侵犯版权行为)。

(8)报案者。这一标签有助于分析记录在案犯罪的报案渠道,如某些罪行是经常由受害者或证人举报,或是通常由警方发现。

在某些情况下,还需要作出一个重要的区别。虽然大部分的罪行及其统计报告,都提到一个或多个直接行为人实际犯下的罪行,但是,在数据中仍可以包含威胁实施某种罪行的情形或是策划或协助他人犯罪的情形。因此,在相关类别的统计中,提供信息来说明关于刑事犯罪(及行为人)的可用数据是包含或是排除以下行为,就显得很重要:

(1)威胁实施犯罪;

(2)协助/教唆/随从犯罪;

(3)同谋犯罪;

(4)共谋/策划犯罪;

(5)煽动实施犯罪。

最好能够为每项刑事犯罪收集和存储这些信息,以显示所记录的事件是指威胁,或是协助/教唆/随从犯罪,或是以上列出的任何其他类型。在此情况下,通过在汇总的统计数据中加入或排除这些事件,就能够生成满意的统计结果。或者,另一种可替代的做法是,在犯罪类型更为概括的等级中,以元数据的形式说明是否包含上述情形。

(三)分门别类的实施

分门别类的变量分解了《犯罪统计的国际分类》所有的研究对象,分成具体的类别,或者将国内犯罪类型分成互相排斥的类别,例如,抢劫被害人 = 男性抢劫被害人 + 女性抢劫被害人。每一种犯罪、被害人和行为人的特征的记录必须在最初的数据录入中完成。在数据采集、存储、传输、编辑的自动化系统中,有可能采集大量的每一个可能的细节(比如,抢劫被害人有性别、年龄、国籍、教育、收入状况等)。

在手册的数据输入系统中,在汇总数据之前,最好能够为每一种犯罪收集和储存这些分类信息,这需要更多的时间。

国家犯罪记录系统目前的情况是,在犯罪和刑事司法统计数据中,这些额外的分门别类变量在数量、结构和应用方面存在很大差别,并且通常由一些因素决定,如特定的政策需求,地方、区域和国家层面对所收集数据的记录和处理能力,国家犯罪统计系统的发展水平和复杂程度,以及数据收集的自动化和数字化程度。特别是,最后一个标准(即其是以纸张为基础或是以计算机为基础的系统)决定了国家的犯罪统计系统能否支持一种全面的分门别类变量结构。在通过电子数据采集、存储、传输和编辑方式进行数据收集、传输和汇总的自动化系统中,更有可能适当组织数据,能够采集和检索每一个可能的细节。因此,分门别类变量系统是一种能够在全面的犯罪和刑事司法统计系统中使用的附加工具,而能否实现其作用,很大程度上依赖于是否存在自动化的数据采集系统。

实践中,分门别类变量系统可由国家犯罪记录机构以多种不同的方式来实施。一种全面的统计解决方案应当在用于任何类型犯罪(电子)单位记录的模板中至少包含一套最低限度的分门别类变量,从而能够通过所需分门别类变量的任何相关组合,全面分析任何罪行、行为人或受害者。[1] 如果实施条件不够成熟,还有一种较具限制性的选择是,仅仅收集所有犯罪的某些行为人特征或受害者特征(如单独统计青少年犯罪人),或者,另一种临时选择是,仅收集少数重点罪行(如杀人、抢劫或贩运人口)的事件特征、行为人特征和受害者特征。

五、《犯罪统计的国际分类》的实施[2]

(一)建立从国内犯罪分类到《犯罪统计的国际分类》的对应表

对应表指的是显示出所有的国内犯罪分类和《犯罪统计的国际分类》之间的连接的表格。对应表系统地说明了从哪里入手,以及多大程度上,一种分类里的类别能够在其他分类里找到。对应表为尽可能根据《犯罪统计的国际分类》里确定的共同标准报告数据提供了一种方法。在国内,制作《犯罪统计的国际分类》和国内犯罪分类之间的对应表,将有助于《犯罪统计的国际分类》在国家层面的实施。

---

〔1〕 并非所有"标签"都适用于所有犯罪类型(如"未遂"不适用于过失杀人;"所用武器类型"或"动机"不适用于盗窃或诈骗;"受害者年龄"不适用于非法采伐)。因此,只有一部分组合是可行的、与政策相关的。

〔2〕 本文第五、六部分的内容来自联合国毒罪办和韩国国家统计局于 2017 年 12 月在韩国大田举办的"亚太区域《犯罪统计的国际分类》实施培训班"的课程总结。

表3　对应表模板

01　导致死亡或有意导致死亡的行为					
《犯罪统计的国际分类》犯罪类别	国内刑法典/犯罪分类/犯罪统计	完全匹配	部分匹配	最近一年国内数据	注释
代码　级别　类型 定义　包含　排除	法条/类别/指示/变量	描述			
0101　2　故意杀人					
……					

《犯罪统计的国际分类》里每一个第一级别在对应表模板里都可以建立一个单独的表,对应表有6列内容,分别是:《犯罪统计的国际分类》犯罪类别、国内刑法典/犯罪分类/犯罪统计(目录、刑法典条文等)、完全匹配、部分匹配、最近一年国内数据、注释。第一列详细分为《犯罪统计的国际分类》代码、级别、类型、定义、包含范围和排除情形;第二列详细分为法条/类别/指示/变量和描述,以便填表时对照填写。

(二)开展对应工作

对应工作开展的前提是应当详细了解所有国内分类和《犯罪统计的国际分类》的详细内容。如前所述,《犯罪统计的国际分类》是一种层级分类,其结构分为四个层级。那么,开展对应工作时,第一步是确定法律规定的具体犯罪与哪个一级类别最为相关。例如,所有性伤害行为都归入一级03类别。然后,需将罪行继续归入二级、三级或四级的某个类别中。为了正确地对某项罪行分类,有必要遵循《犯罪统计的国际分类》所有要素的指导。具体来说,可以先在刑事立法中标注简称(如强奸),然后在《犯罪统计的国际分类》中查询以行为/事件为基础的定义,并遵循包含范围和排除情形的指导。类别名称还有"其他"一词代表的其他类别(如其他欺诈行为),用于指称犯罪无法归入既定类别的情况。犯罪应当尽可能少归入这些其余类别,而且也应当先彻底审查全部分类,以确保没有遗漏某个类别。

需要注意的是,在对应工作开展之前,有必要根据《犯罪统计的国际分类》的内容作出以下两个方面的判断:一是确定并排除《犯罪统计的国际分类》的所有类别当中在国内不认为是犯罪的类别,这就意味着排除本国的行政违法行为。二是确定并且排除《犯罪统计的国际分类》所有类别当中既不是犯罪行为也不是行政违法行为的类别。这两种情况都不需要参与编制对应表。

(三)填写对应表

《犯罪统计的国际分类》犯罪类别的一列已经事先填好了。国内刑法典/犯罪分类/犯罪统计(刑法典条文等)的一列应当填写,并且填写这些类别的相关描述(法条等)。在对应表中确定归类的时候,比较每一个国内类别与《犯罪统计的国际分类》的类别,从可以获得的最详细级别的国内类型开始(比如,银行抢劫,而不是从抢劫开始),找到最密切相关的《犯罪统计的国际分类》类别,按照从高级别到低级别的顺序归入,尽可能对应至最低一级的即最详细的类别,比如,04(涉及暴力攻击或威胁他人的侵犯财产行为)——0401(抢劫)——04013(抢劫设施或机构)——040131 = 抢劫金融机构。归入相应的类别之后,需要再一次核对定义、包含范围、排除情形,以确保归类正确。如果国内类别完全与所归入的《犯罪统计的国际分类》类别的描述相匹配,即《犯罪统计的国际分类》的类别完全包含国内类别的情况,这时候应当在完全匹配栏里填写星号(*)。如果国内类别只是部分与所归入的《犯罪统计的国际分类》类别的描述相匹配,即国内某个类别跨越了 2 个或者 3 个《犯罪统计的国际分类》类别,只有一部分符合《犯罪统计的国际分类》类别的内容,这时候应当在部分匹配栏里填写星号(*)。最后一列是注释,应当填写为什么某个国内类别仅仅是部分匹配的相关说明。

(四)《犯罪统计的国际分类》对应表的注意事项

填写对应表的时候,有几点注意事项:(1)每一种被匹配到相应的《犯罪统计的国际分类》类别的国内类别都在《犯罪统计的国际分类》对应表里输入一行。(2)如果国内类别非常详细,有可能好几种国内类别被归入一种《犯罪统计的国际分类》类别,这样就每一种类别输入一行。(3)部分匹配的情况:如果某种国内类别不能匹配到任何一种确切的《犯罪统计的国际分类》类别,但是跨越了几种《犯罪统计的国际分类》类别,在部分匹配一列中标注*并且在注释领域提供详情,即国内类别与《犯罪统计的国际分类》的定义有何不同。(4)只把国内类别中不能连接到《犯罪统计的国际分类》的具体类别的那些类别归入到最低级别的“其他”,以允许更高级别的汇总。(5)如果国内犯罪类别在《犯罪统计的国际分类》类别中不存在,就将其归入 1109(其他未加分类的犯罪行为)。

填写完毕后进入审查环节,首先使用“反向对应”方法,核对已经对应至

《犯罪统计的国际分类》类别中的所有的国内类别:《犯罪统计的国际分类》类别中是否不存在这个对应进去的国内类别?或者他们是否存在,并且是否还存在于其他类别中?然后,由外部专家评审对应表,并且通过收集《犯罪统计的国际分类》类别的真实数据测试对应表。

六、成功实施《犯罪统计的国际分类》路线图

《犯罪统计的国际分类》的实施需要通过一系列的协调努力,包括建立国内工作组、制定国内工作计划、建立《犯罪统计的国际分类》对应表、根据《犯罪统计的国际分类》对应表编制数据、发布数据及《犯罪统计的国际分类》实施报告等方面的工作。这些都是围绕协调所有的刑事司法系统的数据编制人员,建立《犯罪统计的国际分类》对应表、收集分门别类的变量而开展的工作,这样才有可能大大提高刑事司法系统的数据质量。

(一)建立国内工作组并联系联合国毒罪办(UNODC)

建立国内工作组并联系联合国毒罪办(UNODC)的具体步骤:(1)确定参与国内工作组的利益相关方,制定国内工作组的职权范围,并指定国内联络点。国内利益相关方包括:公安机关、检察院、法院、监狱、统计局、研究人员,等等。(2)提高国内工作组的认知。联系利益相关方分发资料并宣传《犯罪统计的国际分类》以提高认知程度。(3)获取国际协调与支持。把国内建立《犯罪统计的国际分类》工作组的情况通知联合国毒罪办,及时获取并熟悉 UNODC 和相关区域组织开发的支持《犯罪统计的国际分类》实施的相关材料和工具以及联络平台,积极参加国际和区域活动,请求方法指导。

(二)起草国内工作计划

起草国内工作计划,应当由国内联络点指导制定。《犯罪统计的国际分类》的实施需要不同层面的工作,需要在国内工作计划中予以确定,国内工作计划需要回答以下问题:需要做什么工作?由谁去做?何时完成?具体包括制作对应表计划,制定实施时间表、路线图和优先权。其中,一项重要的工作是评估目前的数据编制情况,包括以下几个方面:是否存在国内的犯罪分类?目前可以从何种渠道获取何种犯罪数据?目前的数据是如何产生、处理、确认、分析和储存的?是否存在清楚的定义、概念和元数据?可以获取哪些分门别类的变量?

(三)根据《犯罪统计的国际分类》对应表编制数据

根据事先制定的步骤逐渐实施国内工作计划。建立《犯罪统计的国际分类》对应表,将国内犯罪数据编入《犯罪统计的国际分类》。根据《犯罪统计的国际分类》,逐渐扩大数据的范围和细节,编制修正的统计数据。根据《犯罪统计的国际分类》定义犯罪数据并且根据联合国毒罪办的要求在每年一度的《联合国犯罪趋势调查》(UN-CTS)里报告数据。

(四)完成《犯罪统计的国际分类》实施报告

根据《犯罪统计的国际分类》出版国家犯罪数据并完成《犯罪统计的国际分类》实施报告。

七、国家层面实施《犯罪统计的国际分类》的挑战

(一)认识层面

《犯罪统计的国际分类》中对犯罪的定义不是以各国刑法典为标准的,而是以统计为目的所下的定义,这就难免与各国刑法典条文中对犯罪的定义存在或多或少的矛盾,各国参与《犯罪统计的国际分类》的实施者和《犯罪统计的国际分类》的数据使用者有必要从统计学的角度提高认识。比如,《犯罪统计的国际分类》对"故意杀人"定义为"以造成死亡严重伤害为目的,非法致人死亡"。在根据《犯罪统计的国际分类》对应表制作统计数据时,根据此定义而确定的行为就构成了故意杀人罪。那么,我们可以看出,这里关于"故意杀人罪"的定义显然还包括了我国《刑法》第234条的故意伤害罪的情形,也就是说根据我国刑法被认定为故意伤害罪的行为,在《犯罪统计的国际分类》里却要被统计为故意杀人罪。《犯罪统计的国际分类》中"故意杀人罪"的定义显然与我国刑法理论和刑法条文中的故意杀人罪定义不一致,并且与很多国家的故意杀人罪定义也不一致。这曾经在《犯罪统计的国际分类》的起草过程中存在很大的分歧,即统计学专家与犯罪学和刑法学专家之间的分歧。在《犯罪统计的国际分类》的相关会议中我方也提出过异议,但是,最终,《犯罪统计的国际分类》依然确立了上述关于故意杀人罪的定义,理由是,对犯罪进行国际分类是以统计为目的的,最终是为了方便统计,而不是改变某国的刑法学定义,但是同时,联合国毒罪办也认为在今后的

《犯罪统计的国际分类》的修订中可以继续考虑这个问题。

此外,《犯罪统计的国际分类》还包括在一些国家构成犯罪而在另一些国家合法的某些事件或行为。在少数情况下,将某些行为入罪的做法被认为是违反国际人权法的。在这种情况下,要注意的是,不应认为《犯罪统计的国际分类》是在支持将分类中的任何行为定罪或在使该定罪做法合法化,而是应被视为一种统计标准,是在努力为统计目的切实全面涵盖每一种犯罪表现形式。

(二)技术层面

在国内实施《犯罪统计的国际分类》,将是一个渐进的过程,这需要将国内刑事犯罪审慎纳入《犯罪统计的国际分类》的框架中,在这一过程中,需要将国内立法定义的罪行转换为《犯罪统计的国际分类》的分类类别,并需仔细考虑完整的行为/事件描述和解释性说明。建立对应表之后还有一系列的内部审查和外部专家评审,这在技术层面上对于参与建立《犯罪统计的国际分类》对应表的工作人员来说无疑是一个较大的挑战。

(三)部门协作

由于《犯罪统计的国际分类》的实施将涉及并有益于刑事司法的各个阶段,因此,《犯罪统计的国际分类》的实施涉及国内多个部门之间的协作和配合,包括公安机关、检察院、法院、监狱、统计局、研究人员等。在目前刑事司法各相关机构工作量较为繁重的情况下,较难派出专门人员从事这项工作,这无疑给司法部承担的联络协调的角色带来较大的挑战。

八、国际支持与技术援助

(一)组织和机构框架

2015 年联合国毒罪办成立了"《犯罪统计的国际分类》(ICCS)技术咨询小组",负责指导《犯罪统计的国际分类》的实施和维护,由各会员国指定的犯罪统计领域的专家组成。2016 年 5 月,"《犯罪统计的国际分类》(ICCS)技术咨询小组第一次会议"在奥地利维也纳举行,就犯罪分类的良好实践和现有挑战进行了交流,就撰写《犯罪统计的国际分类实施手册》的具体内容进行了讨论并就具体犯罪相关的统计变量开展了实质性讨论,批准通过了技术咨询小组的职责范围。

(二)方法支持

联合国毒罪办正在开发《犯罪统计的国际分类实施手册》和相应的技术文件支持各国的《犯罪统计的国际分类》实施活动。《犯罪统计的国际分类实施手册》2018年完成,其包括以下几个组成部分:(1)“将国家的犯罪行政数据编制到《犯罪统计的国际分类》”提纲注释;(2)A部分:如何建立对应表(制定一个绘制对应表程序的草案:评估犯罪数据系统;绘制对应表程序模板);(3)B部分:如何利用分类变量编制更好的犯罪数据;(4)C部分:特殊犯罪分类指南(例子);(5)附件1:实施路线图:《犯罪统计的国际分类》实施的十个具体步骤;(6)附件2:编制完整的《犯罪统计的国际分类》对应表案例研究;(7)附件3:绘制犯罪分类的工作计划模板。完整手册的开发将由志愿国的数据录入测试情况而定。

(三)技术支持

一是建立《犯罪统计的国际分类》网络平台支持《犯罪统计的国际分类》的实施。平台的成员能够:向UNODC和其他《犯罪统计的国际分类》技术咨询小组成员提出任何问题,获得UNODC或者其他《犯罪统计的国际分类》技术咨询小组成员的指导,为起草对应表提供技术援助;分享文件和交流经验;就《犯罪统计的国际分类》实施活动和实施方法工具向UNODC提出建议;接收UNODC开发的《犯罪统计的国际分类》实施方法工具;获得UNODC相关活动的信息,等等。截至2017年11月21日,80名用户来自50个国家5个大洲,其中亚洲有8个国家。

二是开展区域技术援助活动,联合国毒罪办在非洲、拉丁美洲、亚太区域开展了相应的技术援助活动。比如,2016年11月在韩国首尔召开了亚太区域刑事司法统计会议,2017年12月在韩国大田举办了《犯罪统计的国际分类》实施亚太区域培训班。这种技术援助对于区域内国家理解和实施《犯罪统计的国际分类》起到了很好的促进和推动作用。

九、我国参与《犯罪统计的国际分类》(ICCS)的工作情况及未来展望

根据国务院三定方案,由我国司法部负责联合国刑事司法领域的相关工作,联合国刑事司法统计工作是其中的重要组成部分。《犯罪统计的国际分类》作为联合国刑事司法统计改革的重要举措,在我国的开展和实施也是

由司法部协调的。

(一)我国参与《犯罪统计的国际分类》工作情况

2013 年下半年,联合国毒罪办为了有效推动《犯罪统计的国际分类》的起草工作,邀请会员国指定熟悉刑事司法统计业务的专家组成技术咨询小组,笔者被指定为中方《犯罪统计的国际分类》技术咨询小组专家,在起草实施过程中,负责答复联合国毒罪办相关询问,包括我国目前的犯罪分类、实施预期如何等问卷答复。

2016 年 5 月,笔者作为《犯罪统计的国际分类》技术咨询小组中方专家参加了在奥地利维也纳举行的"《犯罪统计的国际分类》(ICCS)技术咨询小组第一次会议",讨论《犯罪统计的国际分类》的具体实施挑战及应对问题,包括《犯罪统计的国际分类》实施现状最新报告、建立《犯罪统计的国际分类》对应表的经验和挑战、国际层面需要的《犯罪统计的国际分类》支持工具、相关《犯罪统计的国际分类》定义和变量操作、《犯罪统计的国际分类》技术咨询小组的职权范围、《犯罪统计的国际分类》未来出路等方面的内容。

2016 年 3 ~ 10 月,我方根据联合国毒罪办要求,对《犯罪统计的国际分类》(ICCS)1.0 版的英译中文本进行了同行评审,该项工作历时半年多,修订约两百处,联合国中文翻译处接受了我们所有的修改内容,联合国毒罪办来函对我方工作表示感谢。

2016 年 11 月,我方参加了由联合国毒罪办、联合国亚太经社理事会、泰国司法研究所和韩国犯罪学研究所联合组织的在韩国首尔举办的"犯罪与刑事司法统计的发展及其对亚太地区可持续发展目标检测的贡献第二次地区会议",会上评估了亚太地区国家在犯罪与刑事司法统计数据的收集、制作和使用方面取得的最新进展,讨论了可持续发展目标对刑事司法统计提出的新要求,了解了《犯罪统计的国际分类》这一国际标准将如何为各国提供支持,讨论了犯罪与刑事司法数据制作方面的组织和制度安排,并就亚太地区设立犯罪与刑事司法统计高级研究中心的各种可能性进行了讨论。本次会议有效加深了各参会国家对《犯罪统计的国际分类》的认识,起到了积极推动《犯罪统计的国际分类》在各国实施的重要作用。

2016 年 11 月,联合国毒罪办建成了《犯罪统计的国际分类》网络平台,《犯罪统计的国际分类》技术咨询小组专家均获得了登录名和登录密码,目前我方已经加入并登录。该平台拟发挥以下功能:《犯罪统计的国际分类》

及其执行经验交流论坛;《犯罪统计的国际分类》相关资料分享(论文、事件信息、技术文件、数据,等等);《犯罪统计的国际分类》执行过程中的问题解答论坛。

2017年12月,我方参加了由联合国毒罪办、联合国亚太经社理事会、韩国国家统计局、泰国司法研究所联合组织的在韩国大田举办的“《犯罪统计的国际分类》(ICCS)实施培训班”,培训班具体教授了各国建立《犯罪统计的国际分类》对应表过程的技术难题的解决和犯罪被害调查方法。在培训班上,中方按照要求报告了我国的犯罪分类、刑事法典规定的罪名、犯罪统计的相关部门情况、犯罪的行政报告数据以及被害调查情况。

2017年5~12月,根据联合国毒罪办的建议,以及多数国家的刑事司法统计工作均有国家统计局的参与的经验,司法部已经邀请国家统计局参与刑事司法统计工作并获得对方的支持。

(二)我国开展《犯罪统计的国际分类》实施工作的思考

联合国刑事司法统计工作过程中的协调工作非常复杂,加上为了响应可持续发展目标所进行的UN-CTS的指标的增加以及即将面临的《犯罪统计的国际分类》的实施,都对统计数据编制的专业性提出了很高的要求。因此,为了确保完整填报数据,以及整个国家机关内部刑事司法统计数据的准确性、一致性,并且充实统计专业的专业力量、提高数据获取的质量和力度,建议借鉴多数国家开展该项工作的经验,邀请我国国家统计局参与此项工作,发挥其应有的作用。

第一,司法部作为联合国刑事司法统计工作的中方负责单位,在与我国相关规定和实践做法不相冲突的前提下,应当利用我方参与其中的技术咨询小组(ICCS-TAG)并根据其职责范围积极履行相关职责,参与联合国毒罪办为此举行的相关实施推动和评估活动,为联合国毒罪办提供咨询,协助在国家层面推动实施《犯罪统计的国际分类》,并就此启动和执行对分类的连续修订以使《犯罪统计的国际分类》保持最新状态。

第二,在《犯罪统计的国际分类》未来的修正中,针对《犯罪统计的国际分类》(1.0版)的具体分类,我们拟提出相关不同意见。比如,分类对于“故意杀人”的描述是:以造成死亡或严重伤害为目的,非法致人死亡。据此,故意伤害致人死亡的行为必然被归入故意杀人行为,作为故意杀人来进行统计。我们认为这项分类欠妥当,因为故意杀人与故意伤害相比,主观故意的内容不同。一般来说,故意杀人罪是各国刑法中规定的最严重的犯罪,如果把故意伤害致人死亡也归入故意杀人,统计结果容易导致各国犯罪严重化的倾向。因此,我们建议明确区分故意杀人与故意伤害致人死亡这两种行为,这也是我们国家以及大陆法系主要国家的做法。

第三,在我国国家层面实施《犯罪统计的国际分类》,将是一个渐进的过程。根据《犯罪统计的国际分类》实施路线图,技术层面主要有以下几项任务和挑战需要应对:一是要获取刑事司法程序不同阶段的原始数据;二是需要将我国刑法定义的刑事犯罪审慎地转换为《犯罪统计的国际分类》的分类类别,制作《犯罪统计的国际分类》和国内犯罪分类之间的对应表;三是将原始数据与《犯罪统计的国际分类》一一对应进行整理和统计。

第四,为推动《犯罪统计的国际分类》在我国的实施,在组织架构方面,需要建立专门的工作小组进行统一协调,由公、检、法、司以及国家统计局等相关单位参加,并由熟悉统计专业和法律专业等专业的专家参与共同完成。

第五,在《犯罪统计的国际分类》实施过程中,司法部及时组织翻译联合国毒罪办发布的《犯罪统计的国际分类实施手册》和其他相关资料,并向参与《犯罪统计的国际分类》实施的利益相关方发送和宣传,必要时召开研讨会进行交流。

监禁趋势

2017 年全球监狱趋势分析*

葛向伟**

2017 年,尽管全球犯罪率出现了下降,但全球监狱人数却在持续增长。据估算,三分之一的全球监狱人口属于还押候审犯人;18% 的已定罪犯人是因毒品相关犯罪而被投入监狱的。监禁在轻微或非暴力犯罪领域及对审前羁押犯人的过度使用是许多国家监狱人满为患且无法满足犯人基本需求的主要根源。而且,事实已经证明,监禁在减少再犯方面作用有限,而且加重了监狱的财政负担。

在未来若干年内,改善矫正体系应该成为一项重要得多的工作。近年来,国际社会已经见证了一些支持这一变化的积极证据。首先,2015 年通过的《联合国囚犯待遇最低限度标准规则(修订版)》(《曼德拉规则》)不仅对于改善犯人的生活条件和待遇至关重要,而且为被剥夺自由者的基本人权提供了保障。其次,联合国 2015 年通过的可持续发展目标描述了世界各地组织机构在 2030 年之前应予实现的目标,而且强调“任何人都不能落下”。实际上,那些卷入刑事司法体系的人成为

---

* 资料来源:Penal Reform International, Global Prison Trends 2017 Penal Reform International, www. penalreform. org, 2018 年 2 月 6 日访问。

** 葛向伟:司法部预防犯罪研究所副研究员。

最贫困、最边缘化个体的可能性是最高的。他们的基本需求往往会被人们忽视。

可持续发展目标体系中的若干目标和指标凸显了监狱改革的一些关键要素,如为犯人提供基本医疗和卫生服务的必要性(目标3和目标6)、满足特定犯人群体包括妇女和儿童需求的必要性(目标5和目标10)、开展有效教育和改造项目的必要性(目标4和目标8)等。作为广义刑事司法体系的一部分,监狱在维护社会安全方面扮演着关键角色。更重要的是,监狱可通过确保适当的犯人矫治措施为犯人提供改造机会以维护法治,从而有助于和平、包容社会的创建(目标16)。如果从可持续发展和包容社会的角度对监狱进行改革,我们的监狱未来应该能够实现其最佳运作状态并为整个社会带来积极成果。

一、犯罪与监禁的总体趋势

(一)总体犯罪趋势下降

总体而言,全球范围内的犯罪率持续下滑已经成为一个趋势。2003～2013年,杀人及其他暴力犯罪特别是入室盗窃和机动车盗窃之类财产犯罪的比率持续下降。据《全球预防暴力状况报告(2014)》估计,2000～2012年,全球范围内的杀人犯罪率下降了16%,有些地区的下降更为显著。[1]

但是,也有例外。毒品走私犯罪保持了相对稳定,而警方记录的毒品持有犯罪在2003～2013年间则增加了13%。[2] 联合国毒品和犯罪问题办公室的数据显示,有一种暴力——妇女和女童面临的亲密关系暴力——在全球所有地区仍然顽固、持续地存在并且高度相似,因此,女性被她们的亲密伴侣和近亲属杀害这一全球性顽疾需要重新审视,并确立更加有效的预防政策和刑事司法应对措施。

传统犯罪(如非网络犯罪)和暴力持续减少这一总体趋势存在各种各样的解释,但其原因大致归结为国家治理改善方面采取了有效的犯罪预防和刑事司法措施。与此同时,诸如互联网盗窃、欺诈和剥削之类的网络犯

〔1〕 See World Health Organization, Global Status Report on Violence Prevention, 2014.

〔2〕 See International Centre for the Prevention of Crime, Trends in Crime and Its Prevention, 2016, Chapter 1.

罪和腐败、跨国有组织犯罪和恐怖主义一样正日益成为国际国内层面的重大问题。

（二）监禁使用趋势上升

尽管犯罪率出现了下降趋势，但全球范围内的监禁使用并没有相应地减少。2016 年的数据表明，全球有 1035 万人被拘禁在刑罚机构中，而实际数字可能比这还要高，因为若干国家并未提供相应数据，且警方设施中的审前拘押犯人有时并未计入监禁总人数中。这意味着，自 2000 年以来，全球监禁人数几乎增长了 20%，高于全球总人口估算的 18% 的增长幅度。另据估算，全球有近 300 万人处于审前羁押状态及其他形式的还押候审状态，自 2000 年以来增加了 20%。尽管女性囚犯在全球所有地区仍然属于少数群体（不到 10%），但女子监禁人数的增速在所有洲都高于男子监禁人数的增速，[1] 自 2000 年以来，全球监狱中的女性人数增长了 50%。

在地区层面，监禁形势也各不相同。过去 10 年，南美洲、东南亚和西亚的监狱人数出现了大幅增长（分别为 64%、40% 和 33%）。2000 ~ 2015 年间，大洋洲地区的监狱总人数增加了 59%，到目前为止高于其总人口的增速（25%）。美洲地区的形势与此相似，其监狱人数增长了 41%，而其总人口则仅增加了 17%。北美仍是全球范围内监禁率最高的次区域。在亚洲，尽管监狱人数有所增加，但其增幅不如其他地区显著，2000 ~ 2015 年仅增加了 29%，而其总人口则增加了 18%。特别是中亚地区，其监狱人数反而出现了下降的现象。在非洲，监狱总人数在 2000 ~ 2015 年间的增速相对较慢，仅为 15%，而同期其总人口却增加了 44%。

其中一个例外是，欧洲是全球范围内唯一一个监狱总人数出现了下降的洲，其降幅达 21%，而同期其总人口则增加了 3%。这一降幅主要应归功于俄罗斯——其监狱人数从 2000 年的 100 万人左右减少到 2015 年的 64 万人，其次还要归功于东欧地区监狱人数的显著下降。过去 5 年，荷兰的监狱人数也减少了 1/4 以上。2015 年，该国总人口为 1700 万人左右，但其监狱人口仅为 11,000 人。特别是儿童和年轻人，他们在监狱犯人中的比重降幅巨大。同期，荷兰犯人的再犯率也出现了下降。这些现象导致荷兰关闭了

[1] See World Crime Trends and Emerging Issues and Responses in the Field of Crime Prevention and Criminal Justice, 29 March 2016, para. 23.

19 所监狱,而再关闭 5 所的计划也在制定当中。尽管监狱人数的下降是一个积极进展,但是因采用替代措施而导致刑事司法体系法网被扩大的风险也引起了人们的广泛关注。

监狱人数居高不下的一个普遍原因是,公众被认为更青睐严厉的量刑方式。在许多国家,政治领袖通过所谓的"刑罚民粹主义"政策鼓励了这一做法。在菲律宾,杜特尔特(Duterte)总统发起了一场"针对吸毒者的战争",警方奉命采取的行动被认为有杀戮之嫌,引发了国际社会的愤慨。在美国,新当选总统特朗普(Donald Trump)呼吁建立一个"严厉打击犯罪"(tough on crime)的平台,并对酷刑做法赞赏有加,从而再次引发了人们对这一信号可能会破坏绝对禁止酷刑这一规定的担忧。

(三)监狱过度拥挤问题及原因

监狱过度拥挤问题继续被人们列为"全球监狱管理当局面临的首要挑战"及"司法领域的重大挑战之一"。[1] 由于这一问题,在关于司法领域人权问题的 2016 年决议中,联合国大会不得不重申了旨在缓解过度拥挤和减少审前羁押的措施的重要性。[2]

在全球提供了数据的 198 个国家中,多达 115 个国家(58%)的监狱入住率超过了 100%。79 个国家的监狱入住率超过了 120%,51 个国家(占全球国家总数的 26%)更是存在监狱极度拥挤的问题,其监狱入住率超过了 150%。这些数据并没有反映真实的监狱人口规模,因为国别统计数据可能会模糊监狱过度拥挤这一问题进一步地方化的事实。

东非、中非和西非、中美洲和南亚等地区的监狱过度拥挤问题尤其严重。以印度为例,刑事司法体系的拖沓已导致该国一些监狱的入住率达到其设计容量的两倍或三倍以上。在加纳,2016 年中期的媒体报道声称,在该国 43 个监狱中,有 28 个监狱的实际入住率高达 358%。在萨尔瓦多,监狱入住率继续引领全球,2015 年的纪录为 310%。

在关于司法领域人权问题的 2016 年报告中,联合国秘书长强调了以全面方式推动刑事司法改革的必要性。这份报告指出,助长过度监禁

〔1〕 See World Crime Trends and Emerging Issues and Responses in the Field of Crime Prevention and Criminal Justice, 29 March 2016, para. 25.

〔2〕 See UN General Assembly, 71st Session, Human Rights in the Administration of Justice, 11 November 2016, A/C. 3/71/L. 28/Rev. 1.

和导致监狱过度拥挤问题的政策包括“适用于毒品相关犯罪的严厉刑罚,适用于轻微非暴力犯罪的强制性刑期,有违罪刑相适应原则的过长监禁刑,特别是终身监禁,不将还押候审时间计入已服刑期的做法,减刑限制过多等”。

联合国毒品和犯罪问题办公室认定,审前羁押率和过度拥挤问题与一个国家的收入水平之间存在直接关联。该办公室指出,贫穷国家的监狱人数规模相对较小,但其中未判决犯人的比重较高;同时,尽管其监禁率较低,但其过度拥挤程度通常较高。这一现象反映了穷国刑事司法体系中监狱设施不足的问题。[1]

有人指出,监禁措施的过度使用“限制了监狱体系有效应对一小部分对公共安全而言风险最大的犯人的能力,而且事实上加大了犯人带来的风险”。此外,它给公共资金带来了巨大成本,且可能阻碍经济发展。

二、监禁措施使用趋势

(一)审前羁押

居高不下的审前羁押率和过长的审前羁押期限继续引发着人们的关注。2017 年初,尼日利亚监狱中有 70% 的犯人属于尚未判决的被羁押者(共 47,229 人)。在老挝,未审判犯人的比率甚至更高,占监狱总人数的 85%。在巴西,几乎 40% 的监狱人口属于还押候审犯人。在西欧,除还押候审犯人比率高达 82%(共 24 人)的摩纳哥外,荷兰和瑞士的审前羁押率是最高的,达 39%。在许多欧盟成员国,刑事案件嫌疑人的审前羁押几乎已成为常态,以致监狱中每五个人中就有一人处于还押候审状态。非政府组织“公平审判”(Fair Trails)发现,在 10 个被分析欧盟成员国中,检方的审前羁押请求在大多数情况下都会获批。比如,立陶宛批准了 100% 的这类请求,匈牙利、西班牙和荷兰批准了 80% 以上的这类请求。爱尔兰是唯一一个批准这类请求不到 50% 的国家(44%)。以印度为例,2016 年,该国 68% 的监狱人口为还押候审犯人,约 2200 万件案件仍在该国地区法院待审,而其中有 600 万件案件已经迟滞了 5 年以上,同时另有 450 万件案件仍在等待高等法院审

---

〔1〕 See World Crime Trends and Emerging Issues and Responses in the Field of Crime Prevention and Criminal Justice, 29 March 2016, para. 26.

判。在马拉维,刑事司法和法院体系拨款不足的问题已经导致刑事程序的长期拖延。在尼日利亚,该国司法部承认,司法领域的拖沓已经导致该国被告的审前羁押时间平均达3年之久。在泰国,多达百万的案件导致了司法程序的仓促进行,从而导致了无辜人员的错误定罪,并破坏了人们对刑事司法体系的信任。

长期审前羁押对犯人和国家预算的影响是深刻的,但其在改善公众安全方面的效果却是有限的。马拉维监狱检察员发现,由于动不动就长达一年多的审前羁押,一些犯人产生了心理健康问题。在美国,每年用于羁押还押候审犯人的支出据计算达140亿美元,而其中大多数人都属于低风险犯人,更不用说许多人最终还被撤销了指控。

联合国秘书长2016年关于司法领域人权问题的报告将审前羁押使用过度和期限过长这一持续问题视为监狱过度拥挤的主要根源之一。这份报告重申,如果审前羁押期限已经达到了被控犯罪本应判处的最长刑期,嫌疑人即应被释放。

联合国秘书长的这份报告还指出,刑事司法程序本身的缺点也是审前羁押率过高和审前羁押期限过长这些问题的主要根源。法律援助的缺失就是其中一个,而其他还包括法官数量的不足、调查投入有限、案宗的丢失、为应对来自媒体和舆论的压力而监禁犯人以确保公共安全等。据报道,印度是世界上法官与人口比率最低的国家之一(每一百万人仅有13名法官,而其他国家为50名),且其法律部获得的政府预算比率也是世界上最低的比率之一。

在国际层面,人们对审前羁押被滥用的担忧在《联合国关于被剥夺自由者质疑其羁押合法性的权利的原则和准则》中得到了体现。但是,即便在有质疑羁押并决定复议机制的地方,这些机制仍无法构成有效保障。比如,公平审判组织对10个欧盟成员国进行的研究表明,羁押决定在实践中很少有被推翻的。

鉴于这种令人震惊的审前羁押比率,许多国家已经采取措施遏制这一数字。在印度,法律援助服务的适用范围扩大到了审前羁押人员。该国还在刑事司法流程中如何代表被羁押人员行使权利制定了标准操作程序指南,其中包括要求法律援助主体每周必须走访援助对象两次。加纳最高法院则否决了一项禁止某些犯罪如谋杀、强奸和毒品相关犯罪适用保释的立法。

关于减少审前羁押,国际刑罚改革协会基于人们就 45 个国家采用保释作为审前羁押替代措施开展的比较研究,提出了一个《关于减少审前羁押的 10 点方案》,建议各国可采取通过改革其立法、政策和实践减少审前羁押的主要方法:

(1)审议刑法适用范围,将审前羁押的适用仅限于必要情形;

(2)将国际标准包括无罪推定原则纳入国内法准则;

(3)尽可能将案件从法院系统转出;

(4)在犯人出庭的情况下赋予法院以广泛的释放选项;

(5)根据具体情形设定保释金额;

(6)引入并执行还押候审时限规定;

(7)提供法律援助和协助;

(8)建立有效的档案管理制度;

(9)创新法院实践,以减少延误和羁押;

(10)作出特殊努力,使妇女和儿童远离羁押。

这份方案褒奖了那些在审前司法方面堪称良好实践典型的国家。

(二)终身监禁

终身监禁刑的实际服刑时间因国而异,差别很大。在一些国家,终身监禁实际上就是长期固定刑,而在另外一些国家,终身监禁则是真正意义上的终身监禁,没有任何假释的可能性。由于若干原因,许多国家存在增加终身监禁适用并延长终身监禁刑期的趋势。这些原因包括:作为“严厉应对犯罪”这一民粹主义措施的一部分,政府不得不对犯人适用更加严厉的刑罚(包括强制性终身监禁);假释和提前释放获批的减少;在废除了死刑的国家,适用终身监禁的罪行增加了,等等。[1] 在一些国家,出于对释放仍对公众构成风险的犯人的担心,政府当局制定了各种释后羁押措施。尽管名义上属于治疗或非惩罚性质,但这些措施实际上与监禁非常相似。最近,这些措施已在波兰和新西兰付诸实施。由于可放在监狱内实施,这类措施可能无法为被羁押者提供与普通犯人相同的改造机会。

在欧洲和非洲法院的判决和法理中,我们可以发现更加积极的趋势。

---

〔1〕 See Penal Reform International, *Alternatives to the Death Penalty Information Pack*, London, 2015, pp. 20 – 21.

在2013年以来的一系列案例中,欧洲人权法院都作出了“没有获释机会是违反人权标准的”这一裁决。没有假释机会的终身监禁是不人道和有辱人格的,因为无视犯人发生了多大变化且在改造方面取得了多大进步而不赋予他们以获释希望或机会。如今欧洲国家赋予了终身监禁一种希望权(right to hope),必须在犯人最多服刑25年之后对其终身监禁刑罚进行评估,以确定其是否仍然存在继续被关押的合法刑罚依据,如惩罚、威慑、公众保护和改造等必要性。2016年,根据人权论据,津巴布韦宪法法院裁决称,没有假释可能性的终身监禁构成了残忍和不人道的惩罚,监禁刑不可避免的残忍性将导致矫正性司法的恶化和非人性化,而这本来是不必要的。

(三)毒品相关犯罪

在国家层面,各国在应对毒品犯罪的问题上仍然存在严重分歧:主张禁止的一派认为,国家应对所有毒品相关犯罪包括持有和使用毒品的行为采取严厉的刑事制裁措施;而主张改革毒品政策的一派则认为,国家应该推广基于健康目的的应对方法,最大限度地减轻毒品带来的危害。

在中国,新的毒品法司法解释意味着,被入罪的毒品类型更多了,认定犯罪的毒品数量门槛降低了,而涉及毒品的网络行为和煽动儿童实施毒品相关犯罪的行为也将面临着更加严厉的惩罚。在白俄罗斯,毒品犯罪分子会被送到条件更为苛刻的特殊监狱,并被迫戴上显示其毒贩身份的绿色标牌。由于发动所谓的毒品战争,菲律宾总统杜特尔特已经成了国际社会的谴责对象。2016年6月30日,杜特尔特正式就任菲律宾总统,并呼吁执法机构和公众就地处决那些拒绝投降的吸毒和贩毒人员。自那以来,已有7000多人在这场毒品战争中被杀。在柬埔寨,一项打击吸毒者的专项行动于2017年年初正式启动。据柬埔寨当局报告,在当年前两周内,就有1000多名毒贩和吸毒人员被捕。在至少33个国家和地区,死刑仍可适用于毒品相关犯罪,其中还包括10个强制适用死刑的国家。[1]

大麻相关犯罪是许多国家大规模监禁现象的主要原因。比如,在突尼斯,70%的涉毒犯人都是因持有大麻而被定罪的。

与此相反,有些国家则改革了他们的毒品政策:或引进了差异化刑罚,或致力于追求制裁措施与违法行为的相适应性,或放弃了适用强制性最低

〔1〕 See Penal Reform International, *Death Penalty Info Pack*, Third Edition, 2017, p. 24.

刑期的做法。而且,许多国家对持有和自用大麻的行为进行了非罪化或合法化处理。根据最高法院的裁决,加拿大、墨西哥和格鲁吉亚分别对大麻相关行为进行了非罪化处理。在格鲁吉亚,宪法法院认为,监禁刑对于大麻使用行为而言过于严厉。牙买加也对持有和使用最多两盎司大麻的行为作了非罪化处理,仅对上述行为进行罚款形式的民事处罚,且不纳入犯罪记录。

由于对全球毒品政策走向这一问题的紧迫感日益强烈,联合国大会将原定于 2019 年召开的毒品问题特别会议提前到了 2016 年 4 月举行。这次特别会议是继 1990 年和 1998 年同类特别会议之后的第三次。这次会议的成果文件涉及需求减少、管制药物的获取、供应减少、人权、青年、儿童和妇女等方面的承诺,以及关于新挑战新药物、国际合作和另类发展等方面的跨界问题。在刑事司法和刑罚改革领域,这次会议重申了在毒品政策中尊重、保护和倡导人权及法治的承诺,包括制定与违法行为相适应和有效的毒品政策和应对措施,以及刑事司法程序和司法部门的法律保障措施等。

三、监狱人口

在全球范围内,监狱人口主要来自贫困和被社会边缘化的社群,而在这些人口中,成年男性又占了大多数。尽管如此,一些特殊群体在监狱人口中仍属少数,且存在特定的需求和风险。统计数据还显示,一些少数群体在监狱人口中所占的比率过高。

(一)女犯

全球范围内,监狱人口中的女性仍在继续增加。根据 2015 年的数据估算,全球有超过 70 万妇女和女童被关押在 219 个国家级监狱体系中,且这一人群的增长速度要高于男性囚犯的增长速度。

越来越多的研究成果证实,在大多数国家,因贫困和家庭角色相关的非暴力轻微犯罪(包括财产和毒品相关犯罪)而被指控或定罪的女性非常多。比如,2016 年在肯尼亚开展的一项研究表明,在 97 名被采取非拘禁措施的受访女性犯人中,36% 曾经因非法酿造和销售酒品而被定罪。在 2014 年被收监的爱尔兰女性犯人中,有 80% 是因为未支付罚款而被投入监狱的。在英格兰和威尔士,未支付电视许可费是 36% 女性被起诉的原因。根据上述两地的法律,持续拒付这一费用将导致入狱处罚。在塞拉利昂,人们发现,因违反埃博拉疫情期间实施的法规而被逮捕和定罪的女性增加了。她们之所以被捕,是因为从事了诸如在宵禁期间销售货物和食品、在家庭成员去世期间聚集人群之类的活动,而两者均可导致监禁处罚。

女性因轻微毒品相关犯罪而被监禁且比率过高的现象仍在持续,特别是在美洲和亚洲地区。这一趋势要归结于低级犯罪的检控相对更为简单。[1] 2016年,印度尼西亚和菲律宾监狱中有90%以上的女性囚犯是因毒品相关犯罪而被指控或定罪的,而在泰国,这类犯人占2013年该国所有被判刑女性囚犯的83%。在阿根廷、巴西、哥斯达黎加和秘鲁等国,每一国家都有超过60%的女性囚犯是因为毒品相关犯罪而被投入监狱的。柬埔寨的一项研究发现,许多因贩毒而被监禁的外国女性是在他们的男性伴侣胁迫下犯罪的,而在一些情况下,她们甚至是在不知情的情况下被当做贩毒工具利用的。

自《联合国关于女囚待遇和女犯非拘禁措施的规则》(《曼谷规则》)于2010年12月通过以来,国际社会更加深刻理解了女犯的人生路径、监禁对她们产生的影响及采用性别特定方法应对她们的必要性等问题。联合国毒品问题特别会议的成果文件认识到了因毒品相关犯罪而被羁押女性的特定弱点,以及她们在毒品相关犯罪中扮演的角色,因此呼吁各国考虑女犯的保护性因素和风险因素,以及她们卷入毒品犯罪的根本原因。在国际层面,女囚的处境越来越为人权组织所认识。联合国酷刑问题特别报告员在2016年的专题报告中从性别视角聚焦了酷刑问题,凸显了拘禁中女性在酷刑和虐待方面面临的一系列具体问题。[2]

一些地区已经采取行动,将联合国制定的《曼谷规则》纳入其国内监狱法规并开始执行性别特定规则。例如,西澳大利亚州制定了首份性别特定准则,并将重点放在了原住民女犯上。2016年4月,秘鲁批准了该国首个女犯应对程序,其中包括特定类型女犯的应对方法指导。根据2016年的研究成果,肯尼亚在实施性别敏感型服务令。在泰国,由于性虐待方面的报道,监狱当局开始用扫描方法替代之前的搜身办法。而且,泰国上诉法院首席

---

〔1〕 See International Drug Policy Consortium (IDPC), *Drug Policy Guide*, 3rd edition, 2016, p. 97.

〔2〕 See UN Human Rights Council, Report of the Special Rapporteur on torture and other cruel inhuman or degrading treatment or punishment, 5 January 2016, A/HRC/31/57.

法官的一项判决要求将女犯的背景和个人处境作为量刑时的一个因素进行考量。

(二)未成年犯和青少年犯

联合国毒品和犯罪问题办公室表示,被监禁儿童数可能会缓慢下降,其被监禁率也将从2004~2006年间的每10万儿童中12人被监禁下降到2011~2013年间的每10万儿童中10人被监禁。但是,有些地方出现了倒退,刑事责任年龄降低,成人法庭审判儿童,当局未保护好被羁押儿童的现象仍然屡见不鲜。

关于儿童羁押中的问题,2016年,人权观察组织曝光了巴西儿童羁押设施的严重过度拥挤问题。在该国两个少年犯羁押中心爆发的骚乱中,竟有11名儿童被杀身亡。在澳大利亚,新闻也曝光了被羁押儿童面临的虐待问题。2015年,联合国关于刑事司法体系中女童问题的报告列举了导致刑事司法体系中女童弱势地位的各种因素,包括家庭环境不稳定、遭受暴力和虐待史、贫困、教育系统的失败、生理和心理健康问题、缺乏拘禁替代措施或根本就不存在儿童保护制度的做法、歧视,等等。一旦被剥夺自由,女童遭遇暴力和虐待的风险很高。在许多国家,女童被关押的地方往往离家很远,且经常与成年女性关在一起,甚至被单独关押,以便将其与成年和未成年男子隔离开来。当局人士实施的暴力则很少被调查或起诉。修复性司法程序本来可以在很大程度上规避女童羁押并为她们提供保护,但这些程序仍然很少。在许多国家,面向女童的社区化项目仍然匮乏。根据联合国毒品和犯罪问题办公室的数据,女童的定罪率增速要高于妇女的定罪率增速。卷入刑事司法体系的女童所面临的独特挑战,以及实施性别敏感型项目的重要性,正日益为人们所认识。

此外,对儿童犯罪实施死刑或终身监禁的做法仍未杜绝。2016年,一名独立专家接受委托,就被剥夺自由的儿童开展了一项全球性调查,以解决被拘禁儿童相关信息和数据缺乏的问题,并提供相关良好实践和建议。根据儿童权利信息网络(Child Rights Information Network)的数据,一小部分国家(13个)仍然保留了对实施犯罪时仍属儿童的犯人适用死刑的做法。据估算,伊朗在过去10年内就因未成年人实施的犯罪而处决了60多人。美国是唯一一个在实践中仍会判处儿童以终身监禁且剥夺其任何假释机会的国家,尽管该国17个州已禁止这种判决方式。2016年初,美国最高法院作出了一项里程碑式的判决（在 Montgomery 诉 Louisiana 案件中），即政府必须考虑对因未成年时实施犯罪而被判处终身监禁且正在服刑的犯人进行假释或对他们进行重新判决。在欧盟，英国是唯一一个仍在判处儿童以终身监禁的国家。

针对上述问题，一些国家开始为儿童设立独立的司法体系。比如，格鲁吉亚宣布了一项为 14～21 岁青少年犯人建设一座专门监狱的计划。这个监狱将以犯人改造为重点，而且有助于防止犯人一满 18 岁就将其转移到成人监狱的做法。最近，越南也设立了首个儿童法庭，专门为 18 岁以下的犯罪嫌疑人和受害人服务。美国和英国也出现了一些积极进展。在这两个国家，越来越多的人开始认识到，青春期的各种需求绝不会在一个人的第 18 个生日之后戛然而止。因此，美国人建议，25 岁以下的犯人不应被送到成人监狱，因为有无可辩驳的证据表明，典型的成年男性大脑至少要在二十五六岁之后才会充分成形。另外，美国人还提出了通过少年犯司法体系应对 18 岁至 20 岁犯人的立法建议。2016 年，厄立特里亚、法国和马达加斯加等国分别实施了禁止对儿童适用终身监禁判决的规定，这无疑是一种可喜的进展。

针对女童问题，联合国特别代表根据国际标准提出了多项建议，其中包括在决策过程中考虑女童的弱势地位、最大限度地避免女童问题的制度化、提供年龄和性别特定项目及服务等。例如，《俄勒冈州女童性别敏感项目有效实施准则》（Oregon Guidelines for Effective Gender-Responsive Programming for Girls）在美国国内和全球范围内的影响都很大。但是，改善涉法女童待遇方面的进展却仍然有限。

（三）外国籍犯人、少数群体犯人

在全球大多数地区，作为外国国民的囚犯数量持续增加。在欧盟境内，几乎平均每 5 名犯人中就有 1 人为非本国国民。比如，在荷兰，国外出生的犯人数增加到了 2015 年的 62%。在中东地区，外国犯人占全国犯人总数的 50% 以上。近年来，亚洲地区的外国犯人也出现了显著增加，而其潜在原因据说包括移民暴增、人口走私和跨国犯罪等。比如，2016 年，马来西亚的监狱人口中有 30% 属于外国国民，而这些人大多数都是因为与移民相关的轻微犯罪（如打黑工、无护照等）而被投入监狱的。全球化及外国人更容易被捕且领受监禁刑是这种增长的原因之一，因为外国人的身份使他们在审前和定罪阶段免于非拘禁措施的可能性更低。

关于羁押外国籍犯的问题,2015 年的一项研究证实,[1]外国籍犯人的特定需求,包括因身份地位、语言困难和远离家庭等原因造成的需求,在很大程度上都未得到满足。尽管为外国监狱中的本国国民提供领事协助具有国际法依据,但在实践中,提供这项服务的国家很少。一些国家将外国犯人与本国犯人一起关押在混合监狱中,而其他一些国家则将外国犯人关押在专门关押外国犯人的特定监狱中。以挪威为例,该国政府在荷兰租赁了一个监狱(因其国内监狱空间有限),专门用于关押外国犯人,这些犯人几乎占了挪威监狱人口的 1/3。被关押在这一监狱的外国犯人大多数来自东欧地区,而将他们转移到这一监狱据说有不少优势,其中包括因离家更近犯人家属探监次数增多、监位不足时可通过电话联系立即增加等。

关于少数群体犯,在很多国家,少数群体与法律发生冲突并以高于多数群体的比率被投入监狱的现象仍在持续。2016 年 6 月,美国量刑项目(Sentencing Project)报告指出,在全国范围内,非洲裔美国人的监禁率是白人监禁率的 5 倍以上,而在 5 个州甚至至少是白人的 10 倍。与此同时,人们发现,美国妇女的监禁率却出现了一种反向变化:2015 年末的数据表明,黑人妇女被监禁人数出现了降低,而白人妇女的被监禁人数却出现了增加。在世界其他地方,少数群体也面临着监禁率过高的问题。以印度为例,穆斯林、达利特人和原住民(Adivasis)等少数群体占全国监狱人口的 50% 以上,但他们占全国人口总数的比率却不到 40%。[2] 在匈牙利,罗姆人(Roma)占全国监狱人口的 40% 左右,但他们仅占全国人口总数的 6%。

(四)监狱中的吸毒人员

在大多数监狱,尽管有不得使用酒精和毒品的禁令,但使用上述物质的犯人比例仍很高。监狱中这一问题的规模和犯人使用的毒品类型因国而异,但据估算,每三个犯人中就有一个至少在监狱中使用过一次毒品,而许多犯人第一次注射毒品就是在监狱中进行的。[3]

2016 年,新型精神活性物质成了欧洲监狱中一个日益严重的问题,但关于监狱中精神活性物质使用这一问题的数据和相应应对措施仍然很少(一

---

〔1〕 See Femke Hofstee-van der Meulen, Detained Abroad: Assisting Dutch Nationals in Foreign Detention, 2015.

〔2〕 See Arunabha Bagchi, "Editorial: Inclusive Justice", *The Statesman*, 19 November 2015.

〔3〕 See International Drug Policy Consortium (IDPC), *Drug Policy Guide*, 3rd edition, 2016, p. 98.

些国家除外)。在英国,监狱检察署呼吁出台相关战略应对英国监狱中新型精神活性物质毁灭性影响这一问题,并将犯人死亡、严重疾病和自伤等问题归结于这类物质。但是,政府的反应总是以监管和惩罚为重点,如根据新法对持有和供应新型精神活性物质的犯人处以剥夺权利、延长刑期等惩罚。因此,欧洲毒品和毒瘾监控中心(European Monitoring Centre for Drugs and Drug Addition,EMCDDA)曾倡导过一种与健康和毒品相关的、以减害和预防措施为主要内容的不同方法,以应对新型精神活性物质的问题。

2016 年国际减害组织(Harm Reduction International,HRI)全球报告显示,诸如针具注射器计划(Needle Syringe Program,NSP)和阿片替代治疗(Opioid Substitution Therapy,OST)之类循证减害措施在监狱中的实施仍然有限。[1] 在 158 个被调查国家中,有 90 个目前正在监狱外实施针具交换计划,而至少在一个监狱中实施过该计划的国家只有 8 个。阿片替代治疗的实施在监狱中则更为普遍。在社区实施阿片替代治疗的 80 个国家中,有 42 个至少在一个监狱中提供了这种治疗,比 2014 年增加了 21%。但是,监狱阿片替代治疗的质量仍令人担忧。

在国际层面,联合国大会毒品问题特别会议采纳了包括使用纳洛酮在内的减害措施,大约 46 个国家和地区的政府在这次特别会议上表达了对减害措施的支持。由于认识到监狱中药物使用与传染性疾病传播之间的联系,联合国艾滋病规划署(UNAIDS)明确将监狱犯人定为艾滋病预防领域的一个关键人群,从而将 2030 年之前终结艾滋病疫情这一可持续发展目标的实现与减害措施结合起来了。

除了上述减害措施之外,一些国家还在监狱中采用了基于健康的药物使用应对方法。例如,2016 年 2 月,肯尼亚在监狱警察中开展了减害工作坊活动。之后,肯尼亚监狱局呼吁监狱为毒品使用人员引进治疗设施。2014~2016 年,全球共有 5 个国家和地区(印度、黎巴嫩、摩洛哥、越南和中国澳门地区)至少在一所监狱中实施了阿片替代治疗项目,而塔吉克斯坦则制定了阿片替代治疗实施准则,尽管其真正实施仍在考虑当中。

(五)男女同性恋、双性恋、变性人和两性人(LGBTI)犯人

在全球范围内,关于监狱中男女同性恋、双性恋、变性人和两性人犯人

---

〔1〕 See Harm Reduction International,The Global State of Harm Reduction,2016.

的数量仍然没有可靠的数据，而任何旨在对这类犯人进行明确分类或定义的努力都难以进行。在 76 个国家中，同性成年人之间的（某些）性行为或特定的与性别相关的表达仍然属于犯罪行为，从而导致了男女同性恋者、双性恋者、变性人和两性人被大量监禁的后果。

现在，越来越多的人开始承认，男女同性恋、双性恋、变性人和两性人犯人面临的歧视、骚扰、虐待和暴力风险很高。2016 年联合国酷刑问题特别报告表明，针对男女同性恋、双性恋、变性人和两性人犯人的暴力非常普遍，而这类犯人遭遇性暴力、身体暴力和心理暴力的比率要高于普通监狱人群。

有的国家（如泰国和土耳其）试图设立完全独立监狱专门关押男女同性恋、双性恋、变性人和两性人犯人，但是这种做法引起了争议。2012 年，欧洲人权法院判决称，以保护为由单独关押同性恋犯人的做法违反了禁止酷刑和虐待的规定，并构成了歧视性待遇。然而在这之后，土耳其司法部长却宣布，该国将在 Izmir（伊兹密尔）地区设立一所仅关押男女同性恋、双性恋、变性人和两性人犯人的监狱。尽管这一规划设施作为一项安全措施具有其合理性，但人权活动家声称，这种隔离可导致歧视问题的加剧。

对变性人而言，可见的明显特征意味着他们经常会成为骚扰和歧视的对象。因此，已经出现了关于对他们进行适当安置、为他们提供医疗服务及为他们制定适当搜身程序的讨论。联合国酷刑问题特别报告员指出，羞辱和侵犯性搜身行为（特别是对变性人进行的这种行为）可能构成酷刑或虐待。在哈萨克斯坦，媒体广泛报道了一名变性女子一旦被判有罪将被投入男子监狱的新闻。在英格兰，被关押在男子监狱的变性女性囚犯的自杀现象备受瞩目，从而催生了一项关于变性犯人照护和管理的新政策。这项新政策甚至包含了量刑时即应考虑变性犯人安置问题的规定。在美国，一名终身监禁犯于 2016 年接受了由州政府资助的性别重置手术，从而开创了一个先例。认识到这一群体的人权问题，2016 年，联合国人权委员会就性取向和性别认同问题任命了一名独立专家，并委托其开展相应调查。

（六）老年犯

在许多监狱体系，老年犯人成了监狱犯人中的一个显著群体。2015 年，日本警方逮捕的犯人中几乎有 20% 属于 65 岁或 65 岁以上的老年人；2016 年，新加坡监狱中有 651 名 60 岁以上的老年犯人，比 2012 年增加了一倍。在英国，60 岁及以上的犯人是监狱人口中增长最快的群体，占 2016 年该国监狱总人数的14%。美国司法统计局的数据表明,1999~2014年,美国联邦和各州监狱中55岁及以上的犯人增加了250%。在全球范围内,尽管老年犯人相关数据及综合研究成果的匮乏现状仍未改变,但刑期的延长已被人们确定为这一趋势的根源之一,而刑期延长在一定程度上又是惩罚性量刑政策盛行的结果。

在一些国家,人们批评刑罚体系没有充分满足老年犯人的需求。比如,在加拿大,每四名联邦犯人中就有一名50岁或50岁以上的老年人,而公民社会和监狱监督机构(矫正调查员办公室)批评政府没有就老年犯人制定专门的应对策略。在英国,一份非政府组织撰写的报告批评政府没有就老年犯人制定全国性战略,并指出64%的老年犯人表示自己存在心理健康问题,而80%的老年犯人则表示存在严重疾病或残疾问题。在2016年就一名70岁犯人诉瑞士政府的案件作出裁决时,欧洲人权法院也指出了各国在老年犯人待遇问题上缺乏共识这一问题。在这个案件中,老年犯人声称,达到退休年龄后,监狱仍拒绝了自己关于免除强制性劳动的申请,因而违反了禁止强迫劳动的规定。然而,这名犯人的指控没有获得法院支持。欧洲人权法院指出,欧洲委员会成员国尚未就退休与监狱劳动等问题达成充分一致,而强迫劳动的禁令并不意味着强制劳动的绝对禁止。

老年犯人是一个多元而复杂的群体,需要刑事司法体系所有阶段的专门评估和干预,包括逮捕、审判、拘禁和重返社会等阶段。在监狱中,他们需要诸如医疗保健之类的特定安排,包括对监狱环境中影响犯人健康和安宁的感官、机体和认知能力受损现象的认知。在一些国家,人们是通过特殊设施或提前释放机制满足老年犯人需求的。以泰国为例,一年一度的皇家特赦(Royal Pardon)会将70岁以上的初犯及剩余刑期不到3年的60岁或60岁以上的犯人予以无条件释放。日本的旭川监狱在公共区域改建了坡道和扶手之类的设施,以方便行动能力受损的犯人。同样,在新加坡监狱中,25个牢房也安装了包括扶手在内的新设施。

四、监狱管理

(一)监狱卫生

许多监狱体系仍未达到《曼德拉规则》重申的卫生领域的最低限度国际标准,人满为患且医务人员匮乏的监狱中的情况尤为严重。比如,哥伦比亚监狱的入住率高达 150%，司法部长不得不宣布监狱医疗处于紧急状态，并签署法令允许监狱采取紧急措施解决药品和医务人员匮乏的问题。在阿富汗，联合国认为过度拥挤是该国 15 个省级监狱近年来爆发 15 次疥疮和肺结核疫情的一个主要原因，而该国一监狱死亡 42 名犯人的事件也可归因于不达标拘禁条件造成的各种疾病。在肯尼亚，2016 年的一次监狱检查也发现了过度拥挤监狱中犯人与厕所数量比偏低、监狱做法不卫生和饮用水不安全等问题，大部分医学问题包括肺结核、痢疾和疥疮等都与上述卫生条件存在关联。

监狱犯人中接触和非接触性传染病高度流行这一问题仍在继续，而监狱过度拥挤和吸毒减害措施的匮乏是其主要原因。特别是后一个问题，联合国 2016 年 6 月通过的《关于艾滋病问题的政治宣言》（Political Declaration on HIV/AIDS）指出，监狱犯人感染艾滋病毒的可能性是普通人群中成年人的 5 倍。因此，这份宣言呼吁为犯人提供减害项目、抗逆转录病毒治疗（antiretroviral therapy）及旨在预防药物使用相关艾滋病毒传播的其他干预措施。

监狱对犯人心理健康的影响这一问题仍未得到足够重视。研究成果表明，女犯存在心理疾病的比率很高，而这通常与她们在收监之前遭遇的暴力和收监之后遭遇的隔离措施有关。在东南亚，无法与家人和子女保持联系使外国女犯极其孤独，因而处于极大痛苦之中。在法国，人权观察组织发现，存在心理健康需求的女犯面临着极其严酷的监狱环境。

然而，医疗服务的改善和犯人数量的减少会使犯人因健康问题而死亡的案例出现显著下降。比如，格鲁吉亚就属于这种情况，2011 年有多达 114 名犯人死亡，且大多数死在了监狱医院，而到 2016 年，这一数字下降到了 17 人。最近，格鲁吉亚还引进了旨在应对囚犯心理健康问题的监狱自杀预防项目。

（二）监狱劳动

监狱劳动的价值得到了人们的广泛认可，而监狱当局也在继续探索为犯人提供有益活动及使其在拘禁期间掌握各种技能的方式。比如，哈萨克斯坦就创建了一个新的劳动项目，允许监狱犯人开办小型企业出售自己的货物（通过家人或朋友进行），同时雇佣一些其他犯人。一些国家也出现了更加积极的做法。以巴西为例，监狱犯人可参与蔬菜收割并捐赠给慈善机构,每劳动三天就可减刑一天。

但是,各国监狱提供的劳动类型差异很大,而一些国家的劳动条件又令人担忧。许多劳动项目都没有满足《曼德拉规则》及其他国际标准所要求的公平报酬或健康和安全方面的标准。技能建设很少成为监狱劳动项目的重点,提供给犯人的大部分工作机会要么与监狱运作相关,要么与外部公司的工厂作业相关。在津巴布韦,监狱犯人被作为廉价劳动力出售给了地方委员会,从事割草或清理风暴排水系统,每天所得仅为2美元。在俄罗斯,一项强制犯人在建筑工地劳动并以此作为惩罚的立法议案已经被重新提出。在美国,在厨房或洗衣房工作的犯人通常能够获得每小时0.12美元到0.40美元不等的工资。在印度尼西亚,犯人每月所得估计在7美元到38美元之间,低于当地社区的最低工资标准。在缅甸,一项调查发现,该国48个劳动营都存在不人道的劳动环境。这些劳动营被赋予了“制造中心”“农业和畜牧养殖培训职业中心”之类的新名称,关押着大约2万名犯人。

(三)安保问题与暴力

2016年,许多国家的监狱安全形势都出现了恶化,而监狱过度拥挤和工作人员配备不足是导致这一问题的共同原因。

在拉丁美洲,团伙相关暴力导致了巴西、萨尔瓦多、危地马拉和墨西哥等国监狱骚乱的增加。另外,过度拥挤和自治结构也是该地区监狱暴力激增的原因。在巴西,2017年1月的一连串暴力事件就导致了100多名犯人丧生,而这些暴力事件是在两大团伙为争夺监狱控制权而达成的“停火协议”失效之后发生的。在圣保罗州的一些监狱中,一名警卫就要监督300~400名犯人。泛美委员会(Inter-American Commission)对这些致命暴力事件进行了谴责,并就该国拘禁中心系统性暴力频发的环境表达了关切。

除拉丁美洲外,其他地区的监狱暴力也达到了惊人的程度。在俄罗斯,大规模监狱暴动的数量从2012年的12起增加到了2015年的19起。在塞内加尔,监狱犯人为抗议不人道待遇而举行暴动时,监狱当局甚至动用了窒息性炸弹。另外,监狱过度拥挤被认为是2016年3月圭亚那致命监狱暴动的罪魁祸首,在这场监狱暴乱中,16名犯人不幸丧生。

在欧洲,英格兰和威尔士的监狱也报告了完全不可接受的暴力乱象。2015~2016年度,上述两地监狱共有6名犯人被杀,而涉及武器的监狱袭击事件更是多达4000起。2015年3月至2016年3月,监狱犯人对工作人员发起的袭击事件也增加了 40%，几乎以每天平均 15 起的频率发生，累计共 5423 起，这种形势已经达到了危机的程度。英国司法部明确表示，工作人员的削减是导致监狱暴力增加的直接原因。

在印度、爱尔兰、加拿大、美国和澳大利亚、新西兰等国，尽管其国情各不相同，但监狱工作人员与犯人数量比的下降和监狱设施的过度拥挤都是犯人袭击工作人员事件增加的主要原因。印度一些监狱过度拥挤，却有三分之一的狱警岗位出现空缺。一些官员指责说，工作人员数量的不足是该国两年内发生 40 起越狱事件、导致 180 多名犯人脱逃的原因之一。

另一方面，爱尔兰的监狱却出现了暴力减少的现象，而监狱长们将这一转变归结为拘禁条件的改善。其中，一所监狱获得了 2800 万欧元监狱改造资金的监狱报告说，他们那儿的暴力事件减少了 40%。

联合国毒品和犯罪问题办公室及其他机构都指出了动态安保工作方法的优点。这种方法以监狱犯人和工作人员之间的积极关系及监狱情报工作为基础，可为越狱、骚乱及其他暴力事件提供早期预警。[1]

（四）监狱工作人员

全球监狱体系正疲于应付监狱工作人员配备不足的问题。过去几年，各国的监狱和矫正部门工作人员数量因政府预算的削减而受到了影响。例如，在美国的俄克拉荷马州，尽管监狱人口增加了 26%，但监狱工作人员仍被削减了 25%。2016 年的预算削减则意味着，该州矫正部门仅能维持 67% 的必要监狱岗位。在英格兰和威尔士，狱警岗位在 2010 ~ 2016 年间也被削减了 25%，而管理层工作人员则被削减了 44%，但是，之后暴力、自伤和自杀事件的增加又迫使政府不得不宣布投入更多资源招聘更多狱警。

由于工作人员与犯人数量比的不足，监狱通常不得不缩减犯人的狱外活动时间，并取消犯人的改造项目、探监及其他活动。这样做的结果通常是暴力的增加。例如，2016 年 8 月，南非的 5 名矫正警察在干预斗殴时不幸被犯人刺伤，而监狱工作人员将其归咎于监狱新近启用的一个排班制度，因为根据这项制度，少量警卫要监管多达 500 名犯人。在澳大利亚的新南威尔士州，2016 年的一项检查发现，工作人员的减少（因成本节约措施）与监狱禁闭及犯人与工作人员之间的紧张关系有关。

---

〔1〕 See UN Office on Drugs and Crime, Handbook on Dynamic Security and Prison Intelligence, 2015.

大多数国家监狱工作人员的工作条件仍然很糟糕,监狱工作人员在保证刑事司法体系有效性方面的关键角色通常并没有被人们认识到。因此,一些国家的监狱工作人员发起了抗议活动,其中包括以改善工作条件和增加报酬为诉求的罢工。例如,比利时监狱工作人员的罢工持续了两个月。罗马尼亚监狱工作人员也于2016年9月举行了全国性的抗议活动,呼吁政府改善监狱工作条件、提高工资并增加工作人员数量。据报道,该国有2400个监狱岗位出现空缺。2016年6月,利比亚由于无法支付监狱餐饮服务公司的费用,该国监狱警察也发出了罢工威胁。

在矫正领域的性别平等方面,过去几十年也有所进展,越来越多的女性狱警开始受雇于世界各地的监狱,包括男子监狱,而其优势也是有目共睹的。但是,矫正部门仍然是男性警察的天下,针对女性工作人员的性别歧视包括工资不平等和女性在管理岗位代表性偏低等问题仍时有报道。在矫正领域性别平等方面做得比较好的一个例子是新西兰。在这个国家,女性占矫正工作人员的44%,占高级管理层的51%,而2014年男女矫正工作人员的薪资差异几近为零,可以忽略不计。

联合国毒品和犯罪问题办公室最近出版的《动态安保和监狱情报手册》重申,符合国际标准的良好监狱管理必须依赖监狱工作人员来实施。该手册强调了工作人员与犯人进行沟通、定期接触、建立职业关系并融入犯人日常生活的必要性。[1]

(五)单独监禁

关于单独监禁的使用,各国的实践并不相同。在美国,有65,000多名犯人被长期单独监禁(根据《曼德拉规则》的定义,指被连续单独关押15天以上),同时有3000名犯人(一半在得克萨斯州)被单独关押了6年以上。2016年关于纽约州监狱的一份报告证实了单独监禁使用过程中存在的种族歧视问题,即黑人和拉丁裔犯人被单独监禁的比率高达白人犯人的两倍,而其单独监禁的时间也更长。在法国、比利时和荷兰,有嫌疑或已定罪的恐怖分子都被单独关押在独立牢房,理由则是这样做对防止监狱犯人的激进化是必要的。在澳大利亚,政府也公布了在悉尼附近建造小型超级安全级别

---

〔1〕 See UN Office on Drugs and Crime, Handbook on Dynamic Security and Prison Intelligence, 2015, p. 8.

监狱及高风险监区的计划,在那里,恐怖主义嫌犯将被关押在带有笼式小院子的隔离牢房里。

国际及地区机构就一些国家的单独监禁情况进行了调查和报告。联合国人权委员会对韩国将单独监禁用作最为普遍的犯人纪律惩罚方式表达了关切,而联合国儿童权利委员则呼吁瑞典终止其将儿童单独关押在还押候审监狱和警方牢房的做法。在关于法国的报告中,联合国禁止酷刑委员会对于存在心理健康障碍的犯人经常被适用隔离措施的做法表达了担忧。泛美报告员(Inter-American Rapporteur)关于阿根廷的任务报告则对该国被单独监禁犯人的悲惨状况提出了严厉批评。

随着越来越多的人认识到单独监禁对犯人身心健康的破坏性影响,以及单独监禁使用的增多或其适用过程中的歧视现象,一些国家开始对其进行改革,以限制其使用。具有重大意义的是,2016 年 1 月,时任美国总统奥巴马签署了一项旨在终结联邦监狱对少年犯适用单独监禁的命令,并要求美国司法部在联邦监狱管理局实施一系列单独监禁方面的改革。[1] 在各州层面,美国对单独监禁使用的限制也越来越多,加利福尼亚州和科罗拉多州还就此通过了新的立法。宾夕法尼亚州的一个法院则对死刑已被废除情况下,监狱仍不经正当程序单独关押死刑犯且不对其进行任何有益评估的做法进行了批评,而其依据就是极端隔离对犯人产生的心理影响。在加拿大,2015 年的最新数据表明,在新政府实施政策变革之后,该国被处无限期单独监禁的犯人数量已经减半。在爱尔兰,2016 年初,该国被单独监禁的 51 名犯人中有一半至少被单独关押了 100 天。同年,该国议会提出了一项法律议案,而这项议案如果获得通过的话,将首次在其国内法中体现单独监禁的国际定义,并对长期单独关押犯人的做法作出法定限制。

(六)暴力极端主义与监狱

关于如何应对暴力极端主义犯人这一问题的讨论在国际、地区和国家层面越来越多。关于暴力极端主义犯人的文献通常会明确指出,造成这一问题的根源并非宗教观点或意识形态,而是倡导、使用暴力践行极端观点的做法。尽管激进化(radicalization)这一术语的定义并没有国际共识,但其经

---

〔1〕 See Barack Obama, “Why We Must Rethink Solitary Confnement”, *The Washington Post*, 25 January 2016.

常被描述为因意识形态、政治、宗教、社会、经济或个人原因而使个人日益接受和支持暴力极端主义的一个动态过程。2016 年对欧洲出现的 79 名圣战分子进行的一项研究发现,这些人中一半以上(45 人)曾在监狱待过,而在这一半多人中,四分之一以上(12 人)在监狱中就已被激进化,尽管其出狱后的激进化程度更高。

工具开发方面,用于区分普通犯人与作为暴力极端主义者的犯人或易被激进化犯人的工具的开发已经是专家们讨论的一个主要问题。目前使用的风险评估工具(如 VERA 2R 和 ERG22 +)在缺乏人力和财力资源的国家难以实施。而且,这些工具评估的风险因素与导致犯人实施暴力犯罪的真实因素之间的联系仍然有待验证,而相关项目和干预措施的评估和效果数据目前仍然缺乏。

实践中,无论是激进化自身,还是激进化他人,存在激进化风险的犯人都会表现出一些迹象,而监狱当局非常需要与这类迹象相关的培训资料。过去几年,比利时和肯尼亚已经制作了一系列这样的培训资料。目前,欧洲监狱与矫正服务组织(European Organization of Prison and Correctional Services,Euro Pris)也已开始收集相关培训案例,以提供给所有监狱服务机构,同时还在通过其区域 R2PRIS 项目开发在线学习和课堂培训课程。

国际社会普遍认同人道的监狱环境和良好的监狱管理可能防止犯人接受暴力极端主义的观点。如监狱管理者无法提供安全的监狱环境,犯人可能会转向其他犯人寻求保护。过度拥挤和人员配备不足强化了犯人接受激进化的条件。以索马里为例,旨在解决过度拥挤问题并为犯人提供自来水、床铺和电视的各项措施已经减少了该国监狱中的暴力,并使工作人员能够更加有效地说服犯人参与去激进化活动。联合国秘书长的《预防暴力极端主义行动计划》(Plan of Action to Prevent Violent Extremism)警告,违反人权和法治并采用镇压式严厉安全应对措施的政府往往会催生更多的暴力极端主义分子。欧洲委员会《关于激进化和暴力极端主义的监狱和矫正服务准则》(Guidelines for Prison and Probation Services Regarding Radicalization and Violent Extremism)也告诫,暴力、种族主义、伊斯兰恐惧症及其他形式的歧视会产生仇恨,从而为激进化话语生根发芽提供了土壤。

但是,关于存在激进化他人风险的犯人是应单独关押,还是应与普通监狱人群一起关押这一问题,辩论仍在继续。在英国,因违反恐怖主义相关法律而被判刑的犯人都是分散关押的。但是,2016 年的一份报告建议说,这一制度应该接受评估,并考虑将极端分子关押在专门设立的特殊监区。在吉尔吉斯斯坦,总统于 2016 年 4 月批准了一项法律,意味着暴力极端主义犯人将被分散关押在单人牢房式监狱中。阿尔及利亚将被控犯有恐怖主义相关罪行的犯人与监狱中的其他犯人进行了隔离,但严格避免将大量恐怖主义嫌疑人集中到一个监狱。摩洛哥也对集中、分开关押极端主义犯人的做法进行了改革,转而将这类犯人分散到了不同监狱,因为他们发现,之前的做法反而导致了犯人激进化现象的增加及其信仰的强化。加拿大也选择了将激进化犯人融入普通监狱人群的模式,但同时也允许基于安全情报对这类犯人进行隔离。

人们越来越认识到,评估工具及去激进化和再安置项目必须根据妇女、儿童和年轻人的特定背景进行调整,以满足他们的需求。联合国的《预防暴力极端主义行动计划》建议各国为卷入暴力极端主义的人引进性别敏感型去接触、改造和辅导项目,包括协助儿童重新融入社会的项目。但是,激进化和暴力极端主义的根源很复杂且尚未为人们了解。例如,对英格兰和威尔士监狱中这一问题进行的一项近期研究表明,关于 18 岁以下这一犯人群体的极端主义和激进化风险及其管理等工作目前仍处于其婴儿期。

全球反恐论坛(Global Counterterrorism Forum)为暴力恐怖主义的应对制作了一个全周期工具箱,其中包括《关于少年司法的纳沙泰尔备忘录》(Neuchâtel Memorandum on Juvenile Justice)。这份备忘录就刑事司法程序的不同阶段包括拘禁阶段的儿童应对方法作出了规定。

许多国家都制定了面向成年犯人的去激进化、去接触和改造项目。这些国家包括阿尔及利亚、埃及、印度尼西亚、约旦、马来西亚、摩洛哥、巴基斯坦、沙特阿拉伯和也门等。

旨在解决监狱犯人激进化这一问题的努力正在中亚地区紧锣密鼓地进行。在吉尔吉斯斯坦,新通过的反恐计划和行动方案将监狱列为重点行动领域。在斯里兰卡,一个针对前猛虎解放组织(LTTE)战斗人员的项目包括了六个方面的内容:教育;职业;心理和创意治疗;社会、文化和家庭;精神和宗教;娱乐。土耳其也有一个利用家庭成员(通常为犯人母亲)对犯人进行规劝的监狱项目。在欧盟的支持下,尼日利亚也启动了一个面向前博科圣地成员的去激进化项目。

为满足各国在这一特定背景下对良好监狱管理实践的指导需求,联合国毒品和犯罪问题办公室发布了《关于暴力极端主义犯人管理和监狱暴力激进化预防的手册》(Handbook on the Management of Violent Extremist Prisoners and the Prevention of Radicalization to Violence in Prisons)。

(七)私有化

目前,监狱私有化已在全球范围内以各种形式存在,包括巴西、日本、智利、澳大利亚、苏格兰、英格兰、威尔士、新西兰、南非和美国等国家。2016年,全球许多私人监狱都遇到了问题。在巴西,由于腐败和管理失误等原因,检方要求政府终止亚马逊州一个价值数百万美元的私人监狱合同。在英国,一个私营儿童监狱被控以不当方式对儿童进行约束并对统计数据进行篡改,以改善其业绩记录。之后,这所监狱中止并开除了11名工作人员。在新西兰,政府在斗殴团伙视频曝光后终止了与一家私人公司就一处监狱的管理进行的合作。最近一份报告显示,自新西兰矫正部收回该监狱的管理权后,该监狱犯人之间的严重袭击事件已经减少了55%。

关于私人公司经营监狱的益处,包括经济效益和司法成果方面的益处,目前仍缺乏决定性证据。在澳大利亚,2016年的一项研究作出了监狱私有化理由尚不充分的结论。研究表明,改善绩效和提高效率方面的所有证据都不完整和不透明、问责制度差异巨大、公共报告仍然很少、私人监狱的总体成本仍不得而知。在美国,司法部总检察长发布了一份报告,将14个由联邦监狱管理局运作的矫正机构与14个私人经营的矫正机构进行了比较。这份报告发现,私人经营的矫正机构更不安全,袭击和禁闭事件、矫正警察使用武力的事件发生率也更高。在报告发布后的一周内,美国司法部就宣布将逐步淘汰关押联邦犯人的私人监狱。在宣布这一决定的备忘录中,美国副总检察长表示,私人监狱比美国联邦监狱局自己管理的设施更差。他们简直无法提供相同水平的矫正服务、项目和资源,无法大规模节省成本,也无法维持相当水平的改造服务,如教育项目和工作培训等,而这些服务对于降低再犯和改善公共安全都至关重要。这一动向引发了其他国家关于监狱私有化的辩论。但是,2017年2月,特朗普政府又发布了一项恢复私人监狱的命令,从而撤销了之前逐步淘汰私人监狱的指令。

在中高收入国家,人们对私营监狱的质疑正越来越强烈,但是,许多低收入国家却显示了对这一模式的兴趣。例如,柬埔寨就宣布了建设和运作私人监狱的计划,作为解决过度拥挤问题的一种方式。该国甚至表示,犯人可自费改善其生活条件。在俄罗斯,律师协会呼吁建设私人监狱,以改善律师会见其客户的条件,因为该国监狱目前的探监室存在数量不足的问题。2015 年,英格兰和威尔士的缓刑部门进行了部分私有化改革。但是,人们对这一行动的效果提出了质疑,并对服务恶化的可能性表示担忧。在其中一个地区,首席缓刑检察官对私有化之后的缓刑服务进行了详细评估,并指出官员经验不足、监管极其薄弱、高级管理层和管控的缺失等问题。该地区的缓刑人员数周或数月才能见缓刑官员一次,而一些人甚至彻底失去了音信。

(八)犯人改造与社会再融入

国际社会于 2015 年 4 月在联合国犯罪大会(UN Crime Congress)上通过的《多哈宣言》重申,各国应执行并改进以教育、劳动、医疗、改造、社会再融入和再犯预防为重点的犯人应对政策。此外,这份宣言还呼吁强化旨在支持犯人家属的政策,同时还呼吁在适当情况下推广和鼓励监禁替代措施的运用,以及修复性司法及其他程序的评估或改革,以支持犯人成功重返社会。

相关研究表明,再犯与获释后的失业之间存在关联。在日本,法务省的一份报告显示,缓刑期末仍未就业的获释犯人再次犯罪的比率高达 29.8%,比成功就业犯人的再犯率高 4 倍。同样,美国佛罗里达州的一项研究发现,就业可降低高达 50% 的再犯率。

人们越来越认识到,为犯人提供其获释后求职所需的技能和教育是必要的。在新西兰,80% 的犯人在获释后一年内仍未找到工作。因此,新西兰政府为犯人提供了一个“一揽子”资助计划,帮助他们接受教育培训、经济支持、健康服务、社会和住房支持等。中国台湾地区“司法部门”建议,犯人获释前应在国营公司或司法系统内部工作六个月至一年时间。在尼日利亚,国家开放大学实施了免收犯人学费的政策,使他们可接受一系列范围广泛的课程。多米尼加共和国则正在建设能够提供教育、技术和职业培训项目(包括产业和住宅电工项目)的新式监狱。

2016 年,许多国家与私营部门合作,共同为犯人提供了新的培训和职业机会。例如,在新加坡,用人单位可在新加坡犯人康复与改造企业(Singapore Corporation of Rehabilitative Enterprises, SCORE)登记,然后给犯人提供就业岗位。与之前相比,这项措施已成功增加了在获释前即已顺利就业的犯人数量。英国企业家中心(Centre for Entrepreneurs)的一份报告显示,利用犯人的创业技能可能是减少再犯的成功途径之一,因为与传统就业不同,创业不会因犯罪记录而产生歧视问题。此外,创业还可使犯人追求最适合自己技能、特长和兴趣的机会,同时为他们重新融入社会提供一个更加灵活的环境。[1] 在提供监狱劳动机会方面,印度政府与私人公司包括喜马拉雅制药公司和一个汽车部件制造商(Spark Minda)公司之间的合作正日益紧密。

一些国家还引进了旨在改善犯人就业技能的新型务实措施。在南非,犯人通过一个可发放职业证书的认证培训计划获得了学习烘焙技能的机会。格鲁吉亚矫正部长发布命令,犯人如今可制作并在线销售其手工制作的商品。在津巴布韦首都哈拉雷中央监狱,犯人可利用缝纫机制作囚衣并获得就业技能。乌拉圭的一个监狱还允许犯人经营自己的企业,从事砖块、比萨和冰淇淋的生产。

五、技术的角色和运用

(一)技术的运用及其挑战

利用技术进步应对监狱挑战并提高监狱效率并不是什么新事物,但监狱环境下的技术运用仍在扩大。2016 年一份关于各监狱体系技术报告表示,技术可用于节省时间和资源、强化知识并改善沟通。但是,对于技术在监狱中的角色和运用,人们仍然存在担忧,特别是在私营部门的介入、数据保护和隐私问题及利用远程系统替代当面接触及现场探监带来的负面影响等方面。技术进步还给监狱管理带来了安保方面的新挑战。

2016 年,英国政府报告说,利用无人机将违禁品送入监狱的事件急剧增长,不断演变为重大威胁。[2] 英格兰和威尔士首席监狱检察官表示,无人机是一些监狱吸毒现象严重的原因之一。2016 年 7 月,上述两地首次以利用无人机往监狱内运送违禁品为由将一名男子送进了监狱。英格兰和威尔士地区负责监狱事务的部长(Prison Minister)建议借用荷兰警方的主意即使用鹰隼应对这一问题。在荷兰,鹰隼被训练并用来发现和拦截非法无人机。

---

〔1〕 See Centre For Entrepreneurs, From Inmates to Entrepreneurs: How Prison Entrepreneurship Can Break the Cycle of Reoffending, May 2016.

〔2〕 See UK Ministry of Justice, "Prison Safety and Reform", Presented to Parliament in November 2016, para. 2. 14.

2017 年初,法国军队也开始利用受过训练的鹰隼打击无人机。

(二)信息通信技术及其实践

信息通信技术已在全球监狱中得到了广泛运用,但其程度和目的不一。2016 年对全球五大洲 36 个国家进行的一项调查发现,除电子信息系统正被全球处于所有发展水平的国家和地区用于犯人档案管理外,信息通信技术最普遍的用途为安保系统、职员电子通信系统和闭路电视系统等领域。在线学习、医疗保健和视频探监等领域的使用也很普遍,但主要是在高收入国家。

在印度,一名犯人为监狱餐厅开发了一个旨在实现餐券数字化的新软件。现在,这个软件已被用于储存犯人记录。在南非,一个试点项目给犯人提供了便携式电脑,使他们可接入互联网并与授课人员进行交流。如今,15 名犯人已通过这个项目成功获得了大学学位。在比利时,2015 年启动的监狱云项目目前已在三个监狱运行,利用基于云平台的数字服务支持犯人在线购物、点播视频、拨打电话并浏览有限的互联网页。这个监狱云平台还可为所有犯人提供中央电子档案功能,所有相关机构均可通过这个平台查阅犯人档案,包括医疗档案。此外,无现金监狱已在从格鲁吉亚到泰国再到芬兰的许多国家出现。

为降低成本,同时也为了降低犯人转移风险,远程医疗(犯人的远程诊断和治疗)也已被越来越多的监狱体系所采用。在美国,大多数州监狱都在提供远程医疗。据报道,加利福尼亚州矫正医疗服务处(California Correctional Healthcare Services)2015 年为犯人提供了 25,000 次远程医疗服务,节省了 1200 万美元。美国公民自由联盟(American Civil Liberties Union)指出,尽管远程医疗在某些情况下能够为犯人提供更加快捷的专业医疗服务,改善犯人的医疗路径,但其应仅作为现场医务人员的补充,而不是替代。

利用电信工具(如全球语言沟通软件 Skype 和视频会议系统)协助犯人与外部世界接触的现象也越来越普遍。在大多数情况下,这种接触只是作为现场探监的补充。例如,在格鲁吉亚,只有近亲属才可到监狱探访犯人,所以视频会议技术得到了推广,使犯人能够与更多的家人和朋友进行联系。在菲律宾,一个探监项目已于 2011 年启动,使犯人可通过 Skype 与家人进行通话。在这个国家,由于旅行成本问题,多达 40% 的犯人从未接受过家属探视。

但是,在美国的一些州,现场探监已被废除并完全被视频探监所取代。2016年的一项研究发现,当犯人家属面临经济问题和地理障碍时,视频探监可能是有益的。但是,视频探监的成本是由用户自己(犯人及其家属)承担的。

在其他地方,如新加坡,一项利用视频分析和脸部识别技术的试点项目已经启动。利用这些技术,犯人在监狱内转移时将不再需要狱警押送。新加坡监狱长表示,这个项目的实施不会导致监狱工作人员的减少,但是,得益于这个项目,监狱工作人员可将更多时间用于犯人改造,而不是提供静态安保服务。

(三)技术运用对监禁替代措施的影响

技术运用对监禁替代措施的实施产生了巨大影响。目前,电子监控的使用仍在迅猛增长,这种增长不仅发生在20世纪90年代首先采用这项技术的欧洲和北美地区,而且发生在希望缓解监狱拥挤状况的中低收入国家。在泰国,2013年,泰国缓刑部正式启动了一个关于电子监控的试点项目。到2015年,泰国已有3000多名犯人被置于电子监控之下。2015年和2016年对相关法律进行的修订为电子监控作为审前缓刑措施铺平了道路。泰国还计划于2017年再次采购3000个电子监控装置。如上所述,在美国的一些州,现场探监已被废除并完全被视频探监所取代。

电子监控的增加(包括使用人数和使用模式的增加)引发了人们对犯人隐私、法网扩大、污名化和私营部门参与等问题的担忧。2016年对5个欧洲国家电子监控使用情况进行的一项研究指出了电子监控使用相关数据的缺乏等问题,并暗示电子监控并不会自动导致监狱人数的降低。相反,现有数据恰恰表明,监禁的泛滥与电子监控的盛行之间存在关联。此外,人们还发现,较小范围内的电子监控使用与监狱人数的长期减少之间存在关联。

2017年一项关于刑事司法体系中技术运用问题的学术研究强调,实施电子监控制度时,评估的开展非常重要,因为尽管这是一项前景广阔且技术先进的工具,但对这个领域而言,这项工具仍然相当新,因而需要更多的评估以确定其效果。[1] 比如,在美国,马萨诸塞州采用的电子监控模式就被其

---

〔1〕 See Laura J. Moriarty, *Criminal Justice Technology in the 21st Century*: Third Edition, 2017, pp. 169 - 170.

他州视为一种有效模式,对所有实施电子监控的犯人,该州都会对其进行全面评价、跟踪和评估。

六、监禁替代措施

(一)审前非拘禁措施

正如贫困犯和贫困的入罪这些术语说明的那样,保释金制度助长了对穷人不公平、不必要的监禁。过去几年,人们对这一现象的关注正日益增加。在南非,76%的被拘禁者付不起1000兰特(72美元)及以下的保释金。在斯里兰卡,一名被指控持有毒品的妇女因无法支付15,000卢比(134美元)的保释金而被关押了一年。[1] 在印度,审前羁押犯人因无法支付保释金而继续被长期关押。此外,报告还显示,能否获准保释通常还取决于被告律师的素质。在美国,相关研究发现,地方拘留所有大量犯人因无法支付高达1万美元的保释金而被还押候审。受影响群体的平均年收入仅为15,000美元,而妇女和黑人的收入通常比这还要低。

作为一项审前羁押替代措施,电子监控的使用仍然大受欢迎且日益流行。以泰国为例,该国于2015年10月引进电子监控,而在一年后启动的一个试点项目中,该国12个法院便开始适用电子监控措施。这项措施适用于被控犯有可能处以5年以下监禁刑的轻罪但又无法支付保释金的犯人,但前提是犯人必须通过风险评估并获得法官的准许。电子监控设备可以是带追踪系统的手镯,也可以是带追踪系统的智能手机。在爱尔兰,手机监控作为审前羁押的一种创新型替代措施被用于居无定所的被告,以确保其出庭受审。[2]

(二)非拘禁制裁措施

大多数地区的国家都在为罪行较轻的犯人寻找非拘禁惩罚措施。尽管非拘禁替代措施的推广在一些国家还比较困难,但是,人们越来越认为,我们迫切需要缓解那些过度拥挤的监狱体系所面临的压力,同时提供一种比

---

[1] See Open Society Justice Initiative, Presumption of Guilt: The Global Overuse of Pretrial Detention, 2014, p. 36.

[2] See Fair Trials, A Measure of Last Resort? The Practice of Pre-trial Detention Decision Making in the EU, 2016, p. 23.

监禁更具建设性的刑事犯罪应对措施。

相关研究表明,许多监狱犯人并不会给社会带来风险。例如,美国的一项研究发现,四分之一的犯人(364,000 人)本可适用更为有效的非拘禁替代措施,而不会实质性地给公共安全带来威胁或增加犯罪,而另有 14% 的犯人本可于监禁后一年内释放,其给公共安全带来的风险很低。在肯尼亚,总统指令其内政部长和监狱长加速释放轻罪犯人,以缓解监狱拥挤状况。在印度尼西亚,法律和人权部建议使用更多的非拘禁刑和修复性司法应对吸毒问题。捷克共和国的女检察专员则希望监禁被更多的缓刑服务所替代。在苏格兰,首席监狱检察官发出了同样的呼吁,要求对本可判处 12 个月或以下监禁的罪行适用非监禁并更多地适用电子监控,以替代短期监禁刑。在泰国,2016 年的一项刑法修正案提高了可适用缓刑的监禁刑上限,使其从 3 年提高到了 5 年。在阿塞拜疆,2017 年 2 月初通过的一项新法为缓刑服务的设立和电子监控的引进铺平了道路。2017 年 3 月,尼泊尔议会正在审议一项立法议案,以根据犯罪性质和严重程度、犯人年龄和行为及犯罪情节等因素用社区服务替代 6 个月及以下的监禁刑。

以缓解过度拥挤为目的的方案还包含提前释放(有时兼用电子监控)措施,日本和泰国的做法就是例子。在泰国,除 2016 年对刑法和缓刑法进行修订外,现在又有了在缓刑期间使用电子监控设备对犯人实施监管的规定。在一些国家,严重犯罪如抢劫还会使用电子标签。以荷兰为例,在 2016 年被罚使用电子标签的犯人中,每四人就有一人被判犯有某种形式的暴力罪行,而 23% 的人犯有毒品相关犯罪。

鉴于被监禁女性的数量不断增加这一事实,一些国家已经在设计性别敏感型非拘禁制裁措施了,其中包括对卷入毒品犯罪的女性适用监禁替代措施这一做法,比如,国际刑罚改革协会与肯尼亚缓刑与后续关怀服务署联合实施的《女性社区服务与缓刑试点项目》。

在哥斯达黎加,法律就女性探视家庭成员时将毒品带入监狱的惩罚措施进行了修订。现在,那些生活贫困、属于一家之长或未成年人、老人或残疾人监护人的妇女可被判处软禁、监管释放、入住中途之家或接受电子监控等措施。

欧盟委员会曾委托相关单位对强制性制裁(coercive sanctions)的替代措施进行研究。这项研究发现,28 个欧盟成员国存在 13 种不同类型的强制性制裁替代措施,而毒瘾治疗是其中最为普遍的。这项研究还发现,替代措施的使用与否受审判工作的负责人(如检察官和法官)个人信仰的影响很大。

新西兰曾就以何种政策应对犯人违反缓刑或社区服务令的行为这一问题进行讨论。由于没有效果或对无辜孩子造成的不公平影响,旨在剥夺未服完社区刑犯人的某些权利的方案受到了人们的批评。刑罚专家警告说,犯人就是其子女的安全网,如果这一安全网被撤除,可能会使他们的子女陷入贫困,并对存在精神疾病或毒品、酒精依赖的犯人产生影响,而犯人也可能会对剥夺其权利的威胁作出反应。因此,人们建议,与其剥夺犯人权利,不如加大投入为他们提供更好的支持。

七、相关建议

2017 年是联合国《2015 - 2030 年可持续发展目标》通过后的第二年。除对当前全球监狱形势进行概述外,国际刑罚协会特别关注可持续发展目标与有效刑事司法体系之间的关系,并从可持续发展和包容社会的角度对监狱进行改革提出诸多建议。总体来说,各国应对其刑罚制度进行审查,以减少监禁措施的使用。各国应制定非拘禁制裁措施,使根据个人处境和案件情节作出与犯罪行为相适应的制裁措施。替代制裁措施应着力于解决犯罪的根源问题,具备性别敏感性,并以替代监禁刑而不是扩大刑事司法控制网为目的。同时,各国应丰富其另类犯罪应对策略,将资源转移到犯罪预防和社会干预领域,并根据联合国《东京规则》和《曼谷规则》的规定采取措施缓解监狱过度拥挤这一问题。具体有以下几方面建议。

(一)开展刑事制裁措施的评估与审查

各国应对其刑事制裁措施与犯罪行为的相适应性进行评估,并牢记适用监禁替代措施时可能产生的法网扩大化风险。此外,强制性最低刑也应予以终止,因为它们妨碍了法官的独立性和量刑时对具体情形的考量。任何审前羁押决定均应遵循国际标准,包括无罪推定原则、在考虑必要性和相适应性的前提下将审前羁押作为最终手段使用的原则等。各国应将这些标准纳入其国内刑事法予以遵循。保留死刑的国家应通过暂停死刑执行、减少适用死刑的犯罪数、改善死囚监区条件等措施逐步废除死刑。在最低限度上,死刑必须仅适用于最严重犯罪,且严格遵循国际法规定的程序性保障措施。各国应废除没有任何假释可能性的终身监禁,并根据相适应性原则减少适用终身监禁的犯罪种类。被判终身监禁的犯人有权享有与其他犯人相同的最低限度待遇标准,且其监禁条件不得因这一刑罚本身而具有任何惩罚性。各国应着眼于制裁措施的相适应性审查其毒品政策,将毒品使用视为公共卫生问题,而非刑事司法问题,并在监狱中实施毒瘾治疗和减害项目。

(二)注重监狱不同的囚犯人群的刑事干预措施的针对性

各国应仔细研究女性被认定的罪行及其犯罪原因,以确保刑事司法措施对女性产生的影响不至于过大。此外,各国还应根据联合国通过的《曼谷规则》调整其女性相关监狱政策和实践。在任何情况下,刑事责任年龄均不得低于12周岁,且应逐步提高到18周岁。各国司法体系应采取关爱儿童和性别敏感性政策措施。拘禁应作为最后手段适用于儿童,而死刑和终身监禁应被禁用于儿童。各国应着眼于种族待遇差异问题对其刑事司法体系进行审查,并采取切实措施确保被告的少数族裔成员或外国国民身份不会使其面临更加严厉的惩罚。各国应采用基于健康的方法应对监狱中的毒品使用问题,并开展药物依赖治疗、循证减害项目及诸如教育和意识提升之类的预防活动。各国应采取措施保护男女同性恋、双性恋、变性人和两性人犯人不受歧视、骚扰和虐待。在安置变性犯人之前,应考虑犯人自身的性别认同和选择。以保护为由隔离这类犯人的做法应仅在征得了犯人同意的情况下进行,且不得导致其在参与项目和服务方面的任何不便。各国应收集老年犯人数量和需求方面的数据,并相应评估和采用特定标准和政策,包括建筑学措施及以老年医学需求为重点的监狱制度培训等。

(三)加强和改善监狱管理

各国应根据《曼德拉规则》和《曼谷规则》改善其监狱医疗服务,包括提供心理医疗服务。为应对艾滋病疫情,各国还应采用旨在缓解监狱过度拥挤状况的战略,同时急需拓展其监狱减害项目。

监狱劳动项目应确保犯人能够获得就业技能,以便其再次成功融入社会。犯人的劳动环境应该安全且符合社会标准,而其报酬也应公平。各国应采取措施确保监狱犯人和工作人员的人身安全,包括保证足够的工作人员与犯人数量比,以便对犯人实施有效管控,还包括改善监狱条件、投资于动态安全等措施。各国应保证工资、工作条件、培训项目和人员配备水平等足以确保本国监狱根据国际标准进行安全有效的运作。此外,各国还应落实相关政策,鼓励女性矫正工作人员的招聘,并防止出现任何基于性别的暴力或歧视现象。

各国应承认刑事司法与监狱改革对于实现2030年议程下可持续发展目标的意义,并将相关进展信息纳入其国别自愿审议报告。对于刑事司法改革方面的援助请求,捐赠国应予以考虑和支持。各国应在法律和实践中落实《曼德拉规则》中关于单独监禁的规定,将其适用仅限于特殊情形。单独监禁的适用时间应尽可能短,且应定期接受实质性评估。无限期单独监禁的做法应予绝对禁止。各国应采用基于人权的方法预防监狱犯人的激进化,并避免采取催生而非预防暴力极端主义观点的压制式应对方法。

此外,各国还应开发风险评估工具、激进化(radicalization)迹象相关培训和犯人改造项目,并针对妇女、儿童和年轻人的需求进行相应调整。在建设公平、有效和罪刑相适应的刑事司法体系的过程中,符合国际标准的监狱建设应在维和行动中取得更高的优先级。

监狱私有化的结果喜忧参半,任何外包刑罚职能及其他服务的私有化决定都应考虑这一现实。如选择私有化,则必须确保私人监狱雇员的虐待和不当行为有适当的问责机制。

支持犯人改造及获释后重新融入社会的行动应予扩大并根据每一犯人的实际情形进行个性化调整。监狱项目应提供教育、职业培训、劳动、医疗、社会和心理服务等支持,从而帮助犯人消除其重新融入社会时面临的主要障碍。

(四)推广利用新技术

各国应利用技术增加犯人的教育培训、技能建设和沟通交流机会,同时减少监禁的使用并改善案件管理的效率。此外,电信技术应作为面对面探监方式的补充,而不是替代。电子监控及其他非拘禁审前羁押替代措施的使用应符合必要性原则以及与犯罪行为的相适应性原则。保释金的金额应根据被告的个人情况设定。

2018 年全球监狱趋势分析*

葛向伟** 金　鑫***

一、犯罪与监禁的总体趋势

(一)总体犯罪趋势

全球犯罪的一般趋势表明,杀人和其他暴力犯罪及财产相关犯罪的犯罪率近年来持续下降,另一方面,毒品持有犯罪在2003 年至2013 年间出现了增加,而毒品走私犯罪基本保持稳定。[1] 网络犯罪如互联网盗窃、欺诈和剥削犯罪正日益成为人们的一大普遍关切。

杀人犯罪通常被视为衡量暴力犯罪总体状况的替代指标。联合国毒品和犯罪问题办公室调查发现,2009 年至2015 年间,故意杀人犯罪总体呈下降趋势,但不同地区之间存在显著差异。南美洲在2014 年之前、北非地区在2009 年至2011 年间、非洲南部地区在2011 年至2015 年间都出现了杀人犯罪大幅增加的现象,尽管非洲南部地区的杀人犯罪在过去25 年间总体呈显著下降趋势。

---

* 资料来源:Penal Reform International, Global Prison Trends 2018 Penal Reform International, www. penalreform. org。

** 葛向伟:司法部预防犯罪研究所副研究员。

*** 金鑫:司法部预防犯罪研究所副研究员。

〔1〕 See International Centre for the Prevention of Crime, Trends in *Crime and its Prevention*, 2016, Chapter 1.

杀人犯罪率较高的几个国家都有一个共同特点,即收入分配不公。

在全球范围内,男性作为杀人犯罪受害者和肇事者的比例都过高。但是,女性则是亲密伴侣和家庭成员杀人犯罪的主要受害者,且在这一模式上,地区之间的差异有限。

(二)监禁使用趋势

尽管全球犯罪呈下降趋势,但全球监狱人口在 2000 年至 2015 年间却无情地增加了近 20%——这一比率比同期世界人口增长率略高[1]。2000~2017 年,全球被监禁妇女和女童的人数增加了 53%。[2] 据泰国刑事政策研究所估计,2016 年,全球约有 1035 万名罪犯生活在监狱中;他们或处于审前羁押状态,或已经定罪、量刑且正在服刑。实际上,真正的数据可能会超过 1100 万名,因为上述数据并不完整,比方说,没有包括厄立特里亚、索马里和朝鲜之类国家的数据,也没有包括警方拘留人员的数据。[3]

在地区层面,监禁措施的使用出现了不同趋势。2000~2015 年,大洋洲的监狱囚犯总人数增长了近 60%,而美洲则增长了 40% 以上——其中,美国为 14%,中美洲国家为 80% 以上,南美洲国家为 145%。相比之下,欧洲同期的监禁使用减少了 21%。其中,俄罗斯监狱人口的减少令人震惊(2000 年至 2015 年间减少了 37%),有研究显示是欧洲人权法院的判决对其产生了影响。自 1998 年起,该法院已作出 600 多项判决,认定俄罗斯羁押设施存在针对罪犯的不人道和有损人格的做法。2006~2016 年,荷兰的监狱人数减少了 46%。这一变化的原因不得而知,但贡献因素至少包括对犯罪预防的重新重视、记录在案暴力犯罪的减少、缓刑适用范围的扩大和电子监控运用的增加等。实际上,荷兰监狱已经过剩,使其得以将一些监狱出租给比利时和挪威使用。

考察囚犯性别发现,尽管女犯数量正在增加,但妇女和女童仍是监狱中的少数群体,占全球监狱人数的 6.9%。在非洲,这一比例为 3.4%,远低于

---

〔1〕 See Roy Walmsley, Institute for Criminal Policy Research, *World Prison Population*, 11th edition, 2016.

〔2〕 See Roy Walmsley, Institute for Criminal Policy Research, *World Female Imprisonment List*, 4th edition, 2017.

〔3〕 See Roy Walmsley, Institute for Criminal Policy Research, *World Prison Population*, 11th edition, 2016.

其他地方。在美洲,妇女和女童占监狱总人数的8.4%,而在亚洲,这一比例为6.7%,在欧洲为6.1%,在大洋洲为7.4%。

(三)监狱过度拥挤

在全球范围内,过度监禁导致了监狱拥挤程度的加剧。在许多国家,这种增长相关数据显示,罪犯数量超过了官方监狱容量的国家至少有120个。而且,这个数据还可能被低估,因为一些国家的监狱系统是以最小人均空间计算监狱容量的。

关于监狱过度拥挤问题的根源,一般来说是刑事司法体系失灵和对犯罪采取惩罚性应对措施的结果。联合国人权事务高级专员2017年发布的一份报告详细阐述了过度监禁和监狱过度拥挤问题的根源和影响,声称暴力和虐待是后者即过度拥挤问题的"副产品"。该报告还指出,过度拥挤与医疗服务和训练设施不足及宗教或信仰自由权的缺失之间存在关联。该报告详细阐述了过度拥挤是如何以不同但更加严重的方式影响弱势群体这一问题。尽管大量证据(包括联合国的)显示罪犯的精神健康会受监狱过度拥挤状况的影响,但最近的一项学术研究对24个国家的4000个监狱自杀案例进行评估后发现,罪犯自杀与监狱过度拥挤之间并不存在关联。

对于监狱过度拥挤的立竿见影的一些解决措施仍在实施当中,比如,特赦和赦免。最近,马其顿和科威特就实施了特赦;在冈比亚,250多名罪犯也得到了赦免。在肯尼亚,总统以监禁成本高昂为由下令释放了那些轻微犯罪的罪犯,而在尼日利亚,在新成立的国家监狱改革委员会领导下,2017年也开始实施了一项去拥挤化举措。在中国,针对2015年1月1日前正在服刑、释放后不具有现实社会危险性的四类罪犯实行了特赦。尽管特赦和赦免能够在短期内缓解监狱拥挤状况,但它们并非监狱过度拥挤问题的可持续解决方案,而且可能会侵蚀公众对刑事司法体系的信心。在捷克共和国,因2013年特赦而被释放的6500名罪犯中约有2000人之后又回到了监狱。在布隆迪,2017年实施的赦免行动释放了大约三分之一的监狱罪犯,但这项行动被人们指责为不过是为了给政治犯腾位子。

此外,一些国家寻求通过新建监狱的方式缓解监狱的过度拥挤问题。土耳其司法部发现监狱存在严重的过度拥挤问题后,土耳其政府宣布在未来 5 年内新建 228 个监狱的计划,这些新建监狱将为土耳其增加 13.7 万个监狱床位。在斯洛伐克,有一个新监狱按照计划将关押 832 名罪犯。尼日利亚则宣布将在全国范围内新建 6 个"超级现代化的"监狱。但是,欧洲议会的一份报告对欧盟成员国监狱过度拥挤的现象进行了谴责,并指出"提高监狱容量并非过度拥挤问题的唯一解决方案,因为监狱人口的增长速度往往与监狱容量的增长速度相同"。

事实证明,监狱过度拥挤问题的长期解决方案,是实施政策改革和采用监禁替代措施,这也是联合国《东京规则》的要求。[1] 在审前和定罪后采用非拘禁措施的做法正日益被视为监狱过度拥挤问题的有效解决方案之一。一些监狱已经人满为患的国家已采取措施将罪犯阻止在监狱之外。比如,在欧洲人权法院作出将采取措施应对监狱过度拥挤问题这一决定后,罗马尼亚就提出了针对某些类型的罪犯引入提前释放和电子监控措施的计划。

(四)犯罪与监禁

目前,监禁率与犯罪活动水平之间的任何关联都会受到人们的关注或者质疑。基于较高的监禁率和较长的刑期可充当威慑并使罪犯无法在监狱外实施犯罪这一认识,一些国家仍在实施"严厉打击犯罪"(tough on crime)的做法。但是,有明显证据显示,更加严厉的监禁刑实际上并不能遏制罪犯再次犯罪。2017 年,公开慈善项目(Open Philanthropy Project)发布的一份报告对 35 个旨在研究这一联系的国际研究项目进行了评估,并得出了以下结论,即"问题的关键是,严厉判决几乎无法遏止犯罪,而暂时将人关起来确实可阻止他们在监狱外面实施犯罪,却往往会强化他们获释后的犯罪倾向。因此,'严厉打击犯罪'的倡议可在短期内减少犯罪,但在长期内会因获释后犯罪的增加而抵消之前的减少犯罪的效果"。事实上,全球监禁率不断上升背后的推动因素多种多样,且可能与刑事司法政策和实践如强制性判决、严格的保释条件及诸如不平等水平、药物滥用、失业、社会社区凝聚力之类的社会、文化和经济因素有关。

---

〔1〕 See UN General Assembly, United Nations Standard Minimum Rules for Non-Custodial Measures (The Tokyo Rules), 2 April 1991.

二、监禁措施使用趋势

(一)审前羁押

审前羁押是过度监禁和监狱过度拥挤等问题的主要原因之一,且仍是监狱体系面临的一项巨大挑战。目前,全球监狱中约 30% 的囚犯仍未被定罪。尽管全球范围内的审前羁押率在过去 10 年内已略有下降,但在一些国家,超过 60% 的监狱人口仍处于审前羁押状态。

审前羁押罪犯的数量和比例是可持续发展目标之正义目标的监测指标之一。考察审前羁押率的原因发现,法律代理途径的缺失是其主要助长因素之一。比如,尼日利亚调查发现 56% 的审前羁押罪犯没有律师代理活动,而这主要是因为他们没钱聘请律师。出庭障碍也是审前羁押率较高的另一贡献因素。比如,印度全国 154 个监狱中有 82,334 例因警方押送人员不足而导致审前羁押罪犯无法出庭的情形。[1] 此外,法院将保释金额设置过高、导致罪犯无法承受也会导致较高的审前羁押率。这种现象对进入刑事司法体系的穷人的影响特别大。在美国,这个问题的证据非常充分。以夏威夷州为例,2017 年上半年,该州几乎有一半的监狱人口因保释金额设置过高而处于审前羁押状态。在该州首府檀香山市,即便是级别最低的重罪,其平均保释金额也超过了 2 万美元。

因此,许多国家都在努力降低审前羁押率。美国一些州(如康涅狄格州、亚拉巴马州和最近加入的纽约市)已经采取措施对其保释体系进行改革,以解决这一问题。在这些州(市),非重罪案子的现金保释制度将被废除。在泰国,一项在 12 个法院实施的试点成功引入了逃跑风险评估,并在对罪犯进行审前羁押必要性评估时实施。该国每年都有约 66,000 人因审判前或审判中无钱交保而被监禁。在利比亚,处于审前羁押状态的罪犯据估计多达 69%。因此,该国成立了一个特别司法工作组,以便对这些案件进行审查。

旨在应对审前羁押措施使用过度这一问题的其他措施还包括在法律上对审前羁押的时限和适用作出限制。比如,在玻利维亚,68% 的监狱人口都

---

〔1〕 See Amnesty International, Justice Under Trial: A Study of Pre-trial Detention in India, July 2017, pp. 12, 15.

处于审前羁押状态,因此,该国正在考虑进行改革,以缩短审前羁押的最大时限并对审前羁押的适用次数进行限制。[1] 在哥伦比亚,因为最高法院的一项判决,该国颁布了一项新法,以加速嫌疑人处于审前羁押状态的低级别刑事案件的审理。在埃及,议会正起草一项旨在对审前羁押设置6个月最大期限的法案。[2]

(二)量刑阶段

量刑的严厉程度因国而异,且差异相当大。现有数据表明,监禁刑期总体上正在变长,特别是对严重犯罪而言。比如,2004~2016 年,尽管芬兰法院作出的监禁判决总数下降了 42%,但终身监禁的平均刑期却从 20 世纪 90 年代的 10 年多一点增加到了 2016 年的 14.5 年。苏格兰也见证了同样的发展趋势,终身监禁犯的平均刑期从 2000 年的 10 年增加到了 2012 年的 18 年多。在英格兰和威尔士,由于一项移交计划(referral scheme)的实施,任何人都可就某一判决是否过于仁慈、因而是否应移交给上诉法院(Court of Appeal)重新审议而请求司法部长(Attorney General)作出考量和决策,141 名罪犯的刑期因此在 2016 年被延长了。该计划原本仅适用于罪行较为严重的犯罪,但 2017 年又覆盖了 19 项恐怖主义相关犯罪。[3]

在量刑实践方面,法院与法院之间和法官与法官之间也存在巨大差异。比如,在爱尔兰,由于没有量刑指南,入室盗窃罪(burglary)量刑相关分析表明,罪犯在 Limerick 被判监禁的可能性比在 Dublin 被判监禁的可能性要低得多。其他地方则进行了积极的量刑改革。在新西兰,新当选政府提出了旨在废除 2010 年开始实施的“三振出局”(three strikes)这一法律规定的计划。所谓“三振出局”,指罪犯第三次犯罪而被判刑时,法官没有权利进行自由裁量,而必须判处罪犯以法律规定的最高刑期,且不得假释。尼泊尔议会则通过了一项法案,允许法院判处罪犯在“开放式监狱”服刑,而如果罪犯刑期低于 2 个月,法院甚至可判处罪犯在矫正中心(rehabilitation center)服刑。在美国,量刑委员会曾考虑对联邦量刑指南作出修订,以增加“监禁替代措

---

〔1〕 See Human Rights Watch, World Report 2018, January 2018, p. 79.

〔2〕 See “Aya Hegazy Case Spotlights Egypt's Pretrial Detention Law”, Al-Monitor, 21 April 2017.

〔3〕 See Jacqueline Beard, Review of unduly lenient sentences, House of Commons Briefng Paper Number 00512, 29 November 2017.

施”等判决选项。[1]

量刑领域的一个重大趋势是辩诉交易或放弃审判制度使用的增加。辩诉交易是一个谈判过程。在这个过程中,检方可提出减轻指控或请求法官从轻量刑,而作为回报,被告则同意认罪或指证他人。2017 年,非政府组织“公平审判”(Fair Trials)对 90 个国家进行的一项研究表明,自 1990 年起,全球范围内的辩诉交易增加了 300%。例如,在格鲁吉亚,自 2004 年引入辩诉交易制度以来,辩诉交易的比重就从 2005 年的 13% 增加到了 2012 年的 88%。美国则是世界上辩诉交易使用最为广泛的国家,超过 95% 的刑事案件如今都是通过辩诉交易方式结案的,而相关监管几乎为零(即在检方与被告可就哪些问题进行谈判这个问题上,目前仍没有任何法律限制)。在澳大利亚、英格兰和俄罗斯,60% 以上的案件都是通过辩诉交易方式结案的。

关于辩诉交易的优势和其存在问题,辩诉交易的支持者声称,这种方式可缩短审判等待时间,有助于减少审前羁押,节省资金,并免除弱势受害人出庭作证的痛苦。例如,印度明确宣称,辩诉交易的引入就是为了解决监狱过度拥挤这一问题。但是,如果没有充分的程序保障,人们对辩诉交易运用和扩大化的担忧会相当严重,特别是在被告缺乏审判期间本应享有的程序性保障措施的情况下。此外,无辜者可能因为辩诉交易而被说服并认罪;定罪难度的降低还可能导致刑事化的过度和刑罚严厉程度的提高;谈判各方之间还可能存在不平等现象,而由于检方进行闭门“交易”,还会出现透明度缺失的问题;最后,公众对司法的信心也可能因此而受到损害。

(三)终身监禁

2018 年的一份开创性研究报告显示,最近几十年来,全球范围内的终身监禁罪犯数一直在稳步增长,全球目前有近 50 万人正被终身监禁。在全球 216 个国家和地区中,有 183 个在法律上允许终身监禁这一刑罚的存在,但通常是作为最严重犯罪的终极惩罚手段使用。有 65 个国家实施了无假释终身监禁刑罚。当一个人被判“终身监禁”时,其真正服刑时间因国而异。在一些国家,终身监禁的判决通常意味着罪犯必须服完一个固定年限的刑期,然后即可有条件或无条件获释。在一些国家,罪犯必须服满最低年限的刑

〔1〕 See US Sentencing Commission, Federal Alternative-to-Incarceration Court Programs, September 2017.

期，之后才可考虑释放的问题。无假释终身监禁是指罪犯没有对其判决进行复议机会的情形，因此，必须被监禁至其死亡为止。

分类数据显示，女性占终身监禁犯总数的比例略低于4%。尽管她们属于少数，但美国的分析表明，女性终身监禁犯的增长已经超过了男性。鉴于终身监禁通常只判予暴力犯罪、而女性卷入暴力犯罪的比率相对稳定且较低，这一现象的解释之一可能是男性受益于假释的频率比女性更高。2017年发布的研究成果表明，对女性而言，终身监禁"给她们带来的痛苦和麻烦比人数众多的男性因此而遭受的痛苦和麻烦要严重得多"。在很大程度上，这是女性扮演的照护人角色和之前的受害史等原因造成的。

2015年的数据显示，全球共有73个国家允许对犯罪时不满18周岁的罪犯适用终身监禁，[1]尽管联合国人权理事会力促这些国家禁止这种做法。[2]唯一允许对儿童犯罪适用无假释终身监禁的国家就是美国。[3]尽管美国最高法院2016年的一项裁决要求对因作为未成年人所实施犯罪而被判终身监禁且正在服刑的罪犯进行重新量刑或考虑假释，各州在实际行动上却非常迟缓，因此，目前仍未取得任何大的进展。现在，25个州和华盛顿特区已禁止这一刑罚，比5年前的5个有所增加。在另外4个州，这一刑罚如今仍存在于法律文本中，但从未付诸实践。

终身监禁使用频率增加的原因包括"严厉打击犯罪"政策的实施、以长期监禁执行惩罚性毒品政策的做法等。一些国家实施了强制性刑罚。以美国为例，"三振出局"的立法坚称，如果是第三次犯罪，将自动适用终身监禁。此外，死刑的逐步废除也是一大原因，因为终身监禁替代死刑成了终极刑罚。

终身监禁犯的监禁条件仍然低于最低标准，而对改造项目参与及与外界接触的限制则非常普遍。相关报告显示，在一些国家，只要终身监禁犯离开牢房，无论其是否构成实际风险，他们都要被系统性地戴上手铐或接受裸体搜查。例如，吉尔吉斯斯坦的监狱就是这样——尽管该国已经开通了一

---

〔1〕 See Child Rights International Network, Inhuman Sentencing: Life Imprisonment of Children Around the World, March 2015, p. 7.

〔2〕 See Human Rights Council, Human Rights in the Administration of Justice, Including Juvenile Justice, 16 September 2015, A/HRC/30/L. 16, para. 24.

〔3〕 See Josh Rovner, Juvenile Life Without Parole: An Overview, *The Sentencing Project*, 13 October 2017.

个新监狱,专门用于安置刑期在20年以上的罪犯且允许罪犯在没有押送人员或戴手铐的情况下在监狱内走动。

关于改革与限制终身监禁制度及其使用,各国做法也存在差异。比如,美国2017年的一项研究发现,尽管该国监狱中终身监禁犯的人数已经处于历史最高位(占监狱总人数的七分之一),但"关于终身监禁适当性的评估通常要么被从政策讨论议程中删除,要么被故意排除在改革范围之外"。再比如,有些国家的法院已经在限制终身监禁的适用方面进行了努力。在肯尼亚,最高法院鼓励政府避用无假释终身监禁,并引进了有假释可能的非强制性终身监禁,而不是用死刑替代这一刑罚。[1] 纳米比亚最高法院2018年作出的一项重大裁决称,使罪犯实际服刑时间长于终身监禁服刑时间的长期、固定刑期判决是违宪的,因为它侵犯了罪犯的尊严权。这些判决都遵循了欧洲人权法院关于"希望权"的法理。欧洲人权法院在2017年5月就这一问题作出的最新判决称,立陶宛实施的无假释终身监禁没有给罪犯提供任何获释希望,因而违反了关于非人道或有损人格待遇的禁令。

(四)毒品与监禁

惩罚性毒品相关法律的实施仍在对监禁刑罚的使用和实践产生重大影响,刑事司法部门对毒品犯罪的严厉应对措施是监狱过度拥挤的一个主要因素。实际上,导致罪犯被指控或定罪的大部分毒品相关犯罪都是轻微犯罪。现有联合国数据显示,在执法和刑事司法系统记录在案的毒品犯罪中,83%都属于持有犯罪。缅甸48%的监狱人口、泰国73%的罪犯都是因毒品相关犯罪而被关押的。

许多国家仍在致力于实施所谓的惩罚式禁毒主义做法,而这种做法又是所谓的"毒品战争"的一部分。实际上,这种做法会产生严重后果,包括传染性疾病的传播、监狱人口的持续增加、对少数族群、土著群体和妇女的歧视等。在菲律宾,罗德里戈·杜特尔特总统仍在进行所谓的毒品战争。自2016年年中以来,这场战争据估计已经导致12,000人被杀。2018年2月,国际刑事法院宣布将对菲律宾"警方在实施禁毒行动过程中实施的法外杀戮行为"进行调查。一个月后,杜特尔特总统回应说,他的国家将退出《国际

---

[1] See Francis Karioko Muruatetu & Wilson Thirimbu Mwangi v Republic [Writ Petition No. 15 of 2015].

刑事法院罗马规约》。美国总统唐纳德·特朗普也对本国的类鸦片危机作出了响应。在美国,目前已有 200 多万人对作为处方药的止痛药产生了依赖性。为此,特朗普总统表示,美国政府将重新升级其“毒品战争”。此外,2018 年初,美国司法部长废除了一项旨在对大麻实施合法化的政策,赋予了联邦检察官是否执行联邦禁毒令的自由裁量权,而这在加利福尼亚这样的州产生了混乱,因为该州已于 2018 年 1 月 1 日对大麻实施了合法化。此外,泛美人权委员会还表达了以下关切,即在美国的许多州,轻微毒品相关犯罪仍被归类为“严重犯罪”,因而可导致自动适用审前羁押措施。

在全球范围内,旨在提供毒瘾治疗方案并对其实施司法监督的“毒品法庭”的使用范围扩大了。在拉丁美洲,这种趋势尤为明显,而拉丁美洲遵循的又是有着约 3100 个毒品法庭的美国模式。但是,对于这种扩大化,人们表达了重大关切,其中就包括泛美人权委员会(Inter-American Commission on Human Rights,IACHR)。该委员会批评说,就目前而言,还没有可用数据和监测机制对毒品法庭的有效性进行证实。与此同时,该委员会指出,一些毒品法庭并没有被用于提供另类公共卫生措施这一公开意图,而是被用于对一些原本不是问题的毒品持有和使用行为进行刑事化处理。

在一些国家,吸毒者被关押在具有强制性的“戒毒康复中心”,而这些中心不用接受任何监督。但是,有报告显示,这些设施存在严重的人权问题。比如,在越南,仅胡志明市就有 11,317 人包括儿童被关押在这种戒毒康复中心。被关押者必须从事手工劳动,而违反规定或未完成工作配额的行为将遭致殴打和禁止饮食等惩罚。

严厉的毒品相关法律对妇女产生了过于严重的影响。在美洲和亚洲,女性监狱人口的显著增加在很大程度上是因为毒品相关检控的增长。在 2017 年的一份报告中,泛美人权委员会详细阐述了毒品相关犯罪审前羁押措施对妇女及其家庭带来的严重影响。该委员会指出,各国的毒品政策缺乏性别意识,没有考虑妇女在毒品业务链和毒品走私过程中往往从事的是低级活动这一事实,且没有考虑监禁对其子女产生的重大不利影响。

监狱中的吸毒行为仍非常普遍。联合国报告说,全球监狱人口中有 20% 的人有吸毒行为,而社会普通人群中有吸毒行为的仅占 5.3%。大麻是监狱中最常见的毒品,其次为海洛因。此外,罪犯使用新型精神活性物质的现象在英格兰监狱、美国和新西兰的警方拘留中心已非常普遍。作为预防吸毒相关危害包括艾滋病毒传播关键的措施即减害措施在监狱中极少实施。

为减少轻微毒品犯罪的监禁适用,在2016年举行的联合国大会毒品问题特别会议上,所有联合国成员国都承诺就轻微毒品犯罪的定罪或惩罚制定采用并落实另类或其他措施。许多政府都已采取措施,对毒品种植和持有自用行为采取较为仁慈的惩罚方式。过去一年,一些国家建议或进行了新的变革,其中包括法国、格鲁吉亚、挪威和加拿大等国及美国一些州实施的大麻非罪化和轻罪从宽做法。2018年2月,缅甸经过多年审议发布了《国家麻醉药物控制政策》,对毒品相关犯罪实施了较为从宽的政策。此外,突尼斯议会修订了一项法律,改变了对持有或使用麻醉药物实施强制监禁的做法,转而赋予了法官将从轻因素纳入考量的自由裁量权。[1] 目前,泰国已经实施改革,缩短了毒品犯罪相关监禁期限,且其于2018年通过的《麻醉药品控制法案》进一步放松该国的毒品相关法律。此外,加纳正在审议《麻醉药品控制委员会法案》,如该法案得以通过,将成为非洲首个对个人持有和使用非法毒品实施非刑事化处理的国家。

在国际层面,关于如何解决世界毒品问题的辩论目前仍在进行。2019年,实施了10年之久的《联合国毒品政策政治宣言和行动计划》正式宣告结束。这份联合国文件旨在改善毒品领域的国际合作,并降低非法毒品的供需水平。现在,越来越多的人相信,2009年的目标不仅不可实现,而且,这些目标下采取的各项政策导致了重大伤害。联合国机构、国际领袖和越来越多的联合国成员国都拒绝这种惩罚性的毒品政策相关做法。2016年联合国大会毒品问题特别会议(UNGASS)的会议准备和成果都反映了这种国际毒品政策发展走向上的破裂共识。

三、监狱人口

在全球刑罚机构关押的约1035万名罪犯中,大部分都是具有贫困背景的成年男性。在许多刑事司法体系中,来自国家、民族、宗教或语言少数群体的人仍是歧视对象。因此,在许多国家,少数群体被逮捕、起诉和监禁的可能性更高,且被监禁期限要长于多数群体。例如,丹麦就计划对“贫民窟”区域的犯罪实施双倍处罚,而在这类区域,移民群体的人数往往高于平均水平。在一些国家,土著群体卷入刑事司法体系的比例也高于其人口比例,被

---

[1] See Human Rights Watch, World Report 2018, January 2018, p. 559.

监禁率高居不下。在 39 个国家,外国罪犯占其监狱总人数的 1/4,而在阿拉伯联合酋长国、卡塔尔和瑞士,外国罪犯占其监狱总人数的比例甚至超过了 70%。

(一)女犯

妇女和女童仍是监狱人口中的少数群体,占全球监狱总人口的 7% 左右。2017 年 11 月发布的最新数据显示,全球监狱中目前共有 71.4 万多名妇女和女童。[1] 值得注意的是,自 2000 年以来,全球女性监狱人口增加了 53%。同期,男性监狱人口仅增长了 20%。因此,与男性罪犯相比,女犯的增长相当显著。

从分类数据来看,过去几年,巴西、印度尼西亚、菲律宾和土耳其监狱人口中的女性比例出现了大幅增长,而墨西哥、俄罗斯、泰国和越南则报告了大幅下降的现象。非洲监狱人口中的女性人数增幅仍是最小的,而美洲、亚洲和大洋洲则出现了总体大幅上升的趋势。据泛美人权委员会报告,由于严酷的毒品相关法律,美洲的女性监狱罪犯数也出现了急剧增长。也就是说,这种法律对女性产生的影响仍然是不相称的。美国、中国、俄罗斯和巴西羁押的妇女和女童罪犯数量最多。从比例上看,女犯数量最多的是中国香港地区(占监狱总人口的 20.8%)。

进一步的证据表明,女性还经常因贫困和歧视背景下所实施非暴力轻微犯罪而被监禁,而她们自己经常也是暴力犯罪的受害者。2017 年的一项联合国报告凸显了贫困、家庭角色和女性所实施毒品相关犯罪之间的联系,从而引发了人们对女性因“运输毒品(毒骡)、在犯罪实施过程中充当次要角色或经常在伴侣要求下从事低级别、高风险任务”而被“过度监禁”这一问题的关切。此外,女性也是美国拘留设施中审前羁押女犯数量较高的根源之一,因为研究发现,她们很可能是因为交不起保释金而被羁押的。在英国,一份新报告提供了相关证据,表明家暴和“胁迫式关系”是女性犯罪的推动因素之一,并指出该国监狱中至少有 57% 的女犯属于家庭暴力受害者。

在刑事司法体系中,来自土著人群和少数族裔的女性面临着显著不利情形。例如,土著和托雷斯海峡岛民中的女性占澳大利亚监狱中女犯的

---

〔1〕 See Roy Walmsley, “Institute for Criminal Policy Research”, *World Female Imprisonment List*, 4th Edition, November 2017.

34%,而她们占澳大利亚成年女性的比例仅为2%。鉴于监禁对土著妇女产生的不对称影响,2017年,联合国女性施暴问题特别报告员对澳大利亚进行了访问,推动该国对未缴罚金者予以监禁这一政策进行了评估。在英国,黑人妇女被判监禁刑的可能性据报道要比白人妇女高25%。[1]

在全球范围内,众多倡议都曾试图以非拘禁措施和符合2010年《联合国女性囚犯待遇和女犯非拘禁措施规则》(《曼谷规则》)的制裁手段降低女性面临的监禁率飞升这一问题。2018年2月,巴西联邦最高法院作出判决称,被控犯有非暴力犯罪的怀孕妇女和子女未满12周岁的母亲可置于软禁之下,而无需审前羁押。这项判决给政府当局提供了60天的执行时间,而这将影响至少4500名正被羁押的妇女。肯尼亚缓刑署与国际刑罚改革协会共同实施了一个旨在确保女性社区服务和缓刑得到改善的项目。哥斯达黎加实施了几项旨在解决女犯弱势问题的改革,并于2013年11月批准了一项量刑改革,以缩短往监狱内偷带毒品女性的监禁;[2]2017年1月,该国又实施了一项新的改革,为在"弱势情形下"实施犯罪的女性消除其犯罪记录提供了可能。[3] 2017年,一些国家报告了旨在执行《曼谷规则》的某些监狱改革,尽管这样的国家为数不多。比如,美国联邦监狱管理局(Federal Bureau of Prisons)改善了女犯获得卫生产品的渠道;泰国清迈成立了一个女性中心,专门为那些从监狱按摩培训项目毕业的女犯提供释后就业机会。

但是,相关报告确认,许多国家目前尚未实施《曼谷规则》。欧洲议会指出,由于被关押在男子监狱内的监区,女犯在参加活动、使用体育场地、图书馆等设施方面存在困难。欧洲议会进一步得出结论说,《曼谷规则》"在欧盟成员国极少得到遵守"。在乌干达,女性大部分被排除在了监狱正式教育机会之外,而2017年举行的O级考试没有女犯参与就证明了这一点。由于许多当局没有设立性别敏感康复改造设施,因此经常不得不由公民社会组织来弥补这一缺口。例如,墨西哥拉卡那的一个社会企业正协助女犯制作手工艺品,并代表他们进行产品销售,取得了积极成果:92%的女犯表示,她们

〔1〕 See Prison Reform Trust, Counted Out: Black, Asian and Minority Ethnic Women in the Criminal Justice System, 2017.

〔2〕 See Nischa Pieris, Reducing Female Incarceration Through Drug Law Reform in Costa Rica, Washington Office on Latin America, 2017.

〔3〕 See Washington Office on Latin America, Eliminating Barriers to Re-entry: Criminal Record Reform in Costa Rica, 2017.

在监狱中挣的钱比在入狱前挣得还多。

（二）未成年犯

2010 年，全球 18 岁以下被羁押儿童总数估计为 100 万人。英格兰和威尔士的新数据显示，过去 6 年中，儿童被捕人数的下降幅度高达 64%。这一下降的推动因素是多样化的，其中包括警方对严重犯罪（往往由成人实施）的重点关注、儿童转向措施使用的增加、青少年犯罪的总体减少等。英国还报告了社交媒体在儿童犯罪方面所扮演的角色：在儿童实施的严重暴力犯罪中，每四个案件就有一个涉及社交媒体，而且，年轻人利用社交媒体煽动和计划犯罪的案例正不断增加。联合国被剥夺自由儿童全球研究（The UN Global Study on Children Deprived of Liberty）已经规划很久，其目的是记录被羁押儿童问题全景，这个项目预计将于 2019 年结束并发布研究成果。

独立监测机构经常曝光被羁押儿童遭遇系统性虐待的案例。相关报告证实，被羁押儿童遭遇高频率暴力的现象已经成为一种常态。例如，在澳大利亚，一个皇家委员会对该国北领地少年犯在长达 10 年内的羁押和福利情况进行了调查，并发布了最终报告。这份报告披露了刑事司法体系令人震惊的、系统性的失灵现象。这种失灵导致少年犯遭遇大范围虐待，而土著和托雷斯海峡岛民的子女尤甚——他们卷入刑事司法体系的可能性比非土著子女高 25 倍。在新西兰，据儿童委员会报告，一所少年犯监狱的男童告诉他们说，监狱职员将他们赶到闭路电视系统监控不到的地方，然后在“不会留下痕迹的身体部位”对他们进行殴打。在巴西，一伙男子闯入一处羁押设施，控制了 6 名儿童，并最终导致 4 名儿童死亡。此外，该国还提出了一项法案，建议允许儿童羁押设施的工作人员在某些情况下使用电击武器、抗暴设备和火器，而这与各项国际标准包括《联合国保护被剥夺自由少年规则》（《哈瓦那规则》）是不相符的。

将儿童与成人关押在一起且关押条件糟糕的做法仍在继续。赞比亚人权委员会发现，将儿童与成人一起关押的做法仍非常普遍；在肯尼亚，儿童在警察局也经常被与成年人关押在一起。在英国，监狱稽查署（Prison Inspectorate）表示，人员配备的不足导致男童几乎整天被关在牢房里。

在刑事司法体系中，儿童囚犯待遇方面的进展参差不齐。一些国家对最低刑事责任年龄的提高或者降低进行了重新审议。少数国家保留了适用于儿童的死刑，而这是国际法明确禁止的。一些国家则在成立独立的儿童司法体系方面采取了措施。比如,柬埔寨根据2016年新通过的一项少年犯司法法制定了新建一个儿童监禁设施的计划。在特立尼达和多巴哥,3个专门的儿童法院正在规划之中。在意大利,由于广泛的公众关切,一项旨在废除青少年法庭和青少年公共检察官的建议最终被收回。

(三)老年犯

在许多国家,老年犯的比例仍在上升。2012年至2016年,新加坡60岁以上的罪犯翻了一番。在澳大利亚,50岁以上的罪犯在短短5年内就增加了1/3。在英国,60岁以上的罪犯在15年里增加了2倍。医疗保健专业人员通常将65岁作为界定一个人是否属于老年人的标准。但是,在监狱中,由于许多罪犯都存在健康不佳、有药物依赖史和医疗保健受限等问题,因此这一界定年龄通常较低,有时甚至为50岁。

老年犯是一个多元化的复杂群体。对监狱当局而言,老年犯相关挑战包括如何应对老年人中普遍存在的慢性疾病(如失忆)和残疾等问题。改造、工作和释放项目通常都是为年轻罪犯量身定制的,没有反映年老罪犯的特定需求。在日本,老年犯获释后的再犯率高于平均水平,而这要归结为他们获释后在就业方面面临的独特困难及孤独和贫困等原因。

近期研究表明,为应对监狱人口中这一不断扩大的群体所带来的挑战,有必要制定清晰、明确的战略。其应对措施之一,是像美国等国家那样,基于同情理由对他们实施提前释放。2017年,菲律宾就因为年龄和疾病等原因提前释放了127名罪犯。在阿根廷,法院可命令将70岁以上的罪犯置于软禁之下。在日本,一项旨在对60岁以上的罪犯进行老年痴呆症评估的试点正在持续进行中,其目的是尽早发现这一问题并提供必要支持。据估计,该国60岁以上监狱罪犯中有14%的人患有老年痴呆。在英国,一个面向老年犯的监区已经开通,但人们认为,老年犯可成为监狱人群的稳定因素,而以年龄为区分因素的监区可能会打破年轻罪犯与年老罪犯之间的建设性关系。[1]

(四)男同、女同、双性恋者、变性者和阴阳人(性少数群体)

在70多个国家,同性关系仍然有罪,而在一些亚洲和非洲国家,甚至仍

〔1〕 See Human Rights Watch, Old Behind Bars: The Aging Prison Population in the United States, 2012.

可适用死刑。此外,一些国家仍然有基于性别认同或表达而对变性人进行刑事化处理的法律。总体上,同性关系的非刑事化方面并没有明确的趋势,一些国家包括拉丁美洲、北美和欧洲国家对同性关系的宽容度日益提高,而其他国家则更为严厉。[1]

目前,性少数群体仍在因其性认同而面临逮捕和监禁。在羁押过程中,他们也经常被歧视、骚扰、面临暴力甚至酷刑。在车臣,同性恋男子被大规模逮捕并被关押在非正式拘留机构达数天之久,面临羞辱、饥饿和酷刑。在阿塞拜疆,同性恋男子和变性女子因为性认同原因而被施以酷刑的报道已经见诸媒体。在埃及,2017 年出现了以"堕落"为由对性少数群体实施大规模逮捕和虐待的现象。哥斯达黎加 2017 年的一项研究表明,监狱中的变性人不仅缺乏激素治疗,而且面临口头和人身暴力。美国的一份报告发现,性少数青少年在刑事司法体系中的代表性过高,在审前羁押和量刑相关法院判决中面临着歧视,且被单独监禁或置于隔离监区的风险较高。另一项发现表明,被认定为女同性恋或双性恋的妇女约占美国被监禁女性的 1/3,而普通人群被监禁的比例仅为 3.4% ,前者几乎为后者的 8 ~ 10 倍。

为采取措施保护被羁押的性少数群体,2017 年 11 月,国际社会通过了一套新的原则,作为国际人权法下性取向、性认同、性表达和性特征领域 2006 年通过的《日惹原则》的补充。在这套原则下,一项关键补充为关于被羁押性少数群体待遇问题的第 9 项原则。原则 9 呼吁各国确保羁押不会进一步导致性少数群体的边缘化,同时确保性少数群体享有其需要的医疗保健和咨询服务,包括激素治疗和性别重置。此外,该原则呼吁各国落实面向性少数群体的保护措施,包括不限制其权利、无论其伴侣性别均为其提供同居探视便利、为监狱职员提供培训和意识提升活动等。2017 年,联合国提出性少数罪犯权利问题的次数越来越多,而性取向和性别认同领域国际人权法的适用相关原则即《日惹原则》也得到了更新和强化。如今,这套原则包含了一项新增原则,即性少数群体在被羁押期间有权享有人性待遇这一原则。

尽管为保护被羁押性少数群体的一些积极政策已经到位,但有时并没有得到切实执行。例如,美国加利福尼亚州为数百变性罪犯引入了新的规

---

[1] See International Lesbian, Gay, Bisexual, Trans and Intersex Association, State-Sponsored Homophobia, 15 May 2017.

则,涉及着装、医疗和监狱选择等方面,但当局报告说,这些规定在实施过程中遇到了挑战。在泰国,矫正部宣布了将性少数罪犯分别关押在监狱内不同“区域”,以确保其安全的计划。在加拿大,联邦监狱局通过了一项关于变性罪犯的新政策,并首次批准了一项基于性别认同而不是生理解剖因素将一名变性罪犯转移到另一监狱的行动。以色列的一所监狱则首次允许同性恋罪犯接受同居探视,因为有一项法院判决指出,如果不允许这种探视,就是对同性恋罪犯的歧视。

(五)残疾人

相关趋势表明,大多数国家监狱人数的不断增长和一些国家年长罪犯的显著增加已经导致监狱中残疾人数量的增加。比如,澳大利亚监狱中的残疾人占比就过大:虽然他们仅占澳大利亚总人口的18%,但几乎50%的人都进过监狱。但是除国别报告外,全球监狱人口中到底有多少残疾人这方面的数据仍然很少。[1]

生理残疾罪犯在监狱中面临着众多挑战,如无法享受管控制其残疾所需的医疗保健服务、没有得到饮食、衣着和洗漱等日常活动方面的支持、没有助听器、盲文文件和翻译等服务。这些挑战实际上使他们无法参加监狱改造活动。在针对拉脱维亚的一项重大判决中,欧洲人权法院裁决称,聋哑罪犯遭受的痛苦(从无法交流到牢房中缺乏足够的个人空间等)都构成了不人道或有辱人格的待遇。在美国,人们就当局未满足残疾罪犯必要需求的失职现象发布了若干报告。实际上,通过电话让残疾人与其家人和朋友进行交流的技术是错误的、过时的,这个问题已经被曝光。[2] 一份报告则揭露了将生理残疾罪犯单独关押造成的毁灭性后果。由于旨在满足这类罪犯需求的牢房不足,这种现象实际上经常发生。在佛罗里达州,30多名失聪、失明或需要使用轮椅的罪犯在法庭上宣称,监狱不让他们参加其他罪犯都可参加的工作、服务和项目。

监狱罪犯受心理疾病影响的比例过高,而监狱经常无法为他们提供足够的心理健康服务。有心理疾病的罪犯被虐待的现象也经常见诸各类报

---

〔1〕 See Human Rights Watch,“I Needed Help,Instead I Was Punished”: Abuse and Neglect of Prisoners with Disabilities in Australia,February 2018.

〔2〕 See The Marshall Project,Why Many Deaf Prisoners Can’t Call Home,19 September 2017.

道。在澳大利亚,相关研究表明,有一半的成年罪犯已被诊断出心理健康问题或因心理健康问题接受过治疗,87%的年轻罪犯当前或过去曾出现过心理障碍。这份报告发现,存在心理健康障碍的罪犯面临着数日、数周、数月甚至数年被单独禁闭或羁押在安全监区的风险。[1] 美国司法部监察长(Inspector General)发布的一份报告显示,联邦监狱中存在心理疾病的罪犯被单独监禁或约束性关押的平均时间也要高于没有心理疾病记录的罪犯。在比利时,数百名存在心理残疾的罪犯仍被关押在狭隘的监区中。[2]

目前,人们对上述问题的认识正在不断加深。一些国家已经采取行动,将存在心理疾病的罪犯转出监狱。比如,南非通过了一项开创性法律,禁止对存在心理疾病或精神障碍的被告自动适用监禁。2018 年初,巴西最高法院作出裁决称,残疾人士不应被审前羁押。加拿大矫正监察员(Canadian Correctional Ombudsperson)则强调,存在严重心理疾病的女性必须安置在监狱外的精神病院中。为减轻监狱对存在心理疾病罪犯的有害影响,有新报告对监狱设施的运作和设计提出了一些国际良好准则。

四、监狱管理

(一)安保问题与暴力

监狱管理领域的动态安保方法已得到广泛认可。这种方法是建立在监狱罪犯与监狱职员之间的积极关系和监狱情报工作的基础之上的。此外,安保还是对罪犯进行有效改造的重要前提条件,这点也已经得到了人们的深刻认识。但是,许多监狱体系仍在努力减少过多的暴力和死亡并解决酷刑问题。

在许多国家,由于罪犯之间的暴力或虐待或监狱职员的疏忽而导致的监狱死亡案例仍非常普遍。2017 年 3 月,危地马拉一所国立监狱发生了 41 名少女集体死亡的案件,引发了公众愤怒。这些少女是因烧伤或吸入烟雾而导致死亡的,火灾发生时据称全部被锁在一个房间里而无法逃出。事件发生后,相关政府官员和警察被以过失杀人罪提起了公诉。在阿根廷,国家

---

〔1〕 See Human Rights Watch,"I Needed Help,Instead I Was Punished":Abuse and Neglect of Prisoners with Disabilities in Australia,February 2018.

〔2〕 See Amnesty International,Amnesty International Report 2017/18,February 2018,p. 89.

监狱办公室(National Penitentiary Office)在2017年上半年记录了8起联邦监狱罪犯的"暴力死亡"案件。[1] 2017年3月,巴布亚新几内亚有17名越狱罪犯被守卫射杀,矫正服务署因此呼吁应当就此展开调查。但是,因为缺乏资金,调查目前尚未开展。在美国亚拉巴马州,2017年共有8人在监狱内被杀,是该州到目前为止监狱杀人事件最多的一年。

还有一些国家的监狱体系也报告了创纪录水平的罪犯暴力事件。以新西兰为例,首席监察员(Chief Ombudsperson)揭露了"令人无法接受的"施暴率。在一次巡查中,多达一半的被调查罪犯表示曾遭受过袭击。自2012年起,英格兰和威尔士监狱中的安全水平就一直在持续下降。2017年9月的统计数据表明,上述两地监狱发生的自伤和袭击事件达到了创纪录的高度。这一现象的原因可归结为监狱人员配备的减少、监狱职员的流失、毒品(特别是新型精神活性物质)的使用较多、监狱过度拥挤、监狱人口性质的长期变化等因素。[2]

2017年,监狱骚乱导致许多国家(包括菲律宾、印度尼西亚、尼日利亚、刚果和南非)发生了罪犯死亡事件。此外,拉丁美洲国家(包括危地马拉、多米尼加共和国、墨西哥、委内瑞拉和哥伦比亚等)还出现了因帮派纠纷引发的监狱骚乱。在拉丁美洲,团伙帮派仍然控制着许多监狱。例如,在墨西哥,多达65%的国家监狱被认为是由有组织犯罪团伙控制的。因此,该地区采取了各种措施对监狱团伙进行管控。例如,萨尔瓦多政府延长了"非常措施"的生效时间,以削弱MS13和Barrio18这两个被政府认定为监狱恐怖团体的帮派对监狱的控制力。2017年10月,洪都拉斯关闭了一所据称属于"犯罪中心"的监狱,并开通了一所新的最高安全级别监狱作为其替代。

有迹象表明,酷刑的使用仍在增加。联合国反酷刑专家指出,2017年,酷刑的绝对禁止"在全球范围内因国家安全的原因而受到了挑战"。但是,由于各种原因,特别是受害者的少报漏报,酷刑使用规模方面的可靠统计数据目前仍非常少。酷刑使用相关报告反映了一个共同规律,即这些酷刑普遍是由执法机构在审前阶段为逼取口供而实施的。比如,联合国禁止酷刑委员会(UN Committee against Torture)指出,在斯里兰卡"众多记录在案的

---

〔1〕 See Human Rights Watch, World Report 2018, January 2018, p. 36.

〔2〕 See Jacqueline Beard, Prison Safety in England and Wales, House of Commons Library Briefng, 5 December 2017.

酷刑案件中，被告均指称说，他们是被迫在空白纸张或以自己看不懂的文字书写的自罪声明上签字的”。此外，大赦国际还报告了许多国家（包括埃及、阿拉伯联合酋长国、伊拉克、科威特、尼泊尔、沙特阿拉伯和土库曼斯坦）的当局为逼取“供词”而使用酷刑的行为。

（二）监狱职员

人们越来越认识到投资监狱职员的重要性及监狱职员的遴选、招募和培训对于有效监狱管理和安全至关重要这一事实。然而监狱糟糕的工作条件仍在持续。2017 年 6 月，欧洲委员会监狱和缓刑服务主管会议（Council of Europe Conference of Directors of Prison and Probation Services）呼吁就“监狱和缓刑服务不同级别工作人员的招募和遴选标准”制定新的欧洲标准，“并重视其教育、培训和职业发展”。为此，上述会议计划于 2018 ~ 2019 年度制作一本手册。

监狱职员遇袭事件继续发生。比如，在苏格兰，相关数据显示，2016 ~ 2017 年度每两天就有一名监狱职员遇袭。近年来，印度、加拿大和美国等许多国家的监狱体系都报告了针对监狱职员的严重袭击事件。在许多情况下，针对监狱职员的袭击事件都与预算削减或职员不足有关。在南非，16 万多名监狱罪犯仅由 26，000 名监狱官员看守，因此，该国发生的几次导致矫正官员和罪犯双方都重伤的重大暴力事件都可归结于监狱职员短缺和监狱过度拥挤等原因。

由于暴力、人员短缺和工作条件等原因，监狱职员仍在开展罢工活动。比如，2018 年初，因为一系列袭警事件，法国的监狱职员举行了罢工。在其中一个事件中，一名因恐怖主义相关罪行而被定罪的罪犯用剪刀和剃须刀刀片袭击了 4 名监狱职员。在英格兰和威尔士，媒体对预算削减和人员短缺等问题的影响进行了大规模的负面报道。在这种报道声中，监狱职员进行了一连串的罢工。为此，英国政府不得不向高等法院寻求永久性的禁止罢工令并获得了支持。

女狱警是监狱行业中的少数群体，因而在工作中面临着独特挑战。在美国，受雇于规模最大的联邦男子监狱的 500 多名女职员提起了一项集体诉讼。他们声称受到了来自同事和罪犯的性骚扰和性歧视，且工作环境不友好。最终，联邦政府同意以 2000 万美元和解，同时承诺进行改革，以改善监狱雇员的安全。在北爱尔兰，一名女狱警因为监狱当局未考虑其刚修完产假、需要母乳喂养这一事实而受到了歧视、欺凌和骚扰,并因此得到了监狱局的赔偿。值得肯定的是,卢旺达已成功将其女狱警的比例从2011年的8%提高到了2017年的24%。尽管如此,人们仍呼吁当局将女狱警的数量进一步增加到该国劳动法规定的30%的配额。

(三)监狱卫生

与社会普通人群相比,监狱罪犯患艾滋病、结核病及其他传染性疾病的比率要高得多。据联合国艾滋病规划署估计,监狱罪犯感染艾滋病的比率平均要比监狱外的成年人高5倍,[1]尽管世界卫生组织估计的罪犯艾滋病比率更高(15%)。监狱罪犯的健康需求通常很复杂,他们过早死亡和患心理疾病及因监狱环境不卫生导致的其他疾病的比率都很高。

2017年,若干国家的监狱爆发了严重疾病。在也门,国际刑罚改革协会为其首都萨那的一所监狱提供了治疗霍乱的药品;据国际红十字会估计,2017年12月,该国的霍乱疫情已经出现了100万名疑似病例。2017年7月,肯尼亚的(Kisumu)监狱也报告了一次霍乱疫情。同年初,津巴布韦首都哈拉雷也发生了伤寒疫情,并传染到了2所监狱,导致了许多罪犯的死亡。

合格医务人员的匮乏仍是监狱卫生服务提供的一大障碍。比如,在乌干达,全国448个监区中只有56个设有卫生所。[2] 同样,在孟加拉,全国63个拘留机构没有任何医生。在苏格兰,政府报告得出结论说,罪犯并没有得到他们需要的医疗服务,因为监狱没有足够的职员押送他们前往卫生中心。因此,50%的诊所时间都因为失约而白白浪费了。

国际社会越来越关注的一个领域,是监狱中的艾滋病预防。目前,国际社会已经就此作出各种承诺,而其中最为明显的一个,就是可持续发展目标3。这项目标承诺,到2030年,全球将终结艾滋病疫情。2017年5月,联合国预防犯罪和刑事司法委员会通过了一项旨在落实监狱中艾滋病母婴传播预防措施的决议,敦促各国确保在女子监狱提供全面卫生服务,以预防和治疗艾滋病。2017年,联合国艾滋病规划署发布了一份路线图,加速了24个重点国家的艾滋病预防,并将监狱卫生服务方面的限制明确为可持续发展

[1] See UNAIDS, Update on HIV in Prisons and other Closed Settings, UNAIDS/PCB (41)/17.23, 23 November 2017.

[2] See Presentation by Uganda Prison Service, 10 March 2016.

目标 3 进展不足的原因之一。目前,各国政府和基金会已经就这一目标的实现投入了大量资金,而美国总统特朗普却在 2018 年建议削减 8 亿美元的艾滋病项目预算。

尽管联合国艾滋病规划署已将监狱罪犯认定为艾滋病疫情应对领域被遗忘的一个主要群体,但在一些国家的监狱中,艾滋病的治疗和预防措施仍不存在,而在其他许多国家的监狱中,这些措施仍全面不足。比如,在乌干达的 448 所监狱中,只有 33 所获得了抗逆转录病毒治疗能力的认证,而在津巴布韦,审前羁押罪犯声称,监狱中抗逆转录病毒治疗服务的匮乏可能危及生命。在对吸毒持禁止立场的国家,减害措施即旨在预防艾滋病传播的循证干预的实施仍然面临着政治化的挑战。2016 年,全球只有 8 个国家至少在一所监狱实施了针具交换项目(Needle and Syringe Programme),而在国际减害协会(Harm Reduction International)评估的 9 个地区中,有 7 个地区的监狱罪犯完全没有享受到这种服务。[1]

但是,在降低释后初期较高的药物过量发生率方面,近期出现了一些积极进展。比如,在加拿大,罪犯获释后可获赠一套纳洛酮用具(用于治疗麻醉药物的过量使用),而在摩尔多瓦和爱尔兰,则可接受药物过量预防方面的培训。

(四)单独监禁

单独监禁通常被称为"隔离""孤立""禁闭"或"超高安全级别监禁"。在《曼德拉规则》中,单独监禁被定义为"在没有任何人类接触的情况下每天关押罪犯达 22 个小时或更久的行为"。除一些明显特例外,单独监禁目前仍在全球范围内通用,就连残疾人和未成年人之类的弱势群体也不能幸免,这显然是违反国际标准的。而且,这种现象是在人们对单独监禁的消极心理和生理影响及其经济成本(单独监禁的成本是普通监禁成本的 3 倍)认识日益深刻的情况下发生的。

数据表明,在截至 2016 年的 5 年中,新西兰监狱中单独监禁的使用次数增加了 151%,[2]而同期监狱人口仅增加了 16%。约 8% 的单独监禁超过了

---

〔1〕 See Harm Reduction International, The Global State of Harm Reduction, 2016, p. 19.

〔2〕 See Ti Lamusse, Solitary Confnement in New Zealand Prisons, Economic and Social Research Aotearoa, 2018, p. 4.

《曼德拉规则》规定的15天上限,且在被单独监禁的罪犯中,土著毛利人或太平洋岛国后裔的比例过高(62%)。

存在心理或生理健康问题的罪犯仍然面临单独监禁的惩罚。在美国,一项报告详细阐述了被单独监禁的聋哑罪犯是如何因其残疾而遭遇加重型剥夺感的、存在移动障碍的罪犯是如何被剥夺必要身体治疗和处方药物的等问题。在日本,单独监禁的总体使用正在减少,但2012年至2016年间,单独监禁超过10年的罪犯数增加了50%以上,且在这些罪犯中,几乎一半存在智力残疾。在巴林,人们表达了对一名人权卫士和反对派领导人的关切。据报道,这两人已经被单独监禁了9个月,尽管其身体已经出现了需要住院治疗的医学状况。联合国禁止酷刑委员会还观察到,在阿富汗,单独监禁还被适用于患有传染性疾病和心理疾病的罪犯。[1]

数据表明,许多国家会将因恐怖主义相关犯罪而被怀疑或定罪的罪犯单独关押。比如,在荷兰,这样的罪犯被长期关押在"反恐监狱"的单独牢房。2017年,大赦国际和开放社会司法倡议(Open Society Justice Initiative)对荷兰的这种做法进行了谴责。长期单独监禁仍在许多国家如黎巴嫩和韩国沿用。在上述两个国家,作为一种惩戒措施,罪犯可能会被单独关押长达30天。对此,联合国禁止酷刑委员会援引《曼德拉规则》中关于长期单独监禁的条款予以了谴责。

将单独监禁适用于未成年人的做法仍在持续,尽管国际标准对此早有禁令。在澳大利亚,当局曾将2名少年分别单独监禁了250多天,并就此进行了辩护。在英国,1名儿童被单独监禁了100多天的做法竟然被法院判定没有构成不人道或有损人格的待遇。亚美尼亚保留单独监禁作为青少年惩戒措施的做法受到了联合国禁止酷刑委员会的谴责。在美国,由于针对联邦监狱的禁令,青少年单独监禁这一做法的取消取得了显著进展。

单独监禁状态下发生的自杀数仍然过高,与单独监禁罪犯数不成比例。比如,在美国得克萨斯州,四分之一的监狱自杀事件发生在隔离牢房,而这类牢房关押的罪犯仅占监狱总人数的2.7%。在南非,两名单独监禁罪犯在3个月内连续自杀的事件促使矫正服务司法监察署(Judicial Inspectorate)启动了相关调查。

---

〔1〕 See United Nations Committee against Torture, Concluding Observations on the Second Periodic Report of Afghanistan, 12 June 2017, CAT/C/AFG/CO/2, para. 29.

一些国家对单独监禁的适用设定了限制，或干脆减少了这一措施的使用。在加拿大监狱中，“行政隔离”措施的使用总体上出现了大幅减少：2017 年 8 月，加拿大监狱中共约 300 名罪犯被行政隔离，在 2014 年 800 人的基础上有所减少。同期，该国不列颠哥伦比亚省最高法院作出了一项重大判决，宣称长期和无限期单独监禁都是违宪行为，而其援引的依据则是《曼德拉规则》[1]和这两项措施造成的后果。在爱尔兰，新数据表明，被置于 22 小时或 23 小时“约束机制”下的罪犯数已从 2013 年的 211 人下降到了 2017 年 10 月的 9 人。这一变化的推动因素包括《爱尔兰监狱规则》的修订，该修订赋予了所有罪犯每天可从事两个小时室外活动的权利，从而使他们获得了进行有意义人类接触的机会。同时，该国启动了一项由爱尔兰监狱服务署(Irish Prison Service)负责取消单独监禁的政策。美国，得克萨斯州终止了单独监禁作为惩戒措施的适用，声称这项措施缺乏改造效果，但作为一项移除问题或潜在危险罪犯的措施，单独监禁得到了保留，且近 4000 名罪犯仍处于单独监禁状态。但是，有一名黑客嫌疑人却成功上诉，从而避免了被从英国引渡到美国的命运，在这个案例中，嫌疑人的上诉依据是，如果被引渡到美国，他可能会面临单独监禁，从而导致他的生理和心理状况进一步恶化，这显然是一项积极进展。

(五)与外界之间的接触

罪犯与外界之间的接触在有没有和具体形式这两个问题上因国而异，且差异巨大。相关证据表明，监狱探视和与家人和朋友之间的接触有助于降低再犯率。例如，英国司法部 2017 年进行的一项评估表明，接受了家人或伴侣探视的罪犯的再犯率比那些没有接受过探视的罪犯要低 39%。

最近，各国实施了一些创新性机制，以改善罪犯的家庭探视。在新加坡，监狱开展了为时 4 小时的“家庭日”活动，鼓励罪犯与其家人发展更加密切的关系。在活动中，罪犯可与家属自由接触，而不是像往常那样，只能隔着玻璃交谈。同样，津巴布韦监狱也启动了“家庭周”活动，以加深罪犯与其家人之间的关系。在意大利，一个非政府组织在监狱内为罪犯及其子女组织了足球赛，以倡导更加正常、愉快的探视。在哥伦比亚，由于一项部级新

[1] See British Columbia Civil Liberties Association v. Canada (Attorney General), 2018 BCSC 62, e.g. at para. 57.

规,有子女或怀孕的女犯第一次有了开放式的探视机会。在英国威尔士,一所私人监狱允许罪犯与其孩子的老师进行定期会晤,以讨论其孩子的学业。在取得成功的基础上,这个项目如今已经进行了拓展。该项目使作为父母的罪犯得以了解其孩子的学业进展,并降低其再犯风险。基于这一直接着眼于父母与其子女关系的相同模式,荷兰的一所监狱建设了一个有家属室的监区。在这个监区,作为父亲的罪犯可在没有监视的环境下与其子女一起玩耍或完成家庭作业。此外,他们还有机会使用 Skype 直接与在家里的孩子进行交谈。

在协助罪犯与家人和朋友进行接触方面,技术的运用正越来越频繁。在孟加拉,一项试点允许罪犯每月与两个电话号码进行通话。在法国,由于认识到与家人特别是孩子进行接触是改造活动的重要组成部分,当局宣布将在牢房里安装固定电话。在英国,一个供罪犯与其家人和朋友定期交换信息的语音邮件系统接受了评估。接受评估的罪犯和家属都表示,该系统对于罪犯的健康和幸福、人际关系和社会联系及实际问题的解决都有积极影响。在美国,视频探视的使用范围正持续扩大。如今,至少有 600 个监狱已经使用了这个系统,尽管人们对该系统语音和图像的质量及用视频探视完全替代面对面接触式探视这一趋势不断增强的事实表示了担忧。

将罪犯安置在远离其社区的监狱仍然是一个问题。针对俄罗斯将罪犯安置在离其亲属数千英里远的地方服刑这一问题,欧洲人权法院作出了一项裁决,认为这种做法侵犯了罪犯的家庭生活权(right to family life)。[1] 该法院认为,刑罚机构与罪犯家庭之间的距离——从 2000 公里到 8000 公里不等——太大,从而给家属探视造成了困难。

电话通话的昂贵费用是人们关注的另一领域。由于罪犯及其权益倡导者的愤怒,2015 年美国一个联邦委员会就监狱电话资费引进了价格上限规定。但是,2017 年,一个法院又裁决该委员会不能对州内电话(非州外电话)施以价格限制。在德国,宪法法院则作出了不利于对罪犯电话通话收取过高费用这一做法的裁决,声称无视罪犯经济利益侵犯了宪法赋予罪犯的改造权利,私人服务提供商必须以公平市场价格为罪犯提供电话服务。

---

[1] See European Court of Human Rights, Polyakova and Others v. Russia, Application nos. 35090/09, 35845/11, 45694/13 and 59747/14, 7 March 2017.

(六)改造与再融入

近年来,监狱要实现改造罪犯的目的已经成了一项更为重要的工作。2015 年联合国犯罪大会(UN Crime Congress)通过的《多哈宣言》等政治承诺及旨在协助罪犯改造的一系列创造性措施都体现了这一转变。例如,在印度哈里亚纳邦(State of Haryana),当局向 6 个拘留机构提供了 600 头牛,并让罪犯负责这些牛的饲养。该项目致力于通过养牛(在印度宗教中属于圣物)活动改善罪犯的生理和心理健康。在中国监狱中,心理治疗(舞台剧)已被广泛运用于推动罪犯的改造努力。监狱与大学之间的合作也成了一个不断增长的趋势,为监狱罪犯提供了重要的教育机会并为其社会再融入提供了更好的支持。

研究表明,失业和低工资是罪犯获释后重新融入社会时面临的主要障碍。在这方面,他们面临的挑战主要是犯罪记录和适销技能的缺乏等。一项针对美国近 600 万罪犯的研究发现,提高最低工资有助于降低再犯率。另一份报告则显示,10 年前的犯罪记录——许多与当前工作并不相关——仍在影响获释罪犯就业。为罪犯提供正确的职业和技能培训,以帮助他们获释后就业仍然是一大问题。例如,在加拿大,矫正调查员(Correctional Investigator)对监狱提供给罪犯的技能培训提出了批评,认为其与当前市场需求脱节,无法为罪犯获释后提供有意义的就业机会。欧洲预防酷刑委员会(European Committee on the Prevention of Torture)也指出,"女犯只能参加被认为'适合'他们的活动(如缝纫和手工),而被排斥在保留给男性的、职业性强得多的培训之外",这种现象实在是太普遍了。

联合国毒品和犯罪问题办公室为协助监狱开发有效的改造项目,研究了狱内教育和职业机会与罪犯获释后再犯的减少和就业的增加之间的关联,并列举了一套对照清单,供监狱管理者在开发、实施和监测改造项目时使用。

(七)监狱中的暴力极端主义

在国家、地区和国际层面,人们继续关注暴力极端主义罪犯的管理、预防罪犯激进化的政策及协助暴力极端主义罪犯脱离接触并确保其重新融入社会的干预活动。监狱是罪犯面临激进化风险的地方,但是,人们也认识到,监狱实际上也是为罪犯脱离暴力极端主义提供了重大机遇的地方。2017

年对当前研究成果进行的一次综述发现,人们对监狱中暴力极端主义的理解仍然存在显著差异。这项研究明确了需要进一步分析的一些具体问题,如罪犯激进化背后的社会和心理动机因素、脱离暴力极端主义罪犯群体或团伙暴力活动的动机因素、作为暴力极端主义罪犯的未成年人等。这项研究还发现,针对面向极端主义罪犯的监狱和缓刑项目的评估目前仍然缺乏,而对这类罪犯获释后面临的挑战的了解也很稀缺。

为应对这一领域相对较新的挑战,各国监狱体系就干预信息进行了交流,指导文件的开发也在继续。联合国毒品和犯罪问题办公室制作的《监狱暴力极端主义罪犯的管理和暴力激进化的预防手册》(Handbook on the Management of Violent Extremist Prisoners and the Prevention of Radicalization to Violence in Prisons)明确了三个关键领域:监狱职员的培训、风险管理和改造努力。这份手册认为《曼德拉规则》的充分实施才是最强有力的方法。欧洲安全合作组织(Organization for Security and Cooperation in Europe,OSCE)对此表示认同,认为"主要——且几乎放之四海而皆准的——教训是,监狱过度拥挤使形势更加恶化了,因为它为恐怖分子和激进主义者传播其信息提供了机会。在考虑更加宏伟的计划之前,安全而有秩序的监狱应该是所有政府的首要重点"。其他正在开发的指导文件包括欧洲安全合作组织和国际刑罚改革协会于2018年发布的一份面向羁押监测机构的指南,该指南概述了监测工作中应对暴力极端主义和激进化相关问题的方法。

这一领域的主要挑战之一,是监狱职员如何准确认定暴力极端主义罪犯或存在被激进化风险的其他罪犯。为此,欧洲监狱和矫正服务组织(European Organization of Prison and Correctional Services)为一线工作人员编撰了一份现有培训材料清单,且目前正在开发一项筛查工具。这个地区项目旨在协助不同级别的监狱职员发现所谓的"弱势"和"被激进化"罪犯。一些国家已将许多具体的风险评估工具投入使用,以识别暴力极端主义罪犯和有被激进化或影响他人嫌疑的罪犯。实际上,每一罪犯都要根据其具体情形进行评估,在罪犯的分类、隔离或分散、改造需求等方面,并没有一刀切的解决方案——这点已经得到了人们的普遍认可。此外,联合国毒品和犯罪问题办公室的手册强调,鉴于女性参与暴力极端主义这一问题的复杂性,开展风险评估时体现性别敏感性非常重要。

这一领域的另一挑战是,被归类为"暴力极端主义者""被激进化者"或存在被激进化风险者的罪犯到底是应该融入监狱主流群体,还是应该隔离开来,这个问题的决策很难。一些国家采取了强化隔离的措施,但有人批评认为,这种做法高估了这类罪犯影响其他罪犯的风险,同时低估了其他罪犯对极端主义罪犯发挥的抑制影响。在这方面,荷兰就受到了严厉批评,因为该国实施了将暴力极端主义罪犯集中管理的政策,而罪犯处境又不人道,事实上被置于单独监禁之下。法国也宣布,当局将在单独监区设立 1500 个监位,用于关押政府所谓的“被激进化”罪犯。在英国,2016 年司法部开展的一次评估发现,极端主义是监狱中一个日益严重的问题。因此,该国计划设立 3 个专门的“隔离中心”,用于关押被控或被判犯有恐怖主义相关犯罪的罪犯。同时,该国还组建了一个反恐专家行动组,对监狱职员提供咨询和培训。澳大利亚也宣布了对现有监狱进行升级,以创建关押“被激进化”罪犯的“超高安全级别Ⅱ”监狱的计划。

许多国家都制定了去激进化、去接触和改造项目,但联合国毒品和犯罪问题办公室强调,这类项目不应对“普通”监狱人群改造项目的实施造成负面影响。在这方面,一项跨学科改造方法已经被证明在多种情境下有效。在吉尔吉斯斯坦,神学家和心理学家已经被部署到改造被激进化罪犯的一线;在意大利,当局与意大利伊斯兰社区联盟(Union of Italian Islamic Communities)达成了协议,派遣伊玛目定期造访监狱,就如何满足穆斯林罪犯的需求为监狱职员提供培训。联合国驻索马里维和部队则支持监狱当局在释前和释后阶段通过心理学——社会学干预和强化式社区接触的方式对索马里激进伊斯兰组织青年党(al-Shabab)被判有罪的前成员或相关武装人员进行改造和社会融合。在美国,有报道说,波士顿、洛杉矶和明尼阿波利斯等地面向暴力极端主义罪犯的一个创新型改造项目取得了成功。这个密集化、个性化项目包含咨询、哲学、文学、写作和诗歌等课程,罪犯可在受限条件下使用互联网,但当局也会对项目实施密切监控。

此外,卷入暴力极端主义儿童的矫治工作受到越来越多的关注。2016 年,《纳沙泰尔少年司法备忘录》(Neuchâtel Memorandum on Juvenile Justice)正式发布,阐述了反恐背景下应对未成年罪犯的主要标准和良好实践。之后,全球反恐论坛发布了更多指南,针对因暴力极端主义罪行而被定罪和监禁的儿童的改造提供了指导。2017 年,联合国毒品和犯罪问题办公室就暴力极端主义背景下的儿童矫治发布了一份全面手册,重申了无论犯罪严重程度均应对涉法儿童适用国际标准的重要性。

(八)监狱腐败

监狱中的腐败形式多样。比如,罪犯家属可能要向监狱职员行贿,而目的仅仅是为了使其亲属能够获得诸如食物、淋浴之类的基本供给。在监狱职员工资待遇较差因而希望寻求额外收入的地方,腐败现象往往较为普遍,而在监督和问责机制不足的地方,腐败则更加盛行。糟糕的羁押条件(特别是在过度拥挤的监狱中)使腐败狱警利用基本服务向罪犯榨取钱财的可能性更高。墨西哥统计机构近期对64,000名罪犯进行的一项调查发现,多达87%的罪犯曾为食物、电话、毯子或垫子这样的生活用品向狱卒行贿。此外,亚美尼亚2017年的一项研究发现,为确保额外淋浴机会、室外休闲时间和较为宽松的搜查,罪犯亲属通常会向狱警们行贿。这项研究还发现,过去几年,这种贿赂出现了显著增加的趋势。除此之外,还有监狱职员掩盖同事违法行为、帮助其免受调查和起诉的案例,以及监狱职员参与偷带毒品和手机、贪污、盗窃和协助越狱的报道。比如,在西澳大利亚州,当地的腐败和犯罪委员会(Corruption and Crime Commission)发现,监狱职员正与罪犯合谋将毒品带入监狱。

监狱体系内的腐败会产生一系列消极后果,更不用说对罪犯人权和监狱有效管理造成的影响了。腐败可阻止罪犯获取基本服务,使公共资金的使用偏离其预期目的,并对罪犯、监狱职员和监狱管理等造成严重安全风险。联合国预防酷刑小组委员会(UN Subcommittee on the Prevention of Torture,SPT)就监狱腐败问题的报告承认了腐败与酷刑之间的相关性,表示:“腐败滋生了虐待,而对人权的漠视又助长了腐败的盛行”。

2017年,联合国毒品和犯罪问题办公室制作了一本《监狱反腐败措施手册》,强调了“稳健监狱管理与腐败预防之间密不可分的联系”,并列举了一系列反腐败措施,包括明确承认腐败问题、开展腐败风险评估、制定风险缓解计划等。具体措施应包括提高监狱职员的廉洁程度(培训、行为手册等)、强化问责机制(发现、调查和制裁等)、提高透明度和监督水平(独立监测、意识提升、咨询等)。

在国家层面,一系列策略已被采纳并运用于监狱腐败的预防,尽管腐败现象目前仍很猖狂。在牙买加,人们制定了利用金属探测器、闭路电视系统和电话干扰设备防止违禁品进入监狱的计划,同时还制定了对监狱职员进行测谎(测谎仪测试)的计划。在哈萨克斯坦,监狱服务署已经采取了多管齐下的腐败应对策略,包括采用电子档案改善系统、建立“热线”电话供人们举报监狱腐败行为等。印度海得拉巴邦(State of Hyderabad)也确立了类似的“热线”举措,而且还为举报者提供现金奖励。

五、技术的使用

(一)技术的使用趋势

近年来,世界各地的刑事司法和监狱体系增加了各种技术的使用,以强化社区和监狱对犯罪嫌疑人和已定罪罪犯的监视。与此同时,技术还越来越多地被用于监狱管理的不同方面,如支持网络教育的实施和罪犯与其家人及朋友的接触等。

电子监控(electronic monitoring)的使用继续增加,不仅是欧洲和北美,其他国家如肯尼亚、哈萨克斯坦、南非、马尔代夫、萨尔瓦多和泰国也如此。2017 年 8 月,罗马尼亚宣布考虑使用电子监控作为解决监狱过度拥挤问题的一种手段。2015 年,拉脱维亚开始对假释罪犯使用电子监控,且目前正计划将其作为监禁的一种替代手段。[1]

技术还越来越多地运用于监狱内部监视。例如,韩国在 3 所监狱开始了一项为期 6 个月无人机使用试点,利用无人机对监狱内外进行巡逻,以监控罪犯动向并追踪逃犯。但是,无人机还被罪犯用于往监狱内投送违禁品。作为世界首例,英国正在试验一种能够侦测和劫持被投送包裹的设备,以及可拦截监狱内手机信号的技术。

在高收入国家,通过网络为罪犯提供教育和培训的现象增加了。在澳大利亚,罪犯可领取笔记本电脑,进行自定速学习;在新西兰,所有监狱目前都有安全的计算机组件(computer suite),供罪犯接入教育、生活技能、就业和社会再融入培训等方面的网络学习工具。在美国科罗拉多州,被定罪时仍未成年的罪犯和服刑至少已满 20 年的罪犯正通过虚拟现实技术为其获释做准备,以学习其从未学过的技能,如清洗衣物和购买食品等。

监狱还允许罪犯使用在线接入服务在监狱中直接主导自己生活的各个方面。例如,比利时就为监狱提供了一项被称为“监狱云”的全面数字服务。这种服务安装在监狱牢房中,罪犯可通过该服务接入电视、电影和教育平

---

〔1〕 See PRI Email Communication with Probation Service of Latvia, 12 February 2018.

台,与家人和朋友进行通话,并预约家属探视。新加坡监狱局也开始试点一个让罪犯共享平板电脑、接入安全内部网,以便与家人进行交流、参加在线课程并阅读新闻和书籍的项目。

实践中,不仅仅是在罪犯管理和矫正方面,甚至整个刑事司法过程也因技术的引进而受到了影响。通过视频链接让儿童和弱势目击证人为法庭作证的做法在某些国家已相当普遍,而且视频链接的使用如今已扩大到让被告在警察局或监狱"出庭"受审、让罪犯与律师进行秘密磋商等情形。比如,泰国清迈的一所女子监狱就使用了视频会议技术让罪犯"出庭"受审。除此之外,在马拉维,一个非政府组织启用了一个被称为"开放式审判"的智能手机和平板电脑应用,提供了关于公平审判和羁押权利方面的信息、一个可用于认定家人、朋友或被羁押者的羁押是否合法的对照清单及一个向该组织报告违法行为或关切的功能。中国上海的一个法院开发了网络平台,允许法官在处理假释或减刑案件时直接从监狱索取信息,从而降低了亲自前往监狱探监的必要性。美国监狱正越来越转向"远程医疗"(telemedicine)为罪犯提供心理健康护理和治疗服务。

(二)技术使用的效果及存在的问题

研究发现,引进并使用上述"自助服务"式技术的监狱产生了积极罪犯改造成果。例如,这类监狱的罪犯违纪行为出现了下降,而获释第一年内的再犯率也降低了5.36%,而可比监狱的下降率仅为0.78%。罪犯调查和使用数据表明,罪犯出狱后,觉得自己掌握生活的能力和应对技术的信心都得到了提高。此外,视频链接的使用可能会提高法院效率,并节省了时间和司法资源。

但是,人们仍然对技术的不断使用表达了不同角度的关切,包括对技术侵犯隐私风险和技术本身不可靠以及技术的其他弊端。例如,电子监控使用的扩大化是在缺乏充分评估的情况下进行的。美国的一项研究发现,2006年至2016年,电子监控的使用几乎增加了140%。该研究还发现这一现象是在"能够证明其对各类型罪犯有效的数据基本缺失的情况下"发生的。[1]在英国,学术界认为,"数据库并不支持电子监控的宏伟计划"。再如,以节

〔1〕 See Pew Charitable Trusts, Use of Electronic Offender-Tracking Devices Expands Sharply, September 2016.

约成本为目的,通过屏幕使罪犯与其家属、朋友或医疗服务提供商进行远程接触是否会替代人体接触的效果,因为面对面的人体接触是罪犯改造和社会再融入的一个重要方面。在人员日益短缺的背景下,借助屏幕的方法虽然可以扩大服务的覆盖范围,但同时抑制了服务质量,特别是在技术本身并不是充分可靠的情况下,有可能会导致更严重的隔离及与监狱职员建立建设性关系机会的减少。相关研究已经表明,通过视频链接与法庭或律师进行交流可削弱理解和参与,而音像质量的不足则进一步恶化了这一问题。

六、监禁替代措施

(一)监禁替代措施的使用趋势

总体而言,近年来非拘禁措施和制裁手段的使用呈现增加趋势,特别是就低级别犯罪而言。这种增加的原因是由于人们认识到了监禁替代措施在缓解监狱过度拥挤方面的重要性及在改造罪犯特别是因非暴力和低级别毒品相关犯罪而被定罪的罪犯方面的有效性。

监狱过度拥挤的国家试图通过引进或增加非拘禁选项的方式降低监狱的拥挤程度。比如,在哥伦比亚,设计容量为 8500 人的监狱实际上关押了 25,000 名罪犯,而 2017 年因贩卖和使用毒品嫌疑而被逮捕的人几乎达 18,000 人。因此,该国司法部宣布实施了社区服务试点项目,成为采用监禁替代措施应对毒品相关犯罪的典型案例,与该国在 2016 年联合国大会毒品问题特殊会议上所作的承诺相符。卢旺达政府于 2017 年将社区服务的适用范围扩大到了因轻微犯罪而被定罪的罪犯,而在此之前,社区服务只适用于因种族屠杀相关罪行而被定罪的罪犯。在摩洛哥,监狱人口正持续增加,而一项正在审议中的新刑事程序法将首次纳入适用于审前和定罪后两个阶段的监禁替代措施。在爱尔兰,2017 年被投入监狱的人数几乎减少了 40%,而这几乎完全是因为针对不支付法院罚款的行为引进了非拘禁制裁措施。

针对女犯,2015 年至 2017 年,国际刑罚改革协会与肯尼亚缓刑和后续关怀服务署(Kenya Probation and Aftercare Service)在泰国司法研究所的资助下联合开发了一种对女犯实施缓刑和社区服务的新方法。这个项目认识到监禁对女性及其家人造成的消极影响,以及改善和拓展社区制裁的必要性。到目前为止,被判处非拘禁替代刑的女性的各种需求基本上被漠视了。通过开展研究活动,项目对正在执行缓刑和社区服务刑的女性的具体特征进行了评估。根据联合国《曼谷规则》关于女犯的规定,项目对缓刑官员使用的工具进行了调节和测试,并采用了一种更具性别敏感性的方法。尽管只是在肯尼亚实施,但项目成功开发了一种可复制到其他国家的模式。为协助利益相关方调整其女犯社区制裁相关政策和实践,项目开发了一套资源,包括:一个旨在引进性别敏感型缓刑和社区服务实施方式的10步改革模式;基于肯尼亚研究项目及其他国际研究项目得出的教训和建议。此外,项目还制作了一个简短的纪录片、一个面向缓刑官员的培训模块和一份关于社会调查和审前报告的指南,以推动肯尼亚在女犯待遇方面的可持续变革。

(二)修复性司法的使用趋势

修复式司法的使用也是一个日益增强的趋势——无论是在量刑过程中提出的,还是在刑事司法程序的其他任何节点提出的。修复式司法项目包括调解、和解、会议和量刑圈(sentencing circle)等。受害人、罪犯及受犯罪影响的其他个人或社区成员在主持人的帮助下积极参与犯罪相关问题解决的任何程序都可称为修复式司法项目。修复式司法项目的潜在积极成果包括保护受害人权益、减轻刑事司法体系的负担、降低再犯率、帮助获释罪犯更好地重新融入社会等。

联合国毒品和犯罪问题办公室2017年在31个国家进行的一项调查发现,受害人与罪犯之间的调解是使用最为普遍的修复式司法形式;超过一半的被调查国家在涉法儿童案件中使用了修复式司法。但是,这项调查总结说,修复式司法"在世界许多地方仍使用不足或不广为人知"。

刑事司法学会(The Academy of Criminal Justice Science)指出,人们对修复式司法如何运用于性伤害和家庭暴力案件的关注正在增加。该学会还指出,"修复式司法的采用继续面临着许多障碍,如对法网扩大效应(net-widing effect)的担忧、对正当程序的关切、修复式司法身份清晰度的缺乏、以适当方式向热衷于报复者特别是对修复式司法怀有问责期待者传递信息的缺失等"。

(三)监禁替代措施与监禁率

在全球层面,尽管并没有社区制裁使用方面的可靠数据,但相关证据表明,增加社区制裁的使用与降低监禁率之间不一定存在相关性。欧洲国家和美国的情况就可说明这一点。在这些地方,目前出现了对罪犯实施“大规模监控”(mass supervision)的趋势。例如,美国几乎有500万人处于刑事司法监控(假释或缓刑)之下,在1980年的基础上增加了4倍。有一项研究指出,“与监狱和拘留所人数一样,缓刑和假释人数也出现了迅速增加。这意味着,除一些特例外,社区矫正正充当监禁措施的附加刑,而不是替代刑”。还有研究表明,处于某种形式监控之下的人数几乎在所有欧洲国家都出现了显著增长,在29个欧洲国家中,被监控人数多于监狱罪犯数的国家达17个,且监禁替代措施使用的增加并没有导致监狱人数的减少。

(四)非拘禁措施的效果(与罪犯矫正和改造、再犯)

非拘禁制裁措施在促进罪犯矫正和改造方面的重要性已得到相关证实。澳大利亚一项研究发现,与被判处长达2年监禁的罪犯相比,被判非拘禁制裁措施的罪犯的再犯率降低了11%至31%。[1] 北爱尔兰实施的一个将社区服务、修复式司法和监控相结合的试点项目也产生了积极成果。那些顺利执行完法院命令的罪犯的再犯率降低了40%。因此,人们正考虑进一步推广该试点。

最近,人们开始考虑如何根据联合国《曼谷规则》提高监禁替代措施对女犯的适用性和有效性。比如,国际刑罚改革协会在肯尼亚开展的一个项目就对该国缓刑机构使用的工具进行了改制,以改善女犯性别相关问题进行了调查和了解。

在国际层面,2017年9月,第三届世界缓刑大会(the Third World Congress on Probation)在日本举行。这次大会是人们对缓刑价值及开展合作、共享经验必要性的认识进一步加深的积极迹象。此外,联合国一项决议呼吁增加监禁替代措施的使用,承认了非拘禁制裁措施与缓解监狱拥挤之间的联系,以及非拘禁制裁措施在建设更安全社区从而支持可持续发展目标方面所作的贡献。值得一提的是,成员国重申了罪刑相适应原则即刑罚严厉程度应与犯罪严重程度相适应、同时考虑加重或减轻情节这一原则的重要性。

---

〔1〕 See New South Wales Bureau of Crime Statistics and Research, Intensive Correction Orders Versus Short Prison Sentence: A Comparison of Re-offending, October 2017.

七、启示与建议

随着2015年联合国大会2030年可持续发展议程的通过,联合国成员国再次承诺,为了子孙后代,他们将致力于使这个世界变得更加美好。2015~2030年可持续发展目标倡导和平、正义和法治,明确强调了发展与司法部门之间的密切联系,而罪犯的改造和社会再融入是刑事司法体系的一项首要目标。本报告根据当前全球监狱形势,结合《联合国2015~2030年可持续发展目标》与有效刑事司法体系之间的关系,对我国监狱改革提出以下具体建议,从而助力2030年可持续发展议程所定目标的成功实现。

第一,立足联合国可持续发展目标,强化社会发展政策与刑事政策之间的对接,制定可持续发展的犯罪预防策略。具体来说,我们应当根据犯罪预防的总体目标(促进罪犯重新融入社会、减少再犯和保护社区安全),扩大实施监禁替代措施,包括鼓励修复性司法方法在刑事司法各阶段的适用。并且,非拘禁制裁措施应当替代监禁的使用,而不是扩大刑事司法管制的法网并且进而可能导致犯罪圈的扩大。为促进罪犯成功地重新融入社会,我们应当制定一系列政策并修改相关立法,更加关注和重视监狱和社区环境下罪犯的改造活动,且最终要解决犯罪的根源(包括贫困和不平等),以此作为可持续发展的预防犯罪策略并支持可持续发展目标的实现。

第二,遵守罪刑相适应原则,确保审前羁押措施仅应作为最后手段使用,并且尊重被羁押者应享有的人权。具体来说,在审判前阶段和审判阶段,羁押决定应当以无罪推定、必要原则为依据,防止审讯中的刑讯逼供,金钱保释应确保其不对穷人构成歧视。量刑阶段,我们应当以罪刑相适应原则为依据,并参照联合国《东京规则》和《曼谷规则》的指导,以确保司法公正和犯罪嫌疑人、被告人权利的维护。考虑到终身监禁的消极影响,我们应当减少终身监禁这一刑罚的使用,并确保终身监禁服刑罪犯的监禁条件应符合《曼德拉规则》设定的最低标准。此外,顺应世界潮流,我们应当评估现行毒品政策,以采用循证式毒品政策,包括对轻微毒品犯罪实施去刑事化处理、采用非拘禁替代措施等做法。作为监禁替代措施的戒毒治疗必须遵循自愿原则并尊重人权。毒品政策的成效衡量指标应包括其对人权、健康和发展的影响。

第三,根据不同种类监禁群体(女犯、未成年犯、老年犯、残疾犯等)的特殊需求评估结果实施相应的罪犯待遇。对于女犯,刑事司法体系应当考虑到女犯的性别敏感性，在刑事司法改革方面包括正在进行的监狱法修改都应当以《曼谷规则》为指导，以确保刑事司法体系满足女性的需求。同时，在量刑时应特别考虑到女性的所有受害情节、其应当承担的照顾子女的责任以及其犯罪背景，并优先考虑非拘禁制裁措施。对于未成年人，顺应国际趋势，我们应当构建和采用儿童友好型（child-friendly）司法体系，羁押措施应作为最后手段，并且禁止适用死刑和终身监禁，保护未成年犯免遭暴力和虐待。对于老年犯，我们应当对老年罪犯的需求进行评估（包括改造、社会再融入和医疗保健方面的需求），以指导其改造活动，此外还可以考虑对老年犯引入提前释放机制。对于残疾犯，我们应当根据国际标准收集监狱中残疾人相关数据，制定保护残疾犯不受歧视和虐待的政策，并对他们的需求进行评估，以便为政策和改造实践提供指导，此外，还应当对监狱职员进行有针对性的培训及采取建筑学方面的措施等。对于被羁押的性少数群体，我们应确保其不受暴力和污名化伤害，并为其提供充分医疗保健服务。

第四，加强监狱管理，确保监狱安全和秩序，注重科学矫正和人权保障，促进罪犯成功地重新融入社会。我们应当参照联合国毒罪办提出的动态安保和保障措施，确保监狱和罪犯的安全，严禁对罪犯实施酷刑。为确保对监狱实施有效管理，我们应保证监狱工作人员与罪犯数量的适当比例，同时，应保护监狱工作人员不受歧视和暴力伤害，他们的工作报酬和工作条件应反映监狱工作的挑战。关于狱内医疗保健，包括毒瘾的预防和治疗水平以及艾滋病的预防、治疗和护理水平应与社会一般水平一致。根据《曼德拉规则》和《曼谷规则》等国际标准，单独监禁应仅作为最终手段在特殊情形下使用，且一旦使用，应尽可能缩短其持续时间并对其进行定期、独立评估。对于罪犯与家人、朋友等外界的接触，我们应当确保其在有尊严和安全环境下进行。为解决犯罪的根源性问题及罪犯改造和重新融入社会的主要障碍，我们应当研发和实施个性化的改造和再融入项目，任何技能和职业培训均应考虑就业市场需求，以增加罪犯获释后的就业机会。最后，我们应当重视研究、预防和打击监狱腐败现象，从承认这一问题出发，采取对腐败零容忍的政策并开展充分的腐败风险评估。值得注意的是，我们尽管倡导发挥新技术在改善罪犯接受教育、培养技能和进行交流以及提高刑事司法系统效率中的作用，但是，这类技术的使用不应削弱或替代与罪犯的面对面互动。

美国终身监禁实践概览*

安文霞**

近年来,在反思监禁价值的基础上,美国联邦和各州立法机关不断对量刑法规进行改革,这使被监禁人员数量在经过长达十几年的激增后略有下降。2011～2012年,有17个州关闭了部分监狱。[1] 虽然取得了上述成效,且严重暴力犯罪在过去20年间业已下降,但不容忽视的是终身监禁服刑人员的人数却持续上升,[2]迄今已达16万人,其中近5万人被判处终身监禁不得假释(LWOP)。本文对2012年美国50个州矫正系统和联邦监狱局终身监禁服刑人员的调查结果进行分析,介绍了美国终身监禁刑的历史发展、终身监禁服刑人员的基本特征及影响终身监禁适用的基本因素,并结合美国学界相关改革建议分析了美国终身监禁未来改革的发展趋向。

---

* 资料来源:http://www. sentencingproject. org/publications/life-goes-on-the-historic-rise-in-life-sentences-in-america/。

http://www. sentencingproject. org/publications/juvenile-life-without-parole/.

** 安文霞:司法部预防犯罪研究所副研究员。

〔1〕 See Porter, N. (2012). *On the Chopping Block: State Prison Closings.* Washington, DC: The Sentencing Project.

〔2〕 See Cole, D. (2011). Turning the Corner on Mass incarceration? *Ohio State Journanl of Criminal Law*, 9(1), 27－51.

一、美国终身监禁的历史发展

自19世纪以来，除阿拉斯加州之外，美国其他各州量刑结构[1]中均包含可以假释（如表1所示）以及不得假释两种终身监禁。但需要注意的是，此处"终身"一般是指在监狱内服刑可以获得假释的情形。如在联邦系统，早在1913年，服刑人员虽存在监禁终老的可能性，但往往在服刑15年之后就可以开始假释评估。在路易斯安那州，自1926年至20世纪70年代所谓的"10/6法律"是指终身监禁服刑人员如果有"良好表现"则在10年之后基本被释放。[2] 20世纪90年代，终身监禁则意味着终身在监狱服刑，用路易斯安那州的谚语表达就是"终身就是终老"。

终身监禁的概念源于1972年至1976年间死刑的废除。[3] 在美国最高法院弗曼诉佐治亚州（Furman v. Georgia）一案的裁决推翻死刑判决之前，只有7个州有终身监禁不得假释的法规。但即便这些州拥有权限，终身监禁不得假释也并不常用。1972年伊始，若干州确立或强化了其关于终身监禁的法规，尤其拓宽了终身监禁不得假释的范围。如在伊利诺伊州、亚拉巴马州和路易斯安那州通过了直接响应弗曼判决的终身监禁不得假释法规。

表1　制定可假释终身监禁法规的州

1970年及其以前（7个）	1971～1990年（26个）	1991～2012年（17个）
马萨诸塞州	亚拉巴马州	亚利桑那州
密歇根州	得克萨斯州	佛罗里达州
密西西比州	加利福尼亚州	佐治亚州
蒙大拿州	科罗拉多州	印第安纳州
宾夕法尼亚州	康涅狄格州	堪萨斯州
南达科他州	特拉华州	肯塔基州
西弗吉尼亚州	哥伦比亚特区	明尼苏达州
	夏威夷州	内布拉斯加州
	爱达荷州	新泽西州
	伊利诺伊州	纽约州

---

[1] 尽管阿拉斯加州没有正式许可这些量刑，但其服刑人员中有8.9%在服50年或更长刑期。

[2] See Gottschalk, M. (2012). No Way Out? Life Sentences and the Politics of Penal Reform. In Charles Ogletree and Austin Sarat, Eds. *Life Without Parole: America's New Death Penalty*. New York: New York University Press. pp. 227－281.

[3] See Furman v. Georgia 408 U. S. 238 (1972); Gregg Georgia428 US 153 (1976).

续表

1970年及其以前(7个)	1971~1990年(26个)	1991~2012年(17个)
	艾奥瓦州 路易斯安那州 缅因州 马里兰州 密苏里州 内华达州 新罕布什尔州 新墨西哥州 俄克拉荷马州 俄勒冈州 罗得岛州 南卡罗来纳州 佛蒙特州 弗吉尼亚州 华盛顿州 威斯康星州	北卡罗来纳州 北达科他州 俄亥俄州 田纳西州 得克萨斯州 犹他州 怀俄明州

来源:本表中的数据是查阅各州法规获得。

大多数州或废除或大力缩减适用始于20世纪70年代晚期的假释,而终身监禁服刑人员则是这一变革的最终承受者。伊利诺伊州、艾奥瓦州、路易斯安那州、缅因州、宾夕法尼亚州和南达科他州6个州以及联邦政府均在此期间完全废除了假释;这些州所有终身监禁服刑人员将在监狱度过余生且没有被评估或释放的可能。[1]

二、当前美国终身监禁的主要特点

(一)终身监禁服刑人数增幅较快

美国自从1984年首次对终身监禁人口开展全国性的统计以来,终身监禁数量呈稳步增长趋势,如图1所示。2008年至2012年,终身监禁人口上升11.8%,现在终身监禁服刑人员是1984年的4倍。终身监禁人口占监狱人口的比重持续上升。在20世纪80年代初期约有4%的人在服终身监禁

〔1〕 在没有假释制度的州,在假释制度废除时正在服有假释可能的终身监禁刑的服刑人员一般被称为"旧法"终身监禁服刑人员,在他们符合假释条件时仍然为其保留有限的假释。

刑,现在监狱中有10.6%的人是终身监禁服刑人员,近乎三分之一的终身监禁服刑人员没有假释听证机会。这一统计并未将诸多被实际终身监禁的人计算在内。[1] 到2012年,159,520名监狱服刑人员在服终身监禁,且其中49,081人(30.8%)没有假释可能,如表2所示。

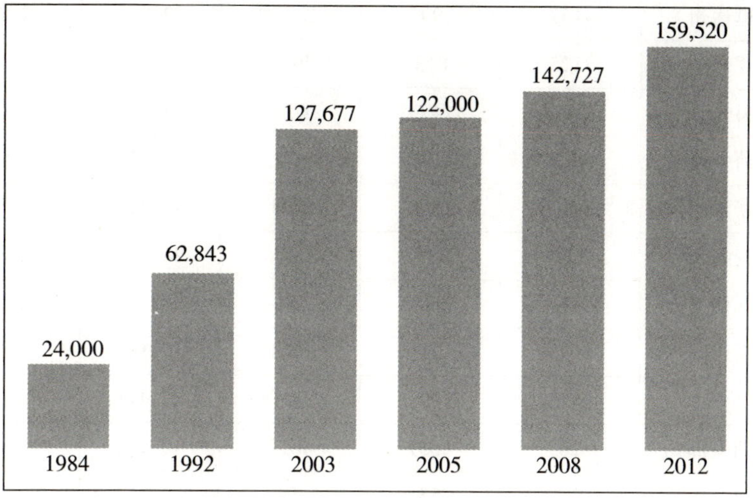

图1 1984~2012年终身监禁的扩张

表2 2012年各州终身监禁以及终身监禁不得假释刑分布情况

州	可假释的终身监禁	终身监禁不得假释	2012年共计	监狱人口	占监狱人口的比重
亚拉巴马州	3811	1507	5318	32,038	16.6%
阿拉斯加州	0	0	0	3899	0.0%
亚利桑那州	1053	441	1494	39,885	3.7%
阿肯色州	872	528	1400	14,644	9.6%
加利福尼亚州	35,759	4603	40,362	133,883	30.1%
科罗拉多州	2015	606	2621	20,628	12.7%
康涅狄格州	289	70	359	12,549	2.9%

〔1〕 这些人或者被判处过长刑期如120年,或者是因为他们被判刑时年事已高也就意味着在监狱终老。

续表

州	可假释的终身监禁	终身监禁不得假释	2012年共计	监狱人口	占监狱人口的比重
特拉华州	142	386	528	4003	13.2%
佛罗里达州	4157	7992	12,149	99,866	12.2%
佐治亚州	7125	813	7938	56,246	14.1%
夏威夷州	365	47	412	3565	11.6%
爱达荷州	402	122	524	7333	7.1%
伊利诺伊州	1141	1600	2741	48,427	5.7%
印第安纳州	129	113	242	28,270	0.9%
艾奥瓦州	45	635	680	8244	8.2%
堪萨斯州	1040	21	1061	9318	11.4%
肯塔基州	809	99	908	22,411	4.1%
路易斯安那州	20	4637	4657	40,170	11.6%
缅因州	4	55	59	2125	2.8%
马里兰州	2090	380	2470	21,398	11.5%
马萨诸塞州	930	1045	1975	10,175	19.4%
密歇根州	1502	3635	5137	43,444	11.8%
明尼苏达州	426	102	528	9501	5.6%
密西西比州	555	1518	2073	22,187	9.3%
密苏里州	1744	1063	2807	31,057	9.0%
蒙大拿州	44	53	97	2463	3.9%
内布拉斯加州	95	236	331	4782	6.9%
内华达州	2228	491	2719	12,639	21.5%
新罕布什尔州	134	79	213	2614	8.1%
新泽西州	1096	70	1166	23,810	4.9%
新墨西哥州	408	0	408	6647	6.1%
纽约州	9999	246	10,245	54,397	18.8%
北卡罗来纳州	1882	1228	3110	37,383	8.3%

续表

州	可假释的终身监禁	终身监禁不得假释	2012 年共计	监狱人口	占监狱人口的比重
北达科他州	38	27	65	1536	4.2%
俄亥俄州	5667	408	6075	50,964	11.9%
俄克拉荷马州	1735	780	2515	26,257	9.6%
俄勒冈州	627	180	807	14,212	5.7%
宾夕法尼亚州	2	5102	5104	51,184	10.0%
罗得岛州	175	32	207	2417	8.6%
南卡罗来纳州	1231	988	2219	22,567	9.8%
南达科他州	0	181	181	3648	5.0%
田纳西州	1908	317	2225	20,079	11.1%
得克萨斯州	8493	538	9031	150,782	6.0%
犹他州	1943	105	2048	7025	29.2%
佛蒙特州	107	14	121	2084	5.8%
弗吉尼亚州	1371	774	2145	37,182	5.8%
华盛顿州	2000	623	2623	17,031	15.4%
西弗吉尼亚州	359	276	635	7036	9.0%
威斯康星州	956	229	1185	22,041	5.4%
怀俄明州	154	28	182	1987	9.2%
联　邦	1362	4058	5420	218,830	2.5%
总　计	110,439	49,081	159,520	1,506,934	10.6%

现在几乎各州都在适用不得假释的终身监禁，[1]而佛罗里达州、宾夕法尼亚州、路易斯安那州、加利福尼亚州和密歇根州这类服刑人员所占比重更大。综合来看，这 5 个州超过全国所有不得假释终身监禁刑总比重的一半

〔1〕 阿拉斯加州是例外。

(占57.7%)。亚拉巴马州、加利福尼亚州、马萨诸塞州、内华达州、纽约州、犹他州和华盛顿州这7个州有超过15%的监狱人口被判处终身监禁。[1] 此外,在22个州和联邦政府至少35%的终身监禁服刑人员不符合假释条件。[2]

相比可假释的终身监禁,终身监禁不得假释上升速度更快。在过去4年里上升了22.2%,如图2所示。

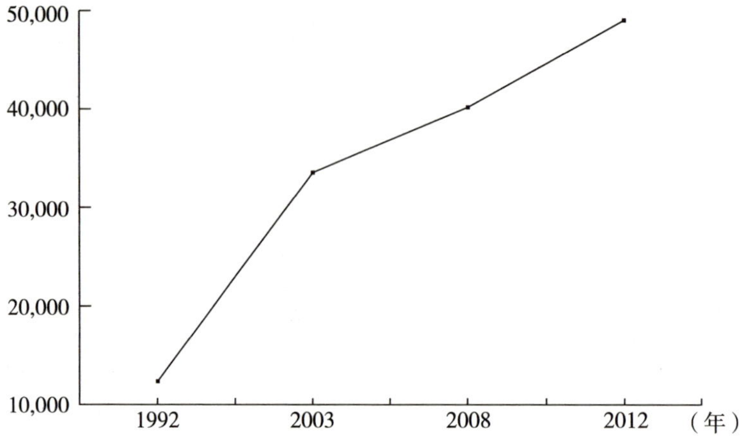

图2 终身监禁不得假释刑的上升

(二)终身监禁适用的犯罪类型广泛

在美国,终身监禁作为死刑的替代措施最初限于适用如杀人罪等最严重的犯罪,但随着时间的推移其适用范围已经扩展至其他犯罪,如表3所示。[3] 虽然杀人罪仍然是被判处终身监禁最多的犯罪,但现今攻击、抢劫、性犯罪、毒品犯罪甚至某些财产犯罪均可适用终身监禁。

---

〔1〕 犹他州不定期刑制度对所有一级重罪允许高至终身监禁的量刑。尽管绝大多数人最终都获释,但他们仍保留终身监禁的可能。每一年,犹他州约有5% ~6%的获释人员是服5年至终身监禁刑期的服刑人员。

〔2〕 这些州分别是阿肯色州、特拉华州、佛罗里达州、伊利诺伊州、印第安纳州、路易斯安那州、缅因州、马萨诸塞州、密歇根州、密西西比州、密苏里州、蒙大拿州、内布拉斯加州、新罕布什尔州、北卡罗来纳州、北达科他州、俄克拉荷马州、宾夕法尼亚州、南卡罗来纳州、南达科他州、弗吉尼亚州和西弗吉尼亚州。

〔3〕 See Capers, B. (2012). Defending Life. In Ogletree, C. J., and A. Sarat. *Life Without Parole: America's New Death Penalty*? New York: New York University Press, pp. 167 – 189.

表 3　美国终身监禁适用的犯罪类型[1]全国分布情况

犯罪类型	占终身监禁百分比
杀人罪	64.3%
性攻击\强奸罪	13.7%
严重伤害罪\抢劫罪\绑架罪	14.1%
毒品犯罪	2.0%
财产犯罪	4.0%
其他犯罪	2.0%

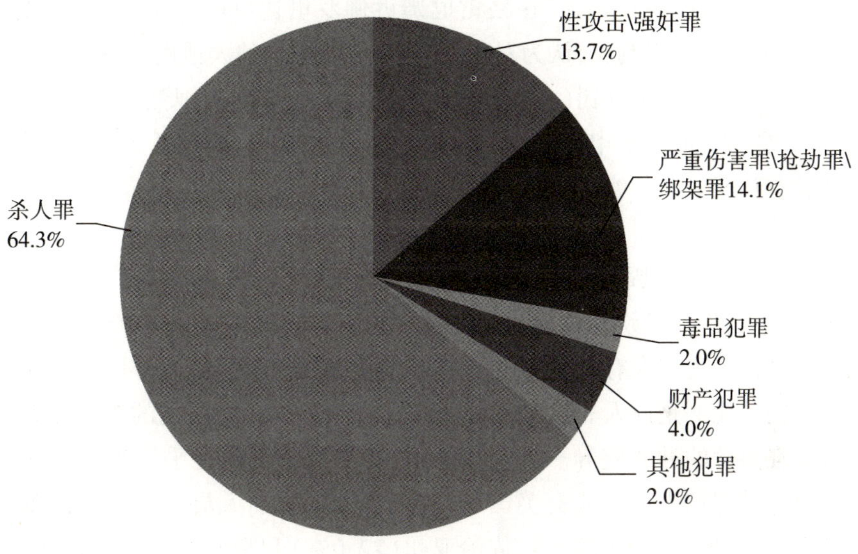

图 3　美国终身监禁所适用的犯罪

如图 3 所示，美国终身监禁刑适用案件性质的数量[2]中，大约 64.3%(87,933)的终身监禁在押人员犯有杀人罪。但值得注意的是，超过 1 万名

[1] 克拉伦斯·亚伦(Clarence Aaron)在 1993 年被捕时是一名 23 岁的大学生运动员。他为两名毒品犯提供联络，而且虽然他并不在毒品交易现场或对毒品交易不知情，亚伦被联邦法庭判为共谋。因为根据联邦强制最低刑期法(mandatory minimum sentencing laws)，亚伦对整个毒品犯罪负责并被判有三个终身监禁。他已经被监禁了 20 年，现在 45 岁左右。尽管由本案检察官和量刑法官建议减刑并立即释放，亚伦申请宽大处理的请求未能得到美国司法部分管特赦检察官办公室(Office of the Pardon Attorney)的支持，但是，随着媒体对该案关注度的上升，已经引起白宫的注意，对他的申请正在进行审查。

[2] 有大约 23,000 名服刑人员的数据没有提供，占全部终身监禁服刑人员的 14.3%。

终身监禁服刑人员犯有非暴力犯罪,这其中包括2500多人是毒品犯罪,5400人是财产犯罪。

在8个州有超过30%终身监禁不得假释的服刑人员被判有非杀人罪。俄克拉荷马州位列全国监禁率的第三名,其27%的服刑人员犯有毒品犯罪,该州有6.4%的终身监禁不得假释的服刑人员是毒品犯。该州非暴力犯罪占终身监禁不得假释比重较大,这可能是因该州尤为严厉的毒品犯罪法规所致。

鉴于终身监禁刑的严厉性,尤其是最近该种量刑涉及犯罪时未满18周岁的未成年人,美国最高法院开始对不同情况下非杀人罪适用终身监禁不得假释的合宪性进行审查。在格雷厄姆诉佛罗里达(Graham v. Florida)一案中,最高法院作出判决,认为对犯罪时未满18周岁的人适用终身监禁不得假释属于残酷和异常刑罚(cruel and unusual punishment)。尽管该判决主要针对未成年人,但它重申这一问题,即如果行为人没有实施杀人罪行,对其判处没有释放机会的终身监禁是否得当。

(三)终身监禁服刑人员民族种族特征显著

在美国,少数民族和种族人员更可能进入刑事司法系统。2009年非裔美国人和拉丁美洲人有超过60%的人在监狱服刑,而且黑人男性羁押在州和联邦监狱比例是白人非拉美裔男性的6.4倍。[1] 正在服刑的终身监禁人员也存在显著的种族差异。如表4所示,在全国范围内近乎一半(47.2%)的终身监禁服刑人员是非裔美国人,且终身监禁服刑人员中黑种人比重越来越高,如马里兰州(77.4%)、佐治亚州(72.0%)和密西西比州(71.5%)。在联邦系统内,非白种人占全部终身监禁服刑人员的三分之二。

表4 美国终身监禁人口的种族分布

州	终身监禁人口	黑种人比例	白种人比例	其他人种比例
亚拉巴马州	5318	65.8%	34.0%	0.2%
亚利桑那州	1494	19.5%	43.7%	36.8%
阿肯色州	1400	53.1%	45.2%	1.7%

〔1〕 See Mauer, M. (2013). *The Changing Racial Dynamics of Women's Incarceration.* Washington, D.C.: The Sentencing Project.

续表

州	终身监禁人口	黑种人比例	白种人比例	其他人种比例
加利福尼亚州	40, 362	34. 2%	22. 1%	8. 0%
科罗拉多州	2621	19. 6%	50. 5%	3. 4%
康涅狄格州	359	52. 9%	27. 0%	0. 6%
特拉华州	528	64. 8%	35. 0%	0. 2%
佛罗里达州	12, 149	54. 1%	42. 0%	3. 9%
佐治亚州	7938	72. 0%	24. 8%	0. 6%
夏威夷州	412	6. 1%	23. 1%	66. 7%
爱达荷州	524	2. 9%	76. 9%	6. 1%
伊利诺伊州	2741	52. 0%	32. 8%	0. 6%
印第安纳州	242	35. 5%	59. 5%	0. 8%
艾奥瓦州	680	26. 6%	70. 9%	2. 5%
堪萨斯州	1061	39. 0%	58. 2%	2. 8%
肯塔基州	908	27. 3%	70. 4%	2. 3%
路易斯安那州	4657	73. 4%	26. 2%	0. 4%
缅因州	59	1. 7%	96. 6%	1. 7%
马里兰州	2470	77. 4%	21. 7%	0. 6%
马萨诸塞州	1975	35. 6%	55. 8%	8. 6%
密歇根州	5137	64. 8%	34. 0%	1. 0%
明尼苏达州	528	37. 5%	52. 5%	10. 0%
密西西比州	2073	71. 5%	27. 8%	0. 7%
密苏里州	2807	52. 3%	46. 9%	0. 8%
蒙大拿州	97	0. 0%	73. 4%	26. 6%
内布拉斯加州	331	32. 6%	60. 4%	6. 9%
内华达州	2719	25. 5%	57. 9%	16. 6%
新罕布什尔州	213	5. 2%	91. 1%	3. 8%
新泽西州	1166	61. 7%	25. 0%	13. 2%
新墨西哥州	408	10. 3%	38. 2%	7. 4%

续表

州	终身监禁人口	黑种人比例	白种人比例	其他人种比例
纽约州	10,245	60.5%	24.5%	15.1%
北卡罗来纳州	3110	56.8%	34.9%	5.1%
北达科他州	65	7.7%	72.3%	20.0%
俄亥俄州	6075	52.0%	44.7%	3.2%
俄克拉荷马州	2515	32.2%	53.6%	8.9%
俄勒冈州	807	12.1%	72.9%	5.2%
宾夕法尼亚州	5104	64.5%	25.7%	1.2%
罗得岛州	207	29.0%	45.9%	1.9%
南卡罗来纳州	2219	64.9%	34.2%	0.9%
南达科他州	181	7.2%	69.6%	23.2%
田纳西州	2225	49.8%	49.7%	0.6%
得克萨斯州	9031	40.5%	34.3%	2.8%
犹他州	2048	6.7%	64.5%	28.9%
佛蒙特州	121	8.3%	86.8%	4.1%
弗吉尼亚州	2145	41.9%	36.6%	0.5%
华盛顿州	2623	16.4%	74.6%	9.1%
西弗吉尼亚州	635	14.8%	81.1%	3.5%
威斯康星州	1185	45.1%	52.2%	2.6%
怀俄明州	182	6.6%	74.2%	6.6%
联　邦	5420	62.3%	33.6%	4.0%
总　计	159,520	47.2%	34.7%	6.0%

注意:大多数州把拉美裔种族从种族分类中分离出来。

如表5所示,美国全国范围内终身监禁在押人员有16%是拉丁美洲人,且集中于新墨西哥州(占44.1%)、加利福尼亚州(占35.7%)、亚利桑那州(占30.9%)和卡罗拉多州(占26.4%)。

表5 拉丁美洲人占终身监禁服刑人员的比重

州	拉丁美洲所占比重
亚利桑那州	30.9%
阿肯色州	0.9%
加利福尼亚州	35.7%
科罗拉多州	26.4%
康涅狄格州	19.5%
佛罗里达州	10.4%
佐治亚州	2.6%
夏威夷州	3.4%
爱达荷州	14.1%
伊利诺伊州	14.6%
印第安纳州	4.1%
艾奥瓦州	6.3%
堪萨斯州	10.0%
肯塔基州	0.7%
路易斯安那州	0.1%
缅因州	1.7%
马萨诸塞州	18.4%
密歇根州	0.1%
明尼苏达州	4.7%
密西西比州	0.1%
密苏里州	1.4%
内布拉斯加州	8.8%
内华达州	11.3%
新罕布什尔州	2.8%
新泽西州	8.7%

续表

州	拉丁美洲所占比重
新墨西哥州	44.1%
纽约州	25.0%
北卡罗来纳州	1.5%
北达科他州	6.2%
俄亥俄州	2.3%
俄克拉荷马州	5.4%
俄勒冈州	9.8%
宾夕法尼亚州	8.5%
罗得岛州	23.2%
南卡罗来纳州	0.6%
南达科他州	1.7%
田纳西州	1.3%
得克萨斯州	22.3%
犹他州	20.8%
佛蒙特州	3.3%
弗吉尼亚州	0.2%
华盛顿州	11.9%
西弗吉尼亚州	0.6%
威斯康星州	9.3%
怀俄明州	12.6%
联　邦	16.3%
总　计	16.4%

由上观之,美国终身监禁种族差异特征甚为明显。虽然终身监禁服刑人员中有47.2%的非裔美国人,但非裔美国人占终身监禁不得假释服刑人员的58%,且在7个州中占不得假释终身监禁服刑人员的三分之二,如图4所示。

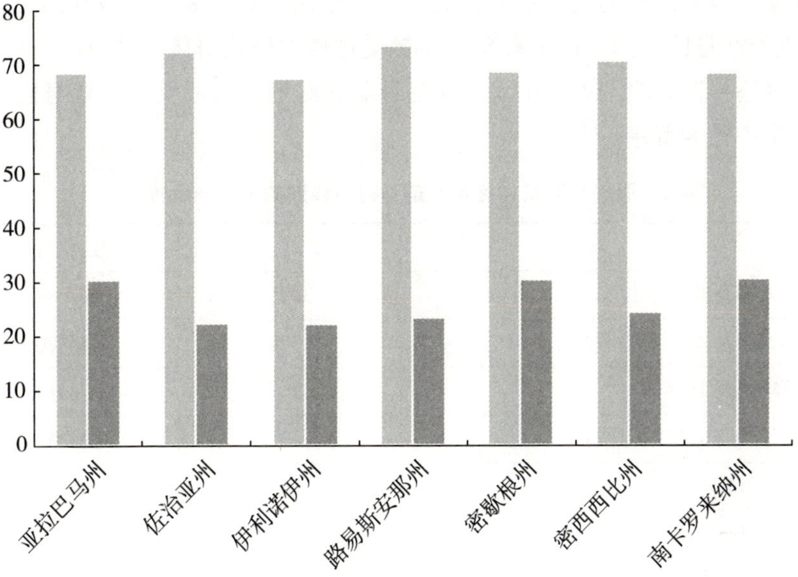

图4　7个州中终身监禁不得假释在服人员的种族分布(百分比)

上述数据反映出的问题在整个刑事司法系统中更为普遍,即从逮捕到监禁的整个过程黑种人比率过高。非裔美国人占总人口的12%,但占总逮捕数的28%,占州法院和州监狱被判重罪总数的38%。

(四)女性终身监禁数量上升

在美国,现有5361名女性被判终身监禁刑(见表6),与2008年相比,上升了14.2%。[1] 其中,有近300人无假释机会。服终身监禁刑的女性往往有特殊的悲惨过往。因未成年时期实施犯罪而服不得宣告假释终身监禁刑的女性中,绝大多数在其童年经历过性虐待。[2]

在对亲密伴侣实施的暴力性杀人罪的女性中,绝大多数受到过殴打。[3]

[1] See Nellis, A. King. R. 2009. No Exit: The Expanding Use of Life Sentences in America. Washington. D. C. :The Sentencing Project.

[2] See Nellis, A. (2012). The Lives of Juvenile Lifers: Findings from a National Survey. Washington. D. C. :The Sentencing Project.

[3] See Campbell. J. C. (1995). Prediction of Homicide of and by Battered Women. In Jacquelyn C. Campbell (ed.) Assessing Dangerousness: Violence by Sexual Offenders, Batterers, and Child Abusers. Thousand Oaks, CA: Sage; O'Keefe, M. (1997). Incarcerated Battered Women: A Comparison of Battered Women Who Killed Their Abusers and Those incarcerated for Other Reasons. *Journal of Family Violence*, 12(1): 1 – 19.

这在服终身监禁刑的女性中更为明显。[1] 全国罪犯代表调查数据的统计显示,判处终身监禁的女性中有83.8%遭受过性虐待或身体虐待,而这种虐待在女性终身监禁服刑人员中比男性终身监禁服刑人员或女性非终身监禁服刑人员中更为普遍。[2]

表6　服终身监禁和终身监禁不得假释刑的男性与女性人口

人　　口	女　　性	男　　性
成年人终身监禁	3491	99,084
成年人终身监禁不得假释	1596	44,986
未成年终身监禁	211	7651
未成年终身监禁不得假释	63	2435
性别统计	5361	154,156
人口统计	159,520	159,520
总百分比	3.4%	96.7%

(五)未成年终身监禁持续变革

美国终身监禁刑不仅适用于成年人,也适用于未成年人,目前大约2500名未成年人正在服终身监禁不得假释刑。[3] 除未成年终身监禁不得假释服刑人员,有7862人因18岁之前实施的犯罪正在服有假释可能的终身监禁刑。其中,有四个州超过10%的终身监禁服刑人员犯罪时未满18周岁,具体包括内华达州(12.5%)、威斯康星州(11.0%)、马里兰州(10.5%)和佐治亚州(10.2%)。而在全美国范围内,所有服可假释终身监禁刑中有6.5%犯罪时低于18周岁。

---

〔1〕 See Demody-Leonard, E(2002). Convicted Survivors: The Imprisonment of Battered Women Who Kill. New York: State University of New York Press; Dye, M. H. Aday. R. H. (2013). "I just wanted to die": Preprison and Current Suicide Ideation Among Women Serving Life Sentences. Criminal Justice and Behavior, 40(8): 832－849.

〔2〕 See Leigey, M. E. Reed, J. K. L. (2010). A Woman's Life before Serving Life: Examining the Negative Pre-incarceration Life Events of Female Life-Sentenced Inmates. *Women and Criminal Justice*, 20: 302－322.

〔3〕 在2009年的报告《并不存在:美国终身监禁的扩张适用》中指出,有1755名未成年人在服终身监禁不得假释刑。这一差异部分是由于两个报告中对未成年人的界定变化,部分是由于各州关于犯罪时未满18周岁的终身监禁不得假释。

美国对未成年人适用终身监禁的前提是案件被移交给成年人刑事法庭。这是因为在美国只有已被从未成年法庭系统转出并移送至成年人刑事司法系统的未成年人才有可能被判处终身监禁,在未成年司法系统没有该种刑罚。在20世纪80年代晚期和90年代初期作为对未成年犯罪上升的政治回应,美国各州将未成年移交给成年人法庭变得更为普遍,从1985年的7200人到1994年的13,200人,接近一倍的移交到成年人司法系统的案件使更多的未成年人被判处终身监禁。基于对未成年人造成的伤害以及未成年转移至成年人司法系统后上升的公共安全问题的考虑,许多州开始对未成年适用成年司法制度这一转移机制进行反思,[1]但遗憾的是,几乎所有州和联邦政府仍然坚持将未成年移送至刑事法庭起诉的程序,且在某些案件中这种移送是强制性的。

虽然美国目前仍然保留对未成年人适用终身监禁,但对终身监禁刑的变革从未终止过。自2005年以来,相关最高法院判决显示,最高法院已接受青少年脑科学理论,并禁止对未成年人适用死刑,且限制对杀人犯适用不得假释的终身监禁,同时确认判决具有追溯效力。2005年罗伯诉希曼斯(Roper VS. immons)案中,最高法院裁决不得对未成年人适用死刑,裁决指出死刑是与未成年人不相称的刑罚;未成年人的不成熟及其较低的承受能力均削弱了其可责性。同时,法院认为,美国不断发展的正当行为标准("evolving standard of decency")表明对未成年人适用死刑是残酷且不寻常的;有12个州全部禁止死刑,有18个州禁止对未成年人适用死刑。罗伯案的判决对12个州72名未成年死囚犯产生了影响。因此对犯罪时未满18周岁的未成年人所施予的最严厉的量刑为终身监禁不得假释。

2010年,美国最高法院在格雷厄姆诉佛罗里达州(Graham v. Florida)一案的终审判决中指出基于其在认知、行为以及情感上与成年人之间的差异,对犯罪时未满18周岁且未实施谋杀罪的未成年人不得判处最严厉的刑罚——终身监禁不得假释。该裁决适用于123名服刑人员,其中77名已被佛罗里达州判刑,其余服刑人员则由其他10个州量刑。

2012年,在米勒诉亚拉巴马州(Miller v. Alabama)一案中,美国最高法院再次借助未成年脑科学领域的专家知识认定对未成年人适用终身监禁不

---

[1] 2005年以来,下列州已经更改或限制了与转移机制相关的法律:亚利桑那州、科罗拉多州、康涅狄格州、特拉华州、伊利诺伊州、印第安纳州、密西西比州、内华达州、犹他州、弗吉尼亚州和华盛顿州。

得假释这一不考虑其年龄和其他因素的强制方法违反了第八修正案(残酷和异常刑罚条款),禁止对所有未成年人适用强制性终身监禁不得假释。在该判决之后,州政府和联邦政府被要求在确定个别化量刑时考虑每一未成年被告人的特殊情形。米勒案的裁决影响了28个州和联邦政府的强制性量刑法律。各州不尽一致地解释了米勒案的溯及力。14个州的高等法院裁决米勒案具有追溯效力,其他7个州则裁决米勒案不具有追溯效力。此外,加利福尼亚州、特拉华州、内布拉斯加州、内华达州、北卡罗来纳州和怀俄明州通过了具有追溯效力的未成年量刑立法。2012年以来,除四个州之前已经对这种情况规定了终身监禁不得假释外,24个州均已修改了其未成年杀人犯的法律(包括重罪谋杀)。这些新法规定了强制性最低刑期,其范围从服刑15年(如内华达州和西弗吉尼亚州)到40年(如得克萨斯州和内布拉斯加州)不等的假释机会。美国32个州仍然选择终身监禁不得假释作为未成年人的量刑选择,但实际上,大多数州终身监禁不得假释问题已经得到解决。

三、影响美国终身监禁适用的基本因素

即便是在犯罪率下降时期美国终身监禁刑的适用仍处于持续增长中,这反映出两个问题:其一,更多的人被判处终身监禁和终身监禁不得假释。其二,那些有假释资格的终身监禁越来越不太可能被释放,或者说即便他们被释放,释放的时间也远远晚于早几十年处于相似情形的人。美国量刑项目早期的研究发现,1991年入监的终身监禁服刑人员有可能平均服刑21.2年,而1997年入监的终身监禁服刑人员则平均服刑29年,服刑时间上升了37%。[1] 因此,与公众对终身监禁服刑人员服刑较短的错觉相反,现今美国终身监禁平均服刑大约监禁30年。纵观影响美国终身监禁持续上升的因素主要有政治因素、三振出局的法律的适用两点。

(一)政治因素

最近以来,斯坦福大学在对加利福尼亚州监狱服刑人员的研究中发现终身监禁服刑人员有18%的人被假释听证委员会批准释放,而且该支持率在过去30年间从未超过30%。此外,近些年来申请人向假释委员会申请假

---

[1] See Mauer, M., King, R., Young M. (2004). The Meaning of Life: Long Prison Sentences in Context,. Washington, DC: The Sentencing Project.

释前的服刑时间已经延长。[1]

释放程序的政治化是影响美国终身监禁适用的重要因素之一。近几十年来,美国许多政治候选人或已当选的官员热衷于证明他们如何严厉打击犯罪。他们往往借助自己批准或否决假释的权力来表明其打击犯罪的态度。例如,1995年马里兰州州长帕里斯·葛兰丹宁(Parris Glendening)在为该州假释委员会引入"对谋杀犯或强奸犯即使推荐也不予批准假释,即便向州长申请也不批准假释",除非这些罪犯身患绝症或"年事已高"。值得一提的是,这位前任州长现在已经收回了他的观点,并承认他以前的做法是受政治利益的影响。最近他公开指出自己不再支持"对符合条件的终身监禁服刑人员不得适用假释"这一政策。[2] 但因其已卸任,其对假释政策和实践的影响微乎其微。

在以"严厉打击犯罪"为特征的政治环境下,若备受关注的案件中的假释犯再犯新罪,则社会将会把注意力集中于司法和矫正的宽容,刑事司法系统的权威备受挑战。产生这一问题部分原因在于公众存在误解,认为终身监禁就是监禁至罪犯死亡,而且认为如果终身监禁犯被假释则表明司法系统失败了。然而现实是绝大多数终身监禁服刑人员在量刑之初就有机会获得假释。

政策制定者们也存在这样的误解,比如他们认为"终身监禁意味着终老"。前加利福尼亚州州长格雷·戴维斯(Gray Devis)有个著名的言论:杀人犯只有"呆在棺材里"才能离开监狱,而且"如果你剥夺了他人的生命,那就见鬼去吧。我认为没有理由对谋杀犯实施假释"。而且他也践行了自己的承诺,在其1999~2003年任职期间,加利福尼亚州仅有8名终身监禁服刑人员获释。

虽然公众认为长期刑应是主要适用的刑罚种类,但实践中备受青睐的是终身监禁刑。[3] 囿于社会压力,2012年初,密西西比州州长巴伯释放了

---

[1] See Weisberg. R. Mukamal, D., Segall, J. D. (2011). Life in Limbo: An Examination of Parole Rekeases for Prisoners Serving Life Sentences with the Possibility of Parole in California. Stanford University: Stanford Criminal Justice Centre.

[2] See Rodricks, D. (2011, February 20). Glendening: "Life means Life" Absolutism Was Wrong. Baltimore Sun.

[3] See Clear, T. (2007). The Impact of Incarceration on Public Safety. Social Research, 74(2), 613-630; Durlauf, S. N., Nagin, D. S. (2011). Imprisonment and Crime: Can Both Be Reduced? Criminology and Public Policy, 10(1): 13-54.

198名服刑人员,其中有4名是谋杀犯。在该41起谋杀案中,有3起谋杀发生于20年前,第四起谋杀发生于10年前。虽然州高等法院支持巴伯的决定,但却遭到政治上的反击:继任州长菲尔·布莱恩特(Phil Bryant)突然终止了过去10年间实行的允许监狱模范犯人在州长官邸工作的实践,并迅速通过立法或者宪法修订来限制州长的赦免权。

(二)三振出局法律的适用

导致美国终身监禁服刑人口上涨的第二个因素是越来越多的人被判决终身监禁不得假释。例如,在1994年佐治亚州通过了"两振"法律,该法律规定,实施一振犯罪,犯有绑架罪、持械抢劫罪、强奸罪、加重猥亵罪、加重性暴力罪、加重儿童性骚扰罪将被判处至少10年刑期,且不得假释。而二振犯罪将导致终身监禁不得假释。对所有杀人罪的强制性量刑是终身监禁不得假释。在最初几年里,有57人依照新法律被判处终身监禁不得假释。到2012年中期佐治亚州有727名服刑人员在服终身监禁不得假释刑,较之2000年8月的199人终身监禁不得假释人员增长了270%。而且有别于该法律的预期目的,终身监禁不得假释刑并不是用于穷凶极恶的罪犯:只有稍多数(56.5%)的佐治亚州终身监禁不得假释服刑人员犯有杀人罪。

2006年,堪萨斯州制定了性累犯法律,规定第三次实施性犯罪将被判处终身监禁不得假释。2006年至2012年,终身监禁不得假释的服刑数量从6人上升到21人,其中有7人是依照新法律作出的判决。

某些州所采用的"三振出局"法律明显提高了终身监禁服刑人员的数量。加利福尼亚州终身监禁服刑人员占全国的四分之一(约25.2%)。22%(40,362名终身监禁服刑人员中的8914人)的人因该州的三振出局法律而服终身监禁刑。[1] 该法律制定于1994年,对第三次实施犯罪的适用可假释的终身监禁,但不同于其他州,对于第三次犯罪可以是任何重罪,并不必是严重的或暴力性犯罪。

虽然该法在通过时意图将把犯有严重或暴力性犯罪的人隔离于社会,但事实上依照该法判决的少于一半的人因为第三次犯罪被认定为暴力性犯

[1] See California Department of Correction and Rehabilitation (2013). Second and Third Striker Felons in the Adult Institution Population. Sacramento: CDCR.

罪。55%的人被认定为非暴力性犯罪,其中16%为毒品犯罪,30%为财产性犯罪。[1] 因为法律具有追溯效力,有3000名终身监禁服刑人员将符合被重新定罪的条件。

受2011年布朗诉拉普拉塔(Brown v. Plata)一案最高法院判决的影响,加利福尼亚州同样经历了监狱人口的变化。为使该州遵守第八修正案关于禁止残酷且不寻常惩罚的规定,这一判决使该州监狱人口大幅下降。[2] 据此,作为公共安全调整组成部分的监狱总体人口的下降使得终身监禁服刑人员的比例更为明显。

尽管加利福尼亚州三振出局结构因其严厉性受到关注,但该州并不是唯一采用基于二次或三次犯罪而被判终身监禁或终身监禁不得假释的累犯法律的州。在13个州和联邦政府,终身监禁不得假释是基于三振法律的强制性量刑。[3] 在某些州,这些法律对终身监禁人口的影响是显著的。如在华盛顿,有三分之二具有假释资格的终身监禁服刑人员依照该州1994年生效的三振法律被判刑,如表7所示。

表7　华盛顿三振法律对终身监禁不得假释的影响

年　份	终身监禁不得假释人口	依照三振法律判处的终身监禁不得假释服刑人员所占百分比(%)
1999	358	6.7
2000	412	18.2
2001	429	24.9
2002	448	33.9
2003	470	38.7
2004	500	42.8
2005	510	47.1
2006	537	50.8

---

〔1〕 See Nellis, A. King. R. 2009. No Exit: The Expanding Use of Life Sentences in America. Washington, D. C. :The Sentencing Project.

〔2〕 See Text of California's Proposition 36 can be Reviewed Here: http://vig. cdn. sos. ca. gov/2012/general/pdf/text-proposed-laws-v2. pdfnameddest = prop36.

〔3〕 See Brown v. Plata[563 US_(2011)].

续表

年　份	终身监禁不得假释人口	依照三振法律判处的终身监禁不得假释服刑人员所占百分比(%)
2007	554	54.5
2008	557	58.7
2009	559	64.4
2010	554	69.7
2011	665	61.4
2012	637	68.1

来源:华盛顿矫正部;华盛顿量刑指导委员会(2012)。1999~2012年引起华盛顿强制性终身监禁不得假释的三振犯罪。成年人重罪量刑数据调查。华盛顿量刑委员会。在线可用资源:www.cfc.wa.gov/Publications.html。

四、美国终身监禁改革的发展趋向

(一)扩大可假释终身监禁刑的适用

终身监禁不得假释刑的适用不仅成本高且忽视了人具有转变自新的潜能。因而规定可假释及不得假释终身监禁刑的州应该严格限制终身监禁不得假释刑的适用,而仅规定终身监禁不得假释刑的6个州和联邦系统则应该修改其量刑结构增加可假释终身监禁刑的适用。比较典型的例子是加拿大,其所有终身监禁服刑人员在服刑10~25年后均会被考虑适用假释。

当然,这种变革并不必然意味着所有具有假释资格的人都会被释放,对个体公共安全风险的考量依然会起决定性作用。但是,限制不得假释终身监禁刑的适用则意味着给更多的服刑人员提供了释放的机会,而这个释放机会也正是服刑人员在狱内努力的目标。假释终身监禁刑的释放决议可以由专业的假释委员会或者最初的量刑法官作出,而且会考虑服刑人员回归社区的个人发展前景。

(二)增加赦免(Executive Clemency)的适用

赦免一直被视为终身监禁不得假释刑的一种救济措施,但事实上,在过去30年间美国各州州长基本都否决了服刑人员的赦免申请。[1] 由于赦免程序是一个行政权介入司法权的程序,而且美国现行法律对于赦免的具体适用条件并没有明确规定,该权力的行使并非基于法律,而主要是基于政治或者政策上的考量。由此,申请人往往需要借助政治格局的转变方能期望通过赦免得到救济。但服刑人员的释放请求理应由某一委员会在评估完服刑人员的最初量刑及此后的康复表现的基础上作出决议,而不是赖于政治环境。

有些州已经为长期刑服刑人员的释放铺平道路。2009 年 6 月,宾夕法尼亚州的一个联邦法官对一下级法院的判决予以重申,使得宾夕法尼亚州始于 1997 年的终身监禁服刑人员的赦免请求程序得以放宽。在此之前,赦免推荐在州赦免委员会简单多数投票通过之后即可由州长进行审查,但该规则在 1997 年末修改为须经全体投票一致通过。现在的裁决允许 1997 年之前被判刑的服刑人员(大约有 3000 人)适用早期的赦免规则。

宾夕法尼亚州并不是唯一修改赦免申请程序的州,其他州也已经作出修改。但不幸的是,这些早期的释放流程极少适用。威斯康星州州长于 2009 年提出扩大政策,允许终身监禁不得假释服刑人员基于年龄和疾病提出释放请求,但到目前为止尚没有任何一名服刑人员根据此政策而被释放。弗吉尼亚州和其他一些州有针对老年人释放的一些机制,但这同样极少适用。

(三)开展终身监禁服刑人员的复归项目

在过去 10 年间,作为一项刑事司法政策,复归在服刑人员矫正中发挥了重要作用,但有关终身监禁服刑人员的复归则在很大程度上被忽视。复归项目基本上为剩余刑期6 个月的服刑人员提供,而且在这些服刑人员释放之后有相应的社区为其提供过渡服务。但因可假释终身监禁服刑人员的释放日期并不确定,因而政策制定者和矫正管理人员在考虑复归政策时常常忽视终身监禁服刑人员。此外,终身监禁服刑人员由于长期的监狱服刑经历,因此较之其他服刑人员其具有更为独特的复归需求。未能对终身监禁服刑人员设计出复归策略,否定其参与有价值项目的机会,实际上忽视了监狱

---

〔1〕 Gill,M. M. (2010). Clemency for Lifers: The Only Road Out is the Road Not Taken. Federal Sentencing Reporter,23(1),21 –26.

九分之一人口的需求。

复归及重整原则必须拓宽至终身监禁服刑人员。复归矫正项目的开展有助于服刑人员成功获得释放。因此,应该鼓励终身监禁服刑人员参加有助于改变其生活和在假释委员会面前表现的服务项目。其中较为成熟的项目是肇始于加拿大的生命线项目(life-line program),现在该项目已在科罗拉多州开始适用。在生命线项目中,由那些已服完终身监禁刑并成功回归社会的人担任即将获释人员的导师。这些导师帮助仍在监狱服刑的人员总结他们即将面临的挑战,同时对已从监狱释放至社区的人提供帮助。

(四)加大假释功能的发挥

在1967年,总统犯罪委员会提出建议:假释委员会应配有矫正专业人员,而不是政治任命官员。遗憾的是,40多年之后,假释委员会仍由政治任命的官员掌控,三分之二的州缺乏标准化的服务资质,程序的政治化明显,证据和专家证言大打折扣。假释委员会应该配备矫正或相关社会服务背景的成员以更好地评估释放是否合适。他们也需要运用基于风险的释放政策考量一系列静态和动态因素,包括犯罪史、犯罪严重性、狱内违规记录和监禁期间参加的项目。

矫正与管理

澳大利亚囚犯安全分类制度介绍

葛向伟*

第一部分　澳大利亚首都领地囚犯分类政策[1]

澳大利亚首都领地(ACT)《矫正管理(囚犯分类)政策2009》,根据《矫正管理法2007》第14(1)节(矫正政策和管理程序)制定,由矫正局执行局长签发,目的是概述囚犯分类政策以促进矫正部门有效和高效的管理。该囚犯分类政策还包含四个表格/模板,分别是未决囚犯初步安全分类表格、未决囚犯安全分类评估表格、已决犯初步安全分类表格、已决犯安全分类评估表格。

一、概述

(一)基本原则

安全分类是一个动态过程,囚犯在其中发挥着重要作用。安全分类同时也是一个开放的过程,通过该过程,囚犯可了解他们各自风险和需求的评估程序,并被鼓励在监禁期间积极参与其安全分类过程。

---

* 葛向伟:司法部预防犯罪研究所副研究员。

〔1〕 参见 http:www. legislation. act. gov. au。本政策适用于亚历山大麦克诺奇中心(AMC)。

囚犯安全分类评估的基本原则是要确保:

1. 在资源充足的情况下,赋予囚犯与他们的风险和需求相适应的最低安全级别,目的是为了保证:

(1)囚犯的持续关押;

(2)亚历山大麦克诺奇中心的良好秩序与安全;

(3)囚犯有能力参加矫正犯罪行为的项目;

(4)监狱员工、社区(包括被害人)和其他囚犯的安全和保护;以及

(5)关于安全护卫的适当决策。

2. 通过把囚犯按照不同的安全级别安置在不同的监所,有效和高效地进行监狱安全管理。

3. 根据各自的风险需求评估作出囚犯安全分类和囚犯安置决定。

4. 囚犯安全分类过程确保逻辑统一。

5. 再犯风险在狱内安置和社区护卫两个方面都要考虑。

6. 只要可行,囚犯安全分类应当考虑其优先权的层次。

(二)安全级别

囚犯安全分类应当最大限度地平衡囚犯最大利益和囚犯给监狱安全和良好秩序以及给狱内其他人的安全带来的风险。

囚犯可被赋予最低、中度、最高安全级别。

最高安全级别的囚犯存在较高的逃跑风险、暴力风险、破坏亚历山大麦克诺奇中心安全和管理秩序风险。

中度安全级别的囚犯需要服从他们的矫正计划,存在中等程度的逃跑风险、暴力风险、破坏亚历山大麦克诺奇中心安全和管理秩序风险。

最低安全级别的囚犯需要遵从他们的矫正计划和监狱规定,存在较低的逃跑风险、暴力风险、破坏亚历山大麦克诺奇中心安全和管理秩序风险。

(三)囚犯安置

囚犯安置场所包括男犯单人/互助/双人监舍、男犯集体监舍、女犯集体监舍。

应当尽可能将囚犯安置在与他们的安全级别相对应的监管级别的监舍里,但是,如果不可能这么做,必须将罪犯安置在更高安全级别的住所。只要可行,并根据亚历山大麦克诺奇中心监舍类别中的可用住所,应当适用下

列安全分类。

1. 男犯

根据男犯的需求和明显行为进行下列安置：

(1)最高安全级别监舍；

(2)中等安全级别监舍；

(3)最低安全级别监舍——集体监舍；

(4)危机支持监区(CSU)——自伤风险。

2. 女犯

女犯应当被关押在集体监舍，除非有证据证明有必要将她们关押在更高限制级别的住所中。应当根据女犯的需求和明显行为进行下列安置：

(1)高需求型集体监舍——挑战行为；

(2)普通集体监舍——总体遵守监规；

(3)危机支持监区(CSU)——自伤风险。

二、未决囚犯的分类与安置

(一)未决囚犯的初步分类与安置

未决囚犯的初步分类安置由收押场所1级矫正官(CO1)负责提出建议，并由2级矫正官(CO2)和3级矫正官(CO3)批准。所有未决男犯最初都被关押在最高安全区域，除非有证据证明有必要将他们关押在限制级别更为宽松的狱所。这样3级监管官就有时间编制必要的文件以填写未决囚犯安置初评表，并且未决囚犯评估小组(Remand Review Team)有时间进行囚犯风险和需求评估。

所有未决女犯最初都应当关押在普通集体监舍，除非有证据证明有必要将她们关押在限制级别更高的狱所。

(二)未决囚犯的分类安置程序

1. 未决囚犯评估小组(RRT)

上述关押决定应当由未决囚犯评估小组在囚犯收押7日内进行更综合性的评估。未决囚犯评估小组由医务人员、心理健康工作者、个案工作人员和高级矫正官组成。未决囚犯评估小组每周开一次例会。未决囚犯评估小组的组成人员包括：

(1)3 级矫正官;

(2)矫正卫生部门人员;

(3)ACT 心理健康机构人员;

(4)药物和酒精戒治部门人员;

(5)本地联络官(如果罪犯是本地人);

(6)副监狱长;

(7)分类案件管理人;

(8)分类协调员;

(9)个案管理人——缓刑和假释官(如果需要的话);以及

(10)监督员(如果需要的话)。

2. 未决囚犯安置的主要目标

未决囚犯安置的主要目标包括:

(1)确保未决囚犯、监狱员工和来访者的安全;

(2)解决迫切需求;和

(3)确保未决囚犯的出庭。

3. 未决囚犯安置需要考虑的主要事项

未决囚犯安置需要考虑的主要事项包括:

医学和精神健康问题;危害行为和脆弱性。尽管未决囚犯的可得信息比已决犯少,未决囚犯的分类需要考虑的因素却跟已决犯分类相似。下列信息在分类时必须考量:

(1)拘留原因,包括每一种犯罪的性质;

(2)囚犯逃跑会带来的风险;

(3)囚犯的逃跑风险;

(4)囚犯关押在矫正中心带来的风险;

(5)未决囚犯与特殊囚犯混押或者将未决囚犯关押在矫正中心的特殊区域给未决囚犯带来的风险。

4. 需要考量的其他因素

需要考量的其他因素包括:

(1)未决指控;

(2)对自身和他人的风险;

(3)已知的暴力史或者机构内的违规行为史;

(4)还押中心内的合作情况;

(5)精神疾病或者残疾因素;

(6)健康状况;和

(7)保护问题。

在考虑上述因素的基础上,应当根据风险和需求评估赋予还押囚犯相应的安全级别。对未决囚犯进行安全分类所依据的评估和安置决定的理由应当记录在案。

如果囚犯被关押在同伴互助监舍(buddy cell)或共享监舍(shared cell),应当参考《住所分配政策》。

未决囚犯应当和已决犯分押,特殊情况除外。

未决囚犯的分类和安置由未决囚犯评估小组主管提出建议。

(三)分类决定的复议

囚犯可以向负责候审的主管提出申请,以对其分类决定进行复议并应提供申请复议的理由。复议申请至少四周才能提出一次,除非囚犯被认为处于风险之中或者对他人存在风险。

未决囚犯评估小组可以根据以下理由随时发起复议:

1. 囚犯被指控还有其他犯罪;

2. 囚犯行为有重大问题;

3. 安全情报信息显示有潜在的安全风险;并且/或者

4. 监狱长或者副监狱长要求复议。

三、已决囚犯的分类与安置

(一)已决囚犯的初步分类与安置

罪犯收监后,应当按照收监程序进入相应的流程。

罪犯的初步安置/分类由收监官员中的1级矫正官提出建议,并由2级矫正官和3级矫正官批准。

罪犯安置由2级矫正官提出建议并由3级矫正官批准。

所有已决男犯最初都将被安置在最高安全等级区域,除非有证据证明有必要关押在限制级别更宽松的住所。这是为了分类案件管理员有时间编辑所需资料以填写罪犯安全分类初评表,并由刑期计划小组评估罪犯风险和需求(7天内)。

所有已决女犯应当关押在普通集体监舍,除非有证据证明有必要关押在限制级别更严格的住所。

(二)分类机构:刑期计划小组(Sentence Planning Group)

刑期计划小组最少每周一次会议,执行囚犯安全分类职能,还要批准和评估罪犯矫正计划。

1. 刑期计划小组的核心成员包括:

(1)个案管理分类协调员(主席);

(2)分类案件管理人;

(3)副监狱长;

(4)3 级矫正官。

如果刑期计划小组会议超出了对书面材料的评估,罪犯和他们的个案管理人或者个案官员(或者他们的监管人员)应当在场。

根据需要可邀请其他相关人员出席刑期计划小组会议。个案管理分类协调员会通知他们出席相关会议。任何关于出席刑期计划小组会议的争议都应当提交罪犯服务机构管理人员解决。

2. 刑期计划小组的其他成员可包括:

(1)个案管理人员;

(2)个案官员;

(3)职业教育和培训代表;

(4)囚犯家庭成员或与囚犯有重要关系的其他人员(亲自或者通过书面提交意见);

(5)罪犯干预项目相关部门的代表;

(6)矫正卫生部门代表;

(7)牧师代表;

(8)本地人联络官;

(9)社区联络官;

(10)心理健康部门代表;

(11)缓刑和假释部门的小组领导;和

(12)药物和酒精戒治部门工作人员。

3. 刑期计划小组做罪犯分类决定时应当考量以下因素:

(1)罪犯安全、健康(身体和心理)和福祉需求;和

(2)对员工、其他罪犯、来访者和社区的安全。

4. 刑期计划小组做罪犯安全分类决定时,必须考虑以下事项:

(1)关押原因,包括导致罪犯被关押的所有的犯罪的性质;

(2)如果罪犯逃跑会带来哪些风险;

(3)罪犯的逃跑风险;

(4)罪犯在矫正中心带来的风险;

(5)罪犯在矫正中心与特殊罪犯混押或者关押在特殊区域对该罪犯的风险;

(6)应当考虑如果罪犯与其他罪犯联合起来给矫正中心的安全带来的风险或者在释放后是否会增加对社区的风险。

下列表格列出了安全分类需要考虑的信息以及信息来源。分类案件管理人在刑期计划小组会议以前将所获取的信息编辑完毕。

表　囚犯安全分类信息及其来源对照

信　　息	来　　源
量刑说明	ACT 法庭,量刑管理部(SAS)
犯罪性质	令状,SAS,事实陈述
刑期	令状,SAS,
犯罪史	澳大利亚联邦警察局(AFP),SAS,案件管理人
暴力史或设施内违法史	ACT 矫正局和其他澳大利亚矫正服务处
逃跑风险	AFP(犯罪史),Intel 和其他矫正服务处
对自身或他人的风险	PPU,ACT 心理卫生部
家庭关系	判决前报告,个案管理员
未决指控	PPU,法庭
精神和心理状况	心理卫生部 ACT
被害人问题	被害人联络官
动机	个案管理员
教育	个案管理员
物质滥用	个案管理员,酒精和其他药物部门工作人员
其他脆弱性问题,比如年龄、性别、身体外观、残疾、文化身份	个案管理员,ACT 心理卫生部门,本地人联络官

分类评估以及分类决定的正当理由应当记录在相关分类表格里。

罪犯安全分类建议由刑期计划小组对向监狱长提出。

(三)已决囚犯的分类安置程序

已决囚犯安全分类由刑期计划小组负责提出建议并应当考量从矫正卫生部门、ACT 心理健康机构和情报信息官员处收到的信息。监狱长应当同意并签署该安全级别。

1. 安全分类和安置的目标包括:

(1)确保对员工、罪犯和其他罪犯的保护和安全;

(2)能够对罪犯行为和稳定性进行监督;

(3)能够启动就业程序包括为罪犯提供监狱规则和狱内机会的信息。

2. 安全分类应当考量的信息如下:

(1)监禁理由,包括犯罪性质;

(2)罪犯如果逃跑给社会带来的风险;

(3)罪犯的逃跑风险;

(4)罪犯关押在矫正中心带来的风险;

(5)罪犯在矫正中心与特殊罪犯混押或者被关押在特殊区域给该罪犯带来的风险。

3. 需要考量的其他信息如下:

(1)未决指控;

(2)对自身和他人的风险;

(3)已知的暴力史或设施内违规行为史;

(4)心理健康;

(5)健康状况;

(6)保护问题。

罪犯安置评估以及安置决定的正当理由应当记录在相关分类表格里。

(四)安全分类的评估(6 个月内或者酌情提出评估)

刑期计划小组在 6 个月后对罪犯初步安全分类进行评估。

1. 评估阶段必须考量的信息如下:

(1)关押原因,包括所有的犯罪的性质;

(2)罪犯逃跑会带来的风险;

(3)罪犯的逃跑风险;

(4)罪犯关押在矫正中心带来的风险;

(5)罪犯在矫正中心与特殊罪犯混押或者被关押在特殊区域给该罪犯带来的风险。

2. 评估阶段需要考量的其他信息如下:

(1)罪犯与监狱的合作,包括工作活动和项目活动;

(2)违规行为和/事件报告;

(3)积极性——为实现矫正目标所取得的进步及投入程度;

(4)个案管理记录;

(5)矫正卫生部门和心理健康机构的报告;

(6)从安全信息方面获取的报告;

(7)从个案官员和其他与罪犯相关的人员处获取的报告;

(8)任何其他的相关信息。

3. 酌情决定的评估可基于以下理由随时发起:

(1)罪犯被指控其他犯罪;

(2)罪犯行为存在重大问题;

(3)安全情报信息表明有潜在风险;

(4)监狱长或者副监狱长决定提起的评估。

安全分类评估以及安全分类决定的理由应当记录在相关的分类评估表格里。

四、特殊罪犯分类安置的注意事项

(一)罚金不履行者

仅仅由于罚金不履行而被监禁的罪犯,尽可能赋予他们最低安全级别,并且关押在集体监舍。

(二)过渡释放罪犯

被安排过渡释放的罪犯需要通过犯因性治疗项目矫正其核心犯罪行为,要遵从他们的矫正计划和监狱规则,会被赋予最低安全级别,一直到刑期结束。

在风险评估完成之前,不能将罪犯安置到过渡释放中心(Transitional

Release Center)。风险评估应当考虑以下因素:

(1)被害人问题;

(2)社区安全;

(3)社区观念。

如果确定上述相关事项存在风险,在赋予罪犯过渡释放级别之前有必要由刑期计划小组请求执行局长的批准。

(三)青少年犯

亚历山大麦克诺奇中心有时也被要求关押青少年犯。

青少年犯会被赋予初步安置,初步安全分类,并根据成年犯分类规则进行安全分类的评估。

青少年未决囚犯的安置依照成年未决囚犯的安置指南进行安置。

青少年已决犯和未决囚犯的安全分类级别后应当标明"J"(未成年)。

18 岁以下的青少年犯和青少年未决囚犯不能与成年犯和成年未决囚犯混押。

(四)逃犯

对曾经企图逃跑的罪犯进行分类时,应当考虑再次企图逃跑的风险。

曾经企图逃跑的罪犯必须在他们的安全分类后标明"E"(逃跑)。

(五)申诉囚犯

正在对罪名或者量刑进行申诉的囚犯,仍然被认为是已决犯并根据已决犯的安全分类对他们进行分类。

第二部分　西澳大利亚州囚犯评估与刑期管理制度[1]

西澳大利亚州囚犯评估与刑期管理制度由《成人监禁规则 18》规定,该规则由州政府矫正局首席执行官在局长批准下根据《监狱法案(1981)》第 35 节制定,就西澳州监狱系统公私监狱设施内罪犯的初次及后续评估

[1] See Adult Custodial Rule 18, Department of Corrective Services, Government of Western Australia, http://www.correctiveservices.wa.gov.au/prisons/adult-custodial-rules/default.aspx.

和刑期管理的程序作出了明确且一致的规定。上述程序的实施由成人监禁部门刑期管理处(Sentence Management Directorate of the Adult Custodial Division)负责进行有效管理,且在实施过程中应当参考所有成人监禁相关规则、政策指令、助理专员监禁行动通知、行动指令、刑期管理指令及任何现行或地方命令适用。[1]

一、概述

刑期管理是一个动态过程,罪犯在其中发挥重要作用。刑期管理也是一个开放过程,通过这一过程,罪犯可了解其个人风险和需求评估程序,还被鼓励积极参与其监禁管理程序。在刑期管理过程中,评估官员应保证对罪犯进行适当、及时的分级和评估,包括刑期的结构化处理。刑期结构化鼓励罪犯参加就业和项目活动,致力于发展罪犯与监狱职员之间的关系并协助监狱开展以创建积极监狱环境和促进罪犯发展为目标的行动。

(一)基本原则

1. 保证将罪犯归入最低必要安全级别,以确保其持续监禁、监狱的良好秩序和安全及公众(包括受害者)、警员和其他罪犯的安全和保护。

2. 保证将罪犯安置在安全级别不同的监狱设施中,从而高效、有效地管理监狱安全。

3. 保证与罪犯安全评级和/或安置相关的决定系根据罪犯的个人评估和分级作出,并保证所有少年犯相关评估均根据《行动指令 16》迅速有效地完成。

4. 保证罪犯健康需求包括任何身心残疾问题均纳入考量范围。

5. 保证个人分级以符合逻辑、前后一致的方式进行。

6. 保证所有罪犯都有自己的分级。

7. 保证罪犯服刑期间及转监时决策的连续性。

8. 保证考虑罪犯需求、风险、可用资源和相关行动限制,从而作出知情决策。

---

[1] 参考文献:《刑法(智障被告)法案(1996)》《危险性犯罪人法案(2006)》《监狱法案(1981)》《监狱条例(1982)》《公共部门管理法案(1994)》《刑期管理法案(2003)》《刑期管理条例(2003)》《少年犯法案(1994)》《刑期管理手册》。

9. 保证考虑监狱和社区两种背景下罪犯的再犯风险。

10. 保证向罪犯提供改造机会并鼓励其参与改造活动,同时协助其重返社会。

11. 保证及时向释放当局提供罪犯取得进步的相关信息。

(二)刑期管理目标

1. 明确罪犯的风险领域并向其提供旨在降低相关风险的个人管理计划,从而降低罪犯的再犯风险。

2. 提供适当干预措施及旨在防止再犯和再次监禁的策略,通过结构化的个人管理计划帮助罪犯建设性地利用好自己在监狱内的时间,并为尽早释放而努力。

3. 向管理者提供信息,以协助其有效确定可用资源,从而保证监狱制度和服务更加契合罪犯的已知需求。

4. 基于风险确定罪犯的个人安全评级。

5. 基于罪犯风险/需求和可用资源提高项目的包容性。

6. 如可行,尽可能将罪犯安置在离其家庭、朋友和/或重要关系人较近的地方,以获取家庭、社区和社会支持。

7. 将罪犯安置在适当监狱中。

8. 开展定期评估,以评价罪犯的进步、安置和安全评级等情况。

(三)囚犯类型

1. 未决罪犯,指《监狱条例(1982)》第55条定义的所有罪犯。

2. 已决罪犯,指被法院判处监禁刑期并正在服刑的所有罪犯。

3. 上诉类罪犯,指已就当前所有定罪和/或判决向刑事上诉法院提起了上诉或获得了上诉许可的罪犯。

4. 受《刑法(智障被告)法案(1996)》约束的罪犯。

5. 受《危险性犯罪人法案(2006)》约束的罪犯。

(四)安全级别

管理安置清单中的初步安全评级程序或分级评估清单适用后将产生一个数字分值,而这个分值将决定罪犯的安全评级。每名罪犯都将被分配下列三个安全评级中的一个:

1. 最高安全级别

适用于安全条件很高且必须增加逃跑难度的罪犯,即存在较高逃跑风险和/或如逃跑将对公共安全产生较高风险的罪犯。

2. 中等安全级别

适用于在开放条件下无法获得信任的罪犯,即存在中低逃跑风险和/或如逃跑将对公共安全产生中度风险的罪犯。尽管这类罪犯在开放式监狱条件下无法获得信任,但他们在封闭式监狱条件下并没有表现出决意逃跑的才智或意志。

3. 最低安全级别

在开放条件下无法获得较大信任、需要在监狱内加以较低程度监督和管制的罪犯[这类罪犯参加《监狱法案(1981)》规定的外部项目活动及被安置到劳动营中的资格可能需要额外审查标准]。

(五)主要角色与职责

1. 评估官员

负责根据《成人监禁规则18》及相关政策指令按案件管理协调员或授权助理监狱长的要求完成评估个案管理系统中任何评估记录或清单的填写。

2. 授权助理监狱长

负责(1)保证刑期规划、案件和监区管理等相关部门标准和政策的适当适用;(2)确保监狱内部的整体监控和案件管理程序的实施质量;(3)主持案件讨论会并保证与罪犯刑期相关的所有报告均被及时提交给会议。

3. 案件管理协调员

负责评估记录的质量和案件讨论会的组织。

4. 信息发布协调员

负责协调与联邦或州政府其他部门之间的信息交流/发布,就传唤作出响应并根据当前政策和/或立法就公众成员和政府机构关于罪犯所处地点的询问作出回应。

5. 指定监狱长

负责监狱内评估和刑期管理政策及程序的实施。

6. 刑期管理事务主管(Director, Sentence Management)

负责监控全州范围内的罪犯评估、安置和释放计划等,包括裁决某些分级和/或安置否决案例,系统化评估所有否决案例、针对指定监狱长和/或授权助理监狱长决定的申诉及成人监禁规则18和相关政策、手册的一般合规情况,批准葬礼和危险疾病相关私事假和审查出狱许可申请等。刑期管理事务主管的角色包含罪犯相关战略规划的监督、制定和实施。

7. 释放规划管理人

指导和监控罪犯有条件释放(如根据假释令和重返社会释放令等)相关评估程序;应罪犯评估委员会要求管理终身监禁罪犯、不定期刑监禁罪犯和固定刑期罪犯的再社会化进程;根据《监狱法案(1981)》第83(1)(a)节(改造与重返社会)和第83(1)(b)节(给予同情或人道待遇的依据)规定,管理出狱许可相关评估和审批程序;监控假释适用性评估程序,包括释放规划报告的制作和实施等。

8. 刑期管理事务管理人(Manager, Sentence Management)

负责监控个人管理计划的评估、安全分级和管理,以保证质量和合规,并推动持续改进和变革管理;应要求向监狱场所、管理层及其他部门职员提供建议;监督罪犯刑期的计算和跨州、跨国罪犯转移申请程序的实施。

9. 行动监察(Superintendent Operations)

负责与刑期管理事务主管协商解决监狱设施之间就罪犯安置产生的纠纷。

10. 监区管理人

负责(1)于罪犯收监后尽快熟悉罪犯管理档案的内容,包括罪犯的个人管理计划;(2)讯问所有新收监罪犯,并在罪犯档案中作适当备注;(3)保证与罪犯存在业务关系的所有职员均在罪犯管理档案和/或罪犯备注中就相关问题作出适当记录。这种记录应简要、有建设性,且不限于纪律问题。

二、囚犯分级与评估

所有安全评级和安置评估均应考虑司法情报处提供且在安全门户网站(如可用)上显示的罪犯信息。如门户网站上的记录显示有更多的罪犯信息可用,则应向司法情报处索取《个人情报摘要》(Individual Intelligence Summary)。

管理安置或分级评估应包含一个旨在核实决策过程已考量司法情报处所提供信息的程序。

所有评估均应考虑与受害人有关的所有问题。如适当,相关官员应根据《受害人与罪犯接触政策》列出的移交标准将案件推介给受害人与罪犯调解单位调解。上述推介应利用评估个案管理系统中的清单即《受害人与罪犯调解单位——保护性条件相关程序下的推介》进行。

(一)评估工具——安全评级清单(Security Rating Checklist)

为确定罪犯的安全评级,有三种适用的客观评分工具:

1. 未决囚犯管理安置清单(Management and Placement Checklist)

所有新收监未决囚犯均应填写管理安置(未决囚犯)清单。管理安置(未决囚犯)清单是一个基于标准的、旨在确定罪犯下列事项的风险/需求清单:

(1)初步安全评级;

(2)作为未决囚犯的安置方式。

如未决囚犯犯有新罪行且该罪行根据《罪行严重程度量表》更严重,则应于收到新还押令后再次适用于该未决囚犯。

2. 已决囚犯管理安置清单

所有新收监已判刑罪犯均应填写管理安置(已判刑罪犯)清单。管理安置(已判刑罪犯)清单是一个基于标准的、旨在确定罪犯下列事项的风险/需求清单:

(1)初步安全评级;

(2)安置方式;

(3)安全级别评估日期(如适用)。

3. 分级评估清单(Classification Review Checklist)

适用于每6个月或每12个月进行的个人管理计划评估或情形发生变化时对罪犯个人管理计划/安全评级进行的重新评估,而适用分级评估清单后又须对个人管理计划进行评估/修订。

管理安置清单的填写和审批应尽快进行,除非有刑期管理事务主管的同意,一般不晚于罪犯被接收或判决之后的5个工作日。上述清单的审批通常应于罪犯被转移至另一设施之前完成。赋予管理安置清单中与犯罪性质有关的问题以分值时,应使用《罪行严重程度量表》。

作为一种评分工具,初步安全评级有助于恰当评估罪犯的安全级别并提高整个罪犯分级过程的一致性,旨在供初次接收罪犯监狱的评估官员制定初步个人管理计划时使用。后续评估由报告撰写人实施,且将适用分级评估清单确定罪犯的安全评级。分级评估清单将包含罪犯的分级评估得分。

所有项目均应根据《刑期管理手册》尽可能准确地予以评分。此外,还应保证用于填写清单的信息确实可靠,如果可能,还应通过文献记录进行核实。

初步安全评级得分考虑的因素与分级评估得分考虑的因素不同。分级评估得分考虑了罪犯在每次评估时的进步或相反情况。分级评估通常不得在适用管理安置(被判刑人)清单确定初步安全评级后6个月期满之前进行。根据评估性质,管理安置清单和分级评估清单的填写应在参考相关报告后进行。

(二)安全评级的考量

1.不得适用最低安全级别的情形

下列规定适用于不考虑让罪犯适用最低安全级别的特殊情形,除非存在特殊或减轻因素。在这类因素存在的情况下,无论罪犯得分/安全评级如何,均须以书面形式提供支持将罪犯安置在低于中等安全级别监狱设施的充分理由。

(1)州/联邦政府提起上诉的情形:如州/联邦政府提出上诉,相关罪犯的安全评级通常不得低于中等安全级别,除非有充分的书面理由支持将相关罪犯安全级别评为最低安全级别。州/联邦政府提起的上诉指州/联邦政府正在就判决提起上诉的情形,不能与罪犯自己提起的上诉混为一谈。

(2)罪犯提起上诉的情形:正在就定罪和/或判决严重性提出上诉的罪犯将根据正常分级程序进行评估。但是,如考虑将罪犯安置在最低安全级别设施,评估将同时考虑罪犯对其当前处境的态度及其在上诉失败情况下的可能态度。

(3)引渡情形:预计将被引渡的罪犯没有资格将其安全评级下调至中等安全级别以下,除非有刑期管理事务主管的批准。

当监狱、安全部门或司法情报处从警方获得意图引渡罪犯的书面通知或法院已签发引渡相关命令时,相关罪犯即应视为预计将被引渡。

①相关部门应就上述文件的存在尽快通知关押罪犯的监狱,如可能,还应向关押监狱提供一份副本。此外,TOMS数据库(完整罪犯管理解决方案数据库)还应就“引渡”发布警示信息。警示信息应明确引渡协调方的联系人详情。

②指定监狱长应保证罪犯记录被注明“引渡对象”字样。

③刑期管理事务管理人应保证相关部门定期查看引渡警示信息，同时应保证相关部门就释放日期的任何变化及时通知规定的引渡协调联系人。

(4)驱逐出境/遣送离境情形：当《移民法案(1958)(联邦法)》管理部门签发有任何通知(无论是口头的或还是书面的)，相关罪犯即应被视为与驱逐出境/遣送离境案"相关"或为驱逐出境/遣送离境案考量对象。当从《移民法案(1958)(联邦法)》管理部门收到驱逐出境/遣送离境"收监令"的副本时，上述驱逐出境/遣送离境案即获证实。

①作为驱逐出境/遣送离境案考量对象或已确认将被驱逐出境/遣送离境的所有罪犯都将根据正常的分级程序进行评估。

②如罪犯被建议归入最低安全级别，则该安全评级应由指定监狱长批准，且后续每次评估均应重新确认该批准。

③对于已经达到最低安全级别的罪犯，如相关部门后续通知或证实其可能被驱逐出境/遣送离境，则应立即根据本节程序对其安全评级进行评估。

④评估应同时考虑该罪犯对驱逐出境/遣送离境令的态度，即其对驱逐出境/遣送离境令的接受或反对情况及其是否已经或计划就上述命令提起上诉的情况。

2. 否决权规定(Override Provisions)

否决权可用于建议提高或降低罪犯的安全评级。所有否决都将接受刑期管理事务主管的系统评估。否决权的使用应有充分证据，且这些证据应以支持性理由的形式出现。关于否决权使用的更多信息，可参考《刑期管理手册》。上述理由应由适用清单的警官在管理安置或分级评估清单的否决评论框中并由案件讨论会在推荐或批准该否决的决策单中明确申明。所有将导致安全评级降低的否决，无论罪犯刑期长短，都应提交给上级官员审批。由授权助理监狱长批准的否决应提交给指定监狱长审批，而由指定监狱长批准的否决则应提交给刑期管理事务主管审批。

3. 强制否决(Mandatory Overrides)

(1)适用于严格封闭终身监禁(Strict Security Life)、终身监禁及不定期刑判决[受《刑法(智障被告)法案(1996)》或《危险性犯罪人法案(2006)》相关拘留令约束的罪犯除外]。在被批准参加再社会化项目之前，所有相关罪犯均须持续归入最低安全级别以上的安全级别。

如严格封闭终身监禁、严格封闭监管罪犯获准参加再社会化项目，成人监禁部门须在将上述罪犯安置进最低安全级别设施之前就上述罪犯的转移获得执行委员会的批准。

(2)安置在特殊处理监区/高安全级别押送的情形:根据特殊处理监区令羁押在卡苏亚里纳监狱特殊处理监区的罪犯和/或处于高安全级别押送状态的罪犯均应获评最高安全级别。如高安全级别押送罪犯(非受特殊处理监区令约束的罪犯)的得分显示其对应最高安全级别以下的安全评级,则执行清单程序的官员应通知关押监狱的安全部门并请求高安全级别押送评估小组(HSE Review Panel)重新评估该罪犯的押送状态。如确定高安全级别押送状态仍应保持,则该罪犯应适用强制否决并获评最高安全级别。

(3)在当前监禁期内有过逃跑行为的任何罪犯均应获评中等或最高安全级别。这种安全评级不得随意更改,除非有刑期管理事务主管的批准。如刑期管理事务主管认同罪犯适合参加再社会化项目,则其认同应被视为刑期管理事务主管已批准赋予该罪犯以中等安全级别以下的安全评级。

(4)如最高法院根据《危险性犯罪人法案(2006)》签发了拘留令并批准了要求以最低安全级别关押罪犯的释放准备计划(包括任何治疗计划),则相关罪犯仅可获批最低安全级别。

(三)个人管理计划

1. 初步个人管理计划

(1)制定要求

实际服刑6个月以上监禁的所有罪犯均应制定初步个人管理计划,制定时间通常为判决后28日内。对于实际服刑6个月或以下监禁的罪犯,如在填写管理安置清单过程中确认罪犯存在重大风险,则上述罪犯也可制定初步个人管理计划,而相关裁量权属授权助理监狱长或其代表。

如罪犯收到了具有追溯性的判决(backdated sentence)或仅受管理安置(已判刑罪犯)清单管理,但之后又收到了新的判决,导致其实际总刑期超过了6个月,且当时距其最早假释资格日还有至少4个月或距其最早释放日还有6个月零2天以上,则该罪犯应制定个人管理计划,包括教育与矫治需求评估计划。

(2)主要内容

个人管理计划是罪犯管理概括性文件,提供了下列领域的罪犯相关信息:

①监禁和管控情况。

刑期详情、安全评级、安置情况、罪犯行为、未决法院事项详情和受限探视相关信息。

②关怀与福祉。

特殊需求推介和家庭/社会联系问题。

③改造与重返社会。

主要干预需求(通过适用矫治与教育清单发现)和特定假释问题。

④技能提升(reparation)。

罪犯必须具备的行业/职业技能。

个人管理计划是已判刑罪犯与监狱职员之间互动的一次聚焦。它为罪犯提供了一份在监狱体系中应如何取得进步的重要指南,同时明确了罪犯需要通过矫治项目和/或教育/职业培训予以关注的问题。个人管理计划应进行定期评估,以保证计划与罪犯切实相关。

2. 个人管理计划的评估

评估程序并不意味着罪犯安全评级、项目要求或职业安置的变化。实际上,它只是对罪犯进步或相反情况进行监控的一种方式。此外,它也是进一步确立目标并供罪犯在刑期内努力实现上述目标的一个重要程序。

为评估罪犯最新个人管理计划包含的信息,评估官员将对照个人管理计划中的建议从所有相关来源收集与罪犯总体行为和表现相关的口头和书面信息。这些来源包括监区档案和职员、罪犯自身、评估个案管理系统中的罪犯备注、项目、教育和行业工作人员、罪犯评估委员会的案件评估决定等。

罪犯的个人管理计划应接受定期评估,以:

(1)对照最新获批的个人管理计划中的建议对罪犯进步情况进行监测;

(2)记录干预计划的完成情况;

(3)保证在必要时对罪犯的个人管理计划进行变更,从而推动罪犯状况发生变化,即在必要时重新规划罪犯的各类项目并根据罪犯行为变更罪犯的未来安全评级。

如距罪犯最早假释资格日或最早释放日(以先到者为准)已不足3个月,则无需对罪犯的个人管理计划作进一步评估,除非存在必须进行评估的特殊情形。

如罪犯正在参加经批准的再社会化项目,则该项目可替代个人管理计划,即无需为该罪犯制定个人管理计划。

作为评估对象的个人管理计划应提交案件讨论会进行讨论,而其中建议则应根据《成人监禁规则18》规定的审批权限接受审批。

评估时间表

实际刑期	评估间隔
6个月以下(包括6个月)	无个人管理计划/无评估
6个月以上3年以下(包括3年)	每6个月一次
3年以上(包括无限期和终身监禁)	距最早假释资格日/最早释放日/法定评估日3年前每12个月一次,之后每6个月一次(注:如罪犯正在参加再社会化项目,则无需进行个人管理计划评估)
假释被拒/推迟	罪犯评估委员会决定后立即进行(最早假释资格日后第一天),之后每6个月一次,直到最早释放日

注1:本时间表以实际刑期为依据。在罪犯服刑过程中,审批权限不会发生变更。

注2:如刑期从过去某一日期开始生效,则评估日将从罪犯个人管理计划初步制作日起计算。

3. 个人管理计划的变更

对某些罪犯而言,某些事件的发生可能会导致需要在要求的评估计划之外对其个人管理计划进行评估。

(1)再次出庭情形:在再次出庭情形下,如罪犯实际被判刑期超过1年和/或新罪行性质与之前罪行不同,则须对罪犯个人管理计划(包括管理安置已判刑罪犯/分级评估及相应的矫治需求)进行评估,并将罪犯新犯罪行的实际剩余刑期纳入考量。

(2)存在其他还押令的情形:如罪犯在其个人管理计划获批后又收到其他还押令,则须适用管理安置(已判刑罪犯)或分级评估程序,以确定罪犯状况发生变化后是否需要对其个人管理计划进行评估。

(3)作出上诉判决的情形:如上诉判决延长或缩短了2年或以上刑期,则须对罪犯的个人管理计划进行评估。

(4)状况变化:指罪犯情形发生显著变化且被认为需要被安置在更为安全或更具目的性的环境中的情形。

状况变化包括以下情形:

(1)《监狱法案(1981)》第69节或第70节(定罪)规定的情形;

(2)与其他罪犯或监狱职员发生重大冲突或存在其他严重不端行为的情形;

(3)罪犯行为发生严重恶化的情形;

(4)假释被推迟或拒绝的情形;

(5)对定罪或判决提出上诉的情形;

(6)根据《危险性犯罪人法案(2006)》下拘留令被安置的情形;

(7)婚姻/事实关系终止的情形;

(8)卷入监护或其他家庭法院纠纷的情形;

(9)家庭迁徙的情形;

(10)罪犯家庭或企业经营状况发生严重恶化的情形;

(11)出现医学状况(年老或永久/严重伤残)的情形。

4. 完成获批再社会化项目后罪犯个人管理计划的恢复

罪犯评估委员会完成无限期或终身监禁罪犯的评估后(于再社会化项目完成后进行),须完成分级评估和个人管理计划评估清单。之后,个人管理计划的评估将以每6个月一次的频率进行。

如罪犯评估委员会向矫正服务部表示将不向总检察长建议假释某一终身或不定期刑罪犯,或总检察长表示/决定不批准上述罪犯的假释,则须执行分级评估清单并对罪犯的个人管理计划进行评估,以便将罪犯遣返至安全监禁状态。

(四)信息来源

1. 源文件

制作初步及后续评估清单和个人管理计划文件时,应尽最大努力参考其他信息来源,以便对罪犯自行报告的信息进行核实。这对罪犯就犯罪情形、既往犯罪史和社区成员支持力度等事项自行报告的信息尤其重要。

如可行,法官的判决说明(sentencing remarks)和判决前报告(如有)及法院诉讼史(court history)(西澳和州际)均应用于协助评估和决策。在制作初步及后续个人管理计划时,还应考虑和使用可适用的罪犯备注。

如罪犯此前曾作为青少年或成人接受过社区监管,则应努力通过社区司法服务署(Community Justice Services)获得该罪犯对社区监管反映的信息。此外,如罪犯曾在少年犯监狱中被关押过,则关于这类关押的信息可通过青少年监护服务署(Juvenile Custodial Services)获取[受《少年犯法案(1994)》第17节规定的约束]。

如已知罪犯曾被另一州或另一国拘留、监禁或社区监管过,则应尽最大努力从相关当局处获取罪犯相关信息。

——案件讨论会报告

在初步评估中,评估官员应制作案件讨论会报告。报告应包含支持罪犯总体评估的一系列问题的定性信息。案件讨论会报告中没有评分组件,但包含了罪犯在医疗、精神疾病、既往犯罪/监禁、警示、未来诉讼/保释、引渡、驱逐出境/遣送出境、监狱指控史、受害人问题和受抚养子女等各领域信息,从而有助于罪犯的综合管理。

——矫治与教育清单

对于受《刑法(智障被告)法案(1996)》约束的罪犯,可能有必要在矫治清单程序之外开展额外矫治评估,但这要基于案件具体情况确定。

对于受《危险性犯罪人法案(2006)》下拘留令约束的罪犯,矫治项目/辅导要求将由危险性犯罪人心理团队以建议方式提出,且通常是通过罪犯备注的形式传达的。如上述建议未在28日内提出,因此无法满足制定初步个人管理计划的时间要求,相关部门可先行制定初步个人管理计划,而将危险性犯罪人心理团队的评估结果纳入下一个人管理计划评估报告中。

对于被判处不定期刑且正在服刑的罪犯,法医咨询团队应在无限期判决生效日后11个月内提供矫治需求评估和相关罪犯备注,大致列出其矫治项目/辅导建议和管理问题。任何矫治项目/辅导要求均应纳入下一个人管理计划评估报告。

对于其他所有罪犯,为确定适当的矫治干预措施,合格矫治评估人员都将执行矫治清单。矫治清单覆盖了暴力犯罪、药物使用犯罪、性犯罪、认知技能和一般犯罪等项目。矫治清单的适用有助于明确风险、需求和动机等相关措施。

合格教育官员将适用教育与职业培训清单协助确定所有罪犯的教育与职业需求。该清单考虑了可能需要从智力残疾服务署(Intellectual Disability

Services)协调员处获得协助的罪犯的需求。

所有必要清单均应在判决作出后28日内执行——这也是制定初步个人管理计划的期限。如因后续判决或罪犯身份变化导致必要,则这些清单可在罪犯刑期内任何时候适用或再适用。

2. 罪犯陈述

授权助理监狱长应保证:

(1)在初步评估中,相关部门将就评估程序提供充分的信息,无论是口头的还是书面的。

(2)所有评估报告的制作均应与罪犯进行协商,特别是在制定初步个人管理计划时。理想情形是,在制定个人管理计划期间,评估职员与罪犯应进行若干次接触,除非罪犯一直拒绝合作、接触不可行或评估职员认为接触不利于监狱的良好秩序。

(3)在案件讨论会之前,评估官员、矫治与教育评估人员等将清单执行结果及建议告知罪犯,除非上述官员认为上述信息的提供不利于罪犯福祉或不利于监狱良好秩序或安全。

(4)罪犯被鼓励在个人管理计划制定过程中和案件讨论会上作出口头和/或书面陈述。

(5)相关部门将考虑为因语言困难或智力和/或其他身心残疾而无法充分陈述自身意见的罪犯提供律师(或罪犯指定的官员)。如相关,案件讨论会主席应负责发起上述行动。

(6)罪犯陈述后,相关部门将作出安排,以便在罪犯退场的情况下就案件进行讨论并作出决策。

(7)罪犯被召回并被告知评估建议及其上诉权利(如适用)。

如罪犯对其评估、安全评级或安置存在异议,相关部门应在将评估建议提交审批之前尽最大努力就上述异议与罪犯达成一致。如不可能,则罪犯异议须随评估建议一起明确记录在提交审批的文件中。

(五)审批级别

管理安置清单和个人管理计划的审批级别如下表所示,成人监禁事务副专员可不时变更下表所示审批权限,但需要执行委员会就罪犯转移作出审批的情形除外。

判决类型	审批权限
被还押和已判刑罪犯(包括无限期和终身监禁罪犯)	授权助理监狱长
#严格安全终身监禁、严格/安全监禁罪犯,即永不释放的罪犯	授权助理监狱长,如需转移,还需执行委员会的转移批准
智障被告评估委员会和《危险性犯罪人法案(2006)》相关罪犯	授权助理监狱长

注:#永久性安置变更须有执行委员会批准;根据《监狱法案(1981)》第26(2)(b)节规定,根据命令须以严格或安全监禁形式关押的罪犯或正服严格安全终身监禁刑的罪犯,须有州长命令或在紧急情况下须有刑期管理事务主管(作为专员代表)的命令才可被转移至另一监狱。

三、囚犯的转移和安置

如罪犯被转移至另一监狱,则授权助理监狱长有责任保证评估个案管理系统中的所有清单均已填写完毕。

(一)根据个人管理计划进行的转移

罪犯安置应反映安全考量、罪犯需求和项目供应之间的平衡。为实现这种平衡,不时将罪犯从一个监狱转移至另一监狱是必要的。

为提供安全、监管和项目等领域与每一罪犯已知需求相适应的充分机会,罪犯安置应根据获批个人管理计划以公平、有序的方式进行。

授权助理监狱长将保证任何罪犯转移之前下列行动均已完成:

(1)罪犯转移之前,相关批准均已获得且相关记录均已完成;

(2)接收监狱在转移之前已经获知其将接收的罪犯;

(3)尽早将转移事宜告知罪犯,但以安全考量为依据;

(4)将转移理由告知罪犯,但以安全考量为依据;

(5)赋予所有罪犯以将其转移和新地点告知其家庭成员(或其他重要关系人)的机会,但以安全考量为依据。

(二)其他转移——管理/安全考量

1.不超过28天的临时转移

在下列情形下,作为一种预防措施,授权助理监狱长可不经评估即将罪

犯从某一监狱转移至安全级别适当的另一监狱,但为期不得超过 28 天:

(1)罪犯呈现出或被认为呈现出了某一管理/安全风险;或

(2)罪犯个人状况被认为发生了重大变化,从而被认为存在个人风险;

(3)按就罪犯相关事件或信息进行调查(如有必要)。

发生这类转移时,不得提高罪犯的安全评级。

在这种情形下,除要有经批准的 TOMS 数据库管理决策单外,还要完成管理类转移清单,才能使转移生效。

如调查结果显示罪犯将被指控或将在临时安置监狱中被加强管理,则第 10.2.2 节所述永久转移程序将适用。管理安置或分级评估清单及任何适用决策单均应明确说明之所以适用永久转移的详细原因及管理类转移文件的引用情况。

2. 永久性转移

如为永久性转移,则遣送监狱须遵守下列规定:

(1)仅通过管理安置清单管理的罪犯。

管理安置清单须重新适用和批准。这将生成一个 TOMS 数据库待定决策单,而这个决策单须获得批准才可使转移永久生效。

(2)通过个人管理计划管理的罪犯。

管理安置(已判刑罪犯)/分级评估清单须适用。同时,个人管理计划须进行修订和审批。这将生成一个 TOMS 数据库待定决策单,而这个决策单须获得批准才可使转移永久生效。

(3)尚未作出决定的情形。

如关于罪犯未来安置的决定在为期 28 天的转移期内尚未作出,则须完成额外的管理类转移清单。这类清单应大致说明调查进展情况并明确另一最长可达 28 天的调查期限,以便确定完整的调查结果。此外,调查结果须向接收监狱通报。

3. 根据突发事件/即刻威胁决定的转移

如罪犯表现出对监狱良好秩序和/或安全的重大、即刻威胁,或在突发事件(向部长报告的严重事件)情形下,监禁行动助理专员(ACCO)可在相关监狱长、安全服务署主管或司法情报服务署管理人建议下授权立即将任何罪犯转移至另一监狱。提供给监禁行动助理专员的建议必须包含对所有相关罪犯进行的风险评估的结果。

在上述情形下,转移生效之前须完成的管理类转移清单/管理决策单、管理安置清单、个人管理计划或分级评估清单(视具体情况而定)将被中止,但在转移完成之后须由转移监狱及时完成,不得延误。

(三)安置考量

表　安置考量表

监　狱	最低安全级别	中等安全级别	最高安全级别
阿卡西亚(Acacia)监狱	×	×	
阿尔巴尼(Albany)地区监狱	×	×	×
班迪尔普(Bandyup)女子监狱	×	×	×
博洛尼亚(Boronia)女子释前中心	×		
布鲁姆(Broome)地区监狱	×	*	*
班伯里(Banbury)地区监狱	×	×	*
卡苏亚里纳(Casuarina)监狱	×	×	×
东戈尔德菲尔兹(Eastern Goldfields)地区监狱	×	*	*
格里诺(Greenough)地区监狱	×	×	*
哈克(Hakea)监狱	×	×	×
卡尔奈特(Karnet)监狱农场	×		
帕迪拉普(Pardelup)监狱农场	×		
罗博恩(Roebourne)地区监狱	×	×	*
伍罗鲁(Wooroloo)监狱农场	×		

注:*指具备将罪犯安置在监狱限制级安全区的能力。

1. 班伯里地区监狱:安全评级为中等、罪行与性犯罪相关、可能受监狱其他罪犯危害和/或需要矫治的罪犯预计将被安置在班伯里地区监狱或阿卡西亚监狱。

2. 阿卡西亚监狱:安全评级为中等、未就任何定罪提出上诉且主要家庭支持均来自大都市区的罪犯预计将被安置在阿卡西亚监狱。《成人监禁规则7》规定,上诉类罪犯每天可接受一次探视。如罪犯不想利用这种探视权,则其可被安置在阿卡西亚监狱。

3. 阿尔巴尼地区监狱:来自海外或其他州、在大都市区没有支持网的罪犯通常将被安置在阿尔巴尼地区监狱。

4. 伍罗鲁监狱农场：当前和/或既往罪行属性犯罪性质的罪犯通常不会被安置在伍罗鲁监狱农场，除非有伍罗鲁监狱农场授权助理监狱长的事先授权。

5. 警察局拘留所：根据《政策指令4》的规定进行。这类安置的评估将适用评估个案管理系统的拘留所安置评估清单。

6. 性犯罪人：性犯罪人将继续根据评估工具进行评估。

7. 少年犯：应特别注意保证少年犯评估和安置的迅速有效，特别要注意少年犯的潜在脆弱性及其曾经受犯罪影响的情况。

8. 受《危险性犯罪人法案(2006)》约束的罪犯。

受《危险性犯罪人法案(2006)》约束的罪犯将被归入下列三种类型之一，具体为：

(1)须受《危险性犯罪人法案(2006)》约束的罪犯(DSOA Liable)，即因判决必须接受《危险性犯罪人法案(2006)》审查的罪犯。犯罪类型满足《危险性犯罪人法案(2006)》的规定且相关罪行被判最低监禁期为2年或以上(距离最早假释资格日或最早释放日的时间)的罪犯属于此类型。在TOMS数据库中，这类罪犯将被标示"须受《危险性犯罪人法案(2006)》约束的罪犯"的警示标志。

(2)正受《危险性犯罪人法案(2006)》审查的罪犯，即正接受《危险性犯罪人法案(2006)》相关程序审查/正履行《危险性犯罪人法案(2006)》相关程序的罪犯。在TOMS数据库中，根据《危险性犯罪人法案(2006)》应负责且在危险性犯罪人评估委员会(DSORC)评估后被移交检察长(Director of Public Prosecutions)、以考虑向最高法院申请适用《危险性犯罪人法案(2006)》的罪犯将被标示"正受《危险性犯罪人法案(2006)》审查的罪犯"的警示标志。

(3)受《危险性犯罪人法案(2006)》拘留令约束的罪犯，即收到《危险性犯罪人法案(2006)》下拘留令且正接受最高法院年度评估的罪犯。被最高法院根据《危险性犯罪人法案(2006)》签发拘留令的罪犯属于此类。在TOMS数据库中，这类罪犯将被标示"受《危险性犯罪人法案(2006)》拘留令约束的罪犯"的警示标志。

在进行初步个人管理计划评估时，评估官员应告知符合上述规定的罪犯，可能要接受危险性犯罪人评估委员会的评估。如应受《危险性犯罪人法案(2006)》约束的罪犯被安置在最低安全级别环境中,且是假释被推迟或被拒绝的对象,则授权助理监狱长应注意相关规定。如危险性犯罪人评估委员会决定将罪犯案件移交给检察长且罪犯目前被安置在最低安全级别环境中,则授权助理监狱长应保证立即将该罪犯关押至封闭环境中(最高或中等安全级别)。根据《危险性犯罪人法案(2006)》仅被还押候审的罪犯在还押候审期间仍应被关押在封闭环境中(最高或中等安全级别)。

如最高法院在罪犯刑期到期日后向罪犯签发拘留令或被释放后的罪犯根据最高法院命令再次被收监,则授权助理监狱长应保证将罪犯关押在封闭环境中(最高或中等安全级别)。只要最高法院同时还批准了需要将罪犯安置在最低安全级别监狱的释放准备计划(包括任何矫治项目),则符合规定的罪犯就能获批最低安全评级并被安置在最低安全评级监狱中。

四、后续评估/报告

(一)监狱发起的评估/报告

1. 个人管理计划评估;

2. 转移(管理/安全考量或罪犯状况发生重大变化);

3. 警察局拘留所的安置;

4. 假释评估或假释(短期);

5. 再社会化项目适合性及进步情况;

6. 假释评估(执行委员会);

7. 以审判为目的的州际转移(总检察长请求):刑期管理事务管理人将就此提出任何相关报告要求。

(二)罪犯发起的评估/报告

1. 州际转移(合法及其他转移申请)

(1)罪犯寻求州际转移时,相关部门应向其提供相应的转移申请单;

(2)之后,罪犯须将其转移申请及所有支持文件提交给刑期管理事务管理人(参考《刑期管理手册》了解相关程序);

(3)因申请产生的所有报告均应按刑期管理事务管理人的要求填写完毕(如州际转移报告清单);

(4)关于更多信息,请参考《刑期管理手册》。

2. 国际转移(罪犯转移申请)

(1)罪犯转移至另一国家的申请必须通过相应表格提交(澳大利亚联邦《罪犯国际转移法案(1997)》规定的《转移表》);

(2)之后,罪犯须将其转移申请及所有支持文件提交至位于堪培拉的联邦总检察长公署(Commonwealth Attorney General's Department);

(3)因申请产生的所有报告均应按刑期管理事务管理人的要求填写完毕(如国际转移报告清单);

(4)如罪犯正就进行中的国际转移或一般事项寻求更多信息,相关部门须将其引荐至联邦总检察长公署;

(5)要使转移实际发生,所有各方包括罪犯自己、西澳州、联邦总检察长和接收国等均须批准该申请;

(6)作为谈判内容的一部分,相关部门应告知罪犯接收国是否要求其支付押送费用;

(7)关于更多信息,请参考《刑期管理手册》。

3. 狱际访问

请参考《成人监禁规则 7》。

4. 重返社会假期项目

请参考《政策指令 66》。在有资格启动重返社会假期项目日 3 个月之前,罪犯可申请参加上述项目。注意,罪犯申请上述项目时必须获评最低安全级别。罪犯具备申请和启动重返社会假期项目资格的日期记录在其个人管理计划中。如罪犯为终身/不定期刑罪犯,则其参与重返社会假期项目的行为应为其获批再社会化项目的一部分。

5. 罪犯就业项目

请参考《政策指令 68》。在罪犯就业项目预计启动日最多 3 个月之前,符合资格的罪犯可书面申请参加上述项目。注意,罪犯申请上述项目时必须获评最低安全级别。如罪犯为终身/不定期刑罪犯,则其参与罪犯就业项目的行为应为其获批再社会化项目的一部分。

6. 重返社会释放令项目

请参考《政策指令 47》。在有资格启动重返社会释放令项目日 3 个月之前,罪犯可申请参加上述项目。罪犯具备申请和启动重返社会释放令项目资格的日期记录在其个人管理计划中。根据《政策指令 47》,案件管理协调员将就罪犯申请通知指定的社区司法服务中心。

7. 转移

在规划的个人管理计划之外,罪犯可因各种原因提出将其转移至另一监狱的申请。转移原因应明确记录在个人管理计划中问题2.3处。

8. 临时探视转移

不处于高安全级别押送状态的罪犯可申请将其临时转移至另一监狱,以便其接受探视。为此,相关警官应完成临时探视转移清单,并对照下列标准对罪犯申请进行考量:

(1)犯罪类型和情节:如适用,应对罪犯可能属负面性质的任何社会反应进行评估并将评估结果纳入考量;

(2)探视者:被指定为接待监狱潜在探视者的人应与罪犯有着持续、友善的关系,无论是家庭的还是部族的,且被指定探视者将到监狱探视罪犯这一计划具有一定的确定性(须进行确认);

(3)罪犯在安置监狱和接待监狱的行为表现;

(4)医疗/精神病治疗服务:罪犯不得有专门的拟定接待监狱无法满足的精神病治疗需求或其他医疗需求;

(5)出庭:如罪犯未来须出庭应诉,则提出临时转移建议时须将这一情节纳入考量;

(6)临时转移期限:通常为每年4周,即每3个月1周或每6个月2周。

9. 批准人

(1)对于被判严格安全终身监禁或严格/安全监禁的罪犯,需要有州长的批准;

(2)对于其他所有罪犯,则要有授权助理监狱长的批准(但同时须获得接待监狱授权助理监狱长的同意)。

如果临时转移不能达成一致,由监狱长协调解决。

10. 提前释放

参考《政策指令37》。

11. 基于同情或人道待遇的出狱许可

参考《政策指令9》。

(三)其他评估/报告

驱逐出境/遣送出境:应《移民法案(1958)(联邦法)》管理部门的要求

进行。须利用评估个案管理系统中的移民报告清单。一旦完成,须将完成情况通知信息发布调员。

五、案件讨论会

案件讨论会是审查评估文件并就罪犯评估、安全评级和安置作出建议或决定的场所。案件讨论会应成为告知罪犯安置建议及其依据的一种方式。此外,案件讨论会也是罪犯就其个人管理计划或其他正考量文件提出异议的地方。

(一)人员组成

案件讨论会至少应包含3名成员,其中包括主持会议的授权助理监狱长(或其代表)和一名正式警官。其他成员则可从下列人员中抽调:

(1)矫治评估人员;

(2)教育评估人员;

(3)社区矫正人员;

(4)评估事务协调员(the Coordinator Assessment)(哈克监狱);

(5)案件管理协调员;

(6)资深警官。

(二)记录

案件讨论会通常每周举行一次。会议记录应包含以下内容:

1. 会议日期和时间。

2. 出席成员。

3. 下列任何事项:

(1)个人管理计划;

(2)后续个人管理计划评估;

(3)其他所有记录(重返社会释放和重返社会假期申请、罪犯就业项目申请、再社会化项目适合性评估和再社会化项目进展评估等);

(4)中止申请;

(5)根据《政策指令66》进行的重返社会假期转移及其进展情况记录(如适用);

(6)根据《政策指令68》进行的罪犯就业项目进展及就业事务协调员意

见等记录。

案件讨论会记录应详细记录罪犯姓名、TOMS 数据库 ID、评估类型及会议结果或建议等内容。

作为最低要求,TOMS 数据库中的案件讨论会建议及后续决策单至少应按下列顺序列出以下信息:

(1)罪犯的安全评级及依据,包括适用的评分工具;

(2)罪犯的安置及依据(推动社会/社区联系、方便项目参与等);

(3)就任何特定要求(辅导、医疗等)提出的建议(如适用);

(4)个人管理计划相关建议;

(5)申诉权;

(6)下一评估日期。

案件讨论会提出的建议或作出的决定应以罪犯能够理解的语言进行表述。

罪犯应被口头告知其上述权利(自动包含于决策单中)。

案件讨论会应保证罪犯在会后 5 个工作日内收到一份拟定个人管理计划的副本。案件管理协调员应保证罪犯在其个人管理计划获批后 2 个工作日内收到一份 TOMS 数据库生成的个人管理计划决策单的副本。

(三)个人管理计划评估案件讨论会

罪犯的个人管理计划应接受定期评估,以便:

(1)对照罪犯最新获批个人管理计划中的建议对其进步情况进行监测;

(2)记录干预计划的完成情况;

(3)保证必要时对罪犯个人管理计划进行变更,即按需对罪犯项目进行重新规划,以推动罪犯各方面的变化。

作为评估对象的个人管理计划和分级评估清单及其他相关必要文件均应提交案件讨论会讨论,而其中建议则应根据相关规则的规定审批权限进行审批。罪犯须参加案件讨论会。

(四)对相关决定的申诉

1. 任何罪犯均有权就下列决定提起一次申诉:

(1)安置管理清单相关决定(仅限于安全评级和安置部分的决定);

(2)初步个人管理计划相关决定(仅限于安全评级和安置部分的决定);

(3)后续个人管理计划评估相关决定(仅限于安全评级和安置部分的决定);

(4)重返社会假期相关决定;

(5)罪犯就业计划。

2. 程序:通常,罪犯就任何决定提出的申诉必须在决定作出后21天内以书面形式通过决定申诉表向案件讨论会主席提出。

申诉依据包括:

(1)政策和程序未得到遵行;

(2)决定依据为不适当或不准确信息;

(3)相关或中肯信息被排除在考量范围之外;和/或

(4)罪犯状况在案件讨论会之后已发生重大变化。

3. 权限级别

(1)就安置管理评估和个人管理计划相关决定提起的申诉:

在收到申诉后14天内,指定监狱长应当就罪犯针对授权助理监狱长的决定提起的申诉作出裁决,刑期管理事务主管应当就罪犯针对指定监狱长的决定提起的申诉作出裁决。

(2)就重返社会假期和罪犯就业项目相关决定提起的申诉:

在收到申诉后14天内,监禁服务助理专员应当就罪犯针对刑期管理事务主管的决定提起的申诉作出裁决。

复核相关决定时,指定官员不仅将考虑原决定考虑的所有材料,而且将考虑罪犯或其他人提供的任何额外信息。在可行的情况下,相关部门应尽快将申诉结果以TOMS数据库书面决策单的形式通知罪犯。在针对转移决定提起的申诉尚未作出裁决期间,罪犯可先行转移。

如刑期管理事务主管认为某一否决或申诉结果与《成人监禁规则18》及相关政策的意图不相符,则其须将这类情形报告给监禁行动助理专员,而监禁行动助理专员将对申诉情形进行评估并有权对申诉决定进行复议。

新西兰囚犯安全分类制度介绍*

葛向伟**

新西兰囚犯安全分类制度是根据新西兰《矫正法案(2004)》和《矫正条例(2005)》制定的,实践中其实时更新体现在矫正署动态文件《监狱管理手册》的内容之中。本文对新西兰囚犯安全分类制度的介绍是根据新西兰矫正署2015年底的最新资料编译整理而成。新西兰囚犯安全分类制度的主要内容包括法律依据、安全分类的目的、原则和程序、安全级别、风险级别、罪犯的分类管理及其关押、工作安置等内容。根据该安全分类制度,按照囚犯的内外部风险水平,囚犯被赋予最高、高、中低、低、最低这五种安全级别,关押设施分为高、中、低三个安全级别。对服刑囚犯进行安全分类的主要目标是确保囚犯监管级别与他们的内部风险和外部风险水平一致。下面具体介绍,供参考。

一、制度概述

(一)法律依据

本国家制度(National System)根据新西兰《矫正法案

---

* 根据新西兰矫正署最新相关资料(截至2015年底)编译整理,参见http://www.corrections.govt.nz/resources.html。

** 葛向伟:司法部预防犯罪研究所副研究员。

(2004)》(Corrections Act 2004)[1]第 47 节、第 48 节和《矫正条例(2005)》(Corrections Regulations 2005)第 5 部分《罪犯的安全分类》制定。制度使用过程中,根据实践中的最新情况,由《监狱管理手册》(PSOM)实时更新相关规定。

《监狱管理手册》的目的是为监狱员工在监狱日常管理活动中提供指导,是为了确保监狱管理的安全、可靠、人性化和效果。所有监狱员工都应保证按照《监狱管理手册》指南履行职责。如果《监狱管理手册》指南与矫正部门的其他手册和指南相冲突,优先使用《监狱管理手册》。一旦发现任何此类异常情况,应当立即通知国家制度小组(National Systems Team)。《监狱管理手册》是一个动态文件,受立法、政策和策略业务计划的影响。这就意味着《监狱管理手册》中的指南会不时地发生变化。如果有变化,国家制度小组会通过电子邮件通知所有员工并说明理由。此外,《监狱管理手册内容罪犯指南》还为罪犯提供了《监狱管理手册》的内容框架。

(二)本国家制度的目的

1. 详述服刑罪犯安全分类制度的级别及其定义。

2. 概述安全分类制度的程序。

3. 明确全国通用表格。

本国家制度由首席执行官(Chief Executive)根据《矫正法案(2004)》第 196 节授予的权力发布。

(三)安全分类程序的内容

1. 安全分类的原则。

2. 安全级别。

3. 定义。

4. 内部风险和外部风险。

5. 安全分类变化和风险变化的管理。

6. 安全分类的初评(男犯和女犯)。

7. 安全分类的复评(男犯和女犯)。

---

[1] 需要说明的是,《矫正法(2004)》的相关内容已经进行了修正,《矫正法修正案(2013)》的规定于 2013 年 3 月 5 日和 2013 年 6 月 4 日相继生效,但此次修改不涉及囚犯的安全分类。

(四)安全分类程序的目标

安全分类程序的设计是为了确保以下目标:

1. 服刑罪犯的监管级别与他们的内部风险和外部风险水平一致。

2. 服刑罪犯的安全分类应当反映罪犯在狱内和狱外的风险级别。

3. 罪犯在被判处监禁刑判决的14日内获得初始安全级别。

4. 罪犯判决刑期内,每6个月至少应当对其安全分类进行一次审查。

(五)安全分类的原则

1. 使服刑罪犯获得与其内外部风险水平相对应的监管级别,确保罪犯安全分类反映以下两点:

(1)罪犯在狱内和狱外表现出来的风险水平;

(2)逃跑对公众造成的风险。

2. 任何有关安全分类的决定只能由首席执行官或其法律代表作出。

3. 对代表的授权设置在1988年《公共部门法》第41节首席执行官对监狱员工授予罪犯管理权力的规定中。

4. 罪犯安全分类程序由一体化罪犯管理系统(IOMS)自动完成。

5. 根据罪犯风险水平评估结果,确保对罪犯进行安全、可靠管理的前提下,应当赋予罪犯最低安全级别。

6. 对已经进行安全分类的罪犯,如果可行(考虑住所及其他资源的充足性),应当尽可能在与罪犯安全分类级别相对应的设施和体制内对其关押和管理。

(六)安全分类程序

1. 程序构成

罪犯安全分类制度由以下两个程序组成:

在囚犯进入监狱开始服刑日之后的14天内,填写安全分类初评表,赋予罪犯一个初始安全级别。在罪犯服刑期间,填写安全分类复评表,对罪犯的安全级别进行定期审查。如果罪犯在收监后21天内将被释放,这种情况下罪犯的安全分类由监狱酌情决定。

2. 评分

罪犯的安全级别是通过对罪犯进行评分的方式得出的。评分根据约定标准进行,且尽可能以明确记录在案的事实性信息为依据。这做做法的理念在于,既往行为是未来行为的最佳指针,而近期行为相对于遥远的既往行为而言能够更好地预示未来行为。

(1)自动评分

一体化罪犯管理系统(IOMS)能够就安全分类初评表和安全分类复评表列出的下列因素自动计算罪犯分值:罪行严重程度、刑期长度、刑期调整、剩余服刑时间。

(2)人工评分

其他因素的评分必须由人工完成,因为这些因素需要收集最新信息。IOMS 事件系统应作为首要信息来源使用。但是,其他系统(如旺加努伊计算机上的 QHD 工具)及罪犯档案等也应纳入考察范围。上述两表包含的其他因素包括逃跑史、暴力史、精神疾病史、其他待决指控等。

安全分类复评表列出的其他因素还包括精神和心理稳定状况、合作程度、不良行为、积极性等。

3. 告知罪犯通知

监狱应以书面形式将安全级别告知罪犯。

4. 管理降级

对长期刑犯(终身监禁、预防性监禁和 10 年或以上有期徒刑罪犯)的安全限制应在妥善管理的基础上逐步减少,以协助其适应监禁生活——这是矫正部的部门政策。就管理体制和监狱适用的监管级别而言,对罪犯影响最大的莫过于将其安全级别从高级调低至中低级。长期刑犯以最高安全级别或高安全级别开始服刑的可能性是最大的。如其安全级别最终被定为中低级,长期刑犯可进一步参加监狱的社会回归项目和活动。这有利于保证所有罪犯的服刑生活一开始都以安全和矫正问题为重点,然后逐渐转化为社会回归和后续矫正活动,以便逐步降低其造成的公共安全风险。通过参加旨在矫正其犯罪因素的项目、治疗或辅导活动,这个目标是可以实现的。

任何被判终身监禁或预防性监禁的不定期刑罪犯,只要一开始被认定为最高安全级别,基本上都要作为最高安全级别或高安全级别罪犯服刑至少 5 ~ 8 年,除非安全复评明确将其归入较低安全级别。服刑 5 ~ 8 年后,上述罪犯的服刑计划将发生变化,从专注于安全问题转为专注于矫正及最终的社会回归方面。一个公认的情形是,一些罪犯在整个服刑期间可能都会维持其高安全级别和安全风险状态,因此,不得不服刑至假释资格日之后。任何被判10年以上监禁的罪犯,只要一开始被认定为高安全级别罪犯,基本上都要作为高安全别罪犯服刑至少3年,除非安全复评明确将其归入较低安全级别。

只有当罪犯的行为、态度或环境变化导致其风险水平提高或降低时才可在《监狱管理手册》规定之外对罪犯安全级别进行重新分类。不得为剥夺罪犯特权、将罪犯转移至其他监区或监狱或协助罪犯参与矫正项目等目的而对罪犯安全级别进行重新分类。

二、安全分类级别

(一)女犯安全分类级别

女犯安全分类级别反映其内外部风险的总分。

1. 女犯安全分类初评内外部风险总分

表1 女犯安全分类初评内外部风险总分

A部分分数(内部风险)	B部分分数(外部风险)	安全分类级别
50 +	不适用	最　高
24 ~ 49	不适用	高
0 ~ 23	17 +	中　低
0 ~ 23	12 ~ 16	低
0 ~ 23	0 ~ 11	最　低

2. 女犯安全分类复评内外部风险总分

表2 女犯安全分类复评内外部风险总分

A部分分数(内部风险)	B部分分数(外部风险)	安全分类级别
50 +	不适用	最　高
27 ~ 49	不适用	高
0 ~ 26	17 +	中　低
0 ~ 26	12 ~ 16	低
0 ~ 26	0 ~ 11	最　低

(二)男犯安全分类级别

男犯安全分类级别反映其内外部风险的总分。

1. 男犯安全分类初评内外部风险总分

表3　男犯安全分类初评内外部风险总分

A部分分数(内部风险)	B部分分数(外部风险)	安全分类级别
36 +	不适用	最　高
22 ~ 35	不适用	高
0 ~ 21	17 +	中　低
0 ~ 21	12 ~ 16	低
0 ~ 21	0 ~ 11	最　低

2. 男犯安全分类复评内外部风险总分

表4　男犯安全分类复评内外部风险总分

A部分分数(内部风险)	B部分分数(外部风险)	安全分类级别
33 +	不适用	最　高
19 ~ 32	不适用	高
0 ~ 18	17 +	中　低
0 ~ 18	12 ~ 16	低
0 ~ 18	0 ~ 11	最　低

安全分类制度中外部风险有三个级别,与内部风险制度相结合,产生五个分类级别:最低、低、中低、高、最高。

强调内部风险和外部风险的区分非常重要。中低安全级别从其命名就能清楚其含义。尽管中低安全级别罪犯具有较高的外部风险,但是,他们的内部风险仍与最低安全级别和低安全级别罪犯相同,因此,他们既不能被关押在外部自我照顾监区,也不能在监狱安全网外工作(具体参见《监狱管理手册》安全分类安置汇总)。

(三)定义

1. 最高安全级别

(1)定义

最高安全级别罪犯指在一个或多个已识别风险领域存在高级别风险,因而需要强度非常大的监管和级别非常高的安全管制的罪犯。

(2)最高安全级别对应的风险领域

具体而言,这些风险领域包括:

A. 逃跑风险:高(逃跑动机强且具备逃跑的身体素质)。

B. 对公众造成人身伤害的风险:高(一旦逃脱,将产生伤害公众成员的严重风险)。

C. 对监狱员工、罪犯和来访者造成人身伤害的风险:高(严重伤害或威胁伤害监狱员工及其他人员)。

D. 监禁期间参与非法活动的风险:高(监禁期间参与或煽动他人参与严重非法活动的风险高)。

E. 实施扰乱/破坏行为的风险:高(与监狱员工或其他罪犯极不合作或极不服从监狱规定/法规,且/或极具破坏性,以致无法将其置于监狱主流群体中实施管理)。

(3)要求

A. 活动与监管:每名罪犯通常配备三名警员。

B. 做工:仅限于监区内的工种。

C. 矫正项目:仅限于监区内的矫正项目。

D. 临时转移(押送外出):无,但根据监狱管理人员的决定紧急送医或出庭受审的情形除外。

2. 高安全级别

(1)定义

高安全级别罪犯指存在高度逃跑风险及伤害公众的高度风险且/或存在中等内部风险,因而需要高级别监管和安全管制的罪犯。

(2)高安全级别对应的风险领域

具体而言,这些风险领域包括:

A. 逃跑风险:高(逃跑动机强且具备逃跑的身体素质)。

B. 对公众造成人身伤害的风险:高(一旦逃脱,将产生伤害公众成员的中高度风险)。

C. 对监狱员工、罪犯和来访者造成人身伤害的风险:中等(伤害或威胁伤害监狱员工及其他人士)。

D. 监禁期间参与非法活动的风险:中等(监禁期间参与或煽动他人参与非法活动的风险为中等)。

E. 实施扰乱/破坏行为的风险:中等(与监狱员工或其他罪犯不合作或不服从监狱规定/法规,且/或具有破坏性,以致应对其实施较中低/低/最低安全级别罪犯强度更大的监管和程度更高的安全管制)。

(3)要求

A. 活动与监管:每名罪犯通常配备两名警员。

B. 做工:仅限于监区内或监狱安全网内的工种。

C. 矫正项目:仅限于监狱安全网内的矫正项目。

D. 临时转移(押送外出):按国家制度实施,紧急送医时按监狱管理人员的决定实施,或出庭受审时实施。

E. 临时释放:按照国家制度实施。

3. 中低安全级别

(1)定义

中低安全级别罪犯指存在中低度内部风险和中低度逃跑风险但存在伤害公众的足够风险,以致不适合享受低/最低安全级别罪犯所享有的特殊权利(如临时释放、工作释放和无监管监外工作[1]等权利)的罪犯(注:任何在监外工作的中低安全级别罪犯均应接受严格监管[2])。

(2)中低安全级别对应的风险领域

具体而言,这些风险领域包括:

---

〔1〕 就本制度而言,"监外"指在最外围的、设有门禁的安全边界防护网或障碍物之外,且上述防护网或障碍物应为为实现《矫正部设施标准》第1.3节第1卷"监狱边界标准"所述目的而设立的安全防护网或其他边界障碍物。在没有监狱边界防护网的情形下,监外地区包括监区、厢房或其他罪犯居住区四周设有门禁的安全边界围墙。但是,所谓监狱边界防护网不包括以工业、农业、景观、划界、交通管制或其他与"监狱边界标准"所述目的不相关的目的而设立的其他防护网或障碍物,但包括门窗上锁和/或装有警铃、以防止罪犯潜逃的工房。

〔2〕 就本制度而言,严格监管指监管警员须紧跟被监管罪犯,且每隔不到10分钟即应查看罪犯。鉴于罪犯在这种监视制度下逃跑的机会有限,因此当考虑中低安全级别罪犯是否适合监外工作时,相关罪犯的管理人员(PPS,CIE,PS,A&P)应保证罪犯工作方交接单(B.03.03.F1)填写准确并包含所有相关信息。如发现显示罪犯行为有变或潜逃风险提高的问题,在相关问题圆满解决且令所有相关方均满意之前,相关罪犯不得从事监外工作。

A. 逃跑风险:低(逃跑动机弱,但在参与监外活动、直接监管程度较低情形下有逃跑风险)。

B. 对公众造成人身伤害的风险:中低(由于犯罪行为尚未通过项目或治疗得到充分矫正,因此一旦逃脱将产生伤害公众成员的风险)。

C. 对监狱员工、罪犯和来访者造成人身伤害的风险:中低(不可能伤害监狱员工及其他人士,无论是直接伤害还是间接伤害)。

D. 监禁期间参与非法活动的风险:中低(监禁期间参与或煽动他人参与非法活动的风险为中等)。

E. 实施扰乱/破坏行为的风险:中等(通常会与监狱员工或其他罪犯合作或服从监狱规定/法规,且一般不会对监狱主流群体造成重大的管理问题)。

(3)要求

A. 活动与监管:按监狱管理人员的决定实施。

B. 做工:仅限于监区内或监狱安全网内的工种。

C. 矫正项目:仅限于监狱安全网内的矫正项目。

D. 临时转移(押送外出):按国家制度实施,紧急送医时按监狱管理人员的决定实施,或出庭受审时实施。

E. 临时释放:按国家制度实施。

4. 低安全级别

(1)定义

低安全级别罪犯指存在低度内部风险和低度逃跑风险但存在伤害公众的一定风险,以致对他们参与的工作和项目的限制比最低安全级别罪犯更为严格的罪犯。

(2)低安全级别对应的风险领域

具体而言,这些风险领域包括:

A. 逃跑风险:低(越狱或从事监外活动时逃跑的可能性低)。

B. 对公众造成人身伤害的风险:低(不可能伤害公众成员)。

C. 对监狱员工、罪犯和来访者造成人身伤害的风险:低(不可能伤害监狱员工及其他人士,无论是直接伤害还是间接伤害)。

D. 监禁期间参与非法活动的风险:中等(监禁期间参与或煽动他人参与非法活动的风险为中等)。

E. 实施扰乱/破坏行为的风险:低(通常会与监狱员工或其他罪犯合作

或服从监狱规定/法规，且一般不会对监狱主流群体造成管理问题）。

（3）要求

A. 活动与监管：按监狱管理人员的决定实施。

B. 做工：如果工作类型许可，根据监狱管理人员的决定，在无监管条件下自由从事监内或监外工作，但刑期不定（终身或预防性监禁）且被评估为 HRX 的最低安全级别罪犯除外。刑期不定的 HRX 罪犯不得从事监外工作。

C. 矫正项目：仅限监狱安全网内。

D. 临时转移（押送外出）：按国家制度实施，紧急送医时按监狱管理人员的决定实施，或出庭受审时实施。

E. 临时释放：按国家制度实施。

5. 最低安全级别

（1）定义

最低安全级别罪犯指在所有已识别风险领域均仅产生最低风险，因此仅需低级别监管和安全管制的罪犯。这类罪犯被视为有充分的责任心、可靠性和可信度，会自觉遵守临时释放或工作释放条件，或可在没有严格监管的条件下根据监狱管理人员的决定从事监外工作。

（2）最低安全级别对应的风险领域

具体而言，这些风险领域包括：

A. 逃跑风险：极低（越狱或从事监外活动时逃跑的可能性低）。

B. 对公众造成人身伤害的风险：极低（不可能伤害公众成员）。

C. 对监狱员工、罪犯和来访者造成人身伤害的风险：极低（不可能伤害监狱员工及其他人士，无论是直接伤害还是间接伤害）。

D. 监禁期间参与非法活动的风险：中等（监禁期间参与或煽动他人参与非法活动的风险为中等）。

E. 实施扰乱/破坏行为的风险：极低（通常会与监狱员工或其他罪犯合作或服从监狱规定/法规，且一般不会对监狱主流群体造成管理问题）。

（3）要求

A. 活动与监管：按监狱管理人员的决定实施。

B. 做工：根据监狱管理人员的决定，在无监管条件下自由从事监内或监外工作，但刑期不定（终身或预防性监禁）且被评估为 HRX 的最低安全级别罪犯除外。刑期不定的 HRX 罪犯不得从事监外工作。

C. 矫正项目:任何地方。

D. 临时转移(押送外出)(第62节):按国家制度实施,紧急送医时按监狱管理人员的决定实施,或出庭受审时实施。

E. 临时释放:按国家制度实施。

三、风险类别:内部风险与外部风险

(一)定义

从广义上讲,风险可细分为内部风险和外部风险。内部风险指罪犯在监狱安全边界内对监狱安全、可靠及良好秩序带来的风险,包括危及他人安全、扰乱监狱管理的监内行为,它预示了罪犯的逃跑风险。外部风险指罪犯由于逃跑或被授权到监狱安全边界之外(比如临时释放、工作释放、临时转移或者到监狱边界防护网之外工作)带来的风险。它包括罪犯被授权到监狱安全边界之外后逃跑带来的风险。考虑罪犯对公共安全造成的风险时,罪犯的犯罪史和当前犯罪的情节均应纳入考量范围。

(二)构成内部风险的行为

1. 对监狱员工、其他罪犯或来访者实施人身伤害或伤害威胁,无论是直接地还是间接地(如煽动他人实施暴力行为);

2. 从事非法活动或煽动他人从事非法活动;

3. 扰乱或破坏行为,如拒绝遵守监狱规定和条例,拒绝与监狱员工或其他罪犯合作,破坏或严重损坏监狱财产,骚扰监狱员工、其他罪犯或来访者等。

(三)构成外部风险的行为

1. 逃出监狱范围的可能性(既有逃跑动机,又有逃跑的身体素质的可能性);

2. 押送外出或转移至其他监狱或设施时逃跑的可能性;

3. 无人押送外出时逃跑的可能性(临时释放或工作释放时逃跑的可能性);

4. 有监管或无监管条件下从事监外工作时逃跑的可能性;

5. 不遵守工作释放或临时释放条件的可能性;

6. 越狱后或获准外出时伤害公众成员的可能性；

7. 骚扰或恐吓公众成员的可能性；

8. 在监外破坏公私财产的可能性；

9. 违规、不合作或损害矫正部声誉的可能性；

10. 引发不利公众态度或媒体关注的可能性。

（四）内部风险与外部风险的关系

内部风险水平与外部风险水平的变数相当大。考虑罪犯的总体风险水平时，两者均应纳入考量。罪犯可能产生以下内外部风险组合：

1. 高外部风险与高内部风险的组合（如因暴力犯罪而被判长期监禁的罪犯在监狱内仍然行为凶暴）；

2. 高外部风险与低内部风险的组合（如实施多起性犯罪、尚未参加性犯罪矫正项目，因而被视作公共风险高但在监狱内属于不造成任何管理问题的模范罪犯的性犯罪人）；

3. 低外部风险与高内部风险的组合（如因轻微罪行被判短期监禁但在监狱内经常对监狱员工、其他罪犯或来访者施以身体或口头暴力，因而造成重大管理问题的罪犯）；

4. 低外部风险与低内部风险的组合（如危害公共安全风险较低且在监狱内有责任心并积极合作的罪犯）。

（五）内部风险和外部风险的作用

1. 内部风险用于确定以下事项：

（1）罪犯被管理和关押的安全级别。

（2）根据罪犯服刑计划参加矫正项目和干预措施、重新融入社会项目和干预措施，包括参加特殊待遇监区的资格。

（3）监狱内部活动和与狱内其他安全级别的罪犯混合关押。

（4）是否适合狱内不同类型的工种或教育，包括监区内的和基于服务的工种或教育。（参见《监狱管理手册》安全分类安置总结）

2. 外部风险用于确定以下事项：

（1）是否批准申请罪犯外出资格，包括临时转移和临时释放。

（2）罪犯狱外工作，包括监管工作组和工作释放（参见最低安全级别和低安全级别罪犯工作安置）。

(3)由于行政管理原因而转移罪犯。

(4)帮助假释委员会建议监狱考虑对需要完成释放前准备或者下一次的假释委员会听证的罪犯进行干预和重新融入社会活动安排。

四、各安全级别罪犯的分类管理

(一)分类管理目的

对所有罪犯实行安全分类管理,在服刑最初阶段主要是为了安全关押和人道管制。随着服刑期的进展,对罪犯的管理目的将逐步过渡到实现罪犯计划设定的目标以减少再犯风险。目标是通过确保罪犯参与有针对性的干预项目以解决诱发他们再犯的因素,以降低罪犯对公共安全的风险。管理过程中,不能因为剥夺罪犯特权,将罪犯转移到其他监区或监狱或者为了参加某些项目而进行安全分类的审查。罪犯的服刑计划应将安全分类的影响考虑进去,以便其参与旨在满足其矫正和/或回归社会需求的项目。随着罪犯参与矫正他们犯罪因素的项目、治疗或辅导,罪犯对公共安全的风险可能会下降。

(二)一般原则

1. 高低风险罪犯分开管理

鉴于最高/高安全级别罪犯整体较高的风险水平及中低/低/最低安全级别罪犯相对较低的风险水平,建议对这些群体分别收监和管理。

2. 最高安全级别和高安全级别罪犯的分离

由于最高安全级别罪犯需要强度非常大的管理体制和程度非常高的安全约束,因此,如有可能,应尽可能将他们与高安全级别罪犯分开管理。

3. 中低/低/最低安全级别罪犯的类似处理

中低/低/最低安全级别罪犯通常可安置在同一设施内,并基本上以相同的方式实施管理,因为这三个群体的逃跑风险及其造成的内部风险较低,不会造成重大的管理问题。

但是,中低安全级别罪犯的管理必须对这类罪犯程度较高的外部风险作出响应。如工作地点接近住宅区或商业区,这个级别的罪犯不得获准在监狱外围边界防护网之外的地方工作。如监狱管理人员坚信工作区离住宅区或商业区足够远且最反对公众造成的风险极小,则可允许风险程度最低的中低安全级别罪犯在严格监管条件下以小组方式在监狱外围边界防护网之外的地方工作。

无论安全分类结果如何,刑期不定且被评估为 HRX 的罪犯应视为高风险罪犯,不得在监狱安全边界之外工作。

(三)各级别内部管理差异

尽管每一安全级别代表着相同的风险水平,但这种风险水平的识别是非常粗略的。在每一级别内部,还应该有进一步的风险细分,即不同罪犯在每一特定风险领域的风险程度应各不相同。

鉴于安全级别内部的这种差异,不同活动需要的监管量应以活动性质和罪犯产生的特定风险为依据。例如,经常对监狱员工暴力相向的最高安全级别罪犯比因从事非法活动风险较高而被归入最高安全级别的其他罪犯可能需要更多的陪护人员。

(四)罪犯重新分类

法定要求为每6 个月对罪犯安全级别至少重新分类一次,除非罪犯可免于此项要求。除此之外,只有当罪犯的行为、态度或环境变化导致其风险水平提高或降低时才可对罪犯安全级别进行重新分类。而且,不得为剥夺罪犯特权、将罪犯转移至其他监区或监狱或协助罪犯参与矫正项目等目的而对罪犯安全级别进行重新分类。

五、日常风险变化的管理

罪犯的安全分类很好地表明了他们的风险水平。一定要牢记的是,在罪犯的服刑过程中,由于环境和行为的变化,罪犯的风险水平可能会出现波动,他们的实际风险水平每天都在变化。监狱员工需要清楚罪犯风险水平的变化,必要时提升或者降低罪犯的安全级别,以保证罪犯的安全管制与管理与其风险状况相适应。

(一)罪犯风险水平的日常变化

下列情形预示着罪犯风险水平的变化:

1. 情绪或行为方式的变化——更躁狂/具有攻击性或者更孤僻/郁闷。

2. 受害或者自我伤害。

3. 家庭状况的变化:

(1)死亡或疾病;

(2)关系破裂。

4. 量刑状况的变化:

(1)假释或者请求被驳回;

(2)有新的指控;

(3)收到新的量刑。

5. 近期转移或有待转移。

6. 被其他罪犯控诉或者控诉其他罪犯。

7. 新的情报信息。

8. 罪犯近期退出治疗。

(二)监狱针对罪犯风险变化的应对措施

1. 为监狱员工创造良好机会使他们迅速掌握罪犯情况的变化,以便他们在监管中保持对罪犯的清楚了解和与罪犯的良好关系。

2. 如果罪犯风险水平变化,该变动应当记录在案。

3. 如果监狱员工发现表明罪犯风险水平已经发生变化的信息,他们有责任将该信息分享给对该罪犯负责的所有人员。

4. 所有的小组和机构都有义务注意罪犯的变化和风险,并通知其他的小组和机构。小组和机构之间的联系主要存在于以下小组和机构之间:

(1)监狱;

(2)罪犯工作机构;

(3)心理机构;

(4)卫生机构。

5. 分享罪犯信息是管理罪犯风险水平变化的主要途径。

(三)暂时停止批准或许可

日常风险变化通常不需要改变对罪犯的安置。但是,极少数情况下,可能需要采取进一步措施,比如暂时停止工作许可。例如,如果罪犯成为某次袭击的受害者,可能暂停工作释放许可或者暂停最低安全级别监区的关押许可比较妥当。极少数情况下,暂停许可会持续一周以上,为了尽快解除暂停许可,对于暂停许可应当每两周审查一次。

（四）必要时对安全分类进行审查

如果罪犯风险存在持续的、较大的变化，可能需要审查其安全分类。

如果对罪犯临时的管理变化不足以应对罪犯的风险变化，应当对罪犯安全分类进行审查。所有进行安全分类的罪犯（最低安全级别罪犯除外），都应当每6个月至少审查一次。

如果风险变化的持续可能会不到一个月，不应当进行罪犯安全分类的审查。

（五）逃跑风险波动的管理

最可能发生波动的风险因素之一是逃跑风险。如何应对突然增加的逃跑风险，主要根据罪犯风险分类级别和诱发逃跑风险的环境。如果罪犯存在低安全级别的外部风险，且风险的增加是短暂的并且与外部因素有关（比如家庭事件），对于该增加的风险的管理可能不需要审查罪犯的安全分类级别。替代措施可以包括帮助其解决危机，或者在危机解除前加强对罪犯的监管。如果罪犯存在高安全级别的外部风险，针对逃跑风险的增加，对其安全分类级别进行审查更为妥当。比如，对于公共风险较大的罪犯，提升其安全级别并将其置于安全程度更高的设施中进行管理则更为妥当。

（六）罪犯危及他人行为的管理

如果罪犯行为被指控严重攻击他人（严重攻击指针对身体的暴力行为，涉及任何形式和程度的性攻击或/和需要医务人员进行医疗的身体伤害，包括进行评估和治疗），该罪犯的安全分类级别必须进行审查，并且其内部风险级别必须提升至最高级。必须立即按照最高内部风险级别对该罪犯进行管理。

（七）逃跑的预测

外部风险分类制度参考以下因素预测逃跑的可能性：

1. 年龄；

2. 当前最严重犯罪为信用方面的犯罪；

3. 上次逃跑到现在的时间有多长；

4. 以往逃跑次数；

5. 召集的时间;

6. 以往监禁刑的次数;

7. 立即驱逐出境令;

8. 近期行为史;

9. 法庭关注;

10. 近期召回监狱(收监);

11. 法庭上受到非轻微的重大指控。

上述情况可以不通过系统生成,而通过人工将其安全分类调高或者调低,但是需要员工提供改变安全分类级别的理由。

(八)对公共安全和公众信任风险的管理

有些罪犯对公共安全和公众信任存在巨大风险,以至于没有对应的逃跑风险水平被公众接受。下列三类罪犯通常不允许在监狱安全网外工作,除非监狱员工人工降低其风险水平:

1. 根据自动化性再犯量表测评出高风险的性犯罪人(该量表由心理机构开发,目的是评估性犯罪人的再犯风险)。

2. 具有较高 ROC/ROI 分数,且曾经被判处 5 年以上监禁刑的暴力犯或性犯罪人。

3. 被判处 5 年以上监禁刑且离最早的可能释放日还有 3 年以上的罪犯。

安全分类制度通过更清楚地区分最危险的暴力犯和其他暴力犯,为遵守规定的较低逃跑风险的暴力犯提供更多机会到监狱安全网外参与矫正活动。尽管监狱安全网的精确的解释由地方层面决定,但是其一般指最重要的设施安全边界。

鉴于某些罪犯的高调表现,他们如果逃跑会对其自身或社区带来风险,应当由相关地区主任的高级顾问决定提高其安全分类级别。

如果有证据证明罪犯逃跑会对社区中的特定人造成确定的危险,地区主任的高级顾问也应当调整罪犯的安全分类级别。

六、罪犯安置

(一)罪犯关押

对已经进行安全分类的罪犯,如果可行(考虑住所和其他资源的可行性),应当尽可能安置在与其安全级别相对应的设施和体制内进行管理。设施内的住所应当与罪犯安全分类级别所表明的风险水平相匹配。不这样做可能会导致潜在风险的实际发生。设施级别分为低度安全、高度安全和中度安全三类。最高安全级别的女犯应当关押在奥克兰(Auckland)女子矫正设施内的管理监区。

(二)不同安全级别罪犯进行隔离的一般原则

高安全级别罪犯和最高安全级别罪犯必须与最低/低/中低安全级别的罪犯分开关押。

(三)不同安全级别罪犯的混合关押

监禁期间,为了参与矫正、重新融入、教育、工作、文化项目或活动和心理健康治疗目的,经监狱长决定,最低/低/中低安全级别的罪犯在监狱安全边界内可以混合关押。如果高安全级别的罪犯符合标准,可以参加某个需要跟最低/低度/中低安全级别罪犯(自我照顾监区除外)住在一起的项目,但必须对该罪犯进行评估。混合关押需要经过监狱长的批准。

(四)将高安全级别罪犯关押在较低等级的安全戒备区域

监狱有时候需要将高安全级别罪犯关押在较低安全级别罪犯的住所。这需要地区管理人员的批准。这种临时关押安排应当选择那些风险水平最低的高安全级别罪犯。不能因为有临时关押需求而对罪犯安全分类级别进行审查。他们仍然属于较高风险的安全级别,这种级别表明他们需要强度更大的监管,并且可能不允许他们在较低安全级别的监区参加允许其他罪犯参加的特定项目。

(五)罪犯安全分类安置总表

表5　罪犯安全分类安置总表

活　动	最　低	低	中　低	高	最　高
住　所					
外部自我照顾监区	√	×	×	×	×

续表

活　动	最　低	低	中　低	高	最　高
内部自我照顾监区	√	√	√	×	×
最低/低度安全监区(无防护网)	√	√	×	×	×
最低/低度安全监区(有防护网)	√	√	√	×	×
MFUs,PFUs,等(不适用于女犯)	√	√	√	仅限高度安全监区	×
特殊治疗监区	√	√	√	仅限高度安全监区	×
高度安全监区	√(但是应当与高安全级别罪犯分开关押)	√(但是应当与高安全级别罪犯分开关押)	√(但是应当与高安全级别罪犯分开关押)	√	×
最高安全监区	×	×	×	√(但是只能单独批准与最高安全级别罪犯混押)	√
工作和项目					
CIE	安全网外	安全网外(工作类型适合)	仅限安全网内	仅限安全网内	×
PS	安全网外	安全网外(工作类型适合)	仅限监区内	仅限监区内	仅限监区内
项目	任何地方	仅限安全网内	仅限安全网内	仅限安全网内	仅限监区内

续表

活　动	最　低	低	中　低	高	最　高
临时释放					
工作释放	经评估合格	有资格并经评估合格	有资格并经评估合格	×	×
临时释放	根据《矫正条例》第26条(1)(a)(i),(b)或(c)有资格并经评估合格	根据《矫正条例》第26条(1)(a)(ii)有资格并经评估合格	根据《矫正条例》第26条(1)(a)(ii)有资格并经评估合格	×	×

注:MFUs(Maori Focus Units)指毛利人监区;PFUs(Private Finance Units)私人融资监区;CIE(Corrections Inmate Employment)指矫正囚犯工种。

(六)最低/低安全级别罪犯的工作安置

罪犯安全分类是罪犯能否获得监狱安全网之外进行工作的唯一决定因素。如果罪犯被认为不适合监狱安全网之外的工作,要么让他们在风险级别降低之前短期关押在监狱安全网内,要么将他们调至更高的安全分类级别。需要明确说明安全分类级别变更的理由。

1. 低安全级别罪犯的工作安置

只有密切监督时,才允许低安全级别罪犯在监狱安全网之外工作。低安全级别罪犯只能在严密监管情况下参加监狱安全网外的工作(一般情况下,监狱安全网指主要机构的安全边界——尽管准确的解释由地方层面决定)。除了通常的每小时检查一次外,并不正式要求对额外集合罪犯进行检查。但是,一般来说,对这种罪犯的管理中希望他们能够在5分钟内就集合起来,不过,这并非实际真的需要罪犯每5分钟集合一次。实践中,这就意味着不允许罪犯到处分散。

低安全级别的罪犯在严密监管下也并非能够被允许参加所有的监狱安全网之外的工种。每个监狱的监禁系统管理人应当与CIE区管理人和CIE活动管理人共同决定哪些工种适合低安全级别罪犯。

2. 最低安全级别罪犯的工作安置

最低安全级别罪犯不需要进行进一步的正式评估就有资格在监狱安全网外参加CIE工种(但是需要注意,工作释放项目资格需要单独评估)。通常希望最低安全级别罪犯被安置在监狱安全网外的 CIE 工种。但是,最终的安置决定必须根据每个人的情况作出,并没有哪一条规则规定最低安全级别的罪犯必须在监狱安全网之外工作。

除了极个别情况外,不会因为工种的适合性而组织罪犯到监狱安全网外工作。少数情况下,为了尽快将罪犯召回监狱工作,可以暂停对罪犯到监狱安全网外工作的许可,必要时每两周对暂停决定审查一次。

如果最低/低安全级别罪犯被认为不适合监狱安全网外的所有工种,应当将他们的安全级别调整至中低级别,并明确说明安全级别调整的理由。

七、女犯安全分类初评表填写指南

初始安全分类主要关注罪犯判决日期之前的行为、当前被判处的监禁刑对应的犯罪和法院没有判决的所有犯罪。女犯安全分类初始评分表在罪犯服刑一开始就评估罪犯的内部风险和外部风险。

初始评分表不能用于安全分类的复评。

(一)安全分类初评标准

每名罪犯在收监 14 天以内都必须被赋予一个初始安全分类,包括被判处 3 个月及以下刑期的罪犯,除非罪犯在收监后 21 天内将被释放,这种情况下罪犯的安全分类由监狱酌情决定。

由最后收监通知发出后被召回监狱继续服刑的罪犯应当进行安全分类初评并赋予其初始安全级别。

(二)初始安全分类考虑的法定事项

1. 导致罪犯当前监禁服刑的最严重犯罪的严重程度。[1]

2. 当前判决中罪犯已服刑期。

---

〔1〕 罪犯安全分类评分系统中对罪行严重程度的评分使用罪行严重程度量表。罪行严重程度量表(法官用量表)最初是由司法部政策与研究司于 1991 年开发的。司法部的意图是每 5 年对其更新一次。该量表以源于执法体系案件监测系统的法院审判数据为依据。该量表以法官判处的监禁刑的长短为标准来衡量每一罪行的严重程度,并以此赋予每一罪行以不同分值。罪行严重程度分仅适用于某些罪行。IOMS 系统罪行列表中未予列出的罪行必须提交给全体管理人员社团管理机构(General Manager Corporate Management),由其就该罪行适用的分组作出裁决。尽管罪行严重程度分完整列表已被导入 IOMS 安全分类制度中,但仍可通过社团管理机构(Corporate Management)信息技术小组(Information&Technology Unit)获得其打印版本。

3. 罪犯在监禁期间的逃跑史或企图逃跑史，包括：

(1)以前企图逃跑情况；

(2)监狱离罪犯家庭的距离和罪犯对监狱离家更近的期望；

(3)家庭关系问题；

(4)可靠来源获得信息表明罪犯正考虑逃跑。

4. 罪犯暴力行为史包括：罪行严重程度；长期以来的犯罪模式。

5. 精神病史。

6. 重大指控和被指控犯罪的严重性。

7. 如果罪犯正在等待其他指控的审判或量刑，该指控的性质。

8. 首席执行官以书面形式明确提出根据《矫正法案(2004)》第47(1)节进行风险评估应当考虑的事项。

9. 需要考虑的其他事项：

(1)违反非监禁刑规定条件史，包括：

A. 保释和假释条件遵守情况史；

B. 犯罪恶名导致的公众信任和信心风险；

C. 过度的不利关注或攻击性的公众反应对罪犯的风险。

(2)在监狱边界之外时的逃跑可能性，包括：逃跑动机(包括重大驱逐出境令、转移或引渡令)。

(三)使用说明

1. 该程序是线上程序，其设计不支持人工(线下)填写。

2. 所有问题通过选择适当分数来回答。

3. 如果在“个人部分”不能添加评论的话，按初评规定可以由初始评分官员在“C部分：赋予安全分类”输入评论，并由推荐官员和核准官员在“D部分：核准”填写。

4. 一旦表格填写完毕，相应的安全分类分数的计算会自动生成。

5. 内部风险得分在24～49分之间的罪犯，系统默认她们获得高安全级别，不需要再填写她们的外部风险部分的表格。

6. 内部风险得分在50分以上的罪犯，系统默认她们获得最高安全级别，不需要再填写她们的外部风险部分的表格。

7. 女犯安全分类初评表填写指南详述了需要回答的问题(包括预设问题和需要人工填写的问题)、参考来源和任何其他相关信息/指令。

(四)信息来源

1. IOMS(一体化罪犯管理系统)是本表格所需要的主要信息来源(本表格有两部分,包括预设表格和需要人工填写的表格)。

2. 填写表格时需要参考的其他信息来源包括:

(1)刑事和交通犯罪史;

(2)罪犯刑事档案;

(3)法官量刑记录;

(4)监禁令;

(5)还押令状;

(6)IOMS 查询有效指控报告犯罪的规定。

如果发现各方面信息存在不一致的情况,优先使用原始文件中提供的信息。

(五)通知罪犯

必须在安全级别核准后的 72 小时内以书面形式通知罪犯并告知其分类依据。

必须通知罪犯她们根据《矫正法案(2004)》第 48(2)节享有申请复评的权利。

(六)罪犯的复评申请

罪犯提出复评申请的法律依据是《矫正法案(2004)》第 48(2)节和《矫正条例(2005)》第 50 节。

如果罪犯对其被赋予的安全分类级别不服,可以在任何时候向首席执行官申请复评,除非在此前 6 个月内她的安全分类已经根据《矫正法案(2004)》第 48 节进行了审查。

如果罪犯根据《矫正法案(2004)》第 48(2)节向首席执行官提出安全分类的复评申请,首席执行官或其代表将根据具体情况审查其安全分类程序或者最近一次已经受到审查的安全分类赋予程序,并作出如下决定:

(1)确认安全级别适当;或者

(2)赋予罪犯新的安全级别。

复评结果应当以书面形式告知罪犯。

（七）后续审查的日期

如果罪犯已经提出了对其上次被赋予的安全级别进行审查的请求，她应当保留上次核准其安全级别的文档上记录的最初的复评日期，而不考虑提出审查请求的日期。

八、女犯安全分类复评表填写指南

在罪犯服刑期间，其安全分类应当每 6 个月至少审查一次，最低安全级别的罪犯除外。

复评主要关注罪犯服刑期间的行为，她为解决犯罪所做的事情，罪犯是否存在重大指控，取得假释资格前还需要服刑的时间，下次假释委员会听证日期或释放日期。

女犯安全分类复评表重新评估罪犯在监禁一段时间后的内外部风险。不能用于进行罪犯安全分类的初评。

如果风险水平出现实质变化或者罪犯所处环境发生重大变化，每一名罪犯，包括最低安全级别的罪犯都应当进行安全分类的复评。

重大变化可能包含以下内容：

1. 罪犯拘押期间发生变化（不管这种变化是由于有其他量刑还是由于上诉或其他原因导致罪犯当前量刑刑期的增加或减少）。

2. 罪犯逃跑或企图逃跑。

3. 监狱长认为，罪犯行为涉及严重犯罪［严重犯罪是指根据除《矫正法案（2004）》之外的其他任何法律在法庭上被指控犯罪并且被定罪的罪行］或者罪犯状况或行为发生变化或涉及事件表明罪犯当前的安全分类级别已经不适合。

如果有理由认为罪犯风险水平有巨大提高或者降低，应当立即对其安全分类级别进行复评。以下信息可能表明罪犯风险水平有巨大变化：

1. 罪犯行为，遵守纪律情况或者动机持续恶化；

2. 新的情报信息；

3. 严重事件或违法指控；

4. 对罪犯的驱逐出境令；

5. 假释委员会的报告表明风险已经提高或者降低；

6. 罪犯积极参加项目或者已经完成项目。

(注:对于根据日常风险变化的管理指南能够进行管理的较小的风险变化,不应当进行安全级别的复评。)

(一)安全分类复评应当考虑的事项

1. 内部风险

(1)剩余的应当服刑的刑期。

(2)当前的心理健康状况。

(3)与员工的合作,包括:

A. 在监督宽松或者无监督的情况下,与他人有效、负责的互动的能力和积极性;

B. 低水平的管理干预。

(4)服刑期间的违法行为和事件,包括:

A. 遵守临时转移或临时释放的条件;

B. 重大指控;

C. IDU(静脉注射毒品滥用)历史和毒品相关活动。

(5)实现服刑计划目标的积极性,并且成功实现目标。

(6)罪犯以往的心理健康状况和当前的心理健康状况。

(7)最严重的当前罪行的严重性。

(8)任何重大指控的严重性。

(9)由过去逃跑或者企图逃跑史证明的逃跑可能性。

(10)首席执行官书面提出的其他事项。

2. 外部风险

(1)剩余应服刑期考虑了总的刑期和假释资格。

(2)实现服刑计划目标的积极性和成功实现目标,包括:

A. 对服刑计划活动的兴趣和积极参与,尤其是那些旨在帮助重新融入社会和减少对结构化环境需求的活动;

B. 罪犯行为的变化。

(3)在监狱边界之外时的逃跑可能性。

(4)由之前的定罪史和之前定罪到现在的时间所表明的暴力史。

(5)首席执行官书面提出的任何其他事项。

（二）使用说明

1. 两部分的表格都必须填写，除非指南另有说明。

2. 这是线上程序，其设计不支持人工（线下）填写。

3. 所有问题的回答都是通过选择适当的分值。

4. 如果在“个人部分”不能添加评论的话，按初评规定可以由初始评分官员在“C部分：赋予安全分类”输入评论，并由推荐官员和核准官员在“D部分：核准”填写。

5. 一旦表格填写完毕，相应的安全分类级别的计算会自动生成。

6. 内部风险得分在50分或者50分以上的罪犯，不需要再填写外部风险部分的表格，因为她们会自动获得最高安全级别。

7. 同样地，如果内部风险得分在27～49分之间的罪犯，不需要再填写外部风险部分的表格，因为她们会自动获得高安全级别。

8. 女犯安全分类复评表填写指南详述了需要回答的问题（包括预设问题和人工问题）、参考来源和其他相关信息/指令。

（三）信息来源

1. IOMS（一体化罪犯管理系统）是表格所需要的主要信息来源（两部分都是，包括预设表格和需要人工填写的表格）。

2. 填写表格时需要参考的其他信息来源包括：

（1）刑事和交通犯罪史；

（2）罪犯刑事档案；

（3）法官量刑记录；

（4）监禁令；

（5）还押令状；

（6）IOMS查询有效指控报告犯罪的规定。

如果各方面信息不一致的，优先使用原始文件中提供的信息。

（四）通知罪犯

必须在安全级别分类核准后的72小时内以书面形式通知罪犯并告知其分类理由，必须通知罪犯他们根据《矫正法案（2004）》第48（2）节享有申请再审的权利。

(五)罪犯的复评申请

罪犯提出复评申请的法律依据是《矫正法案(2004)》第48(2)节和《矫正条例(2005)》第50节。

如果罪犯对其被赋予的安全分类级别不服,可以在任何时候向首席执行官申请复评,除非在此前6个月内她的安全分类已经根据《矫正法案(2004)》第48节进行了审查。

如果罪犯根据《矫正法案(2004)》第48(2)节向首席执行官提出安全分类的复评申请,首席执行官或其代表将根据具体情况审查其安全分类程序或者最近一次已经受到审查的安全分类赋予程序,并作出如下决定:

(1)确认安全级别适当;或者

(2)赋予罪犯新的安全级别。

复评结果应当以书面形式告知罪犯。

(六)后续审查的日期

如果罪犯已经提出了对其上次被赋予的安全级别进行审查的请求,她应当保留上次核准其安全级别的文档上记录的最初的复评日期,而不考虑提出审查请求的日期。

九、男犯安全分类初评表填写指南

初始安全分类主要关注罪犯判决日期之前的行为、当前被判处的监禁刑对应的犯罪和法院没有判决的所有犯罪。男犯安全分类初始评分表在罪犯服刑一开始就评估罪犯的内部风险和外部风险。

初始评分表不能用于安全分类的复评。

(一)安全分类初评标准

每名罪犯在收监14天以内都必须被赋予一个初始安全分类,包括被判处3个月及以下刑期的罪犯,除非罪犯在收监后21天内将被释放,这种情况下罪犯的安全分类由监狱酌情决定。

由最后通缉被召回监狱继续服刑的罪犯应当进行安全分类初评并赋予其初始安全级别。

（二）初始安全分类考虑的法定事项

1. 导致罪犯当前监禁服刑的最严重犯罪的严重程度。

2. 当前判决中罪犯已服刑期。

3. 罪犯在监禁期间的逃跑史或企图逃跑史，包括：

（1）以前企图逃跑情况；

（2）监狱离罪犯家庭的距离和罪犯对监狱离家更近的期望；

（3）家庭关系问题；

（4）可靠来源获得信息表明罪犯正考虑逃跑。

4. 罪犯暴力行为史包括：罪行严重程度；长期以来的犯罪模式。

5. 精神病史。

6. 重大指控和被指控犯罪的严重性。

7. 如果罪犯正在等待其他指控的审判或量刑，该指控的性质。

8. 首席执行官以书面形式明确提出根据《矫正法案（2004）》第47（1）节进行风险评估应当考虑的事项。

9. 需要考虑的其他事项：

（1）违反非监禁刑规定条件史，包括：

A. 保释和假释条件遵守情况史；

B. 犯罪恶名导致的公众信任和信心风险；

C. 过度的不利关注或攻击性的公众反应对罪犯的风险。

（2）在监狱边界之外时的逃跑可能性，包括：逃跑动机（包括重大驱逐出境令、转移或引渡令）。

（三）使用说明

1. 该程序是线上程序，其设计不支持人工（线下）填写。

2. 所有问题通过选择适当分数来回答。

3. 如果在“个人部分”不能添加评论的话，按初评规定可以由初始评分官员在“C部分：赋予安全分类”输入评论，并由推荐官员和核准官员在“D部分：核准”填写。

4. 一旦表格填写完毕，相应的安全分类分数的计算会自动生成。

5. 内部风险得分在24～35分之间的罪犯，系统默认他们获得高安全级别，不需要再考虑他们的外部风险。

6. 内部风险得分在36分以上的罪犯,系统默认他们获得最高安全级别,不需要再考虑他们的外部风险。

7. 男犯安全分类初评表填写指南详述了需要回答的问题(包括预设问题和需要人工填写的问题)、参考来源和任何其他相关信息/指令。

(四)信息来源

1. IOMS(一体化罪犯管理系统)是本表格所需要的主要信息来源(本表格有两部分,包括预设表格和需要人工填写的表格)。

2. 填写表格时需要参考的其他信息来源包括:

(1)刑事和交通犯罪史;

(2)罪犯刑事档案;

(3)法官量刑记录;

(4)监禁令;

(5)还押令状;

(6)IOMS 查询有效指控报告犯罪的规定。

如果发现各方面信息存在不一致的情况,优先使用原始文件中提供的信息。

(五)通知罪犯

必须在安全级别核准后的72小时内以书面形式通知罪犯并告知其分类依据。

必须通知罪犯他们根据《矫正法案(2004)》第48(2)节享有申请复评的权利。

(六)罪犯的复评申请

罪犯提出复评申请的法律依据是《矫正法案(2004)》第48(2)节和《矫正条例(2005)》第50节。

如果罪犯对其被赋予的安全分类级别不服,可以在任何时候向首席执行官申请复评,除非在此前6个月内她的安全分类已经根据《矫正法案(2004)》第48节进行了审查。

如果罪犯根据《矫正法案(2004)》第48(2)节向首席执行官提出安全分类的复评申请,首席执行官或其代表将根据具体情况审查其安全分类程序或者最近一次已经受到审查的安全分类赋予程序，并作出如下决定：

(1)确认安全级别适当；或者

(2)赋予罪犯新的安全级别。

复评结果应当以书面形式告知罪犯。

(七)后续审查的日期

如果罪犯已经提出了对其上次被赋予的安全级别进行审查的请求，他应当保留上次核准其安全级别的文档上记录的最初的复评日期，而不考虑提出审查请求的日期。

十、男犯安全分类复评表填写指南

在罪犯服刑期间，其安全分类应当每6个月至少审查一次，最低安全级别的罪犯除外。

复评主要关注罪犯服刑期间的行为、他为解决犯罪所做的事情、罪犯是否存在重大指控、取得假释资格前还需要服刑的时间、下次假释委员会听证日期或释放日期。

男犯安全分类复评表重新评估罪犯在监禁一段时间后的内外部风险，不能用于进行罪犯安全分类的初评。

每一名罪犯，包括最低安全级别的罪犯，如果其风险水平出现实质变化或者他们所处环境发生重大变化，都应当进行安全分类的复评。

以下信息可能预示着罪犯情况有重大变化：

1. 罪犯拘押期限发生变化(不管这种变化是由于有其他量刑还是由于上诉或其他原因导致罪犯当前量刑刑期的增加或减少)。

2. 罪犯逃跑或企图逃跑。

3. 监狱长认为，罪犯行为涉及严重犯罪[严重犯罪是指根据除《矫正法案(2004)》之外的其他任何法律在法庭上被指控犯罪并且被定罪的罪行]或者相关事件、罪犯环境变化或罪犯行为发生变化表明罪犯当前的安全分类级别可能不适当。

如果有理由认为罪犯风险水平有巨大提高或者降低，应当立即对其安全分类级别进行复评。以下信息可能表明罪犯风险水平有巨大变化：

1. 罪犯行为，遵守纪律情况或者动机持续恶化；

2. 新的情报信息；

3. 严重事件或违法指控;

4. 对罪犯的驱逐出境令;

5. 假释委员会的报告表明风险已经提高或者降低;

6. 罪犯积极参加项目或者已经完成项目。

注:对于根据日常风险变化的管理指南能够进行管理的较小的风险变化,不应当进行安全级别的复评。

(一)安全分类复评应当考虑的事项

1. 内部风险

(1)剩余的应当服刑的刑期。

(2)当前的心理健康状况。

(3)与员工的合作;包括:

A. 在监管宽松或者无监管的情况下,与他人有效、负责的互动的能力和积极性;

B. 低水平的管理干预。

(4)服刑期间的违法行为和事件;包括:

A. 遵守临时转移或临时释放的条件;

B. 重大指控;

C. IDU(静脉注射毒品滥用)历史和毒品相关活动。

(5)实现服刑计划目标的积极性,并且成功实现目标。

(6)罪犯以往的心理健康状况和当前的心理健康状况。

(7)当前最严重罪行的严重性。

(8)任何重大指控的严重性。

(9)由过去逃跑或者企图逃跑史证明的逃跑可能性。

(10)首席执行官书面提出的其他事项。

2. 外部风险

(1)剩余应服刑期考虑了总的刑期和假释资格。

(2)实现服刑计划目标的积极性和成功实现目标,包括:

A. 对服刑计划活动的兴趣和积极参与,尤其是那些旨在帮助重新融入社会和减少对结构化环境需求的活动;

B. 罪犯行为的变化。

(3)在监狱边界之外时的逃跑可能性。

(4)由之前的定罪史和之前定罪到现在的时间所表明的暴力史。

(5)首席执行官书面提出的任何其他事项。

(二)使用说明

1. 两部分的表格都必须填写,除非指南另有说明。

2. 该程序是线上程序,其设计不支持人工(线下)填写。

3. 所有问题都是通过选择适当的分数来回答。

4. 如果在“个人部分”不能添加评论的话,按初评规定可以由初始评分官员在“C部分:赋予安全分类”输入评论,并由推荐官员和核准官员在“D部分:核准”填写。

5. 一旦表格填写完毕,相应的安全分类级别的计算会自动生成。

6. 内部风险得分在33分或者33分以上的罪犯,不需要再填写外部风险部分的表格,因为他们会自动获得最高安全级别。

7. 同样地,内部风险得分在19~32分之间的罪犯,不需要再填写外部风险部分的表格,因为他们会自动获得高安全级别。

8. 男犯安全分类复评表填写指南详述了需要回答的问题(包括预设问题和人工问题)、参考来源和其他相关信息/指令。

(三)信息来源

1. IOMS(一体化罪犯管理系统)是表格所需要的主要信息来源(两部分都是,包括预设表格和需要人工填写的表格)。

2. 填写表格时需要参考的其他信息来源包括:

(1)刑事犯罪和交通犯罪史;

(2)罪犯刑事档案;

(3)法官量刑记录;

(4)监禁令;

(5)还押令状;

(6)IOMS查询有效指控报告犯罪的规定。

如果各方面信息不一致的,优先使用原始文件中提供的信息。

(四)通知罪犯

必须在安全级别分类核准后的72小时内以书面形式通知罪犯并告知其

分类依据,必须通知罪犯他们根据《矫正法案(2004)》第48(2)节享有申请审查的权利。

(五)罪犯的复评申请

罪犯提出复评申请的法律依据是《矫正法案(2004)》第48(2)节和《矫正条例(2005)》第50节。

如果罪犯对其被赋予的安全分类级别不服,可以在任何时候向首席执行官申请复评,除非在此前6个月内他的安全分类已经根据《矫正法案(2004)》第48节进行了审查。

如果罪犯根据《矫正法案(2004)》第48(2)节向首席执行官提出安全分类的复评申请,首席执行官或其代表将根据具体情况审查其安全分类程序或者最近一次已经受到审查的安全分类赋予程序,并作出如下决定:

(1)确认安全级别适当;或者

(2)赋予罪犯新的安全级别。

复评结果应当以书面形式告知罪犯。

(六)后续审查的日期

如果罪犯已经提出了对其上次被赋予的安全级别进行审查的请求,他应当保留上次核准其安全级别的文档上记录的最初的复评日期,而不考虑提出审查请求的日期。

监狱安保发展新趋势

——动态安保与监狱安全

张桂荣*

监狱的安保能力直接关系到监狱存在的价值。“妥善关押罪犯的能力,即防止罪犯逃跑并在监禁状态下进一步实施犯罪的能力是监狱体系信誉的基础。妥善关押罪犯是监狱管理的一项基本活动,它可以保护公众免受进一步犯罪行为的伤害,提高公众、媒体和政治家对法治和刑事司法体系的信心,并使罪犯从监狱体系提供的改造活动中受益。”[1]监狱体系失灵的后果非常严重。目前,世界上一些国家已经有过被关押或越狱罪犯实施恐怖主义活动、谋杀或严重伤害公众和执法人员或实施其他严重犯罪活动的案例。因此,监狱安保对于维持监狱秩序、确保监狱安全以及社会安全至关重要。

通常来说,实体和程序安保制度是几乎所有监狱的基本特征,但这些制度本身并不足以确保罪犯不逃跑。实际上,监狱工作人员与罪犯之间的良好关系即动态安保也对监狱安全至关重要。目前,世界范围内动态安保日益被广泛采用。2015 年,联合国毒品与犯罪办公室在

---

* 张桂荣:司法部预防犯罪研究所研究员。

〔1〕 See United Nation Office on Drugs and Crime, *Handbook on Dynamic Security and Prison Intelligence*, New York, 2015.

总结世界各国有关监狱安保最新发展趋势以及实践探索基础上,组织多国专家编写了《动态安保与监狱情报手册》。[1] 该手册以监狱安保及防止罪犯逃跑或实施其他犯罪行为为主题,重点围绕动态安全对监狱安保的贡献,就监狱安保框架与功能发挥、动态安保的理念与实施关键等进行了阐释,以期为会员国的监狱系统在维持监狱安保的措施、遵守国际法的有关义务即在尊重所有罪犯权并以相应方式对待他们的义务之间保持适当平衡提供指导。本文以手册为依据,介绍了监狱安保的三个关键要素即实体安保、程序安保、动态安保以及实现有效监狱安保的具体措施,并在此基础上提出有关借鉴。

一、监狱安保三要素[2]

当今世界各国的监狱系统广泛采用由实体安保、程序安保与动态安保三种安保类型组成的安保框架。因此,实体安保、程序安保、动态安保也被称为监狱安保的关键三要素。

(一)实体安保

所谓实体安保主要是指包括建筑物的设计、墙壁、窗户栅栏、监区门墙等结构的强度、周边围墙、围栏和瞭望塔的规格等多个方面。此外,实体安保措施还包括锁具、摄像头、警报系统(监狱内外)、X 光机、金属探测器、无线通讯设备、手铐等实体安保辅助设施。

根据良好实践原则,每一类型的监狱及其内部的每一部分都应设定最低限度的实体安保标准。比如,周边安保措施的设置可包括外部混泥土墙和内部网状围栏。它们的高度、宽度、基座、建筑材料和建筑方法,以及外墙与内网之间的距离、周边照明系统、周边警报系统和触发摄像头工作的 CCTV(闭路监视)系统的类型和位置等,都应有明确规定。

在设计各种实体安保措施时,需要在实现必要安全级别的最佳方式与尊重个人尊严的必要性之间寻求平衡。例如,监狱建筑的设计既要满足确保牢房和宿舍窗户牢固这一需求,同时又要满足能使罪犯接触自然光和新

---

[1] 该手册是联合国毒罪办发布的系列刑事司法手册之一。手册面向监狱体系的政策制定者、立法者、监狱管理人员、监狱情报官员和监狱工作人员等。

[2] 由于实体安保、程序安保是我国一直以来具有的安保形式,而动态安保的理念是全新的理念,因此本报告重点内容为动态安保。

鲜空气这一标准,而这样的设计是完全可能的。另外,诸如摄像头、监控和警报系统之类的实体安全辅助设施本质上对个人隐私具有侵入性。因此,在决定将这些辅助设施安装在何处时,需要在合法安全需求与尊重个人隐私的义务之间实现平衡。

近年来,世界上为帮助高安全级别罪犯越狱而对监狱周边实施攻击的现象出现了显著增长。这些攻击是由恐怖组织、贩毒集团和犯罪团伙实施的。因此,监狱应采取系列措施就这类攻击的应对做好准备。将高安全级别罪犯安置在监狱中心地带,而不是在靠近边界的地方,可有效拖延企图逃跑的罪犯并给工作人员以应对和请求支援的机会。此外,利用技术(通常被称为“目标强化技术”)对监狱周边进行处理也能防范或拖延越狱行为。这些技术包括:挖掘壕沟、创设雷区、设立警戒线、设置混凝土或强化钢材障碍及安全护柱、安装“老虎式陷阱”(塌陷区)等。这些措施有助于确保装有炸药的车辆无法靠近监狱周边。此外,监狱周边地区的植被和建筑物应予清除,以形成清晰视线和可防护区域。

在世界范围内,利用直升机营救高风险罪犯的企图已有大量记录。在这类越狱中,直升机通常会在运动区域或屋顶降落并短暂停留,然后放下绳索或梯子供越狱罪犯攀爬,或用抓钩将安全围栏拉倒,以便罪犯逃跑。实际上,监狱可采取各种措施防止直升机协助类越狱行为。这些措施包括在监狱运动和体育场所上方安装防直升机凯夫拉绳缆(悬索)或钢丝网、在每一运动场所建设俯瞰式武装哨位、安装诸如电网和带刺铁丝网之类的防攀爬装置防止罪犯上到屋顶等。现代监狱还有专门防止直升机降落的设计,如创造上升气流等。

监狱大可利用一系列物理技术方法如影像数码分析、热成像、微波、电磁场和物理压力等技术方法强化其安保措施。但是,监狱应确保其不对某类物理技术安保方法过度依赖,以防止在发生自然灾害、人为错误和技术故障时所有物理安保技术均不可用这一现象的发生。

(二)程序安保

监狱安全需要由国家和地方共同协调的有效制度和程序。程序在防止罪犯逃跑方面扮演着重要角色,是监狱安保的一个基本方面。监狱工作人员经常要学习或回顾通过一定程序执行安全相关任务的方式方法。由于人类的记忆力有限,对于一项不常重复的任务,人们忘记其执行方法的可能性很高,因此程序的必要性就不言而喻了。正因为如此,所有监狱都要有一整套为所有人明确理解的、描述如何及何时履行某些职能的程序。在先进技术,特别是在闭路监视系统、周边安保系统和电子锁的监控方面使用增加的情况下,程序就显得更加重要了。

程序安保可定义为一个旨在实现监管、一致性和公平等目的并协助管理者和工作人员履行其职责的标准化方法。程序通常包括提供额外控制以确保工作正常执行的清单。程序还可以提供已知发生的特殊问题的详细信息。

程序规定了执行某一任务的最佳方法,并保证了它们在所有监狱的一致运用。程序与政策同样重要。政策规定了必须完成的任务,而程序则:(1)规定了执行政策的方式方法;(2)是一系列旨在实现最终目标的步骤;(3)规定了实施政策的各项机制;(4)为危机爆发时提供了一个快速参考。因此,程序是工作人员培训的基础,有助于消除个别节点失灵这一问题。高质量的程序具有以下特征:以明确、可访问的方式和格式书写并呈现;发布及时且利于正确实施;尽可能简明但又不排斥相关内容;可查询且可获取;可复制;可更新和删除等。

(三)动态安保

1. 动态安保的内涵与作用

所谓动态安保是指通过监狱一线工作人员与罪犯建立积极的工作关系,及时了解罪犯个体特征,并为罪犯开展建设性活动,进而实现监狱安全和促进罪犯顺利回归的安保制度。

尽管实体安保即物防和程序安保即制度防范是监狱的基本特征,但是这些制度本身并不足以确保罪犯不逃跑。事实上,监狱安全还取决于许多其他因素。比如,就工作人员而言,他们应了解并与罪犯进行互动,但同时仍保持警惕,应致力于发展与罪犯积极的关系,应了解监狱的发展动态,应确保罪犯投身于建设性且有目的的活动,以利于其未来重返社会等;而就罪犯而言,他们要有公平的待遇并有“幸福”感等。这一理念通常被称为动态安保。

“动态安保这一理念系基于:(1)工作人员与罪犯之间的积极关系、交流和互动;(2)专业精神;(3)相关信息的收集;(4)对刑罚机构社会环境的深入了解和改善;(5)强硬与公平的共存;(6)对罪犯个人处境的理解;(7)所有雇员之间的沟通交流、积极关系和信息交换。”[1]

“动态安保意味着,监狱的初级工作人员将接受培训,并被鼓励从事以下活动:与罪犯建立良好的个人关系;将罪犯作为个体进行理解和认识;就罪犯的个人问题表示同情并提供帮助;与罪犯开展有意义的对话等。”[2]

个体、关系和活动都是动态安保这一理念的应有之意。应对公共安全(防止罪犯逃跑)和监狱安全(内部秩序)的方法承认,只有作用于工作人员与罪犯之间的关系,这两种安全才可能真正实现。动态安保意味着,除为构成监狱生活的各种活动的开展提供一个安全、可靠的环境外,工作人员还应了解监狱内正在发生的事情。动态安保这一理念具有单独接触罪犯并同时以实质和直觉方式了解监狱运作的优点。

罪犯与初级工作人员之间的接触是最频繁、最持久的。与这一级工作人员进行的日常互动的性质将对罪犯的行为和态度产生巨大影响。积极互动往往能够减少破坏性行为和态度,并推动罪犯相关建设性工作的开展。此外,动态安保能够使工作人员更加轻易地发现罪犯的不安分行为,如未遂越狱行为、罪犯之间或罪犯对工作人员实施的暴力行为、违禁品的偷带行为等。

如果实施有效,动态安保可使罪犯在问题升级之前与监狱工作人员进行接触且不会有不适感。因此,工作人员应利用一切机会直接与罪犯进行接触,而不应后撤到闸门后、走廊里、办公室或警察局里,除非监狱要求他们这么做——这是非常重要的。

动态安保在维护监狱安全中发挥着积极作用。“在监狱中管控的维持应以动态安保的使用为基础,即工作人员基于强硬和公正建立与囚犯的积极关系,并了解其个人情况和个别囚犯造成的任何风险。”[3]

“动态安保……使我们在一些不幸事件发生之前就提供预警信息成为了可能,而这又使监狱工作人员能够采取预防性措施防止不测事件的真正发生。”[4]联合国有关监狱工作人员培训手册中指出:“安全这一概念绝不是

---

〔1〕《刑罚机构的动态安保》,该文为克罗地亚共和国司法部监狱管理局在2014年6月25~27日于西班牙巴塞罗那举行的欧洲监狱培训学院第7次会议上的报告。

〔2〕《监狱当局对终身监禁犯及其他长刑犯的管理》,欧洲委员会下属部长委员会于2003年10月9日通过的建议[REC (2003)23]第73段。

〔3〕《欧洲委员会下属部长委员会建议》(Rec(2003)23)第18条a款。

〔4〕《监狱当局对终身监禁犯及其他长刑犯的管理》,欧洲委员会下属部长委员会于2003年10月9日通过的建议(REC (2003)23)第73段。

仅涉及旨在防止罪犯逃跑的实体障碍。安全还取决于一支时刻保持警惕、同时又与罪犯进行互动、了解监狱动态并能确保罪犯忙于积极活动的工作人员队伍。这种方法通常被称为‘动态安保’。”“只有在逃跑发生之后,周边岗楼上的警察才可能发现企图逃跑的罪犯。但是,在罪犯逃跑之前,与罪犯接触密切且了解他们正在做什么的工作人员对潜在安全威胁的了解要深入得多。动态安保绝不仅仅是防止罪犯逃跑。它还涉及维护与罪犯之间的良好关系并注意他们的心情和情绪。”〔1〕

《欧洲监狱规则》专门规定了动态安保的使用。《欧洲监狱规则》第51条(2)规定,实体障碍及其他技术手段提供的安保应以动态安保作为补充,而动态安保是由时刻保持警惕且了解其管理的罪犯的工作人员提供的。

在监狱体系资源有限、无法在实体安保措施上进行投入的情况下,动态安保可能也更有帮助。“在许多后冲突环境中,监狱通常缺乏基本的静态安保措施,而工作人员通常采取限制罪犯活动、将他们长时间锁在牢房里等措施对这一缺陷进行弥补。有效动态安保措施(如增加工作人员与罪犯之间的接触和活动)的引进可抵消监狱静态安保措施不足所带来的不利影响。”〔2〕

2. 动态安保的关键

动态安保强调监狱工作人员直接对罪犯实施监管并与罪犯直接进行接触,具体要求工作人员与罪犯进行沟通、定期与罪犯进行接触、与罪犯建立职业关系并融入罪犯日常生活,当然在与罪犯接触过程中要防止制约和被罪犯操纵。接触是为了建立良好关系,最终目的是要保证罪犯能够顺利回归社会。因此,动态安保另一个强调的就是工作人员要实施由建设性活动组成的项目,以便为罪犯提供变革和发展、获取资质、维护健康及智力和社会功能的机会。

(1)与罪犯建立专业和建设性的关系

监狱工作人员应建立和维持与罪犯的专业关系。监狱体系成功的许多指标体现在监狱工作人员是否能以建设性方式对待罪犯并在这一过程中使用其判断力和自由裁量权等方面。

---

〔1〕 联合国人权事务高级专员办公室:《人权与监狱:监狱官员人权培训手册》(第I卷),2005年,第98页。

〔2〕 联合国维和行动部:《监狱事件管理手册》,2013年,第21页。

当矫正官员在其工作过程中与囚犯进行互动并接触时,会发生动态安全:①经常在其负责区域走动;②与罪犯进行交谈,获得他们的信任并建立融洽关系;③在集合和点名期间检查罪犯的身体健康状况;④以连贯一致的方式应对不当行为;⑤鼓励积极行为并应对消极行为;⑥参与案件管理程序;⑦及时跟踪各类请求;⑧事件期间保持镇静。[1]

与静态的实体和程序安保措施相比,动态安保对质的重视程度要高得多。只要经常与罪犯进行接触,警觉的工作人员就能对不同于常态且可对安全造成威胁的情形作出响应。以这种方式与罪犯进行接触的工作人员是能够防止罪犯逃跑和各类事件发生的。

强调工作人员与罪犯建立积极关系的必要性是动态安保的关键。这一理念是建立在以下观点之上的,即与罪犯进行接触并对他们进行了解有助于工作人员预测任何可能威胁监狱安全及工作人员和罪犯自身安全的事件,并就其有效应对更好地做好准备。

工作人员与罪犯关系的性质也是动态安保的关键。比如,工作人员处理罪犯的方式、搜查的实施方式和频率、被要求脱衣检查时罪犯隐私是否得到了尊重、约束措施的使用是否必要且是否有羞辱性、如厕和淋浴时的隐私是否得到了尊重、是否需要穿区别性囚衣等等,都是罪犯尊严得到尊重或不被尊重的体现。利用不尊重罪犯的语言或在没有任何安保依据的情况下例行性地对罪犯适用羞辱性程序或惯例等,都是对罪犯享有的人道待遇及尊重固有尊严等基本人权的侵犯。

(2)工作人员的人际关系技能

人际关系技能是有效运用动态安保措施过程中的一个重要方面。直接面对罪犯的工作人员拥有较高水平的人际关系技能是非常必要的:他们的工作可能是紧张而苛刻的,但同时也是回报丰厚的。任何时候,工作人员都必须能够保持专业水准和公平。如果在工作中表现得自信和果断,他们会发现,监狱中的冲突其实是有限的,而他们自己也能够应对多变易变的形势。

工作人员应熟悉并了解在监狱中可能碰到的各种群体(包括宗教群体、民族群体、文化群体等)。他们必须对周围人群的需求保持敏感,同时又不损害环境安全。他们应知道并理解行为、沟通和人际关系技能是如何影响

---

[1] 澳大利亚首都领地,矫正管理(罪犯管理)政策,2011 年。

个人预期的。此外,他们还需注意可能对交流产生影响的各种障碍,并注意在与罪犯交流过程中其非语言行为是如何被罪犯所理解的。

沟通——包括口头沟通和非口头沟通——都是一个双向的过程。监狱工作人员的行为可对个人和群体的预期产生影响,而这种影响可以是积极的,也可以是消极的。不同形式的非口头沟通都可能对罪犯产生影响。比如,夸张的手势或侵入某人的私人空间等都可能使形势恶化。尽管工作人员很难做到任何时候都成功超越沟通障碍,但他们却可以将其影响降至最小。各种行为——如工作人员的平易近人程度、自信的灌输、安全感和秩序感的创造等——都可预防监狱内冲突的发生。此外,工作人员还应接触各种冲突应对技巧,如佯装镇静和对局势的控制等。

(3)工作人员的遴选与培训

监狱工作人员是确保监狱正常运转的基础,因此工作人员的能力、心理与身体素质、职业素养等非常重要。《联合国囚犯待遇最低限度标准规则》(《纳尔逊·曼德拉规则》)规则74规定,监狱当局应就每一级人员的认真遴选作出规定,因为监狱的适当管理有赖于他们的正直、人道、专业能力和个人对该工作的适合性等。《联合国囚犯待遇最低限度标准规则》规则75规定,在入职之前,所有监狱工作人员均应接受根据其一般和具体需求量身定制的培训。这种培训应反映当代刑罚学领域的最佳循证实践。只有在培训结束后成功通过了理论和实践测试的求职者才可正式入岗。入职后且在整个职业生涯中,监狱当局均应为其工作人员提供持续的在职培训课程,以维系并改善其工作人员的知识和专业能力。培训应至少包括相关国家法律、法规和政策,以及监狱工作人员的工作及与罪犯之间的互动必须遵循的国际和地区文件;监狱工作人员在履行其职责过程中的权利和义务,包括所有罪犯人格尊严的尊重和某些行为特别是酷刑及其他残忍、不人道或有损人格待遇或惩罚的禁止等;安保和安全,包括动态安保的理念、武力和约束工具的使用、暴力罪犯的管理、预防和缓和技巧(如谈判和调解)的适当考虑等;急救知识、罪犯的心理需求和监狱相应动态,以及社会关怀和援助,包括心理健康问题的早期发现等。

监狱体系应确保通过工作人员的遴选和培训将工作人员与罪犯之间有效关系的建设转化为现实。在拥有一支专业且训练有素的工作人员队伍的情况下,动态安保的效果是最好的。工作人员应该是专门遴选出来并接受过罪犯相关工作培训的。如未接受确立和维护罪犯关系这方面的适当培训，工作人员受环境影响并被罪犯操纵的可能性将更高。

建立并维护与罪犯关系的重要性应在监狱工作人员的评估、发展和遴选方式中予以反复体现和强调，同时在高级管理人员发出的信息中予以强化。人际关系技能的意义也应在持续培训的许多方面予以强调。此外，在初步培训中，还应有关于沟通技能和关系建设等方面的具体规定。

培训应使工作人员了解罪犯的各种类型，了解构成安保措施的各个组件，并学会在遵守程序和动态安保原则的前提下运用所需的安保措施。他们还应能够在安保要求与尊重所有罪犯尊严的必要性之间寻求平衡，并能够执行积极的、建设性的监狱制度。他们还应接受对抗环境影响和操纵、抵制罪犯旨在破坏安保要求的狡猾企图等方面的培训。此外，他们还应能够使用最低限度的武力以合理、专业的手法应对罪犯的暴力和破坏行为。

许多罪犯都有着复杂且具有挑战性的风险和需求，其中包括反社会人格特征或障碍、心理变态和药物依赖并存的问题。因此，工作人员必须就如何与这类罪犯密切接触接受培训，从而以适当方式应对他们的复杂风险和需求。

精明能干的监狱工作人员应能够与罪犯建立、管理并维系复杂而可变的关系。在监狱工作人员工作出色的许多案例中，工作人员都在与罪犯的互动中成功运用了敏锐、精湛的技能和判断力。工作人员的培训应使其开发并磨砺这些技能，并以适当方式行使其判断力。

(4)将动态安保理念嵌入行动政策

“动态安保需要适当政策和实践的开发、有效的人员招募、遴选和培训等方面的支持。监狱工作人员应了解在监狱内实施动态安保的优势，以及动态安保在严格运用监狱规则和规定的基础上改善监狱安全的方式方法。”[1]

除将工作人员与罪犯之间的有效关系这一理念纳入工作人员的培训之外，监狱当局还应确保有效关系这一理念通过相关行动政策的制定和运用真正转化为现实。

中央政策规定应该强化监狱工作人员在发展和维系建设性罪犯关系、

---

〔1〕《罗马尼亚的监狱制度：监狱安全管理方面的经验》，2014年6月25～27日于西班牙巴塞罗那举行的欧洲监狱培训学院第7次会议上的报告。

在行使其判断力、在有效应对复杂多变的形势等方面的角色。在罪犯监管(如防范自伤和自杀)和犯罪行为的应对方面,这种强化应该更加明显。但是,中央安全和管控政策的地方实施方式,以及工作人员——比方说——在缓和潜在危险局面时积极发挥其判断力并与罪犯进行互动的方式,也应体现这种角色的强化。

监狱政策应致力于为工作人员提供清晰的运作框架和工具,但是,这些政策的成功有赖于工作人员个体的判断力、辨别力和具体行动。

(5)监区管理和直接监管

"监区管理反映了监狱管理的一种去中央化方法。它是'动态'安保中不可分割的一个角色。'动态'安保指通过工作人员与罪犯之间的互动对监狱安全进行持续监控,以创造一个更加安全的环境。"[1]

过去,监狱体系主要依赖两类人员保持监狱安全:一类是监狱内部和周边那些很少与罪犯直接进行接触的警卫人员,另一类是以更加积极的方式独立开展罪犯矫治工作的人员。由于这两类不同工作人员之间的显著差异以及警卫人员从罪犯那里得到的情报很少等原因,这种二分法存在巨大的缺陷。因此,许多国家引进了监区管理的概念,其基础是以一线监狱工作人员作为监狱监管和矫治活动的主要媒介。因此,从许多方面看,监区管理都是从非个性化、集中化方式向个性化、分散化方式的转变。

在监区管理模式下,监狱被分成了许多明确的监区,每一监区都有若干罪犯住宿区域和静态岗哨,且都有由纪律官员、教育工作者、社会工作者、心理学家、宗教关怀工作人员和护士等组成的跨学科团队为罪犯提供服务。这个团队的所有成员都要就安保和罪犯发展两方面的结果负责,并与罪犯发展建设性关系。

直接监管与监区管理的好处可以表现为:

①一名工作人员(案件干事)被分配给特定罪犯,担任罪犯与政府之间的主要联络人。

②提升罪犯与工作人员之间的互动频率和关系质量。

③改善沟通和项目规划。

④提高项目灵活性。

---

〔1〕 塔斯马尼亚司法部矫正服务局:《打破循环:塔斯马尼亚的矫正计划(2010-2020)》,载《罪犯改造最佳实践》,第4页。

⑤与罪犯有关的决策速度更快，而且是由真正了解他们的低级别工作人员作出的。

⑥对罪犯活动的监测更加有效，而其结果就是问题的提前发现和干预。

⑦从罪犯那里获得关于罪犯自身的高质量情报，然后用于防止罪犯逃跑和对问题进行控制。

⑧发展工作人员的矫正和管理技能。

⑨跨学科团队的运用改善了各学科工作人员之间的合作。

⑩罪犯改造和发展项目得到改善且更具协调性。

监区管理理念是以监狱被分成若干小型的、去中央化的生活区为基础的。在各监区，工作人员是直接与罪犯进行接触而不是躲在控制室或岗楼里的。比较研究表明，无需增加建筑或人员方面的支出，这种机制即可降低监狱内的袭击水平及其他严重违法违纪行为，并提供一种压力较小、更有利于罪犯参加辅导和改造项目的环境。

日常安保行动（如点名、搜查、罪犯转移的管理等）都为工作人员与罪犯进行重要接触提供了机会。通过以人道方式与罪犯进行互动，监狱工作人员即能改善监狱安全和秩序。

监区管理工作人员在安全和项目两方面充当着重要的双重角色。他们在罪犯中间“行走并交谈”，熟悉着各种人格，同时发现着各种问题。他们提供了强化监视服务，以前摄性的方式进行干预，从而帮助事件的预防。因此，监区管理为每一监区提供了一种集体认同感，提高了工作人员与罪犯之间的接触频率，从而能够在小问题变严重之前提前加以解决。

直接监管与监区管理是相互联系、密不可分的。没有直接监管，有效的监区管理就不可能实现，因为直接监管能够将工作人员与罪犯之间的接触最大化，同时帮助监狱改善项目参与、沟通、情报、监视和工作人员的响应能力。通过直接监管，监狱工作人员被部署在监狱的住宿区，而不是遥不可及的其他地方。因此，它们能够以无缝对接的方式将监区运作结合起来，同时管理罪犯、设定并强化规则并迅速应对各种挑战。人们将直接监管与良好的子女抚养方式进行了对比。在这个对比中，成功的父母无疑是那些积极与子女进行接触的人。父母与子女之间的沟通是期望的交流，而非没有背景或含义的指令或命令的发布。

如果能结合使用，监区管理和直接监管可共同改善监狱运作，创造一个更加安全、可靠的监狱环境，并为工作人员提供领导力开发机会。

(6)信息收集

动态安保能够为监狱情报系统提供情报。与罪犯打成一片的监狱工作人员能够观察并倾听罪犯动态,并从罪犯那里获得信息。之后,他们能够将这些信息提供给安保体系,从而开发出宝贵的情报。许多逃跑、骚乱事件和监狱及社会上的犯罪活动都是通过有效的动态安保和信息收集得以成功防范的。

"经验丰富的矫正人员能够发展出针对某些矫正环境'氛围'的第六感。情况不对或不正常时,他们能敏锐地感觉到。收集情报就是对这些了解到的特征进行提炼,报告和记录观察所得、听到的对话、发现的勾结情形、罪犯行动和行为的变化等等。"[1]

在动态安保运作有效的情况下,工作人员将能对监狱中的环境和罪犯进行监控和解读。动态安保的优点在于,它可通过前摄性的方式在非常早的时候就发现监狱安全面临的威胁。动态安保的原则尤其适用于高安全级别的监狱。只要是在住宿区外或从一个监区转移到另一监区的过程中,工作人员通常都会陪同这类监狱的罪犯。对这些罪犯的监管绝不仅仅是履行押送职能。在这个过程中,工作人员应以尽可能积极的方式与罪犯进行互动。

(7)工作人员腐败和被操纵问题的预防

罪犯经常会寻求控制工作人员并迫使其从事一些被禁活动。在国际上,已有许多监狱工作人员被罪犯影响和操纵,以致协助罪犯逃跑的先例。在工作人员与罪犯频繁接触的情况下——正如动态安保有效运作的情形,罪犯操纵工作人员的风险无疑增加了。

除致力于逃跑外,罪犯可能还会操纵或贿赂工作人员,以便从监狱外获取毒品或手机之类的非法物品,或在监狱内获得特殊权力和待遇。因有组织犯罪或恐怖主义而被判刑的罪犯还存在其他特别问题:这类罪犯可能会操纵工作人员实施严重犯罪活动。

如前所述,监狱可通过对工作人员提供适当培训的方式对抗这种风险。此外,确保工作人员有一定程度的流动性并进行轮岗也是有必要的,这样可避免其与这类罪犯进行不必要的长期接触。同时,旨在遏制和发现工作人员腐败的明确程序——包括对所有进入监狱的工作人员实施随机

[1] 《矫正机构中的激进化与情报收集(2015)》。

但有针对性常规搜查的程序，以及针对卷入腐败或其他非法活动的工作人员的有效惩戒制度，也是旨在防范工作人员腐败和被操纵策略的重要组成部分。

任何时候，如果工作人员之间发生冲突，罪犯管理都会被削弱——这点也应引起注意。工作人员之间的冲突往往是因为对待罪犯的方式和罪犯相关行动的不同引起的。对于这个问题，最理想的应对策略是在其使不同罪犯对待方式出现破坏性失衡——特别是在同情类方式与强硬和控制类方式之间出现失衡——之前就进行防范。为实现和维持这两种工作方式之间的适当平衡，从而防止明显可见的冲突，监狱应组织不同类型的工作人员进行定期会谈和讨论。

预防腐败的另一重要措施是确保与罪犯进行接触的一线工作人员有令人满意的薪资待遇且拥有适当的工作条件。这可防止工作人员面临受贿风险。良好的薪资待遇还可确保工作人员满意自己的工作，以更好的姿态提供服务，并以更加有效的方式履行自己的职责，包括防止罪犯逃跑和维护监狱秩序和纪律的职责。

有理由相信违反职业准则的行为已经发生或即将发生的工作人员应将该事件向上级报告，必要时还可向其他有关当局报告。这种报告通常被称为“揭发”。但是，这样做可能会使工作人员陷入非常不利的境地：他们可能会被其他工作人员或管理人员恐吓或排挤。为鼓励工作人员报告不端行为，监狱应制定并落实适当的保护措施，包括保证为其保守秘密、援引高级管理层的支持、向潜在“揭发者”重申其信息受重视且在其勇敢揭发的情况下不会受到不利待遇等。此外，就工作人员的腐败或被操纵问题提交的任何安全信息报告均应作为“不公开安全信息报告”处理，其传阅应受到限制。

（8）罪犯的建设性活动

动态安保能确保罪犯在整个刑期内都忙于建设性活动。对动态安保而言，让罪犯参加建设性活动有两个好处。首先，使罪犯充分忙碌减少了他们从事破坏和计划逃跑的时间，同时还可保证罪犯将其精力投入到建设性活动中去，在一天结束后疲惫不堪，从而削弱其参与骚乱的动机。其次，它给工作人员提供了接触罪犯的机会，而这又有利于他们与罪犯建立积极关系并收集情报。“为罪犯提供一系列充分的建设性活动在……监狱的‘动态安保’中扮演着重要角色。这意味着，如果罪犯充分、有效地投入建设性活动，监狱就可能更安全、更牢固。”[1]

将罪犯精力导入积极活动是动态安保原则的一个重要方面。每个人都应有机会在就业技能和教育等方面发展自己,同时应有机会解决那些导致其实施犯罪的心理问题。因此,将建设性活动和项目作为服刑计划的重要组成部分提供给罪犯是非常重要的。

建设性活动安排包括均衡的活动项目,其中又包括工作、职业培训、教育、娱乐、宗教和文化活动、体育等,以及旨在解决罪犯个体特定犯因性需求和心理健康需求的项目,其中又包括课程、集体活动或个人辅导等。对罪犯开展建设性活动符合有关国家公约和规则。

《公民权利和政治权利国际公约》第 10 条(3)规定,监狱制度应包含罪犯矫治制度,而罪犯矫治制度的基本目标则是罪犯的改造和社会康复。《联合国囚犯待遇最低限度标准规则》规则 4 规定,(1)旨在剥夺人的自由的监禁刑或其他类似措施的目的主要是保护社会不受犯罪的伤害并减少再犯。但是,只有在监禁期被用于尽可能确保罪犯获释后能够重返社会并过上遵纪守法且自给自足的生活的情况下,这些目的才能实现。(2)为实现这一目的,监狱及其他主管当局应为罪犯提供教育、职业培训和工作,以及适当、可用的其他协助,包括具有治疗、道德、精神、社会、健康和体育性质的协助。

监狱提供的活动应有趣味性和挑战性。没有挑战性的、无聊的、例行性的任务只会增强而不会削弱罪犯虚度光阴的等待感。有目的的活动能够提供智力和情感激励,而且在使罪犯生理上感到疲倦、因而无法/不想逃跑方面具有实际用途。

在资源匮乏的国家,提供个性化、建设性活动项目可能并不是一件容易的事情。然而,监狱当局应创造性地利用自己的资源,朝着推行建设性制度的方向努力。为实现这一目的,他们可以从与适当的民间社会组织和学术机构建立合作伙伴关系、共同实施活动和项目的过程中受益良多。

许多罪犯是因为收入低、缺乏稳定工作而走向犯罪的,而这类罪犯往往还缺乏良好的教育。因此,监狱可为他们获得新的工作技能并习惯正式工作的纪律提供第一次机会,而这又将显著提高他们从监狱获释后过上远离犯罪生活的能力。

---

[1] 《人权与监狱:监狱官员人权培训手册》(第I卷),联合国人权事务高级专员办公室,2005 年,第 98 页。

监狱内工作的组织和实施方式必须尽量与监狱外同类工作的相近,以保护罪犯工作和工作条件相关的基本权利并为罪犯适应正常职业生活做好准备。这还意味着,监狱工作不应具有强迫性,罪犯不得被要求为工作人员的私利进行工作。此外,罪犯必须就其劳动获得工资,且其工资应尽量与社会上同类工作的工资相当。

许多罪犯都没什么教育资质。很大比例的罪犯属于文盲或半文盲。他们走到犯罪这一步通常与其受教育水平低下有关。教育可帮助这类罪犯克服这种基本的生存需求。教育还是罪犯重新获得自尊的主要渠道,是他们积极重返社会的希望所在。教育还被人们视为罪犯重返社会的重要辅助手段。许多研究表明,教育在降低释后再犯率方面至关重要。因此,国际标准要求为所有罪犯提供改善其受教育水平的机会,作为旨在促进其社会再融入的任何策略的基本组成部分。根据罪犯需求,监狱提供的教育应涵盖从基本扫盲班到高等教育的所有层次。

国际标准明确规定,在有足够空间让罪犯锻炼身体的情况下,所有罪犯每天都应有权从事至少一个小时的运动。体育和身体锻炼对于生理和心理健康的维持都非常重要,特别是对那些被安置在限制性监管环境中的罪犯而言。尽管运动区域应安全可靠且易于工作人员监视,但同时也应足够大且在户外。此外,运动区域应有休息设备和躲避恶劣天气的场所。在理想状态下,还应有厕所和饮用水供应。罪犯应能与同一监区的其他罪犯或基于风险评估遴选出来的其他罪犯一起运动。他们应有体育设备,如资源允许,还应有体育馆和相应设施,以便其从事一系列不同的体育活动。与工作情形下的安保防范措施相同,每次活动结束后,罪犯都要接受搜查和监管,而体育设备也应进行仔细清点。

体育和娱乐设备的供应不应对监狱自身造成过大的负担。走出牢房对于罪犯确实非常重要,而一个球就足以为一群罪犯提供娱乐和运动。这类活动对于健康的维护、压力的降低和监狱中良好关系的维持非常有益,特别是在有工作人员参与的情况下。在一些监狱,提供一些能够组织罪犯活动的合格体育教练也是可能的。

监狱当局需要采取一些适当的安保防范措施。这可能意味着,一些安全级别较高的罪犯基于其风险评估结果可能不能参加某些类型的活动。但是,所有罪犯都应能够参加一些可在安全环境下从事的活动,而相关风险则可根据其风险性质和级别通过搜查(包括金属探测器搜查)、清点工具、安排工作人员和闭路监视系统摄像头实施监管、在安全监区组织小组活动等措施降至最低。总的原则应该是在预期活动参与度与安保等级之间实现适当的平衡。

3. 动态安保的原则

总的概括起来,动态安保的主要原则是:

一是监狱安全还取决于一支保持警惕但同时又从事以下活动的工作人员队伍:与罪犯进行互动并了解罪犯;与罪犯发展积极关系;了解监狱动态;确保罪犯忙于有目的的建设性活动等。

二是监狱工作人员应发展并维护与罪犯之间的支持性、多产性关系。

三是中央政策规定应促进监狱工作人员在发展和维系建设性罪犯关系,做出判断和有效应对复杂多变的形势等方面的作用。

四是面向罪犯的工作人员必须拥有较高水平的人际关系技能。

五是在拥有一支专业且训练有素的工作人员队伍的情况下,动态安保是最有效的。

六是监区管理和直接监管能够改善监狱运作,创造更加安全、可靠的监狱环境并为领导能力的开发提供机会。

七是动态安保的一个基本面是能够为监狱情报体系提供情报。与罪犯打成一片的监狱工作人员能够用眼睛和耳朵了解监狱动态并从罪犯那里获取情报。

八是在工作人员与罪犯进行频繁接触的情况下,工作人员被罪犯操纵利用的风险将增大。因此,监狱应制定并落实适当措施,以防止工作人员被罪犯操纵和腐败掉。

九是将罪犯精力导入积极活动是动态安保原则的一个重要方面。因此,监狱应为所有罪犯提供建设性活动和项目。

(四)各安保要素之间的平衡

实际上,不同类型的安保措施之间也应保持一种适当的平衡。监狱安全是通过实体安保措施、必须遵循的程序性措施和动态安保措施等共同实现的。其中,实体安保措施包括围墙、窗条、门锁和警报系统等;程序性措施包括罪犯狱内转移、物品持有、搜查和住宿等相关规则;动态安保措施则要求工作人员保持警惕,以积极方式与罪犯进行互动并发动罪犯参加建设性活动,从而在问题出现之前即预见到并防范问题的发生。“安保活动的一个重要方面是它的多管齐下,即不仅仅依赖于各种实体和技术手段(静态安保),而是同时依赖于个人接触和对监狱动态的总体了解(动态安保)。”[1]

对于所有罪犯,包括高风险罪犯,实体安保、程序安保和动态安保之间应该保持一种适当平衡。旨在防范罪犯逃跑和维持监狱秩序的这种适当平衡取决于监狱设施的条件、可实现的技术水平、工作人员的数量和被关押罪犯的类型等诸多因素。比如,在实体安保较弱的情况下(如资源短缺的后冲突环境),程序安保和动态安保就显得更加重要。

在一些国家,针对高安全级别罪犯的实体和程序安保措施被赋予了过多关注,而动态安保的重要性则不被人们所欣赏。在一些监狱体系中,工作人员与高安全级别罪犯之间的互动是不受鼓励的。实际上,正如本手册将强调的那样,为确保越狱等潜在事件及针对他人的安全威胁的及时防范和处理,动态安保原则特别适用于高安全级别罪犯。如何正确把握这一平衡,特别是对高安全级别罪犯而言,是监狱当局专业水准的一个衡量指标。

二、实现有效监狱安保的具体措施

为了实现有效的监狱安保与安全,监狱应当采取以下具体措施,具体包括评估与分类、清点与管控、搜查、通信与监视、监狱主管部门应制定全国性的监狱安保框架文件,监狱层面应制定适合本地情况的安保框架等。此外,还应制定全面的安全检查计划,随时开展秘密检查,并运用以降低实体和程序安保失灵带来的风险为目的的“多重保护”理念。

(一)评估与分类

《联合国囚犯待遇最低限度标准规则》第 89 条(2)规定,根据不同群体的需求实施不同程度的安保措施是可取的。

在实践中,尽管没有人喜欢待在监狱,但大多数罪犯都会接受自己的现实处境。另一方面,一小部分罪犯可能会在越狱方面无所不用其极。这意味着,监狱当局应能对每一罪犯个体造成的风险进行评估,以确保所有罪犯都受到适当安保环境的约束,即其安全级别既不是太高,也不是太低。不同

---

[1] 《监狱与缓刑:丹麦的监狱政策、监狱制度与罪犯权利》,丹麦监狱与缓刑服务署署长 William Rentzmann 在 2008 年 6 月 25 ~ 28 日于挪威斯塔韦恩举行的 IPPF 学术报告会上发表的论文,奈梅亨市 Wolf Legal Publishers 出版社于 2008 年出版,第 292 页。

程度的风险需要不同级别的安保措施。因为研究表明,首先,高安全级别的罪犯越少,工作人员注意到他们并聚焦于他们的可能性就越高。其次,与较高安全级别相比,较低安全级别通常意味着更为人道的待遇。因此,良好实践通常是尽可能少地将罪犯关押在高安全级别环境中,从而更好地尊重他们的人权。最后,从现实层面来说,安保措施是很昂贵的,较高安全级别的罪犯越多,给国家带来的成本就越大。因此,无论是为了遵守国际有关罪犯待遇最低限度要求,还是为了减少现实成本,必须进行评估。

(1)风险评估

罪犯入狱后,监狱当局应对其进行审慎风险评估。在风险评估中,要区分下列四类主要风险:

- 逃跑风险;
- 对工作人员、其他罪犯和探监人员实施暴力的风险;
- 破坏良好秩序的风险;
- 在监狱内遥控指挥监狱外犯罪活动的风险(如实施有组织犯罪相关活动、恐怖主义或团伙犯罪活动、贩毒活动、恐吓或贿赂证人、司法人员、律师或陪审员的活动等)。

区分罪犯风险类型对于风险管理策略的采取具有重要意义。比如,对被评估为有严重逃跑风险的罪犯而言,其风险管理策略应强调例行安保活动和措施,而对被评估为有扰乱良好秩序风险的罪犯而言,其风险管理策略则无须强调安保措施,而应强调行为和态度的改变。

风险评估的首要考量是公众的保护问题。在建议将罪犯逐步转移到较低安全级别监狱之前,参与风险评估的人应确保罪犯风险正在逐步下降,而在建议释放罪犯之前,则必须确保罪犯的风险已经降低到满足公众保护这一要求的可接受水平。

为评估罪犯的逃跑风险,目前已经明确了若干评判标准。这些标准通常包括:

- 罪犯在成功逃跑情况下对社会造成的威胁;
- 罪犯企图逃跑的可能性,无论是自行逃跑,还是在外部协助下逃跑;
- 企图逃跑和寻求外部协助的前科;
- 罪犯被定罪行的性质;
- 以往犯罪的次数和类型;
- 刑期长度——该标准反映的通常是犯罪性质;

- 威胁其他罪犯和工作人员的可能性。

初步风险评估不应过分关注可观察到的行为，而应鼓励评估人员识别那些不太明显却可能意味着风险的特征。一些特征在风险评估中很重要，不能被忽视，其中包括：

- 犯罪生活方式的存在；
- 性变态（如实施性暴力、猥亵儿童等前科）的存在；
- 罪犯对其犯罪受害人的态度；
- 思维能力的缺失，如无法预测行为后果；
- 情绪不成熟，如难以应对损失、被拒或压力等情形；
- 犯罪过程中实施暴力的动机分析。

（2）分类与安置

实施充分风险评估之后，即应根据风险评估结果将罪犯进行分类，以确定其关押环境的安保等级。罪犯的分类对于将他们安置到适当监狱或监区至关重要。与风险和需求评估的结论一起，罪犯分类为个性化服刑计划的制定提供了基础。

在大多数国家，对罪犯的描述是根据其安全级别即高、中、低安全级别进行的。监狱的安全级别则是以监狱内存在的安保级别为依据确定的。高安全级别监狱通常有完备的实体、程序和动态安保制度，从而使罪犯不可能逃跑。相反，低安全级别监狱则可能不会给牢门上锁，而其周边围栏也会较低。

在决定罪犯的安置问题时，合法、必要、可问责、相称和不歧视等原则永远都应得到尊重。这意味着，所有罪犯都将在其个人风险评估的基础上被关押在就其安全、可靠监管而言属于必要但限制性又最小的环境中。此外，不得基于种族、民族、国籍、语言、性别、性取向、宗教、政治观点或其他任何原因而对某些群体或个人有所歧视。

评估后被归入高安全级别的少数罪犯通常会被安置在高安全级别监狱或较低安全级别监狱（如中等安全级别监狱）的高安全级别监区。被认为特别危险且人数更少的那部分罪犯则可能需要关押在特殊的最高安全级别设施中。这类设施可以是特殊监狱，也可以是另类监狱（如关押其他高风险罪犯的高安全级别监狱）的特殊监区。妇女和儿童罪犯的安排应该有所不同。这类罪犯应关押在限制性较小的环境中。

这种不同安排同样应适用于患有精神疾病的罪犯。安置这类罪犯时，应考虑罪犯的精神健康需求,尽可能降低其关押环境的限制性,并寻求与其安全监管需求相平衡。比如,可将这类罪犯关押在安全可靠的精神病医院或普通医院中专门用于关押实施了刑事犯罪但患有可治疗精神疾病患者的分区中。

如属于潜在的高风险罪犯,则审前羁押罪犯也可关押在高安全级别环境中。被定罪、判刑和评估后很可能会被归入高风险群体的罪犯就属于这一群体。这种初步风险评估可根据罪犯被指控实施的罪行及执法官员就其背景、与犯罪团伙或恐怖组织的联系、犯罪情节等方面提供的其他报告进行。

重新审查和重新评估是任何致力于在安全与改造之间寻求平衡的人道分级体系的重要特征。重新审查和评估应以合理频率进行,并体现出对罪犯动态的敏感性。

(二)清点与管控

(1)罪犯的清点

罪犯的清点制度和程序对于监狱安保及监狱工作人员和罪犯的安全都至关重要。点名是对某些地点罪犯数的实际确认。点名时,应将每一区域的罪犯数目与分配至该区域的罪犯数目进行核对。点名程序应规定:

- 何时清点罪犯;
- 在哪儿清点罪犯;
- 如何清点罪犯;
- 由谁来清点罪犯;
- 清点活动的记录安排;
- 何时应禁止罪犯活动;
- 突发事件期间的清点程序。

比如,某一工作人员去上洗手间而由另一工作人员接管一群罪犯时,接管的这名工作人员有义务对罪犯进行清点并对这群罪犯中每一罪犯的管理和监督负责,直到其将罪犯移交回原来的工作人员。

(2)风险物品的清点

罪犯经常会偷走属于监狱的工具和设备,然后将这些工具和设备用于协助其逃跑。因此,每个监狱都应有工具和设备的管控程序,这是非常重要的。监狱的安保部门应有权随时对所有监狱工具和设备的最新存量进行检查,且必须就所有工具箱(shadow board)、工具柜和工具库进行频繁但不定期的检查并以可核查方式记录检查结果。工具、设备和财产的有效管理要求:

- 每一工具都有刻在其上面的独特编号;
- 每一罪犯都有身份标志;
- 将核对清单置于平板上,以显示发放了哪些工具;
- 不使用时,将所有工具存放于上锁的柜子里;
- 每一工作活动结束后对工具进行核对;
- 工具核对无误之前不得转移罪犯。

(3)转移管控

监狱内罪犯转移活动的有效管理取决于:监狱人员配备水平是否与罪犯数目相符;工作人员的技能和能力水平;监狱的布局与构造;静态安保设施的有效性;对罪犯进行有效分类和隔离的能力。[1]

监狱应制定并落实罪犯转移的管控程序,从而使其罪犯安置活动有风险评估为依据,有明确记录并有中央系统的控制。威胁和风险评估完成后,监狱应就罪犯转移路线达成一致并指定转移路线。转移路线应安全且易于观察,如有闭路监控系统,特别应确保其在闭路监控系统的监控范围内。监督转移活动的工作人员应通过无线电保持联络。转移路线应尽可能避开开放式区域或通往屋顶的通道。转移命令应由中央系统控制,但不可提前预测。离开每一地点之前,对高风险罪犯进行搜查和注销非常重要。到达批准目的地时,罪犯也应进行注册登记。

大规模转移完成且整个监狱的点名(监狱负责的罪犯总数)确认无误之前,不得允许个别高风险罪犯的转移。如点名时发现问题,发现问题的地方应进行静态点名(禁止所有罪犯活动),以发现问题所在。如静态点名仍未发现问题,则所有地方均应进行静态点名,以发现问题。如仍未发现问题,则所有罪犯均应押回住宿区并进行禁闭点名(将所有罪犯关在牢房或宿舍里进行点名)。

(三)搜查

许多非法物品是通过社会性访问渗透到监狱中的。探监人员到达监狱

---

〔1〕 联合国维护行动:《监狱事件管理手册》,2013 年,第 26 页。United Nations DPKO: *Prison Incident Management Handbook*, 2013, p. 26.

时进行的初步搜查是应对这种物品偷带行为的主要防范措施。如果不能有效实施这种搜查,就相当于放弃了这一防范措施。搜查探监人员的程序应以书面指令的形式予以明确。在X光和金属探测设备的使用方面,工作人员应接受适当培训并具备相应能力。程序的遵守不得因时间压力、罪犯好斗或为满足统计目标等原因而被忽视。程序适用的连贯性应接受密切监控。此外,每一会见室的设计及其内部程序均应进行审慎考量。

非法物品一旦渗透到监狱,阻止其非法使用的唯一防范机制就是实施全面的搜查计划。搜查策略不应设定过高的目标,而应以对必要性和可能性的现实理解为依据。现实的地方性搜查政策如果能以适当和专业的方式付诸实施,将对罪犯产生威慑。监狱内需要搜查的地方或情形有很多,包括罪犯、探监人员、工作人员、合同商、车辆、设备、物资、仓库、邮件、财物、车间、运动场和住宿区的搜查等。

罪犯可能会破坏监狱的实体安保措施,如护栏、锁具或包括墙体、天花板和地面在内的其他实体安保措施。因此,监狱应有对安置场所实体要素实施检查的程序,并以满足其个别需求的频率开展实际检查工作。

工作人员应以专业方式开展搜查活动,并确保搜查过程不对罪犯构成羞辱。侵入性搜查——包括裸身搜查和体腔搜查——应仅在绝对必要的情况下进行。因此,各类机构应致力于开发和使用侵入性搜查替代措施。侵入性搜查应在私下由与罪犯性别相同且受过训练的工作人员进行。体腔搜查应由合格的医疗保健专业人员进行,而不得由主要负责罪犯监管的其他人员进行,或至少应由就卫生、健康和安全标准接受过医学专业人员适当培训的工作人员进行。根据良好实践,监狱应制定"隐匿物品政策",明确规定罪犯涉嫌在体内隐藏物品的情况下应予采取的行动。

搜查罪犯财物时,罪犯本人应在现场,除非侦查手段或罪犯对工作人员造成的潜在威胁不允许其在场。此外,工作人员还应确保搜查是根据既定程序完成的,且其在搜查过程中未遭罪犯恐吓或干扰。

在搜查女性罪犯时,工作人员应特别敏感。男性工作人员不得参与女性罪犯的人身搜查。搜查女性罪犯时,遵循日常礼节——如在搜身过程中不要求罪犯完全脱光的做法——特别重要。

(四)通信与监视

在一定限度内,罪犯仍享有其人权和自由,包括其享受家庭生活的权利和不完全与社会隔绝的权利。在某些情况下,如出于安全原因,监狱可不允许罪犯与其朋友和家人进行身体接触。监狱当局鼓励罪犯与外界进行联系的义务必须与罪犯与外界进行联系这种能力可能带来的风险达成平衡。这种联系必须接受管理,以预防犯罪、遏制非授权物品的贩卖、确保公众不受无谓联系的伤害并防止罪犯逃跑。

依据有关国际规则,罪犯的外部接触是一种权利,而不是优待。因此,这种权利不得被用作奖励或惩罚。以剥夺罪犯这种接触进行纪律惩罚的做法是不可取的,除非罪犯滥用这种接触的特定行为构成了犯罪。任何时候,惩罚措施都不应包括完全剥夺罪犯与其家属进行接触的权利。

罪犯与外界保持联系的基本方式有五种:信件,探监,电话,离监,书籍、报纸和互联网。任何与外界进行接触的行为都可能产生一些安全问题,特别是在涉及高安全级别罪犯的情况下。因此,找到一些在不影响监狱安全的情况下仍能保持一定程度的外部接触的方法就显得非常重要。只要工作人员明白,安保与罪犯的外部接触是其艰难工作同样重要的两个方面,找到这样的方法通常是可能的。

对罪犯通信进行干预应根据国家法律进行且仅作为应对罪犯威胁的适当措施使用。采取下列措施都应有相应的程序:

(1)罪犯通信的监控和拦截;

(2)向罪犯告知邮件和电话等相关安排;

(3)非法夹带的处置;

(4)法律允许通信的管理;

(5)其他获准的秘密通信;

(6)披露;

(7)经常阅读信件和接听电话的数量;

(8)警方或其他调查当局请求(包括临时披露请求)的处理;

(9)资料的留置。

此外,还应有控制罪犯使用信息技术和接入互联网的安排。

在一些监狱体系,如果家属住在离罪犯很远的地方,因而无法定期前往监狱探视,监狱可为其安排使用视频会议技术实现的虚拟探监,以便罪犯能够与家人进行视觉和口头交流。对外国籍罪犯而言,这种安排特别适用。但是,监狱当局应确保这种探视接受严密监控,并在涉及额外风险如性犯罪分子的情况下作出适当的监管安排。

所有监狱都应制定相关制度,使工作人员根据国家法律在安全可靠的环境下收集并评估安保及相关信息成为可能,以实现安全和情报目标。所有工作人员都有责任积极收集安保信息并将其转交安保部门。

(五)监狱安保框架

所有监狱管理部门都应该有一个国家、州或联邦层面的高级别监狱安保框架文件,为监狱提供必要信息和指导,以维护监狱的高安全级别,实现防止罪犯逃跑的目标,阻止高风险罪犯在狱中遥控指挥狱外的犯罪活动。这种安保框架应该同等适用于所有类别监狱的所有组成部分。

安保框架文件的目的是为所有监狱提供一些最低限度的共同安保标准,但不应进行大范围、集中式的规定。监狱长个人应在其监狱的运作方面享有一定程度的自主权,并被赋予一定程度的灵活性,以便根据当地情形对这些最低限度的核心标准进行调整。该框架呈现的信息应能够使各监狱以最适合其各自需求和资源的方式适用安保程序。而且,这类框架应可随时查阅并应保持更新。如有必要,总部应对其进行修订并强调其修订之处。

在许多国家,监狱安保框架的重点为上文探讨过的四项主要高级别安保职能:评估与分类、清点与管控、搜查、通信与监视。

(六)监狱层面的安保管理

高级监狱安保框架应该有监狱层面安保策略的支持。该策略应反映每一个监狱的需求,对已明确的风险实施管理并满足监狱安保框架设定的要求。依据良好实践,所有本地工作人员都应该了解本地的安保策略。

每一个监狱的安保框架应阐明旨在满足国家安保框架下四项或更多职能——提出的所有要求的各项安排。该文件应由本地监狱管理层起草,并明确规定既能使相关监狱遵循国家框架,又能反映其特定安保需求和资源的程序。尤其是本地安保策略规定的程序应将本地风险分析情况纳入考量,反映本地的实体和程序安保措施,考虑本地监狱所关押罪犯的类型,明确实施每项任务所需的工作人员、设备和资源等。

每一个监狱内不同安保类型(实体安保、程序安保和动态安保)之间的平衡应以外部巡逻、岗楼、安保障碍物或侦测设备的存在与否、监狱内住宿的类型、内部安保特征、工作人员与罪犯的人数比等因素为依据。

在监狱层面,监狱管理的关键要求是确保所有工作人员都了解实体、程序和动态安保的概念，并创建必要架构使工作人员觉得自己在履行职责过程中得到了支持。良好实践表明，监狱安保管理架构应有四个部分组成，即就监狱安保整体运作负责的监狱长、就所有安保事务为监狱长提供建议的安保委员会、各负其责的安保管理人员和安保部门、任何时候均应就适当安保水平的维持承担集体和个人责任的监狱工作人员。监狱公告经常宣称"监狱安全、人人有责"，这是完全正确的。

（七）安全检查

对越狱事件进行的调查发现，因锁具或电子监测系统失灵、铁丝网不足、实体设备或技术存在的其他缺陷等导致的越狱事件很少。实际上，大多数严重安保事件都是因为一位或多位工作人员走"捷径"、不了解其工作要求或直接违反既定安保程序等原因导致的。尽管实体设备的缺陷确实在问题的出现中发挥了一定作用，但问题的核心往往是工作人员在安保相关活动中未尽到责任。换句话说，人员系统的失灵而非实体系统的失灵应为大多数安全事故负责。

这一现实说明了制定全面安全检查计划的必要性。安全检查是一个旨在确定政策、程序、标准和实践等能够在多大程度上共同确保监狱环境安全和可靠的过程。这一过程包括对监狱安保计划每一重大方面的详细评估。安全检查的重点为安保运作。尽管标准和政策是这类检查的重要方面，但其主要焦点应为安保体系及其日常运作实施。安全检查实用性较强，如由特别了解安保原则的人适当实施，可发现监狱安保制度中可能给工作人员和社会安全和安保带来风险的缺陷和问题。

安全检查对监狱当局和各监狱的好处有很多：它能发现监狱运作中存在的缺点、不足、缺陷程序和脆弱领域等；它能对国家安保框架和监狱层面的标准、政策和程序等进行评估；它能识别无法操作、不适当或不充分的设备、锁闭机构、工具和关键系统；它能对安保资源的有效运用进行评估；它还能确立良好实践并在整个监狱管理过程中共享等。

在一些国家，内部检查与外部检查的结合使用属于法定要求。有时，内部检查（监狱内部工作人员实施的检查）要求在两次外部检查（监狱外部团队或工作人员实施的检查）之间进行。在其他国家，内部检查则属于初步检查，通常由监狱工作人员在外部检查进行之前实施。

我们不建议将内部检查作为唯一的检查活动进行。内部检查人员往往难以客观公正地指出自己朋友、同事或主管的缺点。此外,在对自己日常工作的环境进行检查时,内部检查人员可能无法识别其中的风险或弱点,因为他们对这些环境太熟悉了,从而无法做到客观公正。一些国家实施的是“同行对同行”的检查(由一个监狱的工作人员对另一监狱实施检查),这种做法有助于解决这类问题中的某些问题。

外部检查通常更为客观和彻底。外部检查可以事先通知,也可以不事先通知。不事先通知类检查的优点是,监狱能够在更加接近常态的真实运作环境中接受检查。事先通知类检查的优点,则是监狱能够在检查进行之前进行准备并纠正那些自认为不足的情形。一些国家认为事先通知类与不事先通知类检查相结合的做法更加有效;有时,不事先通知类检查计划只是随机制定的。

许多国家采用了安全检查清单进行监狱的安全检查。安全检查清单通常是一份关于国家安保框架所述安保目标和基线的文件。在检查中,每一基线的检查都会记录相关信息并留出供检查人员发表意见的空间。检查人员应就每一基线作出评价并判断监狱是否达到了基线要求。检查结束后,每一个监狱都应获得一个整体评估分数,以反映其符合国家安保框架和安全基线的程度。

实践证明,制定并实施全面的安全检查方案是降低监狱运作中特有安全风险的重要一步。

(八)秘密检查

秘密检查就是按计划对安保流程、程序和设备等进行受控、真实但不事先通知的检测。秘密检查政策的主要目的是:

(1)检查旨在维护监狱安全并防范罪犯逃跑的流程和程序的实施;

(2)检查旨在维护监狱安全并防范罪犯逃跑的技术辅助设施;

(3)防止非授权物品的进入;

(4)识别脆弱区域/不胜任设备;

(5)识别需要加强的管理和制度缺陷;

(6)肯定和奖励良好实践;

(7)应对和测试已发现情报和/或风险评估问题;

(8)明确培训需求;

(9)发现失灵问题并确保其妥善处置;

(10)确保监狱履行核心安保职责的能力。

秘密检查是监狱长确保工作人员保持警惕且安保程序按照国家规定实施的一项重要工具。如使用恰当,秘密检查可称为对安保机制实施的动态、真实检测。比如,秘密检查可包括下列行动:

①让一名工作人员尝试将非法物品带入监狱,观察其是否会被发现。

②在不通知当班工作人员的情况下将一名罪犯从工作小队带走,观察其需要多久才能发现少了一名罪犯。

③要求一名受信任的罪犯或工作人员从厨房偷带出东西,观察其能否成功。

④选择一扇门,故意不上锁并对其实施密切监控,以观察其需要多久才会被发现。

(九)多层安保(concentric circles of protection)

实体和程序安保的某些要素总是存在失灵的风险。比如,实体安保制度可能得不到遵守,电力可能会中断,设备可能会发生故障等。再如,工作人员可能会不遵守程序,可能会因环境、操纵和腐败等问题而受到约束,还可能会发生人为错误等。为降低实体和程序安保失灵带来的风险,确保安全的一项基本原则遵循了一项被称为“多层安保”的理念。这个理念要求采用多个安保“环”或“层”。这一理念的运用可确保即便在一个安保层或一个安保要素失灵的情况下,罪犯仍需越过多项安保措施才能逃跑。多个安保层的存在降低了罪犯得以逃跑或入侵者得以进入监狱的概率。

第一个安保层位于监狱周边,其他安保层是在向监狱中心最安全区域前进的过程中不断设立。外界与罪犯之间的安保层越多,安保状况就可能越好。在每一个安保层,都有阻止、检测、干扰和延迟罪犯或侵入者的机会。比如,企图渗透某一安保层的罪犯或侵入者可被相应的安保应对措施发现和拦截。通过增加安保层、提高每一安保层的安保效果或同时采取这两项措施降低罪犯/侵入者的成功机会是可能的。依靠一个安保层来确保安全永远是难以奏效的,因为这需要不可能做到的完美程度的安排。尽管突破任一安保层的机会可能会较大,但同时突破三个甚至更多安保层的机会将呈指数级下降。

安保层的形式多种多样。实体障碍(墙体、围栏、闸门、护栏等)及检测和监视系统(闭路监控系统、运动侦测系统、瞭望塔、岗哨、跟踪系统等)可为监狱提供主要的安保层。简单程序也可提供额外安保层,且成本低廉甚至为零。工作人员的安保意识也可创设一个无形但非常有效的安保层。干预制度也可视为一个安保层,因为工作人员有效而迅速的干预也可阻止罪犯的逃跑企图。

多层安保理念还可为程序出现故障的情形提供安全冗余。比如,工作人员有时可能会忘记根据既定程序将某一设备锁入柜子,而是将其落在开放式桌子上。但是,如果该区域(车间)是锁闭的,进入该区域的通道也是受控的,则该设备仍然是处于受保护状态的。尽管单一程序发生故障的可能性是有的,但三个或更多连续性程序同时发生故障的可能性则要低得多。在罪犯与外界之间至少要有三个安保层——这是绝对要求,而五个甚至更多的安保层也是可取的。

多层安保理念是许多国家在监狱内设立规模更小的高安全级别监区即监狱内的监狱这一决定的理论基础。要成功越狱,高安全级别罪犯必须先逃出高安全级别监区,然后再通过主监狱的安保措施。高安全级别监区的安保措施应复制而非替代或依赖主监狱的安保措施。比如,进入高安全级别监区的所有工作人员、罪犯和物资应该再次进行安检,即便其在主监狱已接受搜查。

三、启示及借鉴

安全与秩序是监狱顺利开展一切工作的基础,而有效的安保措施则是维护监狱安全与秩序的重要手段。《动态安全与监狱情报手册》对监狱管理者在确保监狱安全这一个过程中面临的挑战以及如何应对这种挑战进行了探讨。其中许多原则和建议对于我国监狱系统完善监狱安保措施,具有启示意义。

(一)对罪犯科学评估、合理分类,确保限制和约束罪犯与尊重其权利之间达到平衡

尽管大多数罪犯会服从监规、安心改造,但是总有部分罪犯不甘于被剥夺自由,试图逃跑或者破坏监狱秩序。作为罪犯监管机构,监狱必须要对罪犯进行管理和约束。但是,根据《联合国囚犯待遇最低限度标准规则》的规定,监狱维持纪律和秩序时,不应实施超过确保安全看守、监狱安全运作和有秩序的集体生活所需的限制。即限制与赋权之间必须达到平衡。而实现

平衡的最佳方式就是对其进行评估，以确定其合理的风险等级，以便采取相适应的约束和管理措施。然而，当前我国的全国性的罪犯评估与分类体系还没有完全建立起来，评估标准、评估方法以及分类标准还有待进一步完善。罪犯的分类与安置还基本上以刑期长短、犯罪类型为主要依据，并没有根据其风险等级来进行。这些问题的存在使罪犯的管理比较粗放，尤其是风险管理缺乏针对性，也不利于以合理的罪犯分类为基础为罪犯制定个性化服刑计划，不利于罪犯改造。因此，建议进一步加强罪犯的风险评估体系的研制，建立合理的分类标准，为确定合理的罪犯安保等级，采取不同的安全风险管理策略，进一步精细化管理罪犯，并与需求评估结合为制定罪犯个性化服刑计划提供依据和基础，以切实维护监狱安全与秩序和社会安全，进而为开展罪犯教育改造工作，落实治本安全观提供保障。

（二）吸收多层安保理念，强化风险防范能力，守住监狱底线安全

尽管监狱有实体安保和程序安保双重保险，但是，现实中可能会出现现有的实体安保失灵，程序安保得不到有效执行的情况。而“多层安保”理念，即通过多重安保层，增加了罪犯逃跑和外来入侵难度，增加了监狱应对时间和机会，将罪犯逃跑和入侵风险降低到最低，有效降低了因实体安保失灵、程序安保得不到有效执行而给监狱带来的安全风险，为切实提高监狱安保能力提供了很好的思路。目前，我国监狱系统正在贯彻和落实治本安全观，而治本安全观的落实必须建立在守住底线安全的基础上。守住底线安全，必须切实提高监狱安保能力，为此我国的监狱系统可以吸收和借鉴“多层安保”理念，建立多重安保防护层，强化对重点目标、重点区域的防范，进一步提高风险防范能力。尤其是随着高度戒备监狱和高度戒备监区的建立和运营，应当更加发挥多层安保理念的效用。

（三）建立动态安保制度，充分发挥监狱工作人员在维护监狱安保方面的作用

监狱不仅仅是关押罪犯的机构，还是罪犯教育改造的机构，因此，监狱不是冷冰冰的仓库。监狱工作人员尤其是一线工作人员应当与罪犯建立良好的关系，以便能够了解罪犯思想和心理、行为状况，及时发现问题并采取应对措施，对罪犯给予帮助和支持，采取有效的教育改造方法。动态安保的理念正是认识到工作人员与罪犯之间良好关系的重要性，强调监狱工作人

员应在监狱安保中发挥重要作用,与罪犯建立良好的职业关系,并对罪犯开展建设性活动。可以说,动态安保不仅仅是一种安保措施,实际上也是一种改造措施。目前,在我国监狱的实践中,实际上存在一些动态安保的理念,比如要求一线干警与罪犯进行定期谈心谈话,监区管理与直接管理等,但是,从理论上或者理念上对工作人员与罪犯之间建立良性关系的重要性认识还不足,对于如何进一步发挥干警作用还缺乏系统性的规定和要求。建议吸收国际上广泛采用的动态安保理念,将动态安保明确规定为监狱安保措施之一,并将动态安保的理念嵌入日常的行动政策中,要求一线干警与罪犯建立积极的关系,采取监区和直接管理。同时要加强干警的遴选和培训,进一步提升干警沟通、识别、判断、危机应对等专业知识和专业能力以及职业素养,以保障动态安保的实施,有效发挥一线干警在维护监狱安全与秩序方面的积极作用,进而夯实监狱安保基石。

(四)为罪犯开展建设性活动并鼓励罪犯积极参加,促进治本安全观的真正落实

监狱作为罪犯教育改造机关,不能简单对罪犯关押。无论是《公民及政治权利国际公约》还是《联合国囚犯待遇最低限度标准规则》都规定监狱作为罪犯教育改造机关,其目标是让罪犯得到改造和重返社会并过上遵纪守法且自给自足的生活。而要实现这一目标,监狱必须为其提供教育、职业培训,以及适当的、可用的其他协助,包括具有治疗、道德、精神、社会、健康和体育性质的协助。动态安全将联合国以及国际有关规则融入进去,结合罪犯需求,明确让罪犯参与建设性活动。通过建设性活动将罪犯精力引导到积极活动中,因而减少罪犯违纪的动机,同时对其进行教育、培训、锻炼,为其顺利回归社会创造条件,进而有效降低再犯,真正维护社会安全。我国监狱系统应当从切实维护监狱安全和社会安全出发,围绕罪犯教育改造,制定系统性的教育改造方案,切实提高教育改造质量,为罪犯顺利回归社会创造条件。

国外暴力极端主义罪犯的管理改造及借鉴研究

张桂荣* 周 勇**

当前,随着全球受到包括恐怖主义在内的暴力极端主义犯罪的威胁不断增长,打击和防范暴力极端主义犯罪已成为国际社会和世界各国共同面临的重大任务。监狱作为关押和矫正暴力极端主义罪犯的机构,其在打击和防范暴力极端主义犯罪中的作用日益凸显。《联合国和平行动中的监狱支持》文件明确指出,"功能性的矫正系统也是努力解决'新的'全球威胁,例如暴力极端主义和跨国有组织犯罪的先决条件"。[1]《预防暴力极端主义行动计划——秘书长的报告》建议会员国"改革国家法律框架和监狱系统,以确保囚犯、人员和设施的安全,并建立依据人权和法治预防和打击监狱内激进化的程序"。[2] 不少国家立足本国实际,在关押和矫正暴力极端主义罪犯方面进行了积极探索,取得了许多成功的经验。

---

* 张桂荣:司法部预防犯罪研究所研究员。

** 周勇:司法部预防犯罪研究所副所长、研究员。

〔1〕 See Prison Support in United Nations Peace Operations (2015), United Nations Department of Peacekeeping Operations, Department of Field Support, Ref. 2015. 11.

〔2〕 参见预防暴力极端主义行动计划 - 秘书长的报告,A/70/67(2015),第15段,50(f)。

本报告在认真梳理国际社会与部分国家管理和矫正暴力极端主义罪犯的政策措施和经验做法的基础上,就改进和完善我国危安犯的管理和改造提出意见建议,供决策和实践部门参考。

一、国外暴力极端主义罪犯的概念与类型

什么是暴力极端主义(violent extremism)?国际上目前尚无一致的定义。联合国《防止暴力极端主义行动计划》指出“界定暴力极端主义是会员国的特权”。《欧洲委员会关于激进化和暴力极端主义的监狱和缓刑服务准则》中将暴力极端主义定义为促进、支持或实施可能导致恐怖主义的行为,以捍卫倡导种族、民族、族裔或宗教至上或反对核心民主原则和价值观念的意识形态。美国国际开发署将暴力极端主义定义为倡导、参与、准备或以其他方式支持意识形态动机或正当化的暴力,以进一步实现社会、经济或政治目标。[1]

关于暴力极端主义的类型,联合国《暴力极端主义罪犯管理与狱内激进化暴力预防手册》根据动机的不同将暴力极端主义划分为以下三种类型:一是思想暴力,主要包括:(1)政治意识形态暴力,如民族主义,新纳粹集团,白人至上或仇恨倡导使用暴力的团体;(2)对宗教意识形态的极端解读和倡导使用暴力的信仰;(3)暴力的左翼,无政府主义者,和右翼的意识形态。二是基于问题的暴力。具体又分为:(1)暴力动物解放和动物权利运动;(2)环境或生态环境暴力极端主义;(3)反政府,反全球化或反资本主义而倡导使用暴力的运动。三是民族主义或分裂主义暴力,主要指基于种族、文化、地理或社会的暴力政治或独立斗争。

由于各国对暴力极端主义的定义不同,因此不同国家所称的暴力极端主义犯罪以及相关罪犯也有所不同。联合国《暴力极端主义罪犯管理与狱内激进化暴力预防手册》对暴力极端主义者的定义是,为实现意识形态、宗教、政治目标或社会变革而倡导、支持、促进或实施暴力行为的人。暴力极端主义罪犯则是指实施了相关犯罪的人。但有时候被确定为暴力极端主义罪犯的人可能并不是因为实施了法律规定的暴力极端主义犯罪。“在某些情况下,暴力极端主义罪犯可能不是因涉及暴力极端主义的罪行(或指称的

[1] See Andrew Glazzard & Martine Zeuthen, Violent Extremism, http://www.gsdrc.org/wp-content/uploads/2016/02/Violent-extremism_RP.pdf.

罪行)而被监禁,而是依照上述暴力极端主义有关定义被评定为暴力极端主义分子。"[1]实践中,由于众多极端主义者通过暴力恐怖手段来实现其政治或者经济目标,因此许多政府都将暴力极端主义分子称为"恐怖分子"。

除了在关于暴力极端主义犯罪的定义上存在不同外,各国监狱中关押的暴力极端主义罪犯的构成也有所不同。以欧洲为例,目前,"外国恐怖主义战斗人员"在欧洲被捕和定罪的比例最高,如表1所示。其他类型的恐怖主义,包括民族主义和分裂主义的恐怖主义,加上左翼和无政府主义的恐怖主义,呈下降趋势。比如,在西班牙,曾经关押最多的暴力极端主义罪犯是巴斯克民族主义分裂者,即著名的埃塔组织成员,但是,随着武装伊斯兰组织(GIA)和萨拉菲斯呼叫和作战组织(GSPC)圣战分子在西班牙活动的增加,监狱中也开始关押此类的暴力极端主义罪犯或者恐怖主义罪犯。在法国,曾经的暴力极端主义者主要是指科西嘉民族主义者和巴斯克民族主义者,但现在是散居海外的恐怖主义、激进伊斯兰教和萨拉菲——圣战主义(S)。在英国,曾经关押的最多的应当是爱尔兰共和军(IRA),但随着近年来基地组织、伊斯兰国在世界范围内的蔓延,英国也增加了这类罪犯成员。[2]

表1　欧洲监狱中关押的暴力极端主义罪犯构成

年　度	2013	2014	2015
因恐怖主义有关的犯罪行为被捕的人数	537	774	1077
因圣战恐怖主义被捕人数	216	395	687
因恐怖主义罪行的定罪	258	345	417
因恐怖主义罪行无罪释放的人数	78	107	110

二、国外暴力极端主义罪犯的特点及其给监狱工作带来的挑战

《欧洲委员会关于激进化和暴力极端主义监狱和缓刑服务指导手册》对暴力极端主义罪犯不同于普通罪犯的特点进行了概括:(1)暴力极端主义罪犯在个人需求、动机、政治和意识形态观点、价值观、态度、个人特征和暴力

〔1〕 See United Nations Office on Drugs and Crime, Handbook on the Management of Violent Extremist Prisoners and the Prevention of Radicalization to Violence in Prisons, p. 143, 2016.

〔2〕 See RAN Centre of Excellence and the RAN P&P Working Group., Approaches to Violent Extremist Offenders and Countering Radicalisation in Prisons and Probation.

极端史等方面与普通罪犯具有明显差异。(2)暴力极端主义罪犯构成复杂,其年龄、性别、教育成就、教养、心理健康、国籍、种族和个人背景等方面的特征呈现淡化趋势。许多暴力极端主义分子与"正常"人并没有什么不同,只是致力于一种具体的意识形态,并愿意使用非法暴力来实现其目标。暴力极端主义罪犯在心理健康方面似乎也是健全的,尽管也有一些暴力极端主义分子和激进的暴力分子在心理健康上存在脆弱性。暴力极端主义罪犯中既有年轻人,也有老年人,还有青少年。过去暴力极端主义罪犯主要为男性,但越来越多的妇女正在卷入暴力极端主义罪行。许多暴力极端主义罪犯来自稳定的完整家庭,但也有的不是。在受教育方面,暴力极端主义罪犯中既有受过高等教育的专业人士,如医生和工程师,也有受教育程度低或者辍学的人。有的暴力极端主义罪犯是领导者,有的则是追随者,甚至是犯罪机会主义者。

暴力极端主义罪犯上述不同于普通罪犯的特点,给监狱的管理与改造工作带来了诸多新挑战。激进化和政治暴力研究国际中心(ICSR)的一份研究报告[1]指出,监狱管理和改造暴力极端主义罪犯面临的最大困难在于这些罪犯并不认为自己是罪犯,他们中的许多人不会选择平静地服刑,而是把服刑时间当做一个继续"斗争"的机会,进而采取从消极抵制监狱当局到把监狱变成一个支持更广泛的运动的"战场"等行为,具体有:

(1)拒绝与监狱当局合作。有政治动机的暴力极端主义罪犯认为,他们是因为思想信仰而不是犯罪行为而被监禁,因此对其监禁是不合法的。在这种情况下,他们会选择不与监狱工作人员合作,甚至试图在监狱建立起自己的组织架构。

(2)发展暴恐运动的战略思想。由于无法参与实际的暴恐行动,被监禁的恐怖分子可能会利用待在监狱里的时间来帮助发展暴恐运动的战略思想。比如,从格里·亚当斯的布朗尼专栏到穆罕默德·阿尔·马克迪西的"圣战"战争理论,武装和/或恐怖主义运动史上最有影响力的一些小册子和理论文章都是作者在监狱服刑期间撰写的。

(3)动员支持者。暴力极端主义罪犯可能会将监狱视作一个继续与国家对抗的环境,特别是当监狱受到歧视、虐待和酷刑的指控并导致消极的媒

[1] See International Centre for the Study of Radicalisation and Political Violence (ICSR), Prisons and Terrorism Radicalisation and De-radicalisation in 15 Countries, 2010.

体报道时,暴力极端主义罪犯会采取一些抗议,甚至绝食等对抗行为。

(4)参与暴恐活动。暴力极端主义罪犯会认为他们有义务为暴恐活动做出贡献。最明显的方法是试图逃离监狱,重新加入暴恐组织。如果这不可能,他们可能会参加构建暴恐运动的战略思想和规划,或发出业务指导或授权。

此外,在监狱内激进化其他罪犯,组建帮派团体以及招募新成员,在监狱内发展新技能或者人际关系以便在释放后加以利用等,也是暴力极端主义罪犯在监狱中经常会出现的行为。

三、国外对暴力极端主义罪犯的管理

国外监狱对暴力极端主义罪犯的管理以应对暴力极端主义罪犯带来的特殊挑战为主,围绕防止罪犯激进化和招募其他罪犯、在监狱内建立组织结构、进行和指挥暴力活动、逃跑以及与狱外人员联系等方面开展。

(一)格外重视情报与信息的收集

情报信息对于监狱管理暴力极端主义罪犯工作至关重要。监狱收集、评估、整理、分析和传播与暴力极端主义罪犯有关的情报信息的能力高低,不仅关系到监狱设施的安全运行,而且直接影响到狱内暴力激进化的防范。准确的情报信息还有助于监狱管理部门就罪犯的安置和人力资源分配以及监狱资金的分配问题作出合理决策。此外,监禁期间(审前、定罪后和预释放)的情报共享对于暴力极端主义罪犯的有效管理也十分重要。因此,监狱应同缓刑机构、其他执法和安全机构加强情报与信息的合作共享。

为做好监狱情报信息工作,许多国家建立专门的暴力极端主义情报机构和网络。例如,在德国,黑塞州(State of Hesse)司法部监狱局于2016年成立了有关暴力极端主义罪犯的监狱情报网络新部门。该部门作为中央联络点和情报中心,负责收集相关情报信息并提供给其他机构。该部门在黑塞州各监狱部署了七名“结构观察员”(Strukturbeobachter),收集现场相关信息。他们的工作涉及与各部门和各学科的监狱工作人员、预防暴力网络的培训员、监狱的伊玛目(Imam,穆斯林祈祷主持人的尊称)、其他监狱的结构观察员以及司法部、国家刑事调查局、国内安全局等机构密切合作和共享信息。观察员的任务也涉及监督和监控暴力极端主义罪犯的邮递信件、电话、汇款,根据情况进行探视以及参与和/或启动与暴力极端主义罪犯有关的个案会议。[1]

在英国,国家罪犯管理局新设立了极端主义处(The Extremism Unit)。该处是国家罪犯管理局(监狱管理)安全小组的一部分,负责制定适合恐怖分子、极端主义分子和激进分子风险的战略、政策和程序性应急预案。它接收英格兰和威尔士所有监狱的极端主义情报和信息,利用这些信息开展战略分析。极端主义处与英格兰和威尔士各地区的反恐怖主义协调员(RCTC)合作,收集情报,监督和管理恐怖主义或极端主义罪犯。RCTC与重要的机构(如缓刑、警察和安全局)合作分享信息并帮助对这些罪犯进行风险管理。[2]

在加拿大,矫正局与各种刑事司法和执法伙伴签署谅解备忘录,加强对有关国家安全案件的情报信息分享。这些情报信息可帮助矫正局发现和识别与恐怖主义犯罪相关的罪犯。矫正局通过三个渠道来确定对国家安全有可信关切的罪犯:一是被定为犯有恐怖主义罪的罪犯("加拿大刑法"第83.01条)。二是由合作伙伴或第三方机构(如加拿大皇家骑警、加拿大安全情报局)确定的罪犯。三是由矫正局确定的罪犯。及早地发现和识别对于罪犯管理很重要。矫正局能够通过现有的安全情报程序密切监管这些罪犯。与外部伙伴信息共享安排(通过谅解备忘录)是识别、监测和管理暴力极端主义罪犯过程中不可分割的组成部分。[3]

(二)积极开展暴力极端主义罪犯风险与需求评估

对罪犯进行风险评估,是成功管理罪犯的基础。对于暴力极端主义罪犯来说,风险评估尤为重要。《关于暴力极端主义罪犯矫正康复和重返社会良好做法的罗马备忘录》(Rome Memorandum on Good Practices for Rehabilitation and Reintegration of Violent Extremist Offenders)中良好做法3提出:"首要的一步可能是为新罪犯开发一个有效的入监、评估和分类系统。当一个新罪犯进入监狱时,监狱管理的重要第一步就开始了。尽可能多地

[1] See United Nations Office on Drugs and Crime, Handbook on the Management of Violent Extremist Prisoners and the Prevention of Radicalization to Violence in Prisons, p. 19, 2016.

[2] See United Nations Office on Drugs and Crime, Handbook on the Management of Violent Extremist Prisoners and the Prevention of Radicalization to Violence in Prisons, p. 19, 2016.

[3] See United Nations Office on Drugs and Crime, Handbook on the Management of Violent Extremist Prisoners and the Prevention of Radicalization to Violence in Prisons, p. 21, 2016.

了解罪犯的个人背景、犯罪历史、人格特质、意识形态和在监狱中的行为,对于做出合理的分类决定和设计有效的个人矫正计划非常重要。”欧洲理事会 2016 年出台的《欧洲理事会关于激进化和暴力极端主义的监狱和缓刑服务准则》第 19 条规定,应该特别注意所有罪犯的入监程序,因为良好的入监程序可以让罪犯感到信任和安全,在入监时能够适当评估他们的健康状况,并有助于良好的风险和需求评估、刑期计划、分类、分配和住宿。为做好对暴力极端主义罪犯的风险和需求评估,许多国家研制了专门的评估工具,包括暴力极端主义风险评估量表(Violent Extremist Risk Assessment,VERA－2)、极端主义风险指南(Extremism Risk Guidelines,ERG22＋)、多级指南(Multi-Level Guidelines,MLG)、澳大利亚政府开发的 RADAR,以及安全威胁群体验证和管理(Security Threat Group Validation and Management)等。

1. 暴力极端主义风险评估量表[1]

暴力极端主义风险评估量表是一种基于风险评估的结构化专业判断(Structured Professional Judgement)方法的评估工具,最初由海牙打击恐怖主义国际中心、荷兰安全和司法部法医精神病学和心理学研究所的 Elaine Pressman 博士于 2009 年依据当时有关暴力极端分子和恐怖分子的知识研制。此后该工具不断在实践和研究中得到修订与完善。目前使用的版本为 VERA－2R。VERA－2R 包含五个方面 34 个指标。这五个方面分别为:信仰、态度和意识形态方面;社会背景和意图方面;历史、行动和能力方面;承诺和动机方面;保护性和减轻风险指标方面。34 个指标中有风险和动机指标,还包括了一些保护性指标。目前,欧洲许多国家如荷兰、德国、瑞典、奥地利、法国和比利时都在使用该工具。欧洲以外的国家如澳大利亚、菲律宾、加拿大和印度尼西亚等也在使用该工具。

2. 极端主义风险指南[2]

极端主义风险指南是由英国国家罪犯管理局在风险评估和恐怖主义领域专家小组协助下开发的一项评估工具。最初研制的工具被称为结构化风

[1] See Countering Violent Extremism: The Application of Risk Assessment Tools in the Criminal Justice and Rehabilitation Process, pp. 14－15, https://www.dhs.gov/sites/default/files/publications/OPSR_TP_CVE…, 2018－3－20.

[2] See Countering Violent Extremism: The Application of Risk Assessment Tools in the Criminal Justice and Rehabilitation Process, pp. 16－18, https://www.dhs.gov/sites/default/files/publications/OPSR_TP_CVE…, 2018－3－20.

险指南(Structured Risk Guidance,SRG)。结构化风险指南有四个维度,21个因素指标。四个维度分别为信念、动机、意图和能力。21个因素指标分布在四个维度中。此后经过一段时间的实践后,根据用户反馈意见和额外的案例知识,对结构化风险指南进行了修改,最终发展成了极端主义风险指南(Extremism Risk Guidelines,ERG)。ERG保留了许多与原始工具相同的风险因素,并做了一些小改动,把四个维度合并修改成为参与(将信念和动机合并)、意图和能力三个维度。ERG目前已发展到ERG 22 + 版本。数字22是指分布在三个维度上的风险因素的数量。“ + ”用于表示文书不仅仅是风险因素的核对清单,而是评估人员考虑各种因素的过程。ERG 22 + 的指导文件提示评估者在评估时应考虑罪犯的背景和个人特征。

3. 多级指南〔1〕

多级指南由加拿大西蒙弗雷泽大学卫生法律和政策研究所心理学博士Alana N. Cook研制。虽然暴力极端主义风险指南将个人环境的社会和情境因素考虑在内,但它主要是评估个人层面暴力极端主义风险的方法。关于暴力的社会心理学观点认为,群体成员、群体行为和群体层面因素可能在个人决定实施极端暴力时发挥一定作用。Cook等人2013年确定将个人和群体风险因素纳入到综合暴力风险评估方法中,形成多级指南(MLG)。这是一套结构化的专业判断指南,用于评估基于群体的暴力(如帮派、犯罪网络),其中同时考虑了个人和群体层面的因素。多级指南是基于团体暴力文献中确定的暴力风险因素构建的模型。该模型由个人、个人—群体、群体和群体—社会四个风险因素领域组成。个体风险因素与群体成员无关,主要集中于被评估人的历史和以前的行为。个人—群体因素基于个人在群体中的成员身份,旨在衡量个人对群体的角色态度。群体因素是该群体文化的特征。第四个领域——群体—社会因素捕捉了群体与社会之间的相互作用,包括可能影响信念或行为的其他群体的存在。这些领域以嵌套模式呈现,每个领域都是每个后续领域的组成内容(如个体因素包含在个体—群体因素内等)。多级指南由分布在原始模型中确定的四个领域的22项风险因素组成,具体包括6项个体风险因素、4项个体—群体风险因素、6项群体风险因素和6项群体—社会风险因素。

---

〔1〕 See Alana N. Cook, Risk Assessment and Management of Group-Based Violence, https://www.researchgate.net/publication/264689494_Risk_Assessment_and_Management_of_Group-Based_Violence.

4. RADAR[1]

RADAR是澳大利亚政府研制的一个激进化风险评估工具。与VERA 2、MLG和ERG 22+不同的是，RADAR是一种确定激进化过程中的可观察步骤，以便个人可以被引导到现有的国家项目，以防止他们犯下极端主义罪行的工具。与ERG 22+非常相似，RADAR是一个旨在系统地记录一个人的所有方面和其环境的评估，具体包括筛选评估和深入评估两项评估。其中，筛选评估包含意识形态、社会关系、行动取向三个维度、15项指标。这三个维度分别对应于个体在激进化过程中可能会经历重大转变的三个阶段。意识形态维度指激进化过程中个体信仰和态度的变化。社会关系维度是指激进化过程中其他人包括家庭、团体和密切联系人所产生的影响。行动取向维度指采取“我们对他们”的态度，如越来越怀疑或仇恨他人，以及随着时间的推移可能升级的轻微犯罪的增加。这三个维度分别由具体的指标表示。RADAR还为每个指标设置了从值得注意（轻微）到关注（中等）到请注意（重度）强度的三级度量。除15项指标外，筛查评估还设置了存在有影响力/支持性家庭成员、过去社会参与的示例、通常的非暴力三项保护因素作为参考。在筛选评估结果的基础上，如果有必要，还可以对个体进行深度评估。深度评估包含有27项指标，这些指标分列于上述筛选工具中的三个维度中。深度评估需要收集每项指标的重要细节，以便小组审查。

5. 安全威胁群体验证和管理（Security Threat Group Validation and Management）

以上都是对已知为暴力极端主义罪犯的评估，在实践中有许多罪犯虽因普通刑事犯罪而被定罪，但其本身具有极端主义意识、心态和信仰，对监狱安全构成威胁。如何在普通罪犯中将这些具有极端主义思想的人找出来对于维护监狱安全，进行有效干预具有重要意义。自20世纪80年代以来，美国监狱中被称为安全威胁（Security Threat Group，STG）的暴力极端主义群体的数量开始急剧增长。全国的监狱官员面临着处理这些与暴力犯罪活动有关的罪犯的挑战，同时要确保他们的公民和正当程序权利不受侵犯。为此，美国联邦监狱局专门研发了暴力极端主义罪犯身份的验证工具，即安

[1] See Countering Violent Extremism: The Application of Risk Assessment Tools in the Criminal Justice and Rehabilitation Process, pp. 18－19, https://www.dhs.gov/sites/default/files/publications/OPSR_TP_CVE…, 2018－3－20.

全威胁群体验证和管理(Security Threat Group Validation and Management, STG)[1]程序。验证包括依据先前确定的因素,例如,当前刑事犯罪的性质、犯罪历史、自我认可、文身、与已知的STG成员的关系、拥有STG象征性和/或文件、照片等来评估罪犯可能的STG成员资格,每个因素被分配一个数值。如果达到一定的数值门槛,则被认定为STG成员。由于法律法规的差异以及全国的文化差异,因素和分配的权重可能因州而异,但过程基本相同。在美国大多数州,罪犯可以就STG身份认定提出上诉,因为该认定可能影响监禁分级、住房、矫正项目以及监禁的其他方面的决定。需要指出,STG验证只是一个身份的确定,并不是对罪犯的分类。所有罪犯仍然要经历一个客观的分类过程来确定他们的风险和需求。STG验证程序用于告知分类决定。通过确保在所有情况下都遵循相同的透明而客观以及有文件记录的流程,有助于避免将罪犯轻易"标注"为STG成员。另一个重要的因素是STG验证和分类是一个持续的过程。一旦罪犯情况和行为发生变化,STG验证和分类可能会重新审查。STG验证过程是美国监狱和看守所STG成员有效管理的关键组成部分。这也促使了全国各地STG专家小组之间的信息共享,并形成了跨州和地区的帮派调查员网络,这对于有效监测这些群体的活动至关重要,因为这些群体经常跨越管辖线。总之,美国暴力极端主义罪犯的验证程序是对已收押的罪犯中涉及暴力极端主义行为者身份的确定,是对暴力极端主义罪犯采取针对性管理的前提。

(三)恰当对暴力极端主义罪犯进行分类、分级与安置关押

鉴于暴力极端主义罪犯给监狱带来的特殊安全风险与挑战,对其进行恰当的分类、分级和安置关押就非常重要。世界上大多数国家将监狱的安全级别划分为高度戒备、中度戒备、低度戒备三个等级。其中,高度戒备监狱有严密的安全设施、严格的管理程序和动态的安防措施,使得罪犯不可能逃跑。相比之下,一个低度戒备的监狱可能连牢房门和低围栏都没有。在决定罪犯安置分配时,应根据其个体风险评估和不受歧视的原则,确保所有罪犯都处于其安全和保障监禁所需的限制最少的环境中,即不同的风险等级的罪犯应当关押在与其风险等级相对应的安全等级监狱。被评估和分级

---

〔1〕 See United Nations Office on Drugs and Crime, Handbook on the Management of Violent Extremist Prisoners and the Prevention of Radicalization to Violence in Prisons, 2016, p. 46.

为高度风险的暴力极端主义罪犯通常会被分配到高度戒备监狱或者高度戒备关押单元中。被认为特别危险的极少数暴力极端主义罪犯可能需要被关押在最高戒备等级的监狱或关押单元中。在资源匮乏的国家,特别是在冲突后的国家,很少开展个体风险评估。那些被判犯有暴力极端主义罪行的罪犯可能基于他们的判决或指控的长度和性质,会自动关押在极其严格限制的高度戒备设施中,而不是基于个体风险评估的结果。监狱在确定暴力极端主义罪犯的安全等级后,应考虑罪犯的具体分配与安置方式等问题。比如是将暴力极端主义罪犯与一般罪犯混合关押还是与一般监狱人口分开(分离)关押;如果分开,暴力极端主义罪犯是应该集中在一起关押还是分散在少数监狱中,暴力极端主义罪犯之间是否需要相互隔离等。从国外情况看,目前对暴力极端主义罪犯的安置关押归纳起来主要有六种模式。

1. 分离模式

分离是将暴力极端主义罪犯与普通罪犯关押在同一个监狱设施内,但是分开关押。将暴力极端主义罪犯与其他罪犯分离,是避免激进化和/或招募其他囚犯的关键。采用分开模式的国家有阿尔及利亚等国。在阿尔及利亚,监狱设施和重返社会管理局认为,不应将大量恐怖主义犯罪的罪犯集中关押在单一监狱设施内。因此,阿尔及利亚采取分离关押的方式,将暴力极端主义罪犯关押在普通罪犯监狱中,但与其他罪犯严格分开。根据人格特征和涉嫌犯罪的严重性,将指控犯有恐怖主义犯罪的罪犯划分为三类:(1)暴力极端分子。这些人的行为特点是诉诸武装暴力,不服从和不尊重法律和监狱条例,具有主宰和操纵其他罪犯的强烈意愿。(2)意识形态极端分子。这些罪犯虽然没有暴力行为并尊重法律和条例,但却在监狱中美化、倡导恐怖主义。(3)其他。被指控因为害怕报复未能举报恐怖袭击的人。这类罪犯代表的是最不危险的人,并且通常受到纪律处分,遵守监狱条例,有时甚至与国家当局合作。[1]

2. 集中模式

集中关押是指将暴力极端主义罪犯集中关押在专门的监狱或者专门的监狱分支机构。法国、荷兰、美国、英国等国均采取集中关押的方式。由于暴力极端主义罪犯人数较少,因此,荷兰对暴力极端主义罪犯实行全面集中

〔1〕 See United Nations Office on Drugs and Crime, Handbook on the Management of Violent Extremist Prisoners and the Prevention of Radicalization to Violence in Prisons, 2016, p. 50.

管理。罪犯被集中关押在高度安全监狱的“恐怖主义之翼”。在美国的联邦监狱系统中,几乎所有的恐怖主义罪犯集中关押在三所监狱中,但这些监狱中没有专门的“恐怖主义之翼”。[1] 2016年8月前,英国大多数暴力极端主义被分散关押在全国的八所高度戒备监狱,这些监狱关押被认为最有潜在风险的“A类”囚犯。然而,在政府下令对以监狱的激进化情况进行审查之后发现,一些具有煽动性的罪犯正在对穆斯林同胞施加“激进的影响力”,有人鼓动了对伊斯兰教的积极转变和/或卷入了对监狱伊玛目的恐吓。于是英国司法部宣布将最危险的伊斯兰极端分子从一般监狱人口中移出,转而关押在高度戒备监狱中的“特别单位”。[2] 在法国,[3]为暴力极端主义罪犯建立专门的监狱分支(prsion wings)是法国监狱管理部门在打击恐怖主义方面采取的一项主要措施。法国共有五个专门的监狱分支关押暴力极端主义罪犯。监狱根据场地的建筑结构、位置和容量来决定是否选择实施这些措施。被分配到这些监狱分支工作的工作人员要接收为期三周的培训课程。在五个监狱分支中,有两个分支主要是用于评估处于激进化暴力道路上的罪犯或者已经激进化的罪犯,而另外三个监狱分支则是用来管理暴力极端主义罪犯。只有成年男性罪犯被分配到暴力极端主义罪犯专用的监狱分支。罪犯的筛选是在包括监狱局部门主管、融入社会重新和重返社会局部门主管以及缓刑局部门主管参加的会议期间作出。分配决定主要基于罪犯的个人资料/背景和接受度作出。通常,暴力极端主义罪犯被安置在专门监狱分支的独立牢房,审前拘留者与被判刑人分开。专门的监狱分支中对罪犯权利的保障符合监狱制度规定,罪犯有维持与家人联系、开展建设性活动等权利。对暴力极端主义罪犯的具体管理,在不同的暴力极端主义监狱专门分支中会有所不同。

3.隔离模式

隔离是将每一名暴力极端主义罪犯都单独关押在一个独立的牢房,完全与外界以及其他罪犯相隔绝。这些罪犯与工作人员的接触也保持在最低

---

[1] See International Centre for the Study of Radicalisation and Political Violence, Prisons and Terrorism Radicalisation and De-radicalisation in 15 Countries, 2010.

[2] See United Nations Office on Drugs and Crime, Handbook on the Management of Violent Extremist Prisoners and the Prevention of Radicalization to Violence in Prisons, 2016, p. 49.

[3] See United Nations Office on Drugs and Crime, Handbook on the Management of Violent Extremist Prisoners and the Prevention of Radicalization to Violence in Prisons, 2016, pp. 46 – 48.

限度一天一个小时的锻炼,通常不涉及任何与其他罪犯或工作人员的接触。这种做法相当于长时间单独监禁。在某些国家,一些暴力的极端主义罪犯可能会与其他人永远隔离,人格权非常有限或无法获得政治活动,这实际上就是长期单独监禁。[1]

4. 分散模式

在一些国家,暴力极端主义罪犯被分散关押。在没有高度戒备监狱的情况下,或者是高度戒备监狱数量不足时,暴力极端主义罪犯可能会被分配到普通监狱,要么关押在一个单独的高度戒备的单元中,要么安置在提供和配备高水平安全设施的牢房内。这些牢房通常位于监狱远离外部世界、提供最高保护水平的地方。摩洛哥、印度尼西亚等国就采取这样的分散政策。2015 年,摩洛哥监狱系统中约有 600 名罪犯被宣称为政治极端分子。这些罪犯对伊斯兰教有极端解释,且往往与伊斯兰马格里布基地组织、伊斯兰国等组织有联系。监狱当局最初是将极端主义罪犯集中在少数监狱中,并与其他普通罪犯分开。之所以这样做,部分原因是担心极端主义罪犯会激进化其他罪犯。但是,这种集中关押的做法被认为是失败的。因为将恐怖主义罪犯集中关押,会导致这些罪犯日益激进化,且破坏了其他鼓励去极端化的努力。在与类似背景的罪犯一起监禁,会让罪犯对极端主义变得更加坚定。为了解决这个问题,摩洛哥当局推出了新的分散政策。600 名极端主义罪犯被分散到大约 40 个不同的监狱进行关押。而在印度尼西亚,之所以采取分散模式,是因为其监狱人口的总体规模不大以及暴力极端主义罪犯的数量相当少(2014 年 11 月为 274 名)。这些罪犯在监禁系统中相对分散安置,被关押在大约 26 个不同的监狱中,其中一些更顽固的罪犯被关押在 Nusakambangan 岛的各种监狱设施中。暴力极端主义罪犯最集中关押的地方可能是雅加达的 Cipinang 监狱,该监狱在 2013 年关押了 54 名暴力极端主义罪犯。[2]

5. 一体化模式

加拿大是采取混合—分离安置模式的国家。加拿大矫正局没有将其定罪的恐怖分子安置在专门的监狱中,而是利用混合—分离安置模式。这种方法主要侧重于将激进的罪犯融入开放的普通罪犯中。但是,如果安全信

---

〔1〕 See United Nations Office on Drugs and Crime, Handbook on the Management of Violent Extremist Prisoners and the Prevention of Radicalization to Violence in Prisons, 2016, p. 49.

〔2〕 See United Nations Office on Drugs and Crime, Handbook on the Management of Violent Extremist Prisoners and the Prevention of Radicalization to Violence in Prisons, 2016, p. 49.

息表明两名或两名以上激进的罪犯关押在一起将对罪犯、监狱机构或工作人员构成威胁时,则可以将这些罪犯实行物理/地理隔离。分离可以通过将激进的罪犯安置在同一个矫正设施的不同居住单位内,或通过安置在不同的机构或矫正机构中来实现。应对被定罪的恐怖主义罪犯与其他持有安全威胁的罪犯采取一致的管理,避免给激进的犯罪分子提供优势地位,并消除任何潜在的"招募/激进化"权力基础。[1] 还有一些国家依据暴力极端主义罪犯在其组织中的影响采取混合方式关押。例如,暴力极端主义理论家和魅力领导人被认为比追随者、士兵更有可能激化其他人,并对(已经是暴力极端分子的)同胞罪犯起到强化作用,因此应将这些人进行分押,而可以将追随者和士兵与普通罪犯混押。[2]

6. 特殊模式

西班牙的恐怖主义分子罪犯分配政策是一个特例。该国依据本国罪犯的实际情况,对具有不同政治动机和目的的暴力极端主义罪犯采取不同的管理模式。自20世纪70年代以来,西班牙主要恐怖主义威胁来自巴斯克分离主义组织埃塔(ETA)。最初,西班牙当局对埃塔罪犯实施了集中关押政策。20世纪80年代后期,这一集中关押政策改变为分散关押政策,即将埃塔罪犯分散关押到整个监狱系统。之所以要对埃塔罪犯采取分散关押,是因为埃塔是一个相对较大的恐怖组织,具有高度结构化的组织,并采用了军事风格的层次结构。如果对埃塔罪犯实施集中关押,会使该组织能够继续保持对其成员的严密控制,并保持罪犯的凝聚力和组织性。为避免这一点,自1986年后,西班牙当局开始在整个西班牙监狱系统中更广泛地分配关押埃塔罪犯。采取分散关押策略的另一个好处是其为政府提供了与埃塔谈判时讨价还价的筹码。通常,埃塔罪犯愿意被安置在离他们家乡较近的监狱中服刑,分散策略允许政府作出让步,以换取埃塔罪犯在其他方面让步。2000年以后,随着暴力的伊斯兰恐怖分子成为重大威胁,西班牙监狱当局对这些罪犯采取集中关押政策,避免将其分散到整个监狱系统。之所以这样做,是因为监狱当局认为伊斯兰暴力恐怖分子是一个截然不同的挑战。与埃塔形成鲜明对比的是,伊斯兰暴力恐怖分子并不属于一个单一的紧密

---

[1] See United Nations Office on Drugs and Crime, Handbook on the Management of Violent Extremist Prisoners and the Prevention of Radicalization to Violence in Prisons, 2016, p. 53.

[2] See United Nations Office on Drugs and Crime, Handbook on the Management of Violent Extremist Prisoners and the Prevention of Radicalization to Violence in Prisons, 2016, p. 53.

的组织,也没有明确的等级或指挥系统。同时,与埃塔相比,有人担心暴力的伊斯兰罪犯可能更倾向于激化其他罪犯。基于上述考虑,西班牙当局对暴力的伊斯兰罪犯没有实施针对埃塔罪犯的分散关押政策。因此,西班牙监狱系统同时采取分散和集中两种不同模式的分配政策。

四、国外对暴力极端主义罪犯的改造

尽管对罪犯进行改造是监狱承担的三重任务之一(惩罚、剥夺自由与资格以及改造),但从当前有关国家的实践来看,多数关押暴力极端主义罪犯的监狱主要考虑的是剥夺和遏制暴力极端主义罪犯的犯罪能力,而不是对其改造。这是由于绝大多数暴力极端主义罪犯被认定为高度危险罪犯,被关押在高度戒备监狱。相比一般罪犯,他们被关在牢房的时间更长,监控更密,通信受到的审查更严。这些高度戒备的制度规定使对他们的改造几乎没有空间。[1] 即使有些国家(英国、法国、西班牙)愿意激励罪犯发生改变,但这并不意味着这是监狱当局有意识的努力或者方案。虽然改造暴力极端主义罪犯并不是许多国家监狱系统的重心,但是,仍有一些国家在促进暴力极端主义罪犯去激进化和脱离暴力进行了积极探索和尝试。从各国的实践来看,对暴力极端主义罪犯进行"去激进化"和"脱离接触"[2]方面的改造,这些改造主要采用项目矫正的方式,具体包括宗教信仰干预、心理咨询和支持、教育与职业培训、创造性疗法、运动疗法(如运动、瑜伽和锻炼)、身份干预、支持罪犯家庭等内容。

(一)宗教信仰干预

在有关国家的去激进化措施中,宗教信仰干预是一个主要的项目。例如在也门,去激进化项目中的核心做法是严肃的宗教信仰干预,利用神职人员与罪犯辩论修正他们对伊斯兰教的理解。通过被监禁者和神职人员之间的交流(通常是一名神职人员对三名至七名被拘留者),创造出更有利于建

---

〔1〕 See International Centre for the Study of Radicalisation and Political Violence, Prisons and Terrorism Radicalisation and De-radicalisation in 15 Countries, 2010.

〔2〕 "去激进化"是指团体或个人发生认知改变,不再相信暴力意识形态的过程。"脱离接触"是指个人或团体发生行为改变,不再实施暴力或参加团体暴力活动的过程。参见 International Centre for the Study of Radicalisation and Political Violence, Prisons and Terrorism Radicalisation and De-radicalisation in 15 Countries, 2010, p. 12。

立相互信任和尊重的环境。辩论围绕着圣战的合法性及其对古兰经的正确解释。在马来西亚,关押暴力极端主义罪犯的监狱普遍开展宗教咨询,由监狱的宗教学者向罪犯提供宗教教育,宗教课每天举行,平均持续90分钟。同时,邀请大学教授到监狱为罪犯做报告,由于大学教授被视为独立于政府,因而特别受罪犯欢迎和尊敬。通过宗教咨询,让罪犯回归到对宗教的正确理解上,消除罪犯的激进意识形态和极端主义思想。在沙特阿拉伯,主要通过制定和提供咨询项目来改变暴力极端主义分子的激进意识形态。具体是通过深入的宗教辩论和心理咨询,使暴力极端主义罪犯及其同情者去激进化。在尼日利亚,宗教干预被认为是一种基于信仰的改造措施,要求在干预中要首先了解暴力极端主义者的意识形态,然后用更加先进的学术观点去反驳它。为此,该项目向罪犯反复重申伊斯兰教和基督教的基本宗旨,教导罪犯伊斯兰教和基督教中关于和平、正义、人权、宽容和共存,以及克制和反对极端主义等内容的主张。印度尼西亚的宗教干预,主要是通过悔过的圣战者来影响其他罪犯放弃自己的观点,改变过去的极端主义思想。

(二)心理咨询与支持

作为一种意识形态犯罪,对暴力极端主义罪犯进行心理干预非常重要。多数国家把心理干预和支持作为去激进化的重要措施。在马来西亚,聘请心理学家对罪犯开展心理咨询支持。心理学家根据需要为罪犯提供集体的和一对一的咨询支持,以提高罪犯的自尊心和心理健康水平。在尼日利亚,运用动机访谈方法,与访谈者建立信任,鼓励罪犯参与关于暴力极端主义的对话,质疑他们的信仰、态度和行为,为罪犯去激进化奠定基础。在沙特,监狱对暴力极端主义罪犯开展心理咨询,通过个体风险评估准确发现罪犯的心理预兆和改造需求,然后进行针对性的心理和辅导服务,协助解决导致罪犯走向暴力极端主义的那些问题,诸如严重酗酒、吸毒和心理不健康等。

(三)教育、职业培训

教育被认为是个人发展的一个关键要素。对暴力极端主义罪犯进行教育和职业培训,是降低再犯的主要措施。马来西亚对暴力极端主义罪犯开展公民价值观教育和职业培训。大部分师资由监狱工作人员担任,同时也聘请外部工作人员。在尼日利亚,监狱针对圣战分子,对他们进行社会经济文化的教育,引导他们对社会经济因素的理解,同时还通过教育提升罪犯的基本读写(英语和阿拉伯语)、算术能力以及计算机使用技能等。监狱认为职业培训不仅有助于缓解可能对罪犯身心健康产生不利影响的无聊和空虚,同时还帮助罪犯获得工作技能,促进获释后就业。比如Kuje监狱当局为罪犯提供了木工、裁缝和基本电工等行业性技能的培训,以满足其获释后可能返回社区的服务需求。

(四)创造性活动与艺术治疗

研究表明,创造性治疗对于罪犯改造具有很好的效果。尼日利亚的(Kuje)监狱针对罪犯的兴趣爱好,开展了一系列的创造性活动,将其作为教育改造项目,如音乐、击鼓、舞蹈、书法、团体表演、传统手工艺等。而且,他们将这种艺术元素与职业技能的习得相结合,为罪犯提供念珠制作课程,使其最终能够制作可用于销售的珠宝和装饰品。这种创造过程还有利于重大生活事件相关感受和情绪的交流。

(五)体育和游戏

体育干预不仅可提供室外运动的机会,而且作为去激进化项目的组成部分,可用来促进罪犯的个人发展和成长,且被证实有利于鼓励亲社会的思维和行为。此外,体育还可充当参与和改造的平台。尼日利亚组织暴力极端主义罪犯进行体育活动和游戏,由暴力极端主义罪犯、监狱工作人员和普通罪犯群体各自组队并创建足球联盟,借此改善了相互信任和交流的氛围。许多体育干预措施包括排球和足球都被派上了用场。

(六)身份干预

身份问题是人们犯下暴力极端主义犯罪的核心,也是他们选择放弃和停止的原因。脱离接触是一种变革性的身份认同过程,在此过程中,一个人与暴力极端主义团体断绝关系并重新连接其他地方,重建自我意识。个人身份的出现和/或发展通常是身体健康的关键因素。对许多以前的暴力极端主义者来说,特别是如果他们长时间在暴力极端主义团体中,这是一个特别的挑战。英国以此理论为依据,由国家罪犯管理局研发了健康身份干预项目(Healthy Identity Intervention,HII)。[1]该项目对身份概念进行重点干预,试图通过干预,阻止暴力极端主义罪犯再犯此类犯罪。为实现这一目标,项目鼓励并支持参与者脱离极端主义团体、事业或意识形态。它既解决激发个人参与和犯罪的因素和环境,也改变那些导致他们犯罪的态度、信念和看法。干预为参与者提供了一个机会让他们反思他们是谁以及他们的生活将走向哪里。鼓励罪犯重新考虑他们对极端主义团体、事业或意识形态的承诺是否真的让他们"发迹",满足他们的个人需要,并使他们成为他们想成为的人。干预以一对一的方式进行(或两名引导者对一名参与者)。为了促使脱离和阻止暴力,干预的模块和课程旨在帮助参与者满足他们的个人需求,而不需要致力于极端组织、事业或意识形态;在其做出有关现在和未来承诺的决策时,强化个人的自主意识;解决他们对犯罪的支持性态度、信仰和思想;不需要通过犯罪来表达自己的价值观和追求自己的目标;增加他们对挑战性情绪的容忍度和接受度。这些目标对于每个参与者都会有所不同,但是基本上是要解决那些容易导致极端主义者犯罪和促成那些鼓励脱离接触的因素和情况。这方面的具体课程包括参与和洞察课程、基础课程、正念课程、个人身份课程、小组参与课程、自我形象课程、小组冲突课程、寻求变革课程、推动课程等。

(七)家庭支持

家庭可以在脱离接触干预的成功方面发挥不可或缺的作用,特别是在使个体重新融入社会并使其不能回到暴力极端主义的生活之后发挥作用。因此,脱离接触干预应该积极让罪犯的家人参与,给予罪犯家庭以支持。在印度尼西亚,政府积极打造警察的新形象,警察作为帮助者,介入对参与去极端化矫正项目的圣战者家庭的支持,从支付教育费用到提供医疗服务,帮助脱离接触。

五、国外对暴力极端主义罪犯释放后的安置帮教

绝大多数暴力极端主义罪犯最终会被释放回到社区。因此,暴力极端主义罪犯重新融入社区的过程也是预防和打击暴力极端主义有关战略的重

[1] See Interventions Unit National Offender Manager Service Her Majesty's Ministry of Justice, Healthy Identity Intervention Summary and Overview, https://www.whatdotheyknow.com.

要部分。为促进罪犯顺利回归社会,许多国家把帮助罪犯释放后获得就业、住房、家人和社会的支持作为工作重点。

(一)加强就业培训与指导,促进就业

释放后的就业对于预防再犯至关重要。在就业方面,许多国家的监狱会对罪犯的技能掌握情况进行评估,以确定其可能的就业机会,包括帮助罪犯确定求职和演讲内容,制作简历和申请表,提供面试技巧培训,组织进行关于期望的联合讨论,解决与求职过程相关的焦虑,提供有关就业市场信息,与公共和私营雇工单位进行沟通和联系,与可能提供援助的个人或以前的雇主联系寻求就业机会等。有的国家在狱内设立创业项目,让罪犯能够建立自己的小企业,并在释放时自给自足。还有的国家设立专门项目由专门人员对罪犯进行帮助,包括释放后的就业、住房、与家人和社区联络等。比如,在丹麦,政府为暴力极端主义罪犯设立了“回到正轨培训项目”(Back on Track,BOT)。该项目由丹麦社会事务和融合部与丹麦监狱和缓刑部门于2011年联合开发,2012年首次启动,从2014年起该项目成为常规的监狱服务项目。回到正轨培训项目旨在帮助被指控或者被定罪的犯有恐怖主义相关犯罪的罪犯,或被评估为易受激进化影响的罪犯。项目中所指的极端主义是广义的,不仅包括宗教动机的恐怖主义,还涉及左翼和右翼暴力极端主义以及仇恨犯罪。项目以一名导师与罪犯密切合作为基础,向罪犯提供实际问题的援助,比如释放时寻找工作和安排住宿,与罪犯家属联络和合作,以及帮助激励罪犯改变他们的生活方式。回到正轨培训项目的重点是培训导师,以便导师有能力对罪犯开展一对一指导。导师和导师教练来自各种背景,包括警察、监狱工作人员、社会工作者、律师等。导师接受培训目的是提升他们指导、管理冲突和对话技巧方面的技能。培训由五个为期两天的提升所需技能的会议组成,此外,还有由儿童、性别平等、一体化和社会事务部以及丹麦安全和情报局提供的为期两天的激进化和极端主义课程。在正式培训之后,回到正轨培训项目还为导师提供联络日,让导师可以见面并分享经验和见解。[1] 在土耳其,监狱对暴力极端主义罪犯进行职业培训,提供讲习班和教育。在监狱接收罪犯时,监狱教师与罪犯进行“面谈”,以确

---

〔1〕 See United Nations Office on Drugs and Crime, Handbook on the Management of Violent Extremist Prisoners and the Prevention of Radicalization to Violence in Prisons, 2016, p. 122.

定他们的教育需求。在面谈结束时,为其准备一个涵盖罪犯参与的教育活动的教育计划。监狱内提供不同层次的教育服务,包括基本识字、小学、高中和继续教育。监狱可利用远程教育,在监狱内组织进行相关考试。讲习班有三个独立的系统为罪犯提供职业。在第一个系统中,罪犯可以在监狱里的工作间工作;在第二个系统中,开放性监狱中的罪犯可以在城市和法院等公共机构工作;在第三个系统中,罪犯可以在开放和封闭的监狱内由私营部门设立的工作室工作。[1]

(二)建立机构间合作,形成安置帮教的合力

防止再犯,不仅仅是监狱的责任,也是全社会的责任。因此,在一些国家,监狱管理部门和其他政府机构之间签订正式的"重返社会合同",要求这些机构承担暴力极端主义罪犯就业、培训和住房等重返社会问题的责任。例如,在阿拉伯联合酋长国,监狱和当地技术学院之间建立了工作安置计划,确保培训和就业支持的连续性,包括为期两年至三年的财政支持,以帮助罪犯自己创业。在马来西亚,监狱管理部门与运输部门达成了合作伙伴关系,通过这一部门,罪犯被培训驾驶技术并领取驾驶执照,从而使他们在获得释放后能够找到工作。[2] 在土耳其,2005 年建立了缓刑制度,成立了 137 个保护委员会,委员会由首席检察官、司法代表、监狱长、缓刑局长、国民教育主任、社会服务、热门银行等成员组成。[3] 这些委员会的目的是帮助从监狱中释放出来的罪犯获得职业、商业或工作机会。这些委员会还帮助建立小企业并希望为从事农业生产的刑释人员提供工具和信贷。

(三)设立中途之家,为罪犯重建与社会的联系

对于暴力极端主义罪犯来说,刚刚从监狱里释放后的那段时间最为关键,同时也是他或她的家人和社区可能最困难的时期。当暴力极端主义罪犯被释放重返社会后,家庭结构和社区将会有相当长的调整期。为了给予

[1] See United Nations Office on Drugs and Crime, Handbook on the Management of Violent Extremist Prisoners and the Prevention of Radicalization to Violence in Prisons, 2016, p. 82.

[2] See United Nations Office on Drugs and Crime, Handbook on the Management of Violent Extremist Prisoners and the Prevention of Radicalization to Violence in Prisons, 2016, p. 128.

[3] See United Nations Office on Drugs and Crime, Handbook on the Management of Violent Extremist Prisoners and the Prevention of Radicalization to Violence in Prisons, 2016, p. 128.

释放后的暴力极端主义罪犯一定的社会适应期，美国部分州建立了基于信仰的过渡中心和重返单位。比如印第安纳州建立了一个以信仰为基础的转型中心和一个为罪犯提供自由活动的重返单位，试图创造一种模仿平民社会的文化，目的是通过加强对罪犯释放后的监督以最大程度减少激进化。[1]

（四）建立后续照管项目，巩固改造成果

通过后续照管项目向释放后的暴力极端主义罪犯提供工作、住房、社交、财政等方面的帮助是比较普遍的做法。[2] 比如在沙特阿拉伯，对释放后的暴力极端主义罪犯（延伸到关塔那摩湾的回归人员）实施后续照管，以帮助他们顺利回归社会。根据后续照管项目，罪犯从监禁设施释放后，继续受到当局的监督，并且还被要求继续参与去激进化工作。该项目的一个方面是通过向释放罪犯提供财政支持协助其重新融入沙特社会。这通常包括政府每月向已释放的罪犯发放资金，时间长达一年或者直到他们经济上独立，提供就业援助。有时候还提供财政援助以促进婚姻。这样做是为了鼓励男性更多地关注家庭生活和履行承诺。政府要求释放后的罪犯定期与当局会面、有固定居所、结婚和拥有孩子，通过建立新的纽带、新的忠诚度和新的优先事项而防止其再次卷入极端组织。政府确保为婚礼筹资和提供公寓。对罪犯进行的持续不断的监督，充分考虑了沙特文化，即利用家庭和部落关系来防止再犯。在这个过程中使用了几个重要的沙特文化习俗，包括社会责任和荣誉观念。维持和存在的社交网络对于防止刚结业的学员刚释放时与极端主义组织接触非常重要。康复神职人员和精神科医生仍然与释放的罪犯接触，以防再犯。在大多数情况下，释放后提供强有力的实际和财政支持，加上持续的监测，将会促进永久摆脱暴力极端主义。

（五）加强释后的监督，防止再犯

为防止再犯，新加坡对释放后的暴力极端主义罪犯进行监督，同时要求其继续参与去极端化工作。在被拘留期间与罪犯一起工作的宗教康复小组

[1] See Useem, B. and Clayton, O., "Radicalization of U. S. Prisoners," *Criminology & Public Policy*, Vol. 8, No. 3 (August 2009), pp. 585 – 586, http://onlinelibrary. wiley. com/doi/10. 1111/j. 1745 – 9133. 2009. 00574. x/pdf.

[2] See Bjorgo, T. and Horgan, J. (2009): Leaving Terrorism Behind: Individual and collective disengagement, London: Routledge, p. 253.

(Religious Rehabilitation Group,RRG)辅导员在释放后继续与他/她一起工作,以保持计划执行的连续性。罪犯最初依据限制令(RO)计划获得释放。该计划为个人设定了各种条件:宵禁;特定时间必须待在自己的住处;必须在特定的时间和日期向新加坡国家安全局(ISD)报告,并且必须保证自己可以参加咨询和面谈;在搬迁地址或更换工作之前,需要获得 ISD 的批准。此外,未经国际新闻司事先批准,不得公开发表言论、在媒体露面或加入任何组织。新加坡释放后项目的另一要素是建立机构间后续护理小组(Interagency-After Care Group)。这是特别为与罪犯家属合作而建立的。机构间后续护理小组旨在为家庭提供支持,包括提供女性咨询员与前罪犯的妻子一起工作,提供直接的经济援助,帮助妻子找到工作,还支持家庭子女的教育和协助缴纳学费和其他费用。

六、国外政策措施和经验做法对我国危安犯监管改造工作的借鉴

同许多国家一样,目前我国也面临着暴力极端主义与恐怖主义的威胁。打击暴力极端主义和恐怖主义是我国政府一个长期而艰巨的任务。党的十九大报告把打击恐怖主义列为维护国家整体安全的重要举措。近年来,由极端组织制造的恐怖主义犯罪在我国时有发生,我国监狱中关押的危安犯数量显著上升,管理和改造工作难度增大、任务繁重。国外在暴力极端主义罪犯的管理、改造以及释放后安置帮教方面的政策措施和经验做法,对于我国危安犯的监管改造工作无疑具有参考价值。归纳起来,借鉴国外有益经验和成功做法,就加强和完善我国危安犯监管改造工作提出以下建议。

(一)加强危安犯研究,揭示危安犯特点及改造规律

危安犯是一类不同于普通罪犯的特殊罪犯,有其固有的一些心理、行为特点和改造规律。如果对危安犯这些特殊心理、行为特点缺乏较为准确、深入的认识和掌握,那么就很难对他们进行比较有效和针对性的监管和改造。目前在危安犯监管改造实践中出现的问题和不足、遇到的困难和挑战,在很大程度上是因为没有摸清危安犯的特殊心理和行为特点,没有掌握危安犯的特殊改造转化规律,而只是简单照搬普通罪犯的监管改造方法与措施所致。因此,应大力开展危安犯研究,重点研究危安犯的成长经历和人生轨迹,研究危安犯服刑的典型行为及潜在危害,研究危安犯心理和态度的改造转化规律,为制定完善危安犯相关监管改造政策规定提供科学依据。目前,

司法部已专门成立危安犯预防改造工作指导室（在司法部监狱局加挂牌子），主要职责是对全国危安犯改造和重新犯罪预防工作进行指导。司法部危安犯预防改造工作指导室可会同预防犯罪研究所、中央司法警官学院等科研院校，加大危安犯研究力度，开展重点课题联合攻关，努力揭示和掌握危安犯特点及改造规律，为提升危安犯监管改造工作水平提供强有力的理论支撑。

（二）建立专门的监狱情报系统，增强提高暴力极端主义风险防范能力

许多危安犯入狱前通常属于某个极端主义组织的成员。当他们在监狱服刑时，该极端主义组织会想方设法与他们进行联络，指挥他们在监狱内开展各种非法活动，包括煽动其他罪犯、抵制监狱管理、建立“地下”组织、脱逃等。建立专门的监狱情报系统，一方面可以全面和及时了解和掌握危安犯的基本情况、思想动态、激进化状态、与外部组织联络情况等，进而采取有效的管理措施和制定相应的改造措施，有效防范危安犯各种非法活动以及外部暴力极端主义组织对监狱的渗透等，确保监狱安全稳定；另一方面通过情报共享机制，监狱情报机构可以及时向国家反恐中心和相关机构提供所掌握的情报信息，为制定实施有效的策略措施提供参考和依据。因此，应充分认识监狱情报工作在国家打击暴力极端主义整个战略中的重要作用，依托狱内侦查部门，建立专门的危安犯情报系统，切实增强提高暴力极端主义风险防范能力。

（三）开展危安犯风险与需求评估，提高增强监狱风险管控水平

国外经验表明，开展风险与需求评估是关押安置和管理矫正暴力极端主义罪犯的前提和基础，也是维护监管安全和提高矫正质量的重要举措和通行做法。为提高暴力极端主义罪犯风险与需求评估的科学性和准确性，国外研制开发和推广运用了一些专门的评估工具量表。司法部监狱管理局2016年在全国11个省（市、区）部署开展罪犯危险性评估试点工作。未来应在此基础上，明确要求对危安犯开展风险和需求评估，通过风险和需求评估，确定危安犯具体风险类别和需求情况，进而采取针对性的管理和改造措施，切实提高管理的有效性和教育改造的科学性，确保监狱安全稳定。其中，应格外重视风险和需求评估工具量表的研制和开发，可采取从国外引进并加以本土化改造和自行研制开发两种路径，努力形成符合国情犯情、内容全面、科学有效、操作规范的危安犯风险和需求评估工具量表，为危安犯风

险和需求评估提供“利器”,不断提高监狱风险管控水平。

(四)完善监狱戒备等级制度,优化危安犯关押模式

监狱设不同戒备等级并关押相应安全级别的罪犯,是优化监狱资源配置、提高管理运营效益的必然要求。从国外来看,对于暴力极端主义罪犯,首先要进行安全分类,根据危险程度关押安置在不同安全等级的监狱,如高度危险罪犯安置在高度安全监狱或者监区,中度危险罪犯安置在中度安全监狱,而低度危险罪犯安置在低度安全监狱或者社区,其次再根据罪犯具体情况等确定关押模式,如集中模式、隔离模式、分散模式。当然,不同关押模式各有优劣。集中和隔离关押便于监狱集中资源,采取统一的政策和措施。由于与一般监狱人口分开使暴力极端主义罪犯管理更加容易,减少激进化和招募的风险,可以营造一个更加有利于干预措施的环境。不过,如果罪犯集中和隔离关押而非单独隔绝,那么有利于暴力极端主义罪犯之间相互沟通和互动,使罪犯重新组建行动指挥结构,并形成联合力量对抗监狱当局。将不同风险程度的人集中在一起,激进程度较低的罪犯可能会受到更为激进的暴力极端主义罪犯影响。分离和单独隔离关押可以解决罪犯之间的联系和建立新的组织、激进化和招募新人等问题,但是分离和单独隔离关押会让暴力极端主义罪犯暴露给其他罪犯,给他们带来不必要的感受。此外,集中、隔离、单独关押也是公众关注和抗议的焦点。因此,对暴力极端主义罪犯采取何种方式进行关押安置,应综合考虑暴力极端主义罪犯的数量、监狱基础设施状况和确保安全监禁的能力、工作人员的能力、规模和水平、管理暴力极端主义罪犯的财政资源、文化政治和社会背景、罪犯表现出的被进一步激进化和激进化他人的风险、暴力极端主义组织的运作方式和组织结构等。未来应完善我国监狱戒备等级分类制度,加快高度戒备监狱或者高度戒备监区的建设。在此基础上,依据风险需求评估结果将不同风险与需求的危安犯安置在不同戒备等级的监狱,对危险程度较高的危安犯关押在高度戒备监狱或监区,危险程度较低的则关押在中度戒备监狱或监区。鉴于目前我国暴力极端主义犯罪主要集中在宗教极端主义、民族分裂主义,危安犯的地域特征、语言特征、民族特征比较显著,有的家族化特征明显,[1]为防

〔1〕 贾宇:《中国新疆暴恐犯罪的现状与对策》,载 https://wenku.baidu.com/view/89305cc752ea551810a687f2.html,2018 年 7 月 10 日访问。

止集中关押会使罪犯之间关系更加紧密，容易形成新的组织结构以及集体性事件发生，宜采取分散模式关押，对于特别危险的危安犯可以采取隔离关押，而家族式的罪犯则要分开关押。

（五）推行项目矫正，提高危安犯教育改造质量

项目矫正是国外近些年来兴起的一种教育改造罪犯的新思路、新做法。[1] 所谓项目矫正，就是运用矫正项目来改造罪犯。其中，矫正项目是指专门用来实现罪犯某一个或某方面具体矫正目标的系统化、程序化、剂量化、规范化、操作化的干预措施或课程。由于矫正项目由专家按照客观规律研发制定，由经过专门培训、具备相关知识与能力背景的矫正人员按照操作规程来具体实施，因此具有较强的科学性和有效性。从国外情况来看，主要是通过设计和运用诸如“去激进化”“去极端化”“脱离接触”等一些专门的矫正项目去实施对暴力极端主义罪犯的改造，并取得了较好的效果。近年来，我国特别是新疆地区在危安犯的管理和教育改造方面，进行了积极有效的探索实践，比如对暴力极端主义罪犯开展中华传统文化教育、维吾尔族优秀传统文化教育、进行宗教正本、组织罪犯、前罪犯、罪犯家属、受害人的现身说法、在罪犯中开展内观矫正等，并取得了积极成效。[2] 未来我国危安犯教育改造可借鉴和吸收国外相关研究和实践成果，运用项目矫正的理念与模式，结合我国极端主义犯罪和危安犯的特点，针对危安犯改造的目标靶心，总结提炼前一阶段去宗教极端化教育的有效措施和成功做法，研制开发和推广运用一系列专门性的矫正项目，切实提高危安犯的教育改造质量。

（六）建立危安犯安置帮教制度，有效预防危安犯重新犯罪

与普通罪犯不同，危安犯由于与某个极端组织存在一些关联，其释放之后很容易被原极端组织重新接纳，进而再次犯罪。因此，加强危安犯释放后的安置帮教工作是预防重新犯罪、实现预防和打击暴力极端主义战略的关键。国外非常重视暴力极端主义罪犯释放后的回归，不仅在狱内就积极开展相关活动，努力为促进顺利回归做准备，而且在释放后通过实施后续照管

---

〔1〕 周勇：《矫正项目：教育改造的一种新思路》，载《中国司法》2010年第4期；翟中东：《现代西方国家在社区矫正中所使用的矫正方法——项目矫正》，载《犯罪与改造研究》2013年第9期。

〔2〕 朱志杰著：《去极端化原理思路与方法的构建》，新疆人民出版社、伊犁人民出版社2016年版，第284～335页。

项目等,加强监督引导,支持参与适当的持续干预,帮助解决培训、就业、住房、家庭和社会支持等重返社会问题,促使其不再犯罪。未来应在充分认识危安犯释放后回归工作重要性的基础上,一方面按照《反恐怖主义法》第30条的规定,由监狱在释放前认真做好即将释放的危安犯社会危险性评估,并提出安置教育建议;另一方面建立危安犯安置帮教制度,加强政府相关部门、企事业单位、民间社会组织、社区和家庭之间的协作,努力为危安犯顺利回归社会提供监督、支持和帮助。考虑到作为前极端主义组织成员的危安犯在释放后有本人和家人被暴力极端主义组织报复以及重新被吸收的危险,还应对其加强安全保护。

罪犯医疗

英国罪犯医疗保健保障制度介绍及启示

张桂荣[*]　葛向伟[**]

长期以来,英国罪犯医疗服务一直随着国家政策的变化而不断调整,服务机构从内政部到卫生部再到纳入国民医疗保健服务系统,服务范围从只向公立监狱提供服务到覆盖到合同监狱,服务内容从初级医疗服务到更高层次的服务。这些变化反映了社会经济发展和医疗水平的发展,也反映了人们对健康与犯罪之间关系认识的深化。目前,英国罪犯医疗保健服务被纳入国民健康服务系统,医疗保健费用由国家税收负担。

一、英国罪犯医疗服务的历史变迁

(一)内政部负责阶段(2003 年以前)

这一阶段服务内容为初级医疗服务,服务范围为公立监狱的罪犯。

在 2003 年 4 月之前,英国罪犯的医疗保健服务由当时的监狱系统主管部门——内政部负责,具体是由其监狱服务局通过监狱医疗保健局直接负责管理和向英格兰和威尔士的监狱提供初级医疗服务。然而,在 1996 年,

* 张桂荣:司法部预防犯罪研究所研究员。
** 葛向伟:司法部预防犯罪研究所副研究员。

内政部有关报告发现这样的安排存在重大缺陷,并建议由当时的英国国民健康服务系统(National Health Service, NHS)负责监狱罪犯的医疗服务。1997年,监狱服务常设卫生咨询委员会同样批评了监狱的精神卫生服务情况。作为回应,卫生部和国家卫生服务总监联合组成的联合工作组正式启动,进行调查研究后建议在NHS和监狱部门之间建立正式的伙伴关系,即让囚犯获得与公众从国家卫生部获得的相同质量和范围的医疗服务。当然这一声明也反映了联合国(1990年)文件《囚犯待遇基本原则》原则9所规定的,囚犯可以获得该国现有的医疗服务,不会因其法律情况而受到歧视。

2001年,卫生部在其发布的《改革展望》中建议将精神卫生服务引入监狱。2002年9月,部长们宣布监狱卫生保健服务的预算责任将从内政部监狱服务局转交给卫生部。2003年,英格兰内政部与卫生部之间签订了《关于监狱卫生保健责任从内政部转交卫生部的全国合作协议》(National Partnership Agreement on the Transfer of Responsibility for Prison Health from the Home Office to the Department of Health.),把公立监狱的卫生保健政策和资金从内政部监狱服务局转移到卫生部,并从2003年4月起,由卫生部负责为英国公立监狱的初级医疗服务提供资金。

(二)NHS的初级信托基金负责(2004年~2013年4月)

2004年,卫生国务秘书依据4月开始的一项滚动计划将监狱卫生服务委托责任给NHS初级保健信托基金(Primary Care Trusts, PCTs),并声明在2006年4月全部下放委托责任给PCTs。

2007年1月,卫生部与内政部之间就英格兰公立监狱的囚犯保健服务的责任和委托签署了新的全国合作协议——《卫生部与内政部关于英国公立监狱囚犯医疗服务的问责性和委托事宜全国性合作协议》(National Partnership Agreement Between the Department of Health and the Home Office for the Accountability and Commissioning of Health Services for Prisoners in Public Sector Prisons in England)。[1] 该协议是2003年全国合作协议的更新,旨在加强和补充NHS初级保健信托基金(PCTs)和皇家监狱服务局(Her

〔1〕 在协议签订后不久,2007年4月,监狱和缓刑服务部门从内政部转移到新成立的司法部(MoJ)。2008年4月,前国家罪犯管理处(由内政部于2004年创建)由一个新的国家罪犯管理处(NOMS)机构取代,该机构汇集了公共部门监狱处(HMPS)和缓刑处的总部职能,并负责委托和交付在英格兰和威尔士的监禁和社区成人罪犯的服务。

Majesty's Prison Service,HMPS)(公立监狱服务局)内的公共部门监狱之间的当地合作安排,并进一步明确了合作范围、原则、宗旨和目标、双方的角色和责任、监狱健康服务的绩效管理、财务安排、与利益相关者的关系、风险管理和争议解决等。

该协议明确NHS初级保健信托基金(PCTs)负责为罪犯提供与社会公众相同质量和范围的卫生保健服务,承担HMPS雇佣的员工(包括专门负责医疗保健服务的行政人员)以及培训、制服、广告、招聘成本,出差和生活费等相关费用;机构和工作人员;医疗服务合同/协议/安排;医疗用品,牙科和光学捐款以及药物滥用的临床管理,包括脱毒活动等。

双方约定,医疗保健的小额资产中的固定设备,如牙科椅、安装的机柜等仍然是皇家监狱服务局(HMPS)的责任,而非固定设备的维护、更换和购买新产品是英国国家医疗服务体系(National Health Service,NHS)初级保健信托基金(PCTs)的责任。

在财务方面,协议约定,初级保健信托基金也可以委托监狱提供医疗保健服务,对于发生的费用在地方委员会监督下监狱通过发票定期(每月/每季度)向初级保健信托基金报销或者按照与初级保健信托基金约定的年度金额按月或者按季度定额报销。如果公共部门监狱与初级保健信托基金签订了年度总额协议来提供囚犯医疗服务,监狱将需要保持在商定的额度范围内,不能在没有与初级保健信托基金达成协议的情况下超支。HMPS指出,医疗保健费用不能从核心监狱运营预算中抵销。因此,实际支出不得超过初级保健信托基金的年度支付,除非经地方合作委员会授权。合作委员会在批准高于承诺水平的任何支出之前,还必须明确提供额外资金的来源和可用性。

自2007年签署"全国合作协定"以来,国家罪犯管理处与卫生部之间继续进行了一些责任转移,如非临床心理社会药物治疗(Counselling,Assessment,Referral,Advice and Throughcare Service,CARATs)(CARAT)和引入综合药物治疗系统(Integrated Drug Treatment System,IDTS)等新服务。2009年监狱卫生委托服务完全从卫生部下放到了NHS初级保健信托基金。

(三)英国国民健康服务体系(NHS)负责(2013年4月至今)

2010年,联合政府宣布了对英格兰卫生委托和支持方式进行重大改革的建议,这些改革需要采取新的方法,并致力于在全国罪犯管理系统与新的英格兰国家卫生服务体系和英格兰公共卫生部门之间开展合作。2012年3月,《卫生和社会关怀法》(Heath and Social Care Act)获得了女王批准。该法从2013年4月开始对英格兰的医疗服务进行重大重组,包括取消了战略卫生主管部门和初级医疗信托,建立了一个独立的NHS委托委员会——新英格兰国民医疗服务体系,负责为监狱和其他拘留场所的人员提供服务和设施,并组建英格兰公共卫生部。新的英格兰国民医疗服务体系的职责包括为公立和合同监狱提供服务。至此,监狱医疗保健责任完全转交给了国民医疗服务系统。国家罪犯管理处,英格兰NHS和英格兰公共卫生服务处于2013年签署了新的全国合作协议,即在英国监狱联合委托和提供保健服务的全国合作协议(The National Offender Management Service,NHS England and Public Health England for the Co-Commissioning and Delivery of Healthcare Services in Prisons in England),协议阐明了各方共同委托服务和交付责任的意图和各方的角色和责任。从2013年4月1日起,NHS英格兰负责通过"健康与正义"委托团队为英格兰的监狱人员提供所有医疗服务(除一些紧急护理、救护车服务、非工作时间和111服务外)。协议扩大了为监狱直接委托的医疗保健服务的范围,特别是对委托二级保健、社区服务和公共卫生服务,包括物质滥用服务(根据与卫生部签订的第7a条协议),以及继续进行牙科和验光委托。此后,三部门又分别在2015年和2016年更新了"全国合作协议"。

二、英格兰国民医疗服务系统及其罪犯医疗保健服务

(一)国民医疗保健服务系统

英格兰国民医疗服务系统(National Health Service)(NHS)(前身为NHS委员会)是一个在更广泛的健康和社会保健系统内运作的非部门性的公共机构。其总体作用是确保英国国民医疗服务体系在现有资源范围内为患者提供持续改善的结果。英国国民医疗服务体系是基于"所有人都应该享有良好的医疗保健,根据临床需要而不是支付能力"的原则而于1948年成立的。目前,这个以患者为先的原则仍然是其核心。除英国议会允许的情况外,英国国民医疗服务体系对英格兰的病人是免费的。全体居民,不论性别、种族、残疾、年龄、性取向、宗教信仰、婚姻状况或同性伴侣状况,均享受英国国民医疗服务体系提供的服务。该服务最初的重点是疾病的诊断和

治疗，目前在预防卫生疾病、改善人口身体和精神健康方面起着越来越重要的作用。

国民医疗保健服务所需经费主要通过税收筹资，并有一个固定的预算。国民看病的医疗费用直接由政府支付给服务提供者，患者按需要可基本免费获得国家采购的服务和药品，在其总开支中，90%来自政府财政拨款，其他10%则来自社保基金、[1]自费医疗收入、慈善捐助等。其中60%用于雇员开支，20%用于医药费开支，20%用于建筑物、设备和培训等杂项开支。

英国国民医疗服务体系包含两个层次的服务：第一层是以社区为主的初级医疗保健(Community-based primary health care)，通常由社区驻诊全科医师(General Practitioner, GP)及护士提供医疗保健。初级医疗保健是NHS的基础，负责居民的非急诊类的看诊。第二层则为NHS的医院服务(Hospital-based specialist services)，由专科医生在医院提供的二、三级医疗服务。由各科的专科医师负责并接手由GP所转介(refer)的病人，或处理一些重大的意外事故及急诊者。二级医疗服务由政府所有的区综合性医院提供，有门诊部和住院部，覆盖专科诊疗和急症住院。三级医疗服务则由更高级的区域或跨区域医院提供，包括诸如癌症治疗、器官移植等更高技术的内容。

医院没有门诊，只有通过全科医生转诊患者才能看专科医生或住院治疗，即国民要享受二级以上服务，必须通过全科医生的转介。这一制度使社区卫生保健系统提供90%以上的初级医疗服务，只将不到10%的服务转到医院服务系统。

(二)国民医疗保健服务系统在罪犯医疗保健服务方面的责任

英格兰NHS下设健康与司法机构，专门负责为安全和拘留场所的儿童、青少年和成年人提供医疗服务，其中包括监狱、儿童和青少年安全设施、警察和法院联络和转移服务以及移民中心。它负责委托5.03亿英镑的服务，以满足在拘留和安全环境以及性虐待/殴打服务中广泛的健康和护理需求。

英格兰NHS健康与司法委员会与临床试运行组织(Clinical Commissioning

---

[1] 社会健康保险税在英国是有效的补充形式。社会健康保险税等同于国家保险，是强制性用于医疗保险的社会公积金。社会成员按收入多少缴纳一定的健康保险。周薪在87～575英镑之间的雇员，需缴纳的雇员税税率为其收入的10%；雇主需缴纳雇主税，税率为其收入的11.9%。这部分税收收入直接进入国家保险基金。该保险基金由财政部管理。

Groups,CCG)和地方局(Local Authorities)建立有效联系,以支持在安全设施中提供社会护理,以及对进出这些设施的人保持护理的连续性。健康与司法服务由四个地区(北部、米德兰、伦敦和南部)的10个健康和司法团队进行委托。

目前英格兰有118个监狱,每个监狱都有一个囚犯医疗中心。英国国民医疗服务体系与主要合作伙伴密切合作,确保为所有需要的人提供高质量的服务。

英国国民医疗服务体系直接被委托为监狱的服务范围包括初级(GP)和二级(医院)护理服务(医院护理)、公共卫生[包括物质滥用服务(根据与卫生部签订的第7a条协议)]、牙科、眼科(眼睛护理)服务和心理健康服务。具体包括:

1. 初级保健服务——全科、牙科、药房、验光。

2. 计划性二级保健服务——精神健康服务(在监狱内)、助产、住院、门诊、诊断。

3. 社区护理服务——母乳喂养、心脏病、尿失禁、糖尿病、生命终结、健康访视、心力衰竭、长期病症(如亨廷顿舞蹈病、癌症)、药品管理、心理健康(in-reach)、神经病学、营养、职业治疗、静脉放血、物理治疗、足疗、言语治疗、造瘘护理、中风和伤口护理、中间护理和接触区护理服务。

4. 公共卫生服务——健康需求评估、健康促进、免疫和疫苗接种、感染控制、性健康、戒烟、物质滥用(酒精和药物)。

5. 筛查服务——产前和新生儿、成人和罪犯的特定情况。

6. 高伤害风险男性罪犯和高重新犯罪风险的女性罪犯的人格障碍服务,这是由NOMS和英国国民医疗服务体系英国专业委员会联合资助和委托的。

此外,还包含公立和合同监狱中所有医疗服务的临床治理和合同管理,医护人员的雇佣管理、医疗设备的购置、医疗消耗品(包括药品供应)和临床废物管理和处置(包括医疗用品)、医院护送和陪床(按照商定的最低工作人员费用)、临床长期监督以及根据监狱和缓刑监察专员(PPO)指示开展的关押期间死亡的临床评估等。

国家通过健康与司法临床参考小组对健康与司法委托服务进行临床监督,并且通过与委托责任的每个领域相关的保证小组以及全国性的健康与司法监督小组来提供战略管理。

三、英国做法对我国罪犯医疗服务改革的启示

纵观英国罪犯医疗保健服务的做法,对我国罪犯医疗服务的改革有两点启示:

一是将罪犯医疗保健服务与国家预防犯罪目标密切联系起来。英国将罪犯医疗保健服务纳入全民保健服务体系,一方面是国家传统,另一方面也是充分考虑了健康与犯罪之间的密切关联,进而站在国家预防犯罪的整体目标出发而不断改进。在2013年签署的全国合作协议中专门阐释了健康与犯罪之间的密切关系,而在2015~2016年全国合作协议中又进行了进一步的阐释。协议指出:

1. 与普通人群相比,犯罪者更有可能吸烟,滥用药物和/或酗酒,遭受精神健康问题,报告有残疾,自我伤害,企图自杀和过早死亡。贫穷的健康和再犯之间的联系早已被人们所了解。例如,有证据表明:

(1)据估计,吸毒者占获得性犯罪的三分之一到二分之一,治疗可将其所犯罪行的水平降低一半;

(2)酒精是大约53%的暴力犯罪的一个因素,在一项研究中已经显示事故和应急事件(A&E)数据共享和有针对性的干预措施将A&E相关暴力的整体参与率降低40%。

2. 更广泛的健康决定因素与影响再犯的因素(如可持续住房或就业)之间的明确联系造成了潜在的恶性循环。例如,有吸毒成瘾或心理健康问题的犯罪者更可能需要住房、教育或就业方面的支持来改变他们的生活和预防未来的受害者,但同时研究表明,这些罪犯比一般人群更难获得主流帮助。因此,更多的健康不平等加剧了获取服务以满足这些需求的更大障碍。

3. 正如证据基础既显示了卫生与犯罪之间的联系和与刑事司法系统接触者所经历的卫生不平等的不成比例程度,也有明显证据表明干预措施有助于改善这一群体的卫生需求,减少犯罪和改善健康结果。也有越来越多的国际证据证明了将监狱健康视为公共卫生问题的好处,通过解决监狱人口内被确定的一些不成比例的疾病,可以实现更广泛的"社区红利",尤其是在诸如传染病控制等问题方面。

4. 世界卫生组织的监狱健康项目和欧洲理事会于2014年在斯特拉斯堡举行的监狱健康专家会议上赞同"没有正义就没有健康,没有健康就没有正义"的立场。这意味着卫生和司法组织无法孤立地实现各自的目标。因此,

负责监狱委托和提供服务的卫生和司法组织必须携手合作至关重要。此外,围绕减少卫生不平等问题的更广泛的公共卫生目标可以通过解决被关押在监狱中的罪犯的卫生需求来实现,因为获释后的他们通常返回到疾病严重程度较高、健康行为较差和获得保健服务的机会较少的社区。

我国目前罪犯医疗问题面临着医疗人才缺乏、医疗水平不高、医疗经费不足等诸多问题。这些问题的存在影响和制约着监狱本身职能的发挥,即教育改造罪犯。因此,建议解决我国罪犯医疗问题可以借鉴英国有关罪犯医疗的思想理念,充分认识医疗与犯罪之间的关联性以及解决罪犯医疗对于降低犯罪和重犯的重要性,把罪犯医疗问题的解决与国家预防犯罪目标实现密切联系起来,将罪犯医疗纳入到国家整体医疗政策中。

二是注重部门职能优势发挥与资源的优化配置。每个部门有不同的职能,有不同的优势,所谓"术业有专攻"。英国基于这样的认识,通过全国性合作协议,明确监狱管理部门、卫生部门、医疗服务部门各自的角色与任务,让有限资源最优化配置,做到各司其职,各尽其能,互相协作、互相配合,为实现减少健康不平等,改善罪犯健康、福祉和司法效果的共同目标而有效发挥各自的职能。例如,英格兰 NHS 作为医疗服务提供者,它的作用是确保英国国民医疗服务体系在现有资源范围内为患者提供持续改善的结果,并确保整个委托系统的财务管理和物有所值。因此,在合作中,它主要负责为监狱提供初级保健、护送和陪床以及心理健康服务,计划性二级保健,社区服务和公共卫生服务,包括物质滥用以及监狱服务继续委托牙科和验光。

而作为司法部的执行机构——国家罪犯管理处,其本身的职能是通过履行法院的惩罚和命令,支持康复以帮助罪犯改变生活,来保护公众,减少再犯。因此在协议中,明确其主要的责任还是负责保护公众,减少再犯,提供安全,通过体面和有保障的监禁,对罪犯管理,确保工作人员(包括医务人员)和囚犯的安全和人身安全,同时为英国国民医疗服务体系的医疗服务提供配合,协助监管机构和医疗服务提供者共同合作,制定适当和充分的安排,指定医疗人员的安全许可流程,包括管理许可和促进必要的机构访问,在机构内调整和整合健康和非健康相关服务的提供,包括支持康复和处理更广泛的健康决定因素的服务,在设施内为提供和托管医疗服务提供适当的设施和服务,对所有护送和陪床的风险评估,准许囚犯通过监狱零售服务购买国家商定的非处方药药品、牙科产品、光学产品和其他健康有关物品,减少药物供应战略和活动,代表英格兰英国国民医疗服务体系的利益与少数合同监狱合同管理特定医疗服务,为高风险男性罪犯和高风险再犯女犯的人格障碍服务共同出资,在安全的医院接受治疗,根据"精神健康法"转移囚犯的案件管理等。

英格兰公共卫生处(Public Health England,PHE)是卫生部的执行机构。英格兰公共卫生处的存在是为了保护和改善国家的健康和福祉并减少健康不平等,主要负责疾病监测、公共卫生数据和情报收集和整理(包括国家药物治疗监测系统)、制定循证指南、向决策者提供建议、促进监狱公共卫生等。

当前,我国监狱系统在罪犯医疗方面投入较大,但是基于医疗的专业性、医疗技术水平低、专业人才的匮乏等问题,罪犯医疗根本无法开展高水平高质量的医疗服务,反而严重影响罪犯教育改造工作。建议我国借鉴英国的做法,将罪犯医疗服务交由卫生部门负责,而监狱回归其本身职能,即安全关押罪犯并对其进行教育改造,进而维护社会安全,保护公众。

重新犯罪问题研究

美国量刑委员会再犯研究项目介绍与借鉴

周　勇[*]　安文霞[**]

一、美国量刑委员会再犯研究项目的背景

再犯通常是指一个人在前一罪行接受制裁或干预后再次实施犯罪的行为。再犯信息可为政策制定者提供重要参考,以了解各类罪犯给公共安全带来的相对威胁,也是评估公共安全政策在剥夺犯罪能力、改造罪犯以及预防犯罪等方面有效性的重要指标。再犯信息已被众多公共安全机构用于绩效评估,以及审前羁押、罪犯分类和项目实施、社区罪犯监管等领域的实践指导。可以说,关于再犯问题的研究一直备受世界各国的高度重视。

1984 年的《量刑改革法案》(Sentencing Reform Act, SRA)实施后不久,美国量刑委员会(the United States Sentencing Commission)就开始对再犯问题进行研究。过去开展的再犯问题研究及当前正在进行的多年度再犯问题研究,都推动了美国量刑委员会围绕与《量刑改革法案》所述量刑目的有关的问题展开探讨。由于美国量刑委员会承担制定“尽可能反映关于人类行为认知的进展”的量刑政策这一职责,而再犯信息因“它与量刑过程有联

* 周勇:司法部预防犯罪研究所副所长、研究员。
** 安文霞:司法部预防犯罪研究所副研究员。

系”对量刑政策的制定具有较大的相关性,因此,研究分析联邦罪犯的再犯问题对于美国量刑委员会工作非常重要。例如,在制定《联邦量刑指南手册》(Guidelines Mannual)中的犯罪史相关规定时,美国量刑委员会使用大量篇幅来阐述罪犯的再犯风险。美国量刑委员会2004年发布的《再犯风险评估》(Measuring Recidivism),对犯罪史指标预测联邦罪犯未来再犯风险开展了“效能评估”(performance review),结果表明,上述规定在预测后续再犯风险方面大体上是成功的。美国量刑委员会同时期的另两份报告进一步研究了联邦罪犯的再犯问题,并对联邦量刑指南的特征进行了审查。后来的两份出版物则考察了因儿童色情和可卡因相关罪行而在量刑指南指导下接受审判的联邦罪犯的再犯问题。

近年来,特别是随着公众对联邦监狱人数和监禁成本的关注,使美国量刑委员会再次对联邦罪犯的再犯问题产生了兴趣。《联邦量刑指南手册》自1987年面世以来,已经指导了150多万罪犯的判决。近年来,每年因联邦重罪和A级轻罪(非轻微犯罪)而被判刑的罪犯约8万人。目前,每10名联邦罪犯中就有9人被判处监禁,而仅有1人被判处缓刑。现今,联邦监狱人数略低于20万(约占美国监狱和拘留所总人数的1/8)。在这些数字不断增长的同时,法院和矫正官员都在寻求更多的再犯相关信息。最近,通过追溯适用量刑指南中的减刑相关规定,美国量刑委员会就某些罪犯的监禁期限进行了削减,而在作出相关决定时,美国量刑委员会就参考了罪犯的再犯相关信息。政策层面的量刑指南变化对各项刑罚的适用都有着重大影响。因此,这种政策环境下,美国量刑委员会于2014年启动了一项针对联邦罪犯再犯问题的多年度研究项目(以下统称为美国量刑委员会再犯研究项目),该项目势必会对量刑政策产生更为深远的影响。

二、美国量刑委员会再犯研究项目的方法

(一)研究对象群体

美国量刑委员会再犯研究项目以2005年年度获释(直接从监狱获释或被置于缓刑之下)且满足以下条件的联邦罪犯为研究对象:(1)系美国公民;(2)服完监禁刑后于2005年重返社会或于2005年开始服缓刑;(3)拥有散见于犯罪历史档案库(美国50个州中至少一个州的、哥伦比亚特区的或联

邦政府的档案库)的正式FBI编号;(4)尚无死亡、逃跑或拘留报告;(5)拥有提交给美国量刑委员会的量刑前调查报告,且当前仍有未撤销联邦判决。最后有效的研究对象群体由25,431名联邦罪犯组成。

1. 研究对象群体的人口统计学特征

如图1所示,在美国量刑委员会再犯研究项目的调查对象群体中,在种族或民族方面,白人数量最多(43.7%),其次分别为黑人(33.9%)、西班牙裔美国人(17.8%)和其他种族(4.6%);在性别方面,男性罪犯占五分之四以上(81.7%);在接受教育方面,约三分之一(34.3%)的罪犯没有完成高中学业,而大多数罪犯(65.7%)至少完成了高中学业,其中还包括一些完成了大学学业的罪犯(7.5%);在年龄方面,罪犯被判刑时的平均年龄为33岁,获释时的平均年龄为36岁。但是,超过4%的罪犯获释时已经在60岁以上。

种族/民族	
白　人	43.7%
黑　人	33.9%
西班牙裔	17.7%
其　他	4.6%
性　　别	
男　性	81.7%
女　性	18.4%
受教育程度	
高中以下	34.3%
高中毕业	36.9%
大学肄业	21.4%
大学毕业	7.5%

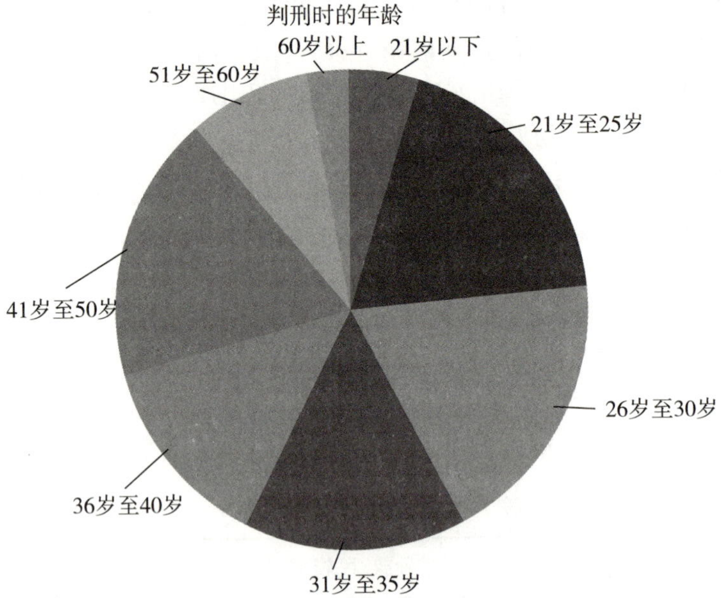

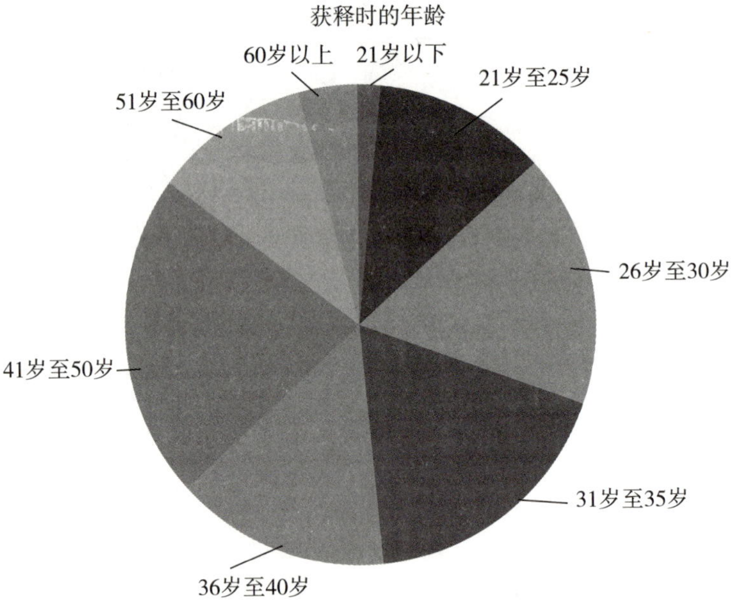

图1　研究对象群体的人口统计学特征

资料来源:美国量刑委员会 2005 年再犯信息发布队列数据档案,RECID05。在 25,431 名作为研究对象的罪犯中,美国量刑委员会未将缺乏必要信息的罪犯纳入本项分析范围。

2. 研究对象群体的犯罪类型和犯罪史

如图 2 所示，在美国量刑委员会再犯研究项目的调查对象群体中，在犯罪类型方面，超过五分之二的人（41. 7%）是因贩毒这一联邦罪行而被定罪的；其他比较普遍的联邦罪行包括诈骗（13. 6%）、非法获得、持有或运输枪械（12. 8%）、抢劫（4. 3%）、盗窃（3. 9%）和非法移民（3. 5%）等；剩下的 20. 3% 包含了其他所有罪行。

在量刑时，罪犯的历史犯罪记录是一项重要考量因素。在联邦司法体系下被判刑的罪犯通常会因其每一历史判决得一定的犯罪史分数，而每一历史判决分数的多少则取决于相关犯罪行为的数量和严重程度。比如，每项超过一年零一个月的历史监禁判决通常会被赋 3 分。除历史判决相关分数外，如被告在接受任何刑事处罚如缓刑期间再次实施联邦罪行，则将另加 2 分。由于年代久远、性质轻微或其他原因，一些历史判决并没有纳入计算范围。罪犯的犯罪史总分将决定其被赋予的犯罪史等级（I – VI 级），而其犯罪史等级又将决定其适用的量刑指南范围。

在美国量刑委员会再犯研究项目的调查对象群体中，有 53. 6% 的罪犯属于犯罪史等级 I。这一等级的犯罪史分数为零分或 1 分，意味着罪犯以往犯罪行为的严重程度最低。与此相对比，有 7. 6% 的罪犯属于犯罪史等级 VI（犯罪史分数为 13 分或 13 分以上），意味着罪犯以往犯罪行为的严重程度最高。

犯罪类型	
贩毒罪	41. 7%
诈骗罪	13. 6%
枪械罪	12. 8%
抢劫罪	4. 3%
盗窃罪	3. 9%
非法移民罪	3. 5%
其他所有犯罪	20. 3%

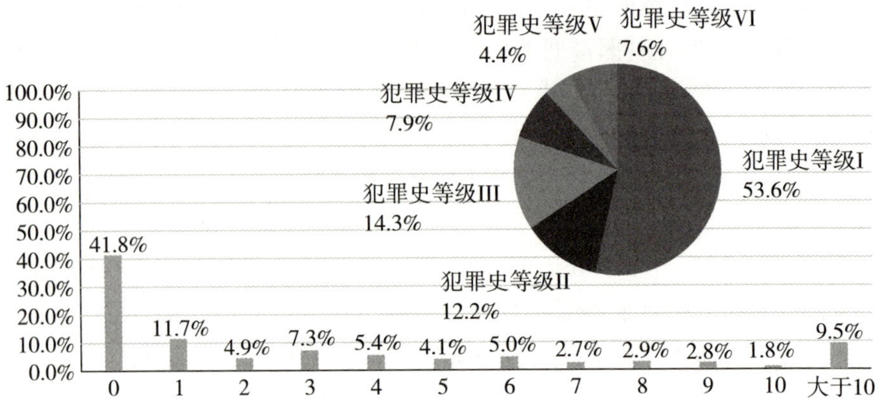

图2　再犯研究相关罪犯的犯罪类型和犯罪史分数

资料来源:美国量刑委员会2005年再犯信息发布队列数据档案,RECID05。在25,431名作为研究对象的罪犯中,美国量刑委员会未将缺乏必要信息的罪犯纳入本项分析范围。

3.研究对象群体的原判刑罚

美国量刑委员会再犯研究项目中的罪犯都是1990年至2005年间因联邦罪行而被判刑的。约四分之一的罪犯是在2002年之前被判刑的,而约四分之三的罪犯是在2005年之前被判刑的。在所有罪犯中,超过四分之三的罪犯(77.8%)是在美国最高法院2005年1月12日就"美国诉Booker一案"作出裁决之前被判刑的。在"美国诉Booker一案"中,美国高院裁决称,量刑指南仅作参考用途。正如美国量刑委员会在《关于"美国诉Booker一案"对联邦法院量刑的持续影响的报告》中所述,这一裁决的影响是,"非政府支持的且低于量刑范围的判决比率在大多数地区都提高了"。

在因联邦罪行而被量刑时,研究对象群体中有14.1%的罪犯被判纯粹缓刑(无禁闭期缓刑);4.7%的罪犯被判有禁闭期缓刑;3.9%的罪犯被判监禁加非监禁另类禁闭措施的"分段"刑;77.4%的罪犯被判纯粹监禁。由于绝大多数被判处有禁闭期缓刑的罪犯都是在家里或中途之家而不是监狱或拘留所度过该禁闭期的,因此这类罪犯将与被判无禁闭期缓刑的罪犯一起进行分析。此外,由于被判"分段"刑罪犯的平均监禁期为5个月,因此这类罪犯将与被判纯粹监禁的罪犯一起进行分析。

任何监禁刑之后都可能有一个监管释放期,而如果法律有要求,则必须有一个这样的监管期。就本研究涉及的罪犯而言，其量刑时判处的监管释放期最普遍的期限（54.0%）为3年，约四分之一罪犯（25.2%）监管释放期为5年或5年以上，而0.6%的罪犯监管释放期为10年或10年以上。由于本研究的跟踪考察期为8年（从2005年到2013年），而监管期限通常不超过3年，因此大多数罪犯在跟踪考察期内都结束了他们的监管期，并在大部分跟踪考察期内不再处于监管状态。

需要指出，尽管作为本项目研究对象的罪犯是在几年前获释的，但这一群体与2014年被判刑且作为美国公民的罪犯群体总体上高度相似。首先，这一群体与2014年被判刑的罪犯群体都主要是由男性组成的（分别占81.7%和81.2%）。其次，白人都是这两个群体中人数最多的种族/民族亚群体，分别占本项目研究对象群体和2014年罪犯群体的43.7%和38.1%。黑人（分别占本项目研究对象群体和2014年罪犯群体的33.9%和32.7%）和西班牙裔罪犯（分别占本项目研究对象群体和2014年罪犯群体的17.8%和23.4%）的比率都具有高度的匹配性。再次，就量刑时的平均年龄而言，本项目研究对象群体为33岁，而2014年罪犯群体为35岁，也非常接近。最后，上述两个群体在犯罪史等级方面也高度相似。犯罪史等级I都是这两个群体最为普遍的犯罪史等级：研究对象群体中53.7%的罪犯属于这一等级，而2014年群体中有46.8%的罪犯属于这一等级。此外，贩毒也是这两个群体最为常见的联邦罪行：本研究对象群体中有41.7%的罪犯是因这一罪行而被定罪的，而2014年群体中则有36.4%的罪犯系因这一罪行而被定罪。同时，这两个群体在枪械犯罪和诈骗罪方面也高度相似，前一罪行的比率依次分别为12.8%和17.0%，后一罪行的比率依次分别为13.6%和14.2%。鉴于以上诸多相似性，可以合理认为，本项目对研究对象群体进行分析并得出的再犯结论对于当前被判刑罪犯群体具有较高的可推及性。

（二）重新犯罪的衡量指标

再犯通常以特定时期内导致罪犯重新被捕、重新被定罪和/或重新被监禁的犯罪行为作为其衡量依据。美国量刑委员会再犯研究项目采用上述三方面作为再犯衡量指标。

1. 再次被捕指标

根据这一指标，如罪犯被判处缓刑或服刑一段时间后被直接释放，然后又因一项新罪被逮捕，该罪犯即被归入再犯类型。再次被捕这一指标还包括因涉嫌违反监管条件、缓刑或州假释而被逮捕的情形。在美国量刑委员会的研究中,再次被捕次数是根据逮捕日期确定的,无论单一逮捕事件产生了多少项具体指控。因此,如果一名罪犯同时因酒驾和持有可卡因两项罪行被逮捕,则以逮捕日期为依据,这次逮捕将构成一次再次被捕事件。

2. 再次被定罪指标

根据这一指标,如罪犯再次被捕并导致再次被法院定罪,该罪犯即被归入再犯类型。监管违规和监管撤销不包括在再次被定罪范围之内,因为并没有正式的检控行为发生。

3. 再次被监禁指标

根据这一指标,如罪犯因再次被定罪或监管撤销再次被判监禁或拘留,该罪犯即被归入再犯类型。再次被监禁这一指标衡量的是当局报告的、被联邦监狱管理局、各州监狱或地方拘留所重新收监的罪犯数量,无论再次被监禁的期限有多长。

例如,因为程序保障(如违宪搜查或扣押导致的证据作废)、定罪或撤销监管相关证据不足、检控或司法资源有限等原因,许多重新被捕的罪犯最终并没有被重新定罪或监禁。如果仅将再次被捕作为再犯的衡量指标,则即便最终未再次被定罪或再次被监禁,也应包含在再犯的范畴。但是,即便采用限制性最小的指标,即再次被捕这一指标,我们仍无法全面掌握罪犯再犯这一问题的严重程度,因为许多犯罪根本就没有报告到警方那里,有时即便报告了,警方也没有采取逮捕行动。因为这些原因,可以说没有任何指标是完美的。因此,提供多个指标可更加完整、细致地反映再犯问题的发展形势。在某些地方,这三大指标之间存在重叠,因为所有重新被定罪或被监禁的罪犯当然同时都属于重新被捕的罪犯。但是,一些再次被定罪的罪犯却并没有重新被监禁。一般而言,重新被捕这一指标的范围要大于重新被定罪这一指标的范围,而重新被定罪这一指标的范围又要大于重新被监禁这一指标的范围。

(三)研究数据的收集、处理与标准化

在美国量刑委员会以往的再犯研究中,主要以手动方式对来自联邦和各州犯罪历史档案(RAP 表)的犯罪记录进行处理。本项目利用了技术进步即电子手段对 RAP 表格进行收集。技术进步使美国量刑委员会得以对所有符合其研究标准、于 2005 年获释且属于美国公民的联邦罪犯进行考察,从而极大增加了作为研究对象的联邦罪犯档案的数量。

1. 犯罪记录的收集

根据美国司法部司法统计局先行先试的一种做法,美国量刑委员会与FBI的刑事司法信息服务部(Criminal Justice Information Services Division, CJIS)和美国法院行政管理办公室达成了一个数据共享协议。根据这一协议,美国量刑委员会可通过刑事司法信息服务部的州际身份识别索引(Interstate Identification Index III)和国际司法与公共安全网络(International Justice and Public Safety Network, NLETS)在线查阅罪犯的犯罪历史记录(RAP表格)。刑事司法信息服务部的州际身份识别索引允许获得授权的机构确定任一数据库是否存在个人的犯罪历史记录。

通过美国量刑委员会、联邦监狱管理局和美国法院行政管理办公室等来源,可系统搜索到美国各州、哥伦比亚特区和联邦机构保存的关于个人的所有犯罪记录。对于从监狱获释的罪犯,联邦监狱管理局提供了他们的释放日期、身份信息、一些再次监禁信息及一些使美国量刑委员会得以识别那些无法进行可靠研究的罪犯(如监禁期间死亡的罪犯)的其他相关信息。对于缓刑犯,美国法院行政管理办公室提供了他们的身份信息、一些缓刑撤销信息及其他信息(如监管期间的死亡案例)。

为方便未来研究,本项目还收集了两个次要罪犯群体的犯罪历史记录。其中,第一个群体为根据美国量刑指南§4B1.1节(职业罪犯)和§4B1.4节(武装职业罪犯)的规定被判刑并于2004年和2006年这两个日历年度获释的美国公民罪犯(那些已包含于2005年队列的除外)。第二个群体为根据量刑指南计算方法被置于《量刑表》B区或C区的美国公民罪犯。除2005年获释的B区和C区罪犯外,这些多出来的罪犯拓展了原定的研究期限,而这样做是为了将2003年5月1日[《保护美国法案》(Protect America Act)生效期]至2006年末获释的罪犯囊括在内。以这种方式扩大原先研究对象群体的目的,是为了增加具备缓刑资格或监禁期较短的罪犯数量。

2. 犯罪记录的处理

当罪犯犯罪记录被找到后,所有犯罪记录中央数据库都将应刑事司法信息服务部通过国际司法与公共安全网络提出的申请,通过美国法院行政管理办公室执法查询系统(Access to Law Enforcement System, ATLAS)的安全界面向美国量刑委员会提供记录。这样,罪犯犯罪历史记录就可从保存该记录的所有联邦和州机构的数据库中顺利收集到。

美国法院行政管理办公室的执法查询系统将以原始记录的形式返回RAP表格中的文本信息,如刑事司法体系采取行动(如逮捕)的日期、以相关机构自身术语(如文本串、数字等)表述的指控及犯罪类型、与指控相关的后续行动(如检方立案、法院作出有罪判决等)、量刑和矫正相关信息等。所有这些信息都取决于源机构是否能够提供相关记录。

美国法院行政管理办公室的执法查询系统还对从各州、哥伦比亚特区和联邦机构收集到的RAP表格中的记录进行了分析。记录的分析就是要对关键数据要素进行组织整理,使其形成逻辑化组件,具体操作包括:将刑事司法体系采取的行动归入各个阶段(逮捕、法院审理和矫正等阶段);按日期对所有记录进行分类整理;将相关要素(如法院就逮捕事件所采取的行动)进行串联,使其形成一个完整的事件周期。关键数据要素包括罪犯编号、关键行动(如逮捕和定罪)的日期、犯罪指控、定罪结果和量刑信息等。无论记录的原始形式如何,分析过程将各州记录整合进了一个统一框架,从而生成了一个在全国一个或多个数据库中拥有有效FBI编号的所有罪犯的数据库。

初步的数据提取始于2014年9月,终于2015年4月。美国量刑委员会的工作人员对提取到的RAP表格中的原始信息进行了检查,并将其与经过上述分析过程后形成的记录进行了比对,以找出从原始形式转化为分析记录这一过程中出现的遗漏或错误。这一步骤非常重要,因为犯罪历史记录数据库都在不断更新并对其信息系统进行改进,而这种更新和改进的结果,便是关键文本串位置或格式的变更,而这种变更又会导致为早期计算机平台开发的软件过时,无法以预定的格式和详尽程度对数据进行准确分析。实际上,美国量刑委员会的工作人员曾与美国法院行政管理办公室执法查询系统的工作人员合作,解决了近一半犯罪历史记录数据库存在的上述问题。其结果是,几个州数据库提供的记录不得不因分析程序的改变而进行重新处理。2015年4月,这一过程终于全部完成。

3. 犯罪记录的标准化

收集了研究对象的RAP表格记录后,美国量刑委员会与国民舆论研究中心签订了合同,要求后者将每一罪犯的所有记录按时间顺序组织起来,并将重复或多余资料进行删除。在这一过程中,轻微交通肇事罪(如超速行驶)被删除了,但交通相关严重犯罪(如酒驾)则没有被排除在分析范围之外。经过这些初步程序步骤后,国民舆论研究中心又对联邦和各州的刑法及数据库数据的定义进行了研究，并将每一独特州级罪行及其处置的描述纳入了相应的统一描述之下。这个步骤是必要的，因为联邦和各州犯罪记录数据库的设计都准确反映了联邦和各州数据库在储存记录方面的要求（如相关辖区刑法的要求）。因此，在任何两个数据库之间，指示刑事指控性质及其相应应对措施的文本串都可能互不相同。所以，国民舆论研究中心对每一辖区的信息进行了标准化处理，以便体现共同定义并进行全国层面的分析。

根据对每一数据库进行的研究，国民舆论研究中心为每个州和哥伦比亚特区创设了单独的罪行“置换通道”（crosswalk），并为联邦数据库记录创设了单独的“转化通道”。这些通道能够将任何特定辖区的逮捕和法院记录置换为标准化的逮捕和法院编码。通过这种标准化操作，所有记录无论其来源如何都被纳入了一个统一框架。

在每一逮捕和法院周期内，美国量刑委员会都用标准化编码对逮捕和指控的处置进行了分类，而标准化编码采用的基本上是司法统计局的模式。之后，美国量刑委员会创设了一个指控严重指数，将刑法上的分类（如重罪、轻罪等）和罪行严重程度这两个方面纳入了考量。罪行严重程度首先被分成了四大类（暴力罪、财产罪、毒品罪和公共秩序罪），然后被进一步分成了16 项主要指控编号和 98 项司法统计局采用的详细指控编号。指控严重指数将谋杀公职人员（murder of a public officer）列为最严重指控，然后是 26 项详细的其他暴力指控。这些详细暴力指控是根据严重程度排序的，包括 5 项贩毒指控、16 项财产指控、10 项其他毒品指控和 40 项公共秩序相关指控。此外，对旨在处置指控的法院事件也进行了编码。进行排序后，每一指控都被赋予了一个序列号，而每一法院事件对应的前三项序列号都被保留了下来，纳入了分析范围。

最后，通过整合联邦和各州的所有记录，本项目创建的数据库为所有可找到有效记录的罪犯提供了一份完整的犯罪记录。从国民舆论研究中心接收数据后，美国量刑委员会再次对所有记录进行了审查，以确认其完整性及可疑项目。在美国法院行政管理办公室执法查询系统初步处理的 36, 007 名罪犯的记录中，1812 名罪犯的记录因各种原因被删除了，其中包括在研究期内显然已经死亡、丢失犯罪历史记录、是否为美国公民相关信息缺失或可疑等原因。此外，4013 名罪犯从联邦监狱管理局获释后又被签发了继续监禁令（detainer），这通常意味着他们服完联邦刑期后又被转交给州法院监管或转移到了州矫正机构。在研究期内,这些被继续监禁者未被获释并重返社会,而他们的行踪也被记录在相关数据中。因此,他们也被排除在了研究对象群体之外。

三、美国量刑委员会再犯研究项目的结论

美国量刑委员会再犯研究项目根据从2005年至2013年间(本研究的跟踪考察期)的官方行政记录,对2005年从监狱获释或被置于缓刑之下的联邦罪犯进行了资料跟踪比对和数据分析,获得了以下一系列重要研究发现及结论。

(一)一般再犯率

1. 不同指标下的一般再犯率

(1)再次被捕率。在2005年获释的罪犯中,几乎有一半人(49.3%)在8年跟踪考察期内因新犯罪行或涉嫌违反监管条件而被重新逮捕。他们再次被捕的平均时间是获释或服缓刑后21个月。这意味着,对一半罪犯而言,再次被捕是在他们从监狱获释或被判处缓刑后不到两年内发生的。罪犯再次被捕事件(不同日期发生的事件)平均次数为两次,但21.2%的再犯者再次被捕次数为五次或五次以上。如仅仅考虑再次被捕者实施的“最严重”犯罪,则最为普遍的犯罪类型是袭击罪。在八年跟踪考察期内,约四分之一(23.3%)的再次被捕者面临的最严重指控为袭击。导致再次被捕的其他“最严重”普遍犯罪类型分别为其他公共秩序罪(15.5%)、贩毒(11.5%)和盗窃(7.7%)等。

(2)再次被定罪率。在8年跟踪考察期内,有近三分之一(31.7%)的罪犯被再次定罪。大多数被再次定罪的罪犯都只被再次定罪了一次。从导致再次被定罪的再次被捕发生日到再次被定罪的平均时间为30个月。在8年跟踪考察期内,约四分之一(23.9%)的再次被定罪者面临的最严重指控为袭击罪。导致再次被定罪的其他最严重普遍犯罪类型分别为贩毒(13.5%)、其他公共秩序罪(8.7%)和盗窃(8.5%)等。

(3)再次被监禁率。在8年跟踪考察期内,有四分之一(24.6%)的罪犯被再次监禁。大多数被再次监禁的罪犯只是被再次监禁了一次。从导致再次被监禁的逮捕事件发生到再次被监禁的平均时间为29个月。因袭击这一罪行而被再次监禁的罪犯最多(23.8%),而这也是他们犯的最严重犯罪类

型。导致再次被监禁的其他最严重普遍犯罪类型分别为贩毒(14.5%)、其他公共秩序罪(8.4%)和盗窃(7.8%)等。

有关数字详见表1。

表1 再犯研究结论一览

再犯指标	再次被捕	再次被定罪	再次被监禁
百分比(%)	49.3	31.7	24.6
再犯平均时间数	21个月	30个月	29个月
再犯平均次数	2	1	1
最严重释后事件(%)	袭击(23.3)	袭击(23.9)	袭击(23.8)
获释时平均年龄数	33	32	32

来源:美国量刑委员会2005年再犯信息发布队列数据文档,RECID05。获释时年龄的中位数仅涉及再犯人员。

2. 联邦与各州罪犯一般再犯率之间的比较

与2005年获释并为美国司法统计局跟踪的一组州罪犯相比,联邦罪犯的再犯率相对较低。美国司法统计局发现,在各州监狱释放的罪犯中,76.6%会在5年内再次被捕。如果同样采用具有可比性的5年跟踪考察期并仅考察从监狱获释的联邦罪犯(不包括被判缓刑或仅被处罚金的罪犯),美国量刑委员会发现,联邦罪犯的再犯率为44.9%。

如采用再次被定罪作为再犯衡量指标,美国司法统计局发现,55.4%的州罪犯曾在5年内再次被捕并被定罪。联邦罪犯在相同期限内的再次被定罪率仅为26.0%。如以再次被监禁作为再犯衡量指标,美国司法统计局发现,各州罪犯在5年内的再犯率为28.2%,而作为美国量刑委员会研究对象的联邦罪犯的再犯率为20.7%。

(二)获释至首次再犯的时间间隔

获释至首次再犯的时间间隔这一指标有助于将那些在较长时间内没有再犯但最终仍然再犯的人与那些获释后不久就再犯的人区分开来。此外,研究再犯的时间间隔还有助于政策制定者确定罪犯获释后的适当监管期限,如强化再犯风险较大的高峰间隔期的监管。本研究得出了再次被捕、再次被定罪和再次被监禁三种情形下罪犯从获释到首次再次被捕的时间间隔。

在获释并重返社会后的第 1 年,有 16.6% 的人首次被重新逮捕。之后的每 1 年,首次重新被捕的人数都比前 1 年少,如此一直持续到第 7 年。比如,第 2 年首次重新被捕的人降到了 10.5% ,第 3 年首次重新被捕的人又降到了 6.6% 。如图 3 和表 2 所示,另有 1.8% 的罪犯在前 7 年从未被捕的情况下于第 8 年重新被捕。

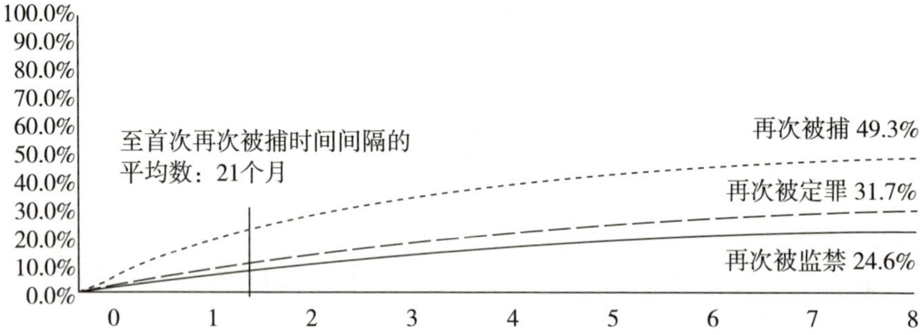

图 3　再犯研究相关罪犯从获释至首次再次被捕的时间间隔

资料来源:美国量刑委员会 2005 年再犯信息发布队列数据文档,RECID05。再次被定罪线指从获释至导致再次被定罪的首次逮捕事件的时间间隔,而再次被监禁线则指从获释至导致再次被监禁的首次逮捕事件的时间间隔。

表 2　再犯研究相关罪犯的再次被捕率

获释后年限	再次被捕率(%)	累计(%)
获释后一年	16.6	16.6
获释后两年	10.5	27.1
获释后三年	6.6	33.7
获释后四年	4.7	38.4
获释后五年	3.7	42.1
获释后六年	3.0	45.1
获释后七年	2.3	47.5
获释后八年	1.8	49.3

资料来源:美国量刑委员会 2005 年再犯信息发布队列数据文档,RECID05。

(三)最严重再犯罪行

美国量刑委员会根据犯罪的严重程度对再犯人员实施的新罪进行了

排序。如仅考虑再次被捕人员获释后实施的“最严重”犯罪类型,则袭击罪是最普遍的。约四分之一(23.3%)再次被捕人员在8年跟踪考察期内实施的最严重释后犯罪类型为袭击。其他“最严重”普遍犯罪类型还包括公共秩序罪(15.5%)、贩毒罪(11.5%)和盗窃罪(7.7%)。

(四)再犯与犯罪史

正如《联邦量刑指南手册》第四章所述,自20世纪80年代中期创建以来,美国量刑委员会就认识到了犯罪历史记录与再犯之间的关系。在制定犯罪史评分体系时,美国量刑委员会就参考了旨在对再犯与犯罪生涯行为之间的关联进行评估的实证式研究成果,而近期研究成果则进一步证实了这种关系。前面提到的美国量刑委员会发布的《再犯评估(2004)》报告也证实,《联邦量刑指南手册》第四章的犯罪史相关规定正如其设计的那样是有效的,因为再犯率确实是随着犯罪史分数和犯罪史等级的提升而升高的。当前研究也证实,如其设计的那样,这些犯罪史相关规定仍然是有效的。

犯罪史分数是用来确定犯罪史等级的,而犯罪史等级又是用来确定量刑时应适用的量刑范围的。在一定程度上,罪犯的犯罪史分数就是为了反映罪犯的再犯风险的。为“保护公众不受特定被告再次实施犯罪所造成的伤害,再犯可能性和未来犯罪行为是必须考虑的”。与以往再犯研究完全一致的是,美国量刑委员会当前的研究发现,罪犯的再犯率与犯罪史总分之间存在非常密切的关系。比如,犯罪史总分为零的罪犯中仅有30.2%的人在8年跟踪考察期内被再次逮捕,而犯罪史总分在10分以上的罪犯中有81.5%的人被再次逮捕。实际上,每一犯罪史分数的递增通常都意味着再犯可能性的加大。比如,犯罪史分数为3分的罪犯的再次被捕率为52.7%,而犯罪史分数为4分的罪犯的再次被捕率为59.4%。这一规律在较高分数段仍然有效:7分罪犯的再次被捕率为71.1%,8分罪犯的再次被捕率为74.0%,而9分罪犯的再次被捕率为76.1%。

由于罪犯的犯罪史分数将决定赋予他们的犯罪史等级,因此犯罪率也与犯罪史等级具有相关性。也就是说,犯罪史等级越高(以往犯罪次数多和/或严重程度高的结果),再犯率就越高。实际上,美国量刑委员会当前研究对象的再犯率介于33.8%与80.1%之间,前者是犯罪史等级I这一罪犯群体的,而后者则是犯罪史等级VI这一群体的。

《联邦量刑指南手册》中关于罪犯以往犯罪的其他规定也是未来再犯倾

向的良好指针。比如,被归入职业罪犯和武装职业罪犯的人会被判处比通常情况下高得多的刑罚,因为他们是具有严重犯罪背景的惯犯。这些罪犯的再犯率比本研究对象群体中其他罪犯的再犯率要高得多。实际上,这两大群体的再犯率是本报告所述任何群体中最高的。作为一个整体,这两类罪犯的再次被捕率高达69.5%,而其他所有罪犯的再次被捕率仅为48.7%。

(五)再犯与罪犯所犯罪行

研究发现,联邦犯罪行为的严重程度与再犯之间的关联并不是那么强。在《联邦量刑指南手册》中,罪犯联邦罪行的严重程度是犯罪等级决定的,而犯罪等级又是由介于0分至43分之间的犯罪等级分数决定的。但是,罪犯最终的犯罪等级与其再犯之间的对应性并不是那么强。例如,被赋予最低犯罪等级(0分至8分)的罪犯的重新被捕率为45.2%,几乎与被赋予最高犯罪等级(31分至43分)的罪犯的再次被捕率(45.7%)相同。但是,应该注意的是,《联邦量刑指南手册》中的犯罪等级旨在反映刑罚的多重目的,包括纯粹的惩罚目的和一般威慑目的(两者均与罪犯再犯无关)。

尽管《联邦量刑指南手册》确定的、用数值表示的特定犯罪严重程度似乎与再犯并无关联,但罪犯实施的犯罪的类型却确实与其未来再犯之间存在某种关联。比如,涉及枪械犯罪的罪犯再次被捕的可能性是最高的(68.3%),其次依次为因抢劫(67.3%)、非法移民(55.7%)、贩毒(49.9%)、盗窃(44.4%)、其他罪行(42.0%)和诈骗(34.2%)等犯罪而被捕的罪犯。

因武器相关原因而被加重处罚罪犯的再犯率比其他罪犯高,而这类加重处罚的原因,或者是罪犯在《美国法典》第18篇第924(c)节的规定下被定罪,或者是其在犯罪过程中拥有武器,从而导致了量刑指南中特定犯罪特征相关规定的适用。这类因武器原因而被加重处罚罪犯的再次被捕率为55.4%,而其他所有罪犯的再次被捕率为48.6%。

根据《联邦量刑指南手册》,在犯罪过程中充当组织者、领导者、管理者或监督者的罪犯将因其角色而导致其犯罪等级被提高两个、三个或四个级别,从而导致其最终犯罪等级的提升。这类因犯罪角色而导致其犯罪等级被提升的罪犯再犯的可能性要比其他罪犯低。具体而言,未因犯罪角色而被提高犯罪等级的罪犯的再次被捕率为50.2%,而因犯罪角色被提高犯罪等级的罪犯的再次被捕率分别如下:被提升两个等级的罪犯为37.3%,被提升三个等级的罪犯为35.6%,被提升四个等级的罪犯为33.7%。

与此相反,根据《联邦量刑指南手册》,在犯罪过程中扮演次要或轻微角色的罪犯将因其角色而导致其犯罪等级被降低两个、三个或四个级别,从而导致其最终犯罪等级的降低。同样,这类因犯罪角色而导致其犯罪等级被降低的罪犯再犯的可能性比其他罪犯略低。具体而言,未因犯罪角色而被降低犯罪等级的罪犯的再次被捕率为49.7%,而因犯罪角色被降低犯罪等级的罪犯的再次被捕率分别如下:被降低两个等级的罪犯为47.2%,被降低三个等级的罪犯为37.5%,被降低四个等级的罪犯为43.6%。

如显示出愿意承担责任的态度,则根据《联邦量刑指南手册》,罪犯的犯罪等级可予以降低两个或三个级别。在美国量刑委员会的当前研究中,绝大部分的罪犯(90.7%)都因愿意承担责任而被降低了量刑范围。但是,这种调整与再犯率的降低并没有关联。未根据§3E1.1节规定被降低犯罪等级的罪犯的再次被捕率为46.3%,而被降低了两个级别的罪犯的再次被捕率为46.3%,被降低了三个级别的罪犯的再次被捕率甚至更高,为50.9%。

(六)再犯与刑罚

再犯率因适用刑罚类型的不同而不同。如前所述,81.2%的研究对象被判处了一定期限的监禁。这类罪犯的再次被捕率是最高的,达52.5%。相反,被判处缓刑罪犯(占研究对象群体的18.8%)的再次被捕率仅为35.1%。

一般而言,监禁期限越短,罪犯的再犯率越低。例如,监禁期不到6个月的罪犯的再次被捕率为37.5%,其次为监禁期在6个月以上11个月以下的罪犯(50.8%)和监禁期在12个月以上24个月以下的罪犯(50.8%)。相反,刑期较长罪犯的再次被捕率通常是最高的。比如,刑期在60个月(5年)至120个月(10年)之间的罪犯的再次被捕率最高,为55.5%,紧接其后的是刑期在24个月至60个月之间的罪犯(54.0%)和刑期在120个月或以上的罪犯(51.8%)。

当然,刑罚类型和期限与再犯之间的关联并不完全是巧合。在一定程度上,《联邦量刑指南手册》(Federal Sentencing Guideline Manual)就是要通过相应的刑罚类型和期限使那些犯罪记录表明其未来再犯风险更大的罪犯丧失犯罪能力而无法再次犯罪。与未被判处监禁刑的罪犯相比,被判监禁刑的罪犯显然是丧失再犯能力了,而与犯罪史等级较低、因而通常未被判处监禁或监禁期相对较短的罪犯相比,那些犯罪史等级较高、因而被判监禁相对较长的罪犯的再犯风险显然更大。

对于那些被判监禁加一定期限的监管释放的罪犯而言,最为常见的监管释放期为36个月。大多数罪犯都被判处了为期3年的监管释放,而这一群体的再次被捕率也是最高的,达55.4%。再次被捕率最低的是监管释放期为10年或以上的罪犯群体(42.7%),其次为监管释放期为2年的罪犯群体(46.8%)。

(七)再犯与罪犯自身特征

研究成果反复表明,判决时年龄较大的罪犯再犯的风险相对较低,而美国量刑委员会的研究也证实了这一结论。判决时不到21岁的罪犯再次被捕的比率为71.1%,而判决时年龄在60岁以上的罪犯再次被捕的比率仅为14.0%。获释年龄也与再犯率之间的差异相关。获释时不到21岁罪犯的再次被捕率高达67.6%。相反,获释时年龄最大即超过60岁罪犯的再次被捕率最低,仅为16.0%。就下列每一年龄组别而言,罪犯年龄越大,其再次被捕率就越低。这一规律同样适用于再次被定罪和再次被监禁的情形。男性罪犯(52.2%)再次被捕的比率比女性罪犯(36.4%)更高。

获释回到社会8年之后,黑人再次被捕的比率最高(59.1%),其后依次为其他种族(49.4%)、西班牙裔(49.1%)和白人(41.7%)。但是,如果将这些罪犯的犯罪史也纳入考量的话,种族/民族与再犯率之间的这种表面关系则并不是那么明显。对于被赋予较高犯罪史等级的罪犯而言,其再犯率大体相同,无论其种族或民族如何。在再犯史等级IV中,白人、黑人和西班牙裔罪犯的再次被捕率分别为69.7%、77.6%和75.4%。在再犯史等级V中,这三个群体的再次被捕率分别为75.6%、78.5%和79.9%。在再犯史等级VI中,这三个群体的再次被捕率分别为77.1%、82.4%和79.3%。但是,在犯罪史等级I中,黑人、白人和西班牙裔这三个群体的总体再犯率差异较为明显,其再次被捕率分别为38.9%、59.7%和62.2%,而这似乎是因为黑人在这一等级中所占比率不同的结果。

受教育层次也与再犯率差异相关。未完成高中教育罪犯的再犯率最高(60.4%),其次为完成了高中学业的罪犯(50.7%)和大学肄业罪犯(39.3%)。大学毕业生罪犯的再犯率最低(19.1%)。

综上所述,美国量刑委员会对联邦罪犯进行的再犯研究与1984年《量刑改革法案》所述的多个法定刑罚目的直接相关。利用自动化的犯罪行政记录数据，美国量刑委员会以2005年解除联邦监禁刑或开始服缓刑的25,431名罪犯为基础进行了跟踪研究和资料对比，犯罪行政记录数据的跨度达到8年。研究发现，在这些于2005年重返社会的罪犯中，近一半人(49.3%)在跟踪考察期内因重新犯罪或违反了监管条件而再次被捕。而与现有研究成果相符的是两个因素，即罪犯的犯罪史和他们获释时的年龄与再犯率差异之间的关联最为紧密。年轻罪犯的再犯率比年长罪犯的再犯率显著更高，而犯罪史更丰富的罪犯的再犯率则比犯罪史较轻罪犯的再犯率显著更高。就犯罪史而言，美国量刑委员会发现，罪犯的犯罪史总分，如美国量刑委员会量刑指南手册第四章确定的那样也与再犯率密切相关。包括受教育层次和犯罪类型的其他因素也与再犯率差异相关，但与年龄和犯罪史相比，其相关性并不是那么明显。与《联邦量刑指南手册》第二章和第三章有关的一些因素，如犯罪等级的调整和最终犯罪等级等，则与再犯率差异并无关联。但是，与第四章的规定不同，这一章在很大程度上是以再犯数据为依据的，《联邦量刑指南手册》中犯罪等级的计算是以多个刑罚目的为考量的，其中一些目的与再犯并不相关，如一般威慑和惩罚等目的。

四、美国量刑委员会再犯研究项目的借鉴

通过上面对美国量刑委员会再犯研究项目的介绍，就其对我国重新犯罪问题调查的借鉴提出以下几点思考。

(一)关于重新犯罪的衡量指标

美国量刑委员会再犯研究项目采用了再次(重新)被捕、再次(重新)被定罪、再次(重新)被监禁三个指标来衡量重新犯罪，而不是其中某单一指标。我们认为，之所以选取这三个指标，是因为重新被捕、重新被定罪、重新被监禁分别是在侦查、审判和执行三个不同刑事司法阶段判定是否重新犯罪的标志性事件。如果仅仅采用其中某一项指标，比如重新被捕或者重新定罪或者重新监禁，那么就很难全面、细致地反映出重新犯罪的真实状况。因此，我国在进行重新犯罪问题调查研究时，也应考察重新被逮捕、重新被定罪和重新被监禁等多种衡量指标，这样不仅能够深入细致全面地揭示和刻画重新犯罪的状况与程度，而且有利于克服在实践中公安机关只使用重新被捕、法院只使用重新被定罪、监狱机关只使用重新被监禁的做法所带来

的片面性和局限性,进而形成对重新犯罪问题的全面认识和正确把握。

(二)关于重新犯罪的跟踪考察期

跟踪考察期,从另一个角度来看实际上就是重新犯罪的间隔时限。罪犯释放后究竟间隔了多长时间再次实施犯罪,往往需要设定一个时间段予以跟踪考察,这个时间段就是重新犯罪的跟踪考察期。重新犯罪分析通常始于一个起始事件,如罪犯从监狱获释并重返社会这一事件,然后记录罪犯在跟踪考察期内发生的一个或多个后续事件,如被捕、被定罪、被监禁等事件。以往大多数研究中通常将重新犯罪的跟踪考察期确定为 1 年、2 年、3 年或 5 年。而在美国量刑委员会再犯研究项目中,重新犯罪的跟踪考察期长达 8 年。这样做的益处是,由于再犯风险会在罪犯获释并重返社会后很长一个时期内存在,获释后第一年内没有再犯的罪犯可能会在第二年再犯,而获释后前两年内没有再犯的罪犯可能会在之后的某个时间再犯,所以跟踪考察期越长,就越能反映较短跟踪考察期情况下无法发现的再犯情形,也就越能接近真实的犯罪终止率,而且,较长的跟踪考察期还有助于对诸如多次再犯或处于犯罪活动期的罪犯进行更加深入全面的研究。鉴于此,我国在进行重新犯罪问题调查研究时,应不受现行刑法中关于累犯以释放后 5 年时间为标准的限制,而设定时间跨度更长的重新犯罪跟踪考察期,如罪犯释放之后的 8 年甚至 10 年。

(三)关于重新犯罪研究的数据来源

在美国量刑委员会再犯研究项目中,计算重新犯罪率的数据来源为官方行政记录数据。美国量刑委员会通过与刑事司法信息服务部和美国法院行政管理办公室达成的数据共享协议,从所有联邦和州机构的数据库中收集到罪犯的犯罪历史记录,最终生成一个拥有美国联邦调查局(Federal Bureau of Investigation,FBI)编号的所有罪犯的数据库。同时,考虑到各联邦和州机构之间数据可能存在标准不兼容、不一致的情况,为保证数据质量,美国量刑委员会对收集到的犯罪记录数据进行了统一的标准化编码。官方行政记录数据所具有的权威、可靠、可验证等特点,为下一步统计重新犯罪率各项指标奠定了坚实的基础。基于此,我国在进行重新犯罪问题调查研究时,应明确统计重新犯罪率的数据来源为各类官方数据,即各政法部门的行政记录,如逮捕记录、定罪记录、监禁记录,建立起各政法部门行政记录数据之间的衔接贯通和开放共享机制,同时应对不同来源的数据进行标准化编码处理,提高数据质量。

(四)关于重新犯罪研究的样本量

美国量刑委员会再犯研究项目的研究对象群体数量达到了25,431名。这种大规模研究对象群体的优势是巨大的。拥有数千名罪犯作为样本可以对不同亚群体的再犯率进行更加准确的估算。例如,美国量刑委员会再犯研究项目中有4664名女性罪犯,同时还有1048名年龄在60岁以上的老年犯,这样就能够对女性罪犯和老年犯进行比较深入全面细致的分析。我国在进行重新犯罪问题调查研究时,应保证有足够大的研究样本量,以满足相应的研究和分析需要。由于样本量的大小直接与研究成本有关,因此,应在综合考虑研究目的需要、研究成本效益的基础上,确立适当的研究样本量。

(五)关于重新犯罪研究成果的运用

美国量刑委员会再犯研究项目的一个显著特点是,研究内容和问题的设计与量刑政策密切相关,因此,所获得的研究成果可以为《联邦量刑指南手册》相关规定的验证或完善提供重要依据。例如,研究表明,罪犯的犯罪史、罪犯释放时的年龄与再犯密切关联,这就充分证明了《联邦量刑指南手册》第四章犯罪史相关规定正如其设计的那样是有效的。这就启示我们,在开展重新犯罪问题调查研究时,要立足于调整完善国家刑事政策和社会政策,促进国家治理体系和治理能力现代化的高度,精心谋划和设计需要研究的内容和问题,通过这些问题的了解和分析,揭示出重新犯罪的原因与规律,为验证和修改完善制刑、量刑、行刑等刑事政策以及就业、低保等社会保障政策提供科学依据。

犯罪发展理论对我国青少年再犯预防的启示

张　婧* 　周　勇**

“在我国,服刑出狱的青少年罪犯是累犯的高发群体,在重新犯罪人中,第一次犯罪时的年龄多数是在未成年时期,约占半数左右。”〔1〕国外研究也证明,“初次犯罪的年龄越小,再次犯罪的可能性越大”。因此,有观点指出预防再犯主要就是预防青少年再犯。犯罪发展理论是近年来兴盛于西方的犯罪学理论,主要研究个体生理、心理和社会行为的发展和变迁对犯罪生涯的影响。犯罪发展理论对于青少年再犯预防有着重要理论参考和实践应用价值。

一、犯罪发展理论的研究视角

犯罪发展理论是以人的生命历程研究为背景来解释犯罪行为的理论。生命历程研究是对社会学研究中生活史、生命周期和毕生发展知识的借鉴和传承,通过考察重大社会事件对个体生命历程的影响,已成为当前社会科

* 张婧:司法部预防犯罪研究所副研究员。

** 周勇:司法部预防犯罪研究所副所长、研究员。

〔1〕 戴艳玲:《对社会转型期重犯罪特点及防控策略的思考》,载《中国司法》2013年第6期,第58~62页。

学研究的主流典范之一。生命历程理论自19世纪三四十年代开始应用到犯罪学领域当中。Sheldon Glueck 和 ELeanor GLueck 被认为是此类研究的奠基人。1930年,他们在哈佛大学做了一项有关犯罪者的生命周期研究(life cycle of delinquent careers),采用纵向研究的方式,连续追踪了部分已知的犯罪人,探究社会和心理特征对预测他们持续犯罪的影响。研究发现:行为的持续性与否和犯罪行为出现初期的严重程度和年龄密切相关,儿童时期的行为失调越严重,成人后适应社会的可能性就越弱;在儿童早期发生偏差行为的,这种行为很可能延续并一直持续到成人以后。[1] 这项研究开启了以发展的视角看待犯罪问题的进程。之后,越来越多的犯罪学家开始关注儿童期、青春期与成人犯罪的关系,形成并验证了一系列有关犯罪及其他反社会行为的理论,被称为犯罪发展理论(Developmental theories),也称生命历程犯罪学理论(Life-course criminology)。

与传统犯罪学理论主要探讨犯罪与生物、心理和社会之间的关系不同,犯罪发展理论是以一种动态、发展的视角来探讨犯罪现象。Loeber 和 Le Blanc(1990年)总结了发展犯罪学的三个目标:犯罪与反社会行为的发展,各年龄段犯罪的风险和保护因素,以及生活事件对犯罪发展过程的影响。[2] 根据 Farrington(2002年)的论述,犯罪发展理论建立在以下研究命题的基础上:(1)为什么从青春期到成年期犯罪有连续性?(2)为什么犯罪率在青少年时期达到顶峰?(3)为什么早期犯罪预示着漫长的犯罪生涯?(4)为什么犯罪和反社会行为具有多样性?(5)连续性犯罪者在程度或分类上与其他犯罪者有何不同?(6)影响犯罪实施和停止犯罪的主要风险因素有哪些?(7)为什么从青春期到成年期,共同犯罪逐渐减少?(8)犯罪的主要动机和原因是什么?它们在不同年龄段如何变化?(9)人生重要过渡阶段和重大事件对发展过程的影响。

犯罪发展理论在青少年犯罪研究领域尤为重要。该学说将犯罪置于个体的整个生命历程来考量,跳出了青春期阶段性的局限,拓展了人们对青少年违法犯罪原因及对策的研究。特别是其对于青少年犯罪与成人犯罪关系

---

[1] See Sheldon Gleek, Eleanor GLueck (1950). *Unraveling Juvenile Delinquency and crime*, Cambridge, MA: Harvard Uniwersity Press. pp. 233 – 279.

[2] See Farrington, David(2006.). "Building Developmental and Life-Course Theories of Offending." In Taking Stock: *The Status of Criminological Theory*, edited by Francis T. Cullen, John Paul Wright, and Kristie R. Blevins. NewBrunswick, NJ: Transaction Publishers. pp. 345 – 398.

的关注是犯罪生涯研究的重要视角,对于深化青少年再犯问题研究具有重要意义。

二、犯罪发展理论的理论主张

犯罪发展理论借鉴了一些学科的研究成果,如发展心理学、家庭研究、行为学和社会学等。正是基于犯罪发展理论之整合性和动态性等特征,它对少年犯罪解读相对于传统犯罪学而言显得更全面和科学。下面以时间线索,简要阐述犯罪发展理论代表人物的观点。

(一)年龄—犯罪倾向理论(Age-Explanation of Crime)

美国犯罪学家 Gottfredson 和 Travis Hirschi 是犯罪倾向理论的典型代表。他们在 1990 年发表的《犯罪的一般理论》中首次区分了犯罪(crime)与犯罪性(criminality),其中犯罪性是指人们在实施犯罪行为方面的稳定差异。[1] 他们认为以往的犯罪学理论,关注了青少年时期的违法犯罪,却忽视了童年时期的个性以及童年时期行为与成年时期行为之间的联系。在此基础上,他们提出预测个体犯罪的最直接和最有力的变量是个体的犯罪历史,尤其是儿童时期的问题行为,如大声喊叫、推搡他人、顶嘴等不礼貌的行为及在学校糟糕的成绩等。儿童时期的不当行为和青少年及成年犯罪的这种联系是由一个因素决定的,即"自我控制"(Self Control)。[2]

Gottfredson 和 Hirschi 认为,自我控制形成并发展于幼儿时期,并在 8 ~ 10 岁之前基本定型。自我控制是个体社会化的结果,是由家庭和学校所决定的。由于自我控制早在童年期就已定型,因而就特定个体而言,其不当行为从儿童时期到老年,都是恒定的。[3] 个人之间在犯罪倾向上的差异终身保持着相当的稳定性。同时他们指出犯罪人一般在 13 ~ 19 岁晚期参与犯罪的可能性最大,之后犯罪的可能性会降低。[4] 将年龄—犯罪曲线和犯罪倾

---

〔1〕 [美]迈克尔·戈特弗里德森、特拉维斯·赫希:《犯罪的一般理论》,吴宗宪译,中国人民公安大学出版社 2009 年版,第 10 ~ 20 页。

〔2〕 陈晓进:《生命历程理论:个体犯罪行为的持续和变迁》,载曹立群、任昕:《犯罪学》,中国人民大学出版社 2008 年版。

〔3〕 [美]迈克尔·戈特弗里德森、特拉维斯·赫希:《犯罪的一般理论》,吴宗宪译,中国人民公安大学出版社 2009 年版。

〔4〕 [美]乔治·B. 沃尔德、托马斯·J. 伯纳德、杰弗里·B. 斯奈普斯著:《理论犯罪学》,方鹏译,中国政法大学出版社 2005 年版。

向变动结合起来,如图1所示。

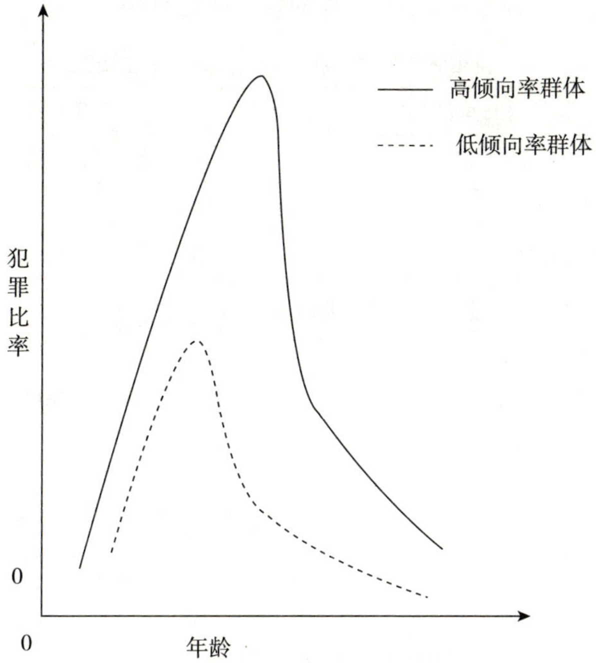

图　年龄、犯罪倾向和犯罪之间的假定关系

(二)发展犯罪学的两分法理论(Developmental Taxonomy)

不同于一般认为犯罪行为具有稳定性的理论学者,Terrie. Moffitt(1993年)认为个体反社会行为的稳定性存在明显差异。依据反社会行为持续期的长短,她将犯罪类型归纳为青春期型犯罪(AL)和终身持续型犯罪(LCP)和两种。青春期型犯罪(AL)是因为青春期的一些特有现象暂时加入犯罪群体当中。当青少年期结束后,这种发展上的原因消失,则犯罪也随即停止。终身持续犯罪人(LCP)则是从未成年人早期直至中老年,这个群体在不同时期,都表现出较高的反社会行为。例如,4岁时追打其他小孩,10岁时逃学和偷窃商店物品,16岁时偷车和卖毒品,20岁强奸和抢劫,30岁从事欺诈和虐待。[1] 这一类型的犯罪人的不良行为呈现出跨年龄与跨情境的一致

〔1〕 See Moffitt, T. E, Adolescence-limited and Life-course-persistent Antisocial Behavior: A Developmental taxonomy, *Psychological Review*, 1993, 100: 674 - 701.

性,虽然在发展的不同阶段,他们的行为表现有所不同,但是潜在的本质相同,他们终其一生都会实施多种多样的攻击和犯罪行为。

表　持续终身犯罪人和青春期犯罪人的主要区别

持续终身型(LCP)	青春期型(PCL)
犯罪行为开始于早期(儿童时期)	犯罪行为开始于青春期
犯罪行为持续终身	成年后终止
犯罪行为具有稳定性	犯罪行为具有阶段性
经常表现出神经心理问题、注意缺陷、多动障碍、品行障碍	正常表现,无神经病学的问题
不受同辈的影响	易于受犯罪同辈的影响
占犯罪人口较小比例	绝大多数

Moffitt 提出了终身持续性犯罪成为发展犯罪学研究的主要兴趣点,许多学者都对此进行了研究。例如,终身持续型的轨迹也许呈现高峰在 13 岁(Fergusson et al. ,2000),在 15 岁(Bushway et al. ,2003),在 18 岁(Nagin & Land,1993),在 22 岁(Piquero,2007),在 21 岁或 29 岁(Ezell & Cohen,2005),或者甚至在 37 岁(Laub & Sampson,2003)。在多数研究中,终身持续型轨迹是钟形的,其高峰是在青春期后期或成年早期(Bushway et al. ,2003),但是,它也会在二十出头急剧上升并随之变得平坦(Blokland et al. ,2005)。[1] 并且其他研究也证实了 Moffitt 犯罪发展路径的观点。例如 Gerland. R,Patteron(1996 年)提出的反社会行为的两种发展阶段,并指出早期开始偏差行为的未成年人相比中期或晚期开始犯罪的更有可能持续型犯罪。[2] Woodward,Fergusson 和 Horwood(2002 年)的克莱斯特彻奇研究还进一步证明,童年期早发严重行为问题的犯罪人在 25 岁时比那些没有行为问题的犯下多于 10 倍的暴力罪行。[3]

---

〔1〕 See Piquero, A. R. , & Brezina, T. (2001). Testing Moffitt's Account of Adolescence-limited Delinquency. Criminology,39(2),pp. 353 – 370. Nagin,D. S & Nieuwbeerta,P. (2005). Life Span Offending Trajectories of a Dutch Conviction Cohort. Criminology,43,pp. 919 – 954.

〔2〕 See [美]Curt R. Bartol,Anne M. Bartol:《犯罪心理学》(第 11 版),李玫瑾译,中国轻工业出版社 2019 年版,第 68 页。

〔3〕 See Woodward,L. J. ,Fergusson,D. M& Horwood,L. J. (2002). Romantic Relationship of Young People with Early and Late Onset Antisocial Behavior Problems,*Journal of Abnormal Child Psychology*,p. 30.

(三)交互理论(Interactional Theory)

为解决微观犯罪学单项因果性的缺陷,在借鉴社会控制和社会学习理论的基础上,Tornberry 和 Krohn(2005 年)提出了交互理论。交互理论认为对青少年犯罪最重要的六个危险因子是:对父母的依恋、对学校生活的投入、对传统价值观的信仰、与越轨同伴的交往、对犯罪价值观的采纳、对青少年犯罪活动的参与等。该理论认为社会约束的缺失是导致青少年犯罪的最重要因素。

与 Hirschi(1969 年)的社会控制理论不同的是,Tornberry 认为,在不同时期,不同社会纽带的相对重要性在发生改变,据此他建立了青少年犯罪的三种模式:青春期早期(11~13 岁),父母的纽带更重要;青春期中期(15~16 岁),社会纽带和同伴纽带则更为重要,犯罪价值观更加稳固;青春期晚期(18~20 岁),对传统活动(如工作、大学教育)投入和对家庭事务投入两个变量更重要。交互理论的另一个最重要观点是认为青少年犯罪的各个危险因素是环环相扣,互相影响的,故危险防控要注意识别和界定所有的危险因素,然后制定一个整体性的干预计划,单一的针对一个危险因素的干预远远抵不上针对多因素的综合性干预的成效。[1]

(四)非正式社会控制年龄分层理论(Age-Graded Theory of Informal Social Control)

Robert J. Sampson 和 John H. Laub 的非正式社会控制年龄分层理论(Age-graded Theory)被认为是获得了较多实证支持的犯罪发展理论。非正式社会控制年龄分层理论旨在强调在生命历程中扮演转折点的关键事件有助于个体远离犯罪。Sampson 和 Laub(2005 年)认为,早期犯罪行为至少可以通过两种途径对成年时期产生影响:第一种途径是个体会把早期形成的犯罪性倾向(如低自控力)带至成年时期;第二种途径是状态依赖性,即过去和将来犯罪行为间的联系是一种自然的因果关系。[2] Sampson 和 Laub 将这种的因果关系称为累积的不利因素。他们认为,儿童时期开始的犯罪行

---

〔1〕 See Francis T. Cullen, John Paul Wright, and Kristie R. Blevins, *In Taking Stock : The Status of Criminological Theory*, New Brunswick, NJ: Transaction Publishers. pp. 183 – 190.

〔2〕 [美]罗伯特 · J. 桑普森、约翰 · H. 布劳著:《犯罪之形成——人生道路及其转折点》,汪明亮等译,北京大学出版社 2006 年版,第 23~78 页。

为会带来一系列的负面影响,如过早辍学,参与越轨或犯罪团伙活动,被拘捕、判刑等,这些活动强化了他们和犯罪团体伙伴之间的联系,减少了他们从事亲社会化的概率,最终造成了个体犯罪行为的反复和持续。但是,积极的生活经历可以作为一种保护性机制阻止了越轨行为的出现,譬如,获得工作、结婚都是建立非正式社会控制的有效机制,从而改变犯罪者的生命轨迹。

非正式社会控制年龄分层理论认为,相比于刑事司法系统,家庭和社会对预防少年犯罪和重塑少年健全人格起着更加重要的作用。“刑事政策的基础并不能完全依靠刑事司法体系所提供的正式社会控制。我们要用一种更加综合而长远的观点来建立新的刑事政策,应该认识到职业、家庭凝聚力以及城市社区内的社会组织和刑事政策之间的紧密关系。”[1]

(五)综合认知反社会倾向理论(Integrated Cognitive Antisocial Potential Theory)

David P. Farrington(2005 年)在整合了紧张理论、控制理论、学习理论、标签理论和合理选择理论的基础上,提出了综合认知反社会倾向理论。该理论认为犯罪行为主要是因为风险因素的累积和缺乏保护性因素所致,这些因素包括个人层面、家庭层面、社区层面和学校层面的各种因素。但这种理论认为,长期风险因素能够增加个人反社会倾向,但不能解释为什么个人会在具体情境下实施犯罪。从这一视角出发,该理论指出,除了长期风险因素的差异,重罪人的犯罪环境与轻罪人的犯罪环境也存在差异。直接的犯罪情境,如缺乏有效监管、共同犯罪人的出现、受到酒精和毒品短期风险因素等也会对青少年严重犯罪行为产生影响。在此基础上,David P. Farrington 提出长期风险因素和短期风险因素相互作用导致严重犯罪行为上升的结论。[2] 综合认知反社会倾向理论引入犯罪情境因素和保护性因素,可以更加全面地解释青少年重新犯罪行为。

三、犯罪发展理论对青少年再犯预防的启示

笔者认为,无论是对于推进我们对青少年再犯的研究还是刑事政策的

---

〔1〕 [美]罗伯特·J. 桑普森、约翰·H. 布劳著:《犯罪之形成——人生道路及其转折点》,汪明亮等译,北京大学出版社 2006 年版,第 265 页。

〔2〕 See Farrington, D. P. (2005). The Integrated Cognitive Antisocial Potential Theory. In D. P. Rutterr, M, Giller, H. and Hagell, *Antisocial Behavior by Young Pepole*, Cambridge University Press, pp. 23 – 90.

完善,犯罪发展理论都有重要的借鉴意义。

(一)对青少年再犯研究的启示

1. 关注青少年犯罪发展的延续性和关联性

发展的视角认为,人的一生是一条伴随着各种风险因素的路径。从犯罪发展理论的共识看,严重犯罪行为的根源出现在童年或青春期早期,更多的风险是早期经历影响的结果。例如有学者指出,家庭环境不良以及早期的心理创伤得不到改善,这些因素会成为一种长期状态,对后续行为的影响会远远超过短期心理负担和伤害。[1] 累积风险模型也认为,在儿童期或青春期经历的风险因素越多,其心理健康问题、认知缺陷和行为问题发生的可能性就越大。[2]

犯罪发展理论虽然证实了早期经历与成年犯罪之间的关系,但同时也特别强调,并非所有犯罪行为都有童年的起源,一些人成年之后开始犯罪并不一定与童年经历有关。再如有些研究者还证明存在始于成年的犯罪路径(Barbara Lay,2005,Farrington,2009)。[3] 尽管如此,重新犯罪风险因素还是更多地出现在违法犯罪青少年童年时期,因此提醒我们重视少年犯罪的早期预防。

2. 关注青少年犯罪发展的稳定性和可变性

犯罪发展理论的主要研究目的之一是揭示犯罪人早期犯罪和成年后犯罪之间是否存在特殊关系。从上文可以看出,绝大多数研究认为早期犯罪行为在生命进程中具有稳定性。例如,犯罪倾向理论(Hirschi,1990 年)认为"儿童阶段的反社会行为是成年时期反社会行为的最好预测。""早期的攻击行为预示着后期的攻击与犯罪暴力行为,犯罪与攻击行为具有较高程度的稳定性。"[4]但近期的研究认为,犯罪人的犯罪生涯存在一定的稳定性也存在一定的变数,行为人过去的犯罪历史并不能精准预测其将来再犯的可能

---

〔1〕 See Rutter,M. ,Giller,H. and Hagell,A. (1998). *Antisocial Behavior by Young Pepole Cambridge*, Univerrsity Press,pp. 24 - 98.

〔2〕 See Whitson,M. L. ,Bernard,S. ,Kaufman,J. ,S. (2013). *The Effects of Cumulative Risk and Protection on Problem Behaviors for Youth in an Urban Schoolbased System of Care*,Community Mental Heaith,p. 145.

〔3〕 例如,Barbara Lay 将青少年违法犯罪发展过程分为三种类型:间歇性青少年违法、成年前持续性青少年违法和成年初期才开始的违法。

〔4〕 See Capsiand Berm(1990). Personality Continuity and Change Across the Life Course,*Handbook of Personality:Theory and Research*,New York:Guilford. pp. 35 - 50.

性。稳定性只是存在于相对少的被称之为终身持续犯罪人中的一种特性(Moffitt,1993 年);大多数反社会的孩子成年后都不再实施反社会行为(Sampson & Laub,2003 年)。[1]

该观点说明,青春期既是人生违法犯罪的危险期,同时又是其中断犯罪生涯、实现人生转折的关键期。一方面,少年犯罪人处在儿童向成人过渡的特殊时期,身心发育的特殊过程决定了青春期必然存在的高风险性;另一方面相对于成年人,少年犯罪人又具有被动性和易矫治、易康复的特点,如果能够给予积极的教育引导,绝大多数少年会告别犯罪生涯,走上良性的生活轨道。相反,如果从未得到及时的制止和矫治,则有可能因为再次犯罪而失去了正常社会化的机会,犯罪轨道继续延伸,沦落成为终身犯罪人。

3. 关注青少年犯罪发展的微系统——家庭、同伴的作用

家庭和同伴是个体发展的微系统,是青少年发展直接且重要的背景因素。发展犯罪学研究者对此进行了长期和广泛的探讨,研究证实对青少年违法犯罪产生最强、最连贯的影响来自于家庭、学校和伙伴的作用。其中,在家庭系统中,父母管教不够、体罚和过于苛刻以及女情感依恋不强是形成青少年反社会行为的重要因素。[2] 同时,研究发现,跟不良同伴之间的亲密关系有明显的促进违法犯罪的作用。因为进入青春期后,个体对同伴的敏感性增强。[3] 团伙中同伴的交流和影响会使违法犯罪人形成某种犯罪行为的偏好(如吸毒、攻击性的暴力行为、盗窃等),使其难以融入到其他群体中去。[4] 此外,关于犯罪的保护性因素的研究也揭示,家庭和同伴是减轻犯罪青少年消极社会适应的关键因素,青少年重返社会后良好的父母监督和同伴背景,可以作为保护性因素,使个体不再违法犯罪。[5] 这些研究进一步证

〔1〕［美］罗伯特·J. 桑普森、约翰·H. 布劳著:《犯罪之形成——人生道路及其转折点》,汪明亮等译,北京大学出版社 2006 年版,第 2~9 页。

〔2〕See［美］Curt R. Bartol, Anne M. Bartol:《犯罪心理学》(第 11 版),李玫瑾译,中国轻工业出版社 2019 年版,第 12 页。

〔3〕Steinberg, L. & Monahan, K. C (2007). Age Difference in Resistance to Peer Influence. *Developmental Psychology*, 43(6): 1531 – 1543.

〔4〕See Gorden Rachel A. Benjamin B. Lahey Eriko Kawai, Rolf Loeber, Magda Stouthamer Loeber, and David P. Farrington. (2004). Antisocial Behavior and Youth Gang Membership: Selection and Socialization, *Criminology*, pp. 153 – 198.

〔5〕所谓保护性因素,是指存在于个人、家庭、学校和社会环境中可以抵消危险性因素不良影响,或即使在危机状态下也可以抑制犯罪行为发生的各种生理、心理及社会因素。See Farrington, D. P. (2000), Explaining and Preventing Crime: The Globalization of Knowledge the American Society of Criminology Presidential Address. *Criminology*, 38(1). p. 126.

实了,青少年犯罪的根源就是早期家庭和社会支持系统的断裂导致的,要防止重新犯罪的发生,就要强化家庭和社会控制,重新恢复和发展个体与家庭、社会组织之间的密切关系。

4. 关注刑罚的“正负”功能

犯罪发展理论关注刑罚对于青少年正常发展的长期影响和作用。认为刑罚一方面通过改造管护和国家亲权(充当保护性父母)来促进青少年改造,另一方面可能会影响青少年的身心发展,并间接导致今后的犯罪生涯。发展犯罪学理论认为刑事司法(主要指关押和监禁)产生各种各样的多米诺骨牌效应,接触司法系统会导致青少年更容易辍学,辍学会导致谋生能力降低,增加失业和家庭破裂的风险,然后导致更高的未来犯罪可能性。并且,对青年男性科以徒刑还会导致缺失父亲家庭中孩子较高的青少年犯罪率。[1] 监禁刑在封闭的场所里执行,由此带来的罪犯交叉感染和出狱后再社会化困难的弊端已是众所周知。犯罪发展理论进一步从监禁刑对青少年出狱后的职业和工作稳定可能产生不利影响,即从不利于停止犯罪的社会控制的角度,为我们更深入反思刑罚在刑事政策中的地位,推行非犯罪化、非监禁化和轻刑化的少年刑事政策提供了理论依据。

(二)对刑事司法政策的启示

1. 以人身危险性评估为基准构建少年矫正制度

根据犯罪发展理论,少年并不是一个高度同质的群体,犯罪群体中存在截然不同的两类人:“青春型”和“终身型”。前者是基于青春期的探索性和不稳定,而表现出的阶段性偏离;后者是反社会倾向的表达。为此,在司法实践中不能简单地根据青少年的犯罪行为无区别地对待,而是应该在科学评估基础上分类管理。对于青春型群体,要根据他们犯罪原因予以针对性地矫正,并给予改正的机会,避免采取极端措施;对于终身型个体,他们是预防和控制犯罪的重点,要对其进行长期的矫治和干预,防止采取过于宽缓化的措施或将其置于社区,以减少他们再犯罪的情境和机会。对未成年犯罪人人身危险性评估是未成年矫正制度得以独立存在并有效实现的重要前提。只有认识到未成年犯罪群体中存在两种不同性质的人群,并且能够

---

[1] See Sampon, Laub and Allen. *Crime in Making: Pathways and Turning Points Through Life*, Cambridge: Harvard University Press, 1993, pp. 107 - 109.

有效地将两者科学区分,实行分类处置,才能促使刑罚执行工作步入科学轨道。

2. 健全完善罪错未成年人分级处遇措施

大多数少年犯罪人的犯罪行为都是从早期的不良和违法行为开始,经历了一个从轻到重逐渐演变的过程。对正处于一生中可塑性黄金时期的未成年人进行早干预、早教育,可以最大限度地预防和减少再犯,避免其成为终身犯罪人。近年来发生的低龄未成年人相关恶性案件,之所以每次都引起社会的强烈关注,就是因为我国对未满刑事责任年龄的罪错未成年人缺少有效的惩治措施。观察域外法治发达国家和地区少年司法制度,大都建立了一套符合未成年人罪错行为处置规律的轻重有别、逐渐递进的措施体系,对未成年人的罪错行为进行分级干预。对此,应当借鉴域外有益经验,立足中国现有的法律框架与国情,建立一套中国特色的未成年人罪错行为分级处遇制度。一是在刑罚之外设立多样化的保护处分措施。例如新增保护管教、社区服务、假日生活辅导等制度,填补判处刑罚和释放不处理之间的空白,形成对罪错未成年人教育矫治体系的无缝衔接。二是改革完善收容教养制度,并将实践中适用较多的行政措施(工读学校)纳入非刑罚化措施体系中,以体现对未成年进行犯罪预防的特殊教育理念。三是进一步完善我国未成年刑罚处遇措施,加强未管所和社区矫正对未成年人的教育改造,明确减刑、假释和收监执行的从宽标准等,完善刑罚执行期间的特殊处遇措施,最大限度地教育、感化、挽救,促使其回归社会。

3. 推进未成年人社会支持体系建设

"社会支持理念"是贯穿于犯罪发展理论的核心观念。秉承这一理念,《联合国儿童权利公约》《联合国少年司法最低限度标准规则》《联合国预防少年犯罪准则》等一系列保护儿童和青少年权益的法律性文件都要求各国在少年司法制度中动员、整合志愿人员和各项社区资源,以达到对未成年人减少法律干预、进行多元化处理的目的。目前,在少年司法发展较为成熟的国家,已经形成了完整的为犯罪少年提供各项教育矫治或服务的社会支持网络,包括社会福利与社会工作系统、家庭支持系统、学校教育系统、安置辅导及矫正系统等。当前,我国虽未建立完整的未成年犯社会支持体系,但实践中不乏关于此方面的探索。我国正在开展的社区矫正工作,各地依靠社会资源对罪犯进行教育感化的帮教制度,上海、江西等地未管所邀请未成年犯父母开展亲情帮教的做法都可以视为探索建立社会支持体系建设的有益尝试。我们应及时将实践中取得的经验与成果加以总结、规范,并给予立法的支持,以畅通的制度和机制保障社会支持体系进一步发展和完善。

4. 建立未成年人前科消灭制度

根据犯罪发展理论,犯罪记录对于少年犯罪人来说是一种持续性的污点标签,不仅影响他们的升学就业,而且容易将他们推向社会的对立面,引发重新犯罪。因此,世界上许多国家都规定了未成年人前科消灭制度。比如英国出台的《前科消灭法》,规定了对未成年犯罪人"消灭处罚记录"的制度;《德国青少年刑法》规定"取消刑事污点"制度;《瑞士联邦刑法典》规定了注销犯罪记录制度。尽管2012年我国《刑事诉讼法》就已明确了未成年人犯罪记录封存制度,但从该制度的实践现状来看,还存在适用范围过窄、运行机制的不完善、责任难以落实等问题,使这项制度对未成年人的保护效果大打折扣。因此,本着"未成年人利益最大化"的原则,应进一步完善我国犯罪记录封存制度,并逐渐过渡到前科消灭。我们建议可以在综合考量未成年犯的再犯可能性前提下,在前科封存制度基础上设置一定的考验期。对于被判处管制、单处附加刑、缓刑等主观恶性较小的未成年犯,在刑罚执行完毕之日起,或缓刑考验期满后可以直接将犯罪记录给予销毁,实现前科消灭;对于罪行较重的未成年犯,应当在决定前科封存后的考验期内,通过考察其悔改态度与行为表现,考验期满能够真心悔罪,改正自己的错误,矫正自己的行为的再给予前科消灭。这样让前科消灭制度在实现消除犯罪标签的同时,能更好地激励未成年犯积极悔罪、努力回归社会。

戒毒康复

日本第五个防止药物滥用五年战略

高　贞*

一、背景

“二战”以前，日本几乎可以算得上是一个无毒国家。“二战”末期毒品滥用问题开始出现并呈现蔓延态势，共经历了三次毒品滥用的高峰。第一次高峰出现在战后十数年，经过打击，到 1959 年，以苯丙胺类兴奋剂为主的第一次毒品滥用高峰基本平息；第二次高峰出现在 20 世纪 70 年代到 80 年代，仍以苯丙胺类兴奋剂为主，在 80 年代后期结束；第三次高峰从 90 年代中期至今。

从第一次毒品高峰出现后，为应对毒品引起的社会问题，日本政府先后颁布了《觉醒剂取缔法》（1951 年颁布，1954 年修订）、《大麻取缔法》（1948 年）、《麻醉品及精神药物取缔法》（1953 年）、《毒性药物及烈性药物取缔法》（1972 年）等旨在打击药物滥用行为的法律，禁戒毒的法律体系逐步完善。1985 年，重新修订了《觉醒剂取缔法》，加大了对兴奋剂类药物犯罪的打击力度，毒品犯罪人数逐年减少。

与其他国家相比，日本毒品滥用并不严重，是药物滥用率较低的国家。1995～2013 年（每两年进行一次调查）

* 高贞：司法部预防犯罪研究所所长、研究员。

15~64岁日本人药物滥用指数(指一生中药物滥用人数占总人口的比例)在2.0%~2.7%之间变化,[1]2015~2017年日本人一生接触过大麻的比率为1.0%~1.4%,相比2014年的美国(44.2%)、法国(40.9%)、意大利(31.9%)、英国(29.2%),2012年的德国(23.1%)和加拿大(41.5%)等国家低了一个数量级。[2]

尽管如此,日本政府依然认为本国毒品形势不容乐观,特别是自1995年开始的第三次毒品高峰较前两次持续时间更长,且呈现新的特点:一是兴奋剂类滥用占比超过七成,且再犯比例高。2017年兴奋剂案件查获人数为10,284人,且再犯率达到了史上最高纪录的65.5%。二是毒品种类日趋多样化,大麻和以迷幻蘑菇为代表的麻醉品的滥用人数逐年增加,其中大麻成为日本第二大滥用毒品。三是查抄毒品的数量大幅上升,2017年兴奋剂类药物查抄数量比2008年多了将近2倍。可卡因、大麻的查抄数量也一直在高位运行。四是吸毒行为的低龄化,1995年日本首次发现高中学生吸毒,1997年又首次发现了初中学生吸毒,吸食大麻的涉案人员中未成年人的比例常年维持在5%~10%。原因是自20世纪90年代以来,全球一体化程度不断提高,毒品由境外流入日本的情况不断增加,当今日本几乎所有的冰毒等兴奋剂类毒品全部来自国外。同时,随着互联网技术的发展,获取毒品的途径也更多样化,禁毒形势日趋严峻。

鉴于毒品滥用状况的恶化趋势,1997年,内阁会议决定将1970年在总理府设置的以内阁官房长官为本部长的"药物滥用对策本部"升格为以内阁总理为本部长的本部,副部长为内阁官房长官、国家公安委员会委员长、总务厅长官,法务、文部、厚生、运输各大臣,部员为外务、通商产业、邮政、劳动、建设、自治各大臣,并将其设置于内阁。1998年,该本部制定了《药物滥用对策推进要纲》,并且为了明确今后5年日本应该达到的目标,又制定了《防止药物滥用五年战略》,这是第一个五年战略,其中基本目标是早日结束"第三次冰毒滥用期",为在全球范围内解决药物问题作出国际贡献。此后分别于2003年7月、2008年8月、2013年8月、2018年8月颁布了第二、第三、第四和第五个"防止药物滥用五年战略"。

[1] 周立民:《日本毒品滥用的历史和现状》,载《中国药物依赖性杂志》2015年第3期。
[2] 数据出处:《日本厚生劳动科学研究报告书》(2018年3月发刊)。

二、第五个防止药物滥用五年战略的特点

在全面总结前四个五年战略所取得的成效的同时，日本客观分析了当前日本国内外毒品形势，在此基础上制定第五个防止药物滥用五年战略（以下简称五年战略）。该战略主要有以下特点。

（一）战略性：宏观全面长远

从国家禁戒毒工作的全局性、根本性和长远性，特别是从可持续应对出发，日本政府制定新一轮五年战略取三个视角：着眼于国际化以边境为中心的药物对策、应对未限制物质及使用形态发生变化的药物、与相关机构的合作强化防止滥用对策，由此规划出防止药物滥用五大战略目标。其战略性特征体现为：

一是预防、戒毒、禁毒同步规划。围绕减少药物（毒品）需求和供给两个核心目标，全方位规划了以青少年为中心的全民预防（目标1）、帮助药物滥用者治疗和回归社会防止再犯（目标2）、严厉打击贩卖和阻止药物流通等目标任务（目标3、4），既打击毒品犯罪，又积极推动滥用治疗促进顺利回归，更通过广泛深入的宣传、启发活动，实现以青少年为中心的全民预防，防患于未然。

二是国内国际同步规划。日本第二次、第三次毒品滥用高峰都与国际流行趋势有关，特别是20世纪90年代以来，几乎所有的冰毒等兴奋剂类毒品全部来自国外的现实情况，新的五年战略有两个目标直接面向国际：彻底执行边境管制、阻止药物走私入境（目标4）和通过国际合作、协作防止药物滥用（目标5）。

三是当前和未来同步规划。在规划打击、防范现行法律管制框架之内的毒品滥用的同时，基于因受他国影响出现未限制物质和使用形态有所变化的药物等被滥用且存在发展的危险，在该战略中规划了对未纳入管制的药物制定管制办法，并加强相关机构之间的信息共享、促进滥用药物研究等体制的构建，以及加强针对出境人员的相关工作。

（二）系统性：各部门各环节无缝衔接

五年战略在五大目标下构建了全覆盖、全链条的禁戒毒实施体系。

一是管理对象的全覆盖。比如，防止滥用毒品的宣传教育覆盖了全部

的方方面面不同对象,包括小学到大学在校学生、在职和无职业的少年、社区和家庭、出境出国人员等,涉及的相关人员无死角,基本上是覆盖全社会成员。

二是政府各部门之间、民间组织、家庭、个人自助等的衔接配合。比如充实强化在学校等开展的防止药物滥用教室活动,涉及文部科学省、警察厅、财务省、法务省、厚生劳动省等各政府部门共同责任,由拥有药物等相关专业知识的警员、麻醉药品取缔官员、学校药剂师、矫正设施职员、保健所职员、海关职员等通力协作。又如在治疗药物滥用方面,从刑事司法的相关机构(监狱、保护观察机构),到保健所、精神病医院、福祉事务所、就业安定所和戒毒自助组织等政府和民间机构,给戒毒人员提供生活上的帮助和指导,全链条式治疗、帮扶,促其适应社会。

(三)实践性:路径清晰的一体化推进

每个目标项下设定有详尽的落实措施,以实效为导向,以体制保障和专业技术为支撑。体现为以下方面:

1. 体制机制保障

宣传预防、戒毒回归、禁毒打击等目标下政府各部门的职责明确,并构成分工协作机制;强化刑事司法相关机构与社区协作的回归社会支援体制;构建和有效利用与相关机构、团体相互协作的信息共享体制等等。

2. 措施可操作

例如,宣传教育不只是形式上的要求,而是明确实质性的教育和帮助:不仅要帮助在校儿童了解药物滥用的危险性和有害性,还要让他们理解,好奇心、轻率的态度、过度的精神压力等心理状态、面对诱惑无法拒绝的人际关系、宣传和广告、容易入手等社会环境都会成为助长药物滥用的诱因,并合理地应对这些情况。

3. 强化技术支持

特别突出的是规定了各类培训和各环节的信息搜集与分享,保证各项措施能够有效实施。例如,举办面向防止药物滥用教育指导者的培训班或讲座;以药物滥用问题为主题实施面向社区居民的讲座、集会、案例研究等活动;对从事药物依赖症治疗工作的医务人员开展认知行为疗法等相关的培训;对保护观察官进行药物依赖对策的培训和指导;对各精神保健福祉中心、残障福祉服务企业等从事药物依赖症咨询支援的职员的应对能力的培训等。在信息共享方面力度很大,政府各机构之间实现充分的信息共享,还与各国侦查机关之间就外国人贩卖组织的信息进行交流;除政府宣传资料、网站和宣传彩页等广告媒体外,还利用培训、讲座、各种国民运动等所有机会向公众发布信息,最大化地发挥信息对公众教育的作用。

(四)实效性:各方案措施效果的研究与评估

所有工作措施和环节都设定了效果分析、评估和相关研究工作。

1. 加强评估、鉴定

例如,为了对各种宣传教育活动的实施效果进行验证,开展以青少年为核心的国民药物滥用相关意识调查,确认宣传教育活动的效果;推动对矫治方案等指导和支援措施效果的验证;实施对刑事设施及保护观察所的矫正方案效果的验证;就在各设施就诊的药物依赖症和中毒者的病例等有关依赖性药物的信息进行收集、分析与评估;针对地方厚生局麻醉药品取缔部实施的面向药物滥用者的指导结果等进行分析与评估,等等。

2. 推动研究工作

例如,为有效检查评估药物依赖治疗效果,要求推动药物依赖的机理和药物毒性等相关的研究、药物滥用与依赖的流行病学研究、药物滥用和依赖相关意识与实际情况调查、为药物依赖症和中毒者提供支援的理想方式等相关的研究。

3. 推进研究和评估效果的应用

例如,每两年开展一次再犯罪调查和全民药物滥用调查,以推动更有成效的对策实施;将国民药物滥用相关意识调查的结果体现在宣传教育活动中,进一步充实完善宣传教育相关对策;研究引入高水平鉴定、评估、相关机构共享信息等。

三、启发借鉴

1. 重视禁戒毒的顶层设计

日本政府就防止毒品滥用制定实施了五个五年战略,持续 20 年不间断,是基于对毒品问题的客观、理性判断而采取的有效举措。毒品滥用是世界难题,各国之间相互影响,毒品治理涉及社会各层面,且毒品依赖的治疗是一个长期过程,必须通过政府的顶层设计,且保持规划的连续性,促进工作的可持续性。

2. 保证规划的科学性和权威性

五个五年战略基于各阶段禁戒毒形势和问题进行科学规划,且深入人心,成为日本从政府到社会全面推进禁戒毒工作的指挥棒。各机构、民间组织都以五年战略为依据,积极推动落实各项措施,使各项目标实现成为可能。

3. 强力推进确保实现既定战略目标

日本政府在五年战略推进过程中,根据阶段的不同情况及时调整并加以推动落实。在第二个五年战略实施期间,制定了“为阻止药物走私入境的紧急边境管制对策”;在第三个五年战略实施期间,分别制定了“防止药物滥用加速计划”“目前为止被称为合法香草得以销售的药物的滥用而采取的对策”;在第四个五年战略期间,又制定“旨在杜绝危险毒品滥用的紧急对策”。前四个五年战略成效可观:2017 年兴奋剂案件查获人数为 10,284 人,与第三次兴奋剂滥用高峰期 1997 年的 19,937 人相比,减少到一半左右,其中 2017 年未成年人人数为 93 人,与 1997 年的 1601 人相比减少 90% 以上。

附件:日本第五次防治药物滥用五年战略

第五次防止药物滥用五年战略

2018 年 8 月

药物滥用对策推进会议

1. 前言

(1)最近的国内药物形势

以 1998 年制定的“防止药物滥用五年战略”为开端,政府迄今为止已先后出台了共四期五年战略,各相关省厅紧密配合,从药物需求和供给两个方面推动开展了综合性防止药物滥用对策。

从成效来看,2017 年觉醒剂(兴奋剂)案件查获人数为 10,284 人,与第三次觉醒剂滥用期高峰期 1997 年的 19,937 人相比,减少到一半左右,其中 2017 年未成年人人数为 93 人,与 1997 年的 1601 人相比减少 90% 以上,取得了切实的成果。

为了防止“第四次防止药物滥用五年战略”期已成为严重的社会问题的危险药物滥用形势进一步加剧,2014 年 7 月制定了“根除危险药物滥用的紧急对策”,政府团结一致采取全面彻底的措施后,到 2015 年 7 月,2014 年 3

月前发现的215家销售危险药物店铺已被全面取缔。

与此同时,虽然自2013年“第四次防止药物滥用五年战略”发布以来,我国查获的觉醒剂相关案件人数有所减少,但2017年仍高达一万人以上;查获的大型觉醒剂走私案件接连不断,2016年和2017年收缴的觉醒剂均超过了一吨,可见我国对于觉醒剂依然存在根深蒂固的需求,觉醒剂案件查获人员的再犯率升高亦令人担忧,2017年达到了史上最高纪录的65.5%。

关于大麻案件,2013年查获人数为1616人,2017年达到史上最高记录的3218人,其中约一半即1519人为青少年,以青少年为中心,滥用大麻的蔓延势头凸显。据推测,互联网等有关“大麻无害”等错误信息泛滥,也是引发青少年大麻滥用蔓延的诱因。

2015年查获危险药物案件人数超过1000人,但2017年有所减少,为726人,但由于利用互联网进行交易等贩卖渠道的手段越发巧妙和隐蔽,仍需要引起足够的警戒。

麻醉药品与精神药物案件的查获人数未见大幅波动,但作为安眠药等在医疗用途中流通的精神药物,除滥用案件外,亦有恶意使用引发的恶性犯罪等案件发生。

近年来由于智能手机等不断普及,互联网利用更加便捷,也使利用匿名性更强的互联网进行药物交易等的买卖手法更加隐秘和巧妙。

(2)海外的药物形势

我国国内滥用的药物,几乎均为海外走私入境的物品,因而需要精准了解海外的滥用现状,预测其可能对国内造成的影响,针对国内的药物滥用蔓延采取防患于未然的对策。

例如,一度在海外扩散的浓缩大麻,即大麻蜡(wax)和液体大麻(liquid)等也很快流入我国,其滥用问题近况亦是堪忧。同时也有觉醒剂和MDMA等违法药物的类似物质流入我国等以及海外流通的未限制物质流入案件的发生。

有关海外的药物形势中今后应予以特别关注的,是作为娱乐休闲用品的个人用大麻合法化动向。继2017年的乌拉圭之后,2018年加拿大也确定了将个人用大麻合法化,这些都很有可能引发我国担忧的网络等大麻错误信息的进一步扩散。

美国2016年亦因过量使用包括医疗用麻醉药品(鸦片类麻醉药品芬太尼)等在内的违法药物等,造成共约64,000人死亡。针对这种情况,2017年

10 月美国总统曾宣布进入“公共卫生紧急状态”。美国国内滥用的核心药物芬太尼在我国也属于作为医疗用麻醉药品流通的物质,现在虽几乎未见在我国国内发生滥用,但需要密切关注今后的动向。

2. 着眼未来的防止药物滥用对策

为了实现“观光立国日本”的目标,我国政府团结一致正在推动各种相关政策的实施。有预测表明,以 2019 年举办的橄榄球世界杯和 2020 年冬季奥运会残奥会为契机,访日外国人将进一步增多。

今后更加需要在更广泛的领域积累并应用科学知识与经验,针对时刻变化的药物滥用形势,基于以下三大视角,举政府之力采取进一步的应对措施,力争全面根除药物滥用现象。

(1)着眼国际化加强以海关边境为核心的药物对策

近年来通过举报查获大型觉醒剂走私案件等接连不断地大量收缴觉醒剂等,但仍未接获国内觉醒剂供应不足的信息,可见流入我国的觉醒剂已达到相当庞大的数量。

遏制药物走私,需要彻底取缔国内的暴力团组织和外国人犯罪组织等药物犯罪组织,致力于削弱作为国内药物走私通道的国内组织,并与海外的侦查机关等密切配合,不断强化主动获取向我国走私药物相关信息的体制。针对有关违法药物的社会环境,结合走私和互联网交易等手段更加巧妙且趋于多样化的现状,在进行管制取缔时,包括控制下交付(*controlled delivery*)在内等各相关单位协作推进的方式更具成效,因而需要加强以药物为专业领域的取缔部门的体制建设和相关器材设备的不断完善。为了遏制海外携带入境药物的现象,还应向访日外国人积极介绍我国药物管制的相关信息。

药物问题不仅是一个国家,更是全球规模的课题,应充分认识到这个问题是一个以怎样控制用作药物交易等的互联网交易为核心,需要在国际合作框架下才能应对的问题,针对各国实施的综合性药物滥用对策,充分汲取各种经验应用于我国的对策,并积极传递我国采取的药物滥用对策相关信息,作为国际社会的一员为全球防止药物滥用对策作出积极的贡献。

(2)加强对未限制物质及使用形态有所变化的药物的应对

针对危险药物,在政府团结一致采取措施后已经取得了一定的成果,但现在仍在法律管制框架之外的觉醒剂类似物质、医疗用麻醉药品芬太尼的类似物质等均在海外流通,可以预见,一旦其流入国内,并在流通渠道扩散、造成滥用,将会给国民生活带来严重影响。

同时,在我国滥用问题愈加严重的大麻,已经从传统的植物状形态,不断发展变化为将有害成分浓缩提炼而成的所谓大麻蜡、液体大麻等各种不同形态,在国内各地均有查获收缴案例发生。此外在推动大麻合法化的国家和地区,还在销售将大麻掺入食品的所谓大麻饼干、大麻糖果等大麻制品,亦有报告称出现紧急送医和危害健康等案例。

鉴于这种现状,为了防止这些未限制物质和使用形态有所变化的药物等在国内被滥用,需要尽早取得有关海外滥用的实际情况和有关该物质的危险性与有害性的信息,迅速制定管制办法,并加强相关机构之间的信息共享、促进滥用药物研究等体制的构建。同时,结合我国与海外药物滥用状况的差异,应加强针对出境人员的工作,提醒其注意在目的地国家的安全。

(3)通过与相关机构的合作强化防止滥用对策

我国以青少年为中心的大麻滥用现象出现蔓延趋势,2017 年查获青少年涉大麻案件人数与 2013 年相比增至近两倍。从查获的觉醒剂案件人数看,再犯者比例也呈现逐年递增的趋势。

迄今为止以青少年为核心,面向全体国民开展了防患于未然的宣传教育活动,今后为了推动各项举措更具成效,要将药物问题视为已经近在身边迫在眉睫的威胁,相关府省厅(政府部门)应发挥自身的优势,在充分的科学依据的支撑下致力于进一步完善有关药物的危险性与有害性等宣传教育的内容。相关府省厅应顺应时势,共享统一的宣传教育方针,并积极呼吁使其深入落实到所有相关机构和团体,才能使其成为让全社会一起行动起来的切实举措。

从防止药物再滥用的观点出发,要不断完善帮助药物滥用者回归社会的体制建设,关键在于要推动开展基于认知行为疗法的矫治方案等依赖症治疗工作的专业医疗机构建设和指导者的培养,并推动刑事司法相关机构和社区的精神保健福祉中心等相关机构与团体密切配合的全社会支援体制建设工作。

同时,针对近年来恶意使用事件多发的精神药物等,还应加强医疗机构、药店、相关团体等之间的紧密协作,推动精神药物等的合理使用,并加强监管与取缔。

3. 战略目标

为了推动本战略的实施,设定以下五大目标,相关府省厅在药物滥用对策推进会议框架下紧密协作,通过相关举措推动各项目标的顺利实现。

目标1　通过以青少年为核心的宣传教育提高全体国民的规范意识实现药物滥用防患于未然

目标2　通过对药物滥用者的合理治疗与有效的回归社会支援活动防止再滥用的发生

目标3　通过切实摧毁药物贩卖组织、落实对末端滥用者的取缔及对药物滥用多样化等的及时应对遏制药物的流通

目标4　贯彻落实海关边境对策遏制药物的走私进口

目标5　作为国际社会的一员通过国际协作与合作防止药物滥用

4. 五大目标

目标1

通过以青少年为核心的宣传教育提高全体国民的规范意识实现药物滥用防患于未然

一直以来通过相关府省厅一体化实施的各项预防药物滥用措施,使我国国民中有过药物体验的比例与海外各国相比维持较低水平。

包括2014年一度发展为社会问题的危险药物,在政府团结协作稳步推动的预防对策下,查获的危险药物案件人数逐年递减,成效逐步显现。

与此同时,以互联网为核心流传的错误信息等成为一大诱因,查获的大麻涉案人数呈上升趋势,2017年查获人数达到历史最高。特别是未满30岁的大麻涉案人数有所增加,占2017年大麻案件总数的约47%。

为了防止药物滥用于未然,特别是以青少年为核心正确认识药物滥用的危险性和有害性,通过与学校等的协作举办防止药物滥用教室等活动,积极开展宣传教育是不可或缺的。

需要结合不同宣传教育对象的年龄特点,就有关药物滥用的基础知识、药物具体的危险性和有害性、面对药物滥用诱惑时的应对方法等进行探讨,采用更通俗易懂的方法,开展更具成效的宣传教育。

此外,对于现在以青少年为核心滥用不断蔓延的大麻和今后可能开始流通的滥用药物,需要进一步加强宣传教育工作。

为此将采取以下对策。

(1)充实完善学校开展的防止药物滥用教育及宣传活动

要使在校儿童掌握有关药物滥用危险性和有害性的正确知识,提高他们拒绝药物滥用的规范意识,应致力于不断完善小学、中学及高中等学校的

指导教育，并且应实施培训，使指导者掌握具有充分科学依据的合理的指导教育方法等，因此将开展以下工作。

（充实强化防止药物滥用教育的内容）

①应继续开展广泛的宣传使相关人员知晓，在学校进行的防止药物滥用教育，不仅包括小学的体育课、中学和高中的保健体育课、特别活动时间等，还应通过道德、综合学习时间等贯穿学校教育活动整体进行指导。（文部科学省）

②不仅要帮助在校儿童了解药物滥用的危险性和有害性，还要让他们理解，好奇心、轻率的态度、过度的精神压力等心理状态、面对诱惑无法拒绝的人际关系、宣传和广告、容易入手等社会环境都会成为助长药物滥用的诱因，必须合理地应对这些情况。因此，应在指导方法上下工夫，通过进一步开展广泛的宣传，使所有相关人员知晓。（文部科学省）

③针对药物的危险性和有害性等，编写并发放具有充分科学依据的防止药物滥用宣传册和教材等。（厚生劳动省、警察厅、文部科学省）

（充实强化防止药物滥用教室的活动）

④防止药物滥用教室应作为学校保健计划的组成部分，在所有的中学及高中每年实施一次，并结合地区的实际情况，争取在小学开展同样的活动。（文部科学省、警察厅）

⑤相关机构相互协作，开展用于防止药物滥用教室的有效的宣传用品的研发。（厚生劳动省、警察厅、文部科学省）

⑥拥有药物等相关专业知识的警员、麻醉药品取缔官员、学校药剂师、矫正设施职员、保健所职员、海关职员等通过协作，充实强化在学校等开展的防止药物滥用教室活动。（文部科学省、警察厅、财务省、法务省、厚生劳动省）

⑦举办防止药物滥用教室活动时，利用防止药物滥用宣传车等提高在校儿童杜绝药物滥用的意识。（警察厅）

（加强学校与警察等相关机构和团体的协作）

⑧通过学校警察联络协议会、培训、讲座等形式的信息交流活动，进一步加强学校与警察等相关机构之间的协作。（文部科学省、警察厅、法务省）

（通过培训等提高指导方法与指导者的素质水平）

⑨举办面向防止药物滥用教育指导者的培训班或讲座，提供涵盖最新且正确的药物知识的宣传用品等，不断强化充实指导方法及指导内容。（文部科学省、警察厅、厚生劳动省）

⑩不仅是教师以外的指导者开展有效的指导所需的药物滥用最新知识,为了加深对在校儿童的成长发育阶段、在学校开展指导的现状等的理解,也应不断充实国家、都道府县、相关机构等举办的培训班的内容。(文部科学省)

⑪致力于防止药物滥用教室的师资等防止药物滥用指导员的培养和素质水平的提升。(厚生劳动省)

(推动针对大学等在校生的防止药物滥用宣传活动)

⑫推动面向大学等在校生举办的讲座等防止药物滥用相关的宣传活动。(文部科学省、厚生劳动省、警察厅、内阁府)

⑬促进面向大学等在校生防止药物滥用宣传资料的编制并发放,并利用大学入学指导等机会,不断充实完善宣传指导活动。(文部科学省)

⑭在大学等负责学生工作的教职员参加的会议等有效利用“面向大学生等防止药物滥用宣传册”,促进在大学等开展的活动,致力于加深理解和加强宣传教育。(文部科学省)

(2)加强针对在职与无业少年的宣传活动

查获的少年觉醒剂和大麻涉案人员中,在职与无业少年所占比例较大,但这些少年接受防止药物滥用教育的机会却相对更少。为了结合在职与无业少年的生活现状,提供接受防止药物滥用宣传教育的机会,并通过在活动方法上下工夫实现持续有效地展开,将开展以下工作。

(推动劳动相关机构和团体开展的宣传教育活动)

①以新入职员工等为对象举办防止药物滥用讲座。(警察厅)

②以在职与无业少年为对象编制发放防止药物滥用宣传读本。(厚生劳动省)

(利用互联网等推动宣传教育活动)

③通过在政府宣传资料、网站、SNS 等刊登防止药物滥用宣传册等发布信息。(内阁府、警察厅、厚生劳动省)

④为了在更广泛的范围宣传在涉案青少年中占比增多的大麻等药物的依赖性和危险性,将在内阁府网站利用漫画开展宣传教育活动。(内阁府)

(3)加强家庭和社区根除药物滥用意识的形成与防患于未然的活动

为了防止青少年的药物滥用,不仅需要学校教育,还需要不断完善家庭和社区一体化的提供预防药物滥用宣传教育机会的环境建设,因此将开展以下工作。

（推动在家庭和社区开展的防止药物滥用相关宣传教育活动）

①通过以监护人和社区为对象的防止药物滥用宣传资料的编制和发放，推动防止药物滥用的宣传教育活动。（警察厅、厚生劳动省）

②作为防止青少年利用 SNS 和网站等接受有害信息对策，普及和促进网络过滤工作的展开。（警察厅）

③作为“社会光明运动”的组成部分之一，以药物滥用问题为主题实施面向社区居民的讲座、集会、案例研究等活动，并为社区举办的培训和讲座等活动派遣师资。（法务省）

④为了预防包括药物等在内的各种依赖症，面向监护人和社区居民等举办宣传教育讲座“依赖症预防教室”活动。（文部科学省）

（构建和有效利用与相关机构、团体相互协作的信息共享体制）

⑤通过加强咨询机构之间的协作构建快速信息共享体制。（厚生劳动省、内阁府、警察厅、消费者厅、法务省、财务省、文部科学省）

⑥开发各种宣传海报和宣传彩页，向相关机构和团体发放。（厚生劳动省、内阁府、警察厅、法务省、财务省、文部科学省）

⑦与药剂师会等拥有药物专业知识的相关机构和团体协作，开展宣传活动。（厚生劳动省）

（推动利用街头活动等开展的宣传活动）

⑧包括作为《减少毒品需求指导原则宣言》（联合国根除药物滥用宣言）支援项目开展的“不可以、绝对不可以！”普及运动(6 月 20 日至7 月 19 日)，在“消灭非法大麻罂粟运动”（5 月 ~6 月）、“防止药物滥用宣传强化期”(6 月 ~7 月)、“防止青少年不良行为和受害全国强调月”(7 月)、“社会光明运动”(7 月)、“防止麻醉药品、觉醒剂滥用运动”(10 月 ~11 月)、“孩童、年轻人培养支援强调月”(11 月)、“根除药物枪支犯罪集会”等活动中，面向青少年及培养青少年的相关人员，就药物滥用的危险性和有害性及防止药物滥用的指导方法等进一步积极展开宣传教育活动。（厚生劳动省、内阁府、警察厅、法务省、文部科学省）

⑨与相关机构和团体协作，在车站前和街头等开展大型宣传活动。（警察厅、财务省）

⑩利用街头大屏幕和交通广告媒体等开展宣传教育活动。（警察厅）

（对社区咨询窗口的宣传）

⑪除政府宣传资料、网站和宣传彩页等广告媒体外，还利用培训、讲座、

各种国民运动等所有机会,对咨询窗口的信息进行广而告之,以促进人们对各种咨询机构的积极利用。(厚生劳动省、内阁府、警察厅、消费者厅、法务省、财务省、文部科学省)

(推动对药物滥用少年的早期发现和辅导等)

⑫通过街头辅导活动等推动药物滥用少年的早期发现和辅导等,防止药物滥用。(警察厅)

⑬青少年容易聚集的店铺和场所的管理者等配合,以便(发现问题)尽早向警察通报。(警察厅)

⑭提高少年辅导员等的少年药物滥用现状和滥用药物相关的知识水平。(警察厅)

(4)推动面向出境人员的宣传教育活动

我国与海外各国的药物滥用现状大有不同,为了防止出境人员出于好奇在目的地国家使用药物,并被引诱成为“运货人”,需要充分提醒其注意可能带来的危险。因此将开展以下工作。

(利用广宣媒体等开展宣传教育)

①利用网站等向出境人员就违法药物的危险性、在海外持有违法药物、走私等的危险性和带入以大麻为原料的食品等进行宣传,提醒其充分注意,并对政府开展的工作广而告之。(警察厅、财务省、外务省、厚生劳动省)

(推动与相关机构和团体协作展开的宣传教育活动)

②委托与出境有关的企业,张贴相关目的地国家药物滥用的危险性和防止药物滥用宣传海报,介绍相关网站等。(厚生劳动省、警察厅)

(5)加强宣传教育

针对以青少年为中心的大麻案件涉案人数增加以及瞬息万变的药物种类与形态,为了能够在充分的科学依据支撑下,结合不同年龄阶段,开展宣传教育等,开动脑筋想办法使以青少年为核心的全体国民正确认识药物滥用的危险性和有害性,将开展以下工作。

(促进对科学知识与经验的进一步有效利用)

①与相关机构和团体共享有关药物危险性和有害性等的科学知识与经验,并体现在宣传教育资料中,致力于其内容的不断完善。(警察厅、厚生劳动省)

②对于违法药物造成的死因,医师开具亡诊断书和尸检证明书时应准确记载,并通过警察等提供信息,实现与市町村合理的信息共享。(厚生劳

动省、警察厅)

(利用网站等所有广宣媒体开展宣传教育)

③包括政府宣传资料、网站、宣教用 DVD 等,利用青少年容易接触的广宣媒体,并采用能够对药物的危险性和有害性等留下深刻印象的图片等,想方设法不断完善宣传内容,强化宣传活动。(厚生劳动省、警察厅、内阁府)

④通过“可疑药物联络网”收集和提供互联网上销售的药物等相关信息,并对药物滥用的危险性和有害性等进行广而告之。(厚生劳动省)

⑤利用网站和海关展示室等面向广大国民宣传海关边境的相关取缔对策等。(财务省)

⑥获得消费生活中心等配合发放宣传海报和宣传彩页等。(消费者厅)

⑦通过监查和讲座等向机动车运输企业广泛宣传贯彻禁止使用药物的信息。(国土交通省)

(结合滥用药物形势开展防止滥用的宣传活动)

⑧为了更有效地开展宣传活动,与相关机构等共享结合我国的药物滥用形势开发汇总的宣传内容。(厚生劳动省、警察厅)

(推动基于统一的方针展开宣传活动)

⑨与相关府省厅协作,明确宣传工作的方针等,实现与相关机构及地方公共团体的信息共享,推动国家和地方等一体化宣传活动的展开。(厚生劳动省、内阁府、警察厅、消费者厅、法务省、财务省、文部科学省)

(6)推动对宣传教育活动成效的验证

为了对各种宣传教育活动的实施效果进行验证,以推动更有成效的对策实施,将开展以下工作。

(实施意识调查)

开展以青少年为核心的国民药物滥用相关意识调查,确认宣传教育活动的效果,并将意识调查的结果体现在宣传教育活动中,进一步充实完善宣传教育相关对策。(厚生劳动省、警察厅)

目标 2

通过对药物滥用者的合理治疗与有效的回归社会支援活动防止再滥用的发生

在防止药物滥用者再次滥用的对策方面,早期发现和早期应对至关重要,同时还需要根据每个人的具体状态和现状有针对性地进行。

要帮助药物滥用者回归社会,防止再次滥用,需要采取以认知行为疗法为核心的药物依赖症合理治疗以及有效的回归社会指导支援二者兼顾的措施。

因此,应充分认识到药物滥用既是犯罪行为,有时也属于疾病即药物依赖症的范畴,努力做好回归社会和治疗的环境建设工作,充分利用社会资源,推动防止再滥用措施的展开。

药物依赖的治疗及药物滥用者回归社会的支援,当然需要相关省厅之间密切配合,同时也要充分理解与民间团体之间的协作以及为饱受药物问题困扰的家属提供细致周到的支持的重要性,应通过对活动效果的验证,推动防止再滥用对策更具成效地展开。

因此将采取以下对策。

(1)强化针对药物依赖症患者等的医疗服务体制

能够提供药物依赖症治疗的医疗机构有限,药物依赖症患者中有些人难以前往过远的医疗机构接受治疗,或因此中断治疗。要防止药物再滥用,必须坚持接受合理的药物依赖症治疗。为了充实完善以基于认知行为疗法的矫治方案为核心的医疗服务体制,将开展以下工作。

(充实完善专业医疗机构)

①推动都道府县及政令指定都市的药物依赖症专业医疗机构、治疗定点机构的选定工作,并致力于基于认知行为疗法的矫治方案的进一步完善和普及。(厚生劳动省)

(培养可从事治疗工作的医务人员)

②为了提高从事药物依赖症治疗工作的医务人员的专业水平,开展认知行为疗法等相关的培训,并不断完善有助于提高精神科以外医疗机构的医务人员的应对能力以及潜在药物依赖症患者的早期发现和早期应对的培训活动。(厚生劳动省)

(2)推动刑事司法相关机构等开展有助于回归社会的指导与支援活动

要防止药物滥用者再次滥用药物,对于药物依赖症患者且药物涉案人员,除进行不再滥用药物的指导外,也要使其认识到,药物依赖症作为一种疾病,经合理的治疗和支援可以恢复,关键在于不断完善从在刑事等设施中服刑直至经过保护观察后回到社区的过程中可以持续提供助其接受合理治疗和支援的长期指导和相关支援活动,因此将开展以下工作。

（推动矫正设施中的有效指导与支援活动）

①推动矫正设施中的合理评估，结合再犯风险开展有效的指导，并完善药物指导等体制建设。（法务省）

（推动针对保护观察对象的有效指导与支援活动）

②将防止药物再滥用计划作为特别遵守事项强制实施，对于非强制实施对象则推动其基于自愿原则接受简易药物检测。（法务省）

③对于有药物依赖的保护观察对象，根据情况推动其在社区医疗机构接受治疗或在精神保健福祉中心等接受支援服务。（法务省）

④因没有必要的知识和资格，或无法找到符合自身能力的工作等造成无法顺利就业，或就业后又离职的，面向包括药物依赖的保护观察对象，致力于结合不同的课题，不断完善有关就业的细致周到的支援活动。（法务省）

⑤为了不断充实强化面向药物依赖服刑出狱人员的防止再滥用对策，使其在社区亦可接受合理的支援，开展地方更生保护委员会及保护观察所中必要的体制建设。（法务省）

⑥邀请有关药物依赖矫治等相关领域的专家，为负责管理药物依赖保护观察对象的保护观察官进行药物依赖对策的培训和指导。（法务省）

（确保可胜任保护司工作的人才与强化活动基础建设）

⑦为了稳步推动承担药物依赖保护观察对象回归社会支援工作的保护司相关工作，通过保护司候选人研究协议会和保护司实习活动的实施，确保能够胜任保护司工作的人才，并进一步推动有助于减轻保护司工作中的各种负担的更生保护支援中心的扩充等，强化保护司的活动基础建设。（法务省）

（强化更生保护设施的回归社会支援体制）

⑧促进更生保护设施等接收药物依赖保护观察对象，并强化相关设施的接收功能，不断充实药物依赖矫治支援活动。（法务省）

（推动刑事司法相关机构开展的回归社会支援活动）

⑨对药物案件者防止再滥用对策的方针进行探讨。（法务省）

⑩通过召开药物案件者矫正方案（Treatment Program）等相关矫正和保护工作者联络协议会，就设施内矫正及社会矫正的有效的协调联动方针进行探讨。（法务省）

⑪针对出狱后无住处保障的涉及药物案件的服刑者等，聚焦药物案件者特有的问题实施调查，根据发现的问题，开展出狱后居住保障等生活环境

的协调工作。(法务省)

⑫为刑满释放的药物案件者等提供必要的支援。(法务省)

⑬对于查获的药物案件人员且可能接受缓刑判决或不实施保护观察的缓刑判决者等,根据需要进行面谈,提供有助于防止再犯的信息、实施基于认知行为疗法防止再滥用方案、与医疗机构等进行交接等。(厚生劳动省、警察厅)

⑭为了保持防止再滥用指导的一贯性,并根据对象的情况合理应对,不断充实完善面向防止再滥用工作人员的教材编制与培训活动。(厚生劳动省)

(推动根据依赖程度开展的有效指导与支援活动)

⑮在矫正设施结合再犯风险实施有效的指导。(法务省)

(3)充实完善社区面向本人及家属等的支援体制

要防止药物依赖患者的再滥用,关键在于社区的医疗和保健、福祉机构相互协作,实现相关机构之间的合理衔接,使其在刑事司法相关机构的处理结束后,继续在社区接受合理的支援,因此,将开展以下工作。

(完善并实现咨询和支援窗口的广而告之)

①在都道府县及政令指定都市设置配有依赖症咨询员的咨询定点机构,完善为本人或其家属提供药物依赖症相关咨询支援的窗口建设。(厚生劳动省)

②在精神保健福祉中心等开展与民间团体的协作,实施面向本人的治疗恢复支援和面向家属的支援活动。(厚生劳动省)

③推动对法务少年支援中心的宣传活动。(法务省)

④面向药物依赖服刑出狱者等的接收人和家属等,开展掌握药物滥用有害性及该出狱者的应对等相关知识的讲座和咨询会。(法务省)

⑤针对面临药物问题的当事人及其家属,通过发放宣传册和举办讲座等活动,广泛宣传咨询、支援窗口以及民间支援团体的信息,促进其积极加以利用。(厚生劳动省、警察厅)

⑥在各地区召开支持药物依赖症患者等的相关机构联络会议,在各相关机构中分享咨询案例等不断充实强化面向当事人及其家属的咨询体制。(厚生劳动省)

(充实完善自助小组等民间团体的支援活动)

⑦为了在药物依赖症的恢复过程中,向药物依赖症患者或其家属提供

无间断的支援，不断充实完善促进社区自助小组等民间团体开展活动的举措。（厚生劳动省）

（培养从事咨询与支援工作的人才）

⑧为了加强在都道府县及政令指定都市的精神保健福祉中心等从事药物依赖症咨询支援的职员的应对能力，不断完善相关的培训。（厚生劳动省）

⑨面向残障福祉服务企业或咨询支援企业等为药物依赖症患者提供生活支援的人员，不断完善相关的培训。（厚生劳动省）

⑩实施提高职员专业能力的各种培训等。（法务省）

（强化刑事司法相关机构与社区协作的回归社会支援体制）

⑪根据法务省及厚生劳动省编制的“为药物依赖服刑出狱者等提供相关支援的社区协作指南”，致力于刑事司法相关机构与医疗、保健、福祉机构等的进一步协作。（法务省、厚生劳动省）

⑫加强在矫正设施的指导方案实施过程中与民间支援团体的协作。（法务省）

⑬为了加强与药物依赖保护观察对象居住社区的药物矫正相关机构之间的协作，在保护观察所召开社区支援联络会议。（法务省）

⑭通过实施药物依赖保护观察对象矫治相关的保健会议，加强与相关机构的协作。（法务省）

⑮取得在医疗机构等就诊的保护观察对象的同意，从医疗机构等获得医疗和支援情况相关的信息，以便结合该保护观察对象的身心状态开展合理的指导等。（法务省）

⑯将旨在帮助药物依赖保护观察对象对自己陷入药物依赖问题的原因有更深刻的理解，并掌握改变受药物依赖影响的生活习惯的方法有关的药物依赖恢复训练，委托给民间的药物依赖症康复设施等负责具体进行。（法务省）

⑰召开在社区为药物依赖症患者提供支援的相关机构联络会议，共享并探讨各社区的药物依赖症相关课题，加强协作。（厚生劳动省）

⑱为了防止少年药物再滥用，根据每个少年的具体情况，推动支持其重新振作起来的活动。（警察厅）

（4）促进对药物依赖症的正确理解

虽然经过合理的治疗和支援，药物依赖症是可以治好的疾病，但有关药物依赖症的正确知识和理解在广大国民中尚未充分普及,仍难以与合理的治疗和支援直接对接,针对这样的课题,将开展以下工作。

(促进正确的理解)

①为了使药物依赖症的正确知识和理解在广大国民中充分普及,实现真正有助于药物依赖症者或其家属得到合理的治疗与支援的社会建设,将开展积极且持续的宣传普及活动。(厚生劳动省)

②面向饱受药物问题困扰的家属、社区的咨询窗口负责人及民间支援团体等举办讲座,促进对依赖性药物使用危险性和有害性、其给身心带来的不良影响及应对方法以及有关药物依赖症和中毒等的正确知识与意识的理解。(厚生劳动省)

(5)推动药物滥用的实际情况及有效防止再滥用的治疗方案相关的研究

要推动更有效的防止药物再滥用措施,充分把握药物滥用的实际情况、对药物依赖症治疗及回归社会支援效果的评测是不可或缺的,因此将开展以下工作。

(推动对药物滥用实际情况的研究)

①推动药物依赖的机理和药物毒性等相关的研究、药物滥用与依赖的流行病学研究、药物滥用和依赖相关意识与实际情况调查、为药物依赖症和中毒者提供支援的理想方式等相关的研究。(厚生劳动省)

(推动对矫治方案等指导和支援措施效果的验证)

②实施对刑事设施及保护观察所的矫正方案效果的验证。(法务省)

③在全国精神科医疗机构的合作下,就在各设施就诊的药物依赖症和中毒者的病例等有关依赖性药物的信息进行收集、分析与评估。(厚生劳动省)

④针对地方厚生局麻醉药品取缔部实施的面向药物滥用者的指导结果等进行分析与评估。(厚生劳动省)

目标3

通过切实摧毁药物贩卖组织、落实对末端滥用者的取缔及对药物滥用多样化等的及时应对遏制药物的流通

通过与相关机构协作开展取缔工作后,从人员和资金方面打击了药物贩卖组织,查获了众多的末端滥用人员。街头贩卖危险药物的现象逐渐消

失，造成健康危害的案例亦有所减少，取得了一定的成果。

但同时，药物案件查获人数近年来一直持平，可见国内药物蔓延现象依旧存在，而暴力团成员等进行的药物贩卖案件和大麻种植案件接连发生，显然暴力团等与药物流通存在密切的关联。此外，利用匿名性更强的网站等进行药物贩卖等违法手段也愈加巧妙和具有隐蔽性。

同时也发现和收缴了危险药物等未限制物质，对于传统管制对象的药物即大麻浓缩物等新形态药物的流通亦有所发现，药物滥用形势处于瞬息万变之中。

要遏制这些滥用药物的流通，必须从供需两方面展开对策，即摧毁作为药物供应源头的药物贩卖组织，并贯彻落实对末端滥用者的取缔，因而需要相关机构协作推进查明暴力团等药物犯罪组织的实际情况及其相互交叉点的情况、对末端滥用者的上线追踪侦查、愈加巧妙的贩卖手段等信息的收集分析等，为此将采取以下对策。

(1)强化摧毁药物贩卖组织的侦查基础建设与协作

要查明实际情况并彻底摧毁药物贩卖组织，需要相关省厅完善开展侦查工作的基础建设，进一步提高侦查水平，并加强相互之间的协作，因此将开展以下工作。

(强化侦查体制及相关机构的相互配合)

①强化相关机构的药物专业侦查、信息分析、鉴定等的组织体制。(警察厅、法务省、财务省、厚生劳动省、海上保安厅)

②推动相关机构开展的联合侦查和共同揭发。(警察厅、财务省、厚生劳动省、海上保安厅)

③通过相关省厅召开的“药物对策取缔机构信息交流会”等会议，促进信息交流加强协作，推动所有相关部门基于共通理念开展相关取缔工作。(警察厅、法务省、财务省、厚生劳动省、海上保安厅)

④推动相关机构之间的人事交流及培训的相互派遣。(警察厅、财务省、厚生劳动省、海上保安厅)

⑤培养具有外语能力的侦查官等，不断建设完善翻译体制。(警察厅、法务省、厚生劳动省、海上保安厅)

(通过侦查手法、装备器材的研发与引进等进一步提高侦查水平)

⑥有效利用通信监听、控制下交付侦查等各种侦查手法，并开展新型侦查手法的研究。(警察厅、法务省、财务省、厚生劳动省、海上保安厅)

⑦致力于取缔、秘密侦查等装备器材的研发与引进、船艇及飞机等的有效利用。(警察厅、财务省、厚生劳动省、海上保安厅)

(2)推动暴力团等国内药物贩卖组织的对策

要打击暴力团等国内的药物贩卖组织,应确保组织头目等成员受到法律的严惩,将其与社会长期隔离,进一步推动药物犯罪收益对策,因此将开展以下工作。

(强化对组织头目等处于核心位置人员的取缔)

①收集汇总分析有关涉及药物贩卖的暴力团等相关的信息,并在取缔工作中加以有效利用。(警察厅、厚生劳动省、海上保安厅)

②通过对末端滥用者的上线追踪侦查等查明暴力团等药物贩卖组织进行药物贩卖的实际情况,推动对其头目和干部等处于核心位置人员的揭发检举。(警察厅、厚生劳动省、海上保安厅)

(通过麻醉药品特例法等法律的严惩实现长期隔离)

③针对以贩卖药物为职业的案件致力于其营利性质与惯犯性质证据的证实,通过适用麻醉药品特例法第 5 条等确保其受到法律的严惩。(警察厅、法务省、厚生劳动省、海上保安厅)

(推动对药物犯罪收益等相关信息的收集汇总分析与有效利用)

④推动对药物犯罪收益等相关实际情况的查证,致力于药物犯罪收益的隐匿、收受行为的发现。(警察厅、法务省、厚生劳动省、海上保安厅)

⑤迅速准确地开展涉及药物犯罪等可疑交易相关信息的分析,并提供给侦查机关等,确保其在侦查工作中得到有效利用。(警察厅、厚生劳动省、海上保安厅)

(贯彻没收和剥夺药物犯罪收益等措施)

⑥致力于对药物犯罪收益等隐匿、收受行为加以处罚的麻醉药品特例法第 6 条及第 7 条的适用、根据同法第 19 条及第 20 条规定作出的没收保全命令及追缴保全命令的适用。(警察厅、法务省、厚生劳动省)

⑦致力于将药物犯罪收益向税务当局通报以便课税。(警察厅、厚生劳动省)

(推动防止转移药物犯罪收益等的相关举措)

⑧构建国际性信息交流机制,推动与外国的金融情报中心(FIU)的信息交流。(警察厅)

⑨结合金融行动特别工作组(FATF)提出的建议等,推动反洗钱相关的

对策。(警察厅)

(3)查明外国人药物贩卖组织的实际情况加以削弱或摧毁

鉴于外国人药物贩卖组织相关人员频繁出入境或非法滞留等,难以掌握实际情况,且近来亦发现存在与暴力团等药物贩卖组织勾结或据点在海外的药物贩卖组织参与在我国国内的贩卖活动等。为了削弱和摧毁其力量,将开展以下工作。

(加强与相关机构的信息共享)

①收集分析非法滞留的外国人的相关信息,强化与相关机构协作展开的揭发检举等工作。(警察厅、法务省)

②与相关机构分享有关外国人药物贩卖组织的成员、分工、贩卖手段等信息,查明实际情况。(警察厅、厚生劳动省)

③为了遏制外国人以贩卖药物为目的持伪造护照入境,利用国际刑事警察组织(ICPO)收集的遗失或被盗护照相关的信息和身份识别信息,严格准确地实施入境审查及伪造文书相关的对策。(法务省)

(查明暴力团等国内组织与外国贩卖组织的交叉节点)

④通过案件侦查等查明药物走私组织、药物走私渠道、资金流向、联络手段等。(警察厅、厚生劳动省、海上保安厅)

⑤与各国侦查机关之间就外国人贩卖组织的信息进行交流。(警察厅、厚生劳动省、海上保安厅)

(4)应对愈加巧妙和隐蔽化的贩卖案件

为了应对利用互联网上匿名性更高的网站等更加巧妙和隐蔽化的所有贩卖手段,不断强化与相关机构等协作开展的信息收集,将开展以下工作。

(加强对利用互联网等的贩卖案件的应对)

①通过互联网与热线中心(IHC)、可疑药物联络网等的通报及网络巡查等,推动对药物贩卖相关违法信息的收集。(警察厅、厚生劳动省)

②加强对利用互联网等进行药物贩卖的手段的解析和分析,运用各种法令推动相关的取缔工作。(警察厅、厚生劳动省)

③强化与网络服务商的合作关系,推动违法信息相关证据的保全和防止信息发送相关的措施。(警察厅、厚生劳动省)

(推动各个国家和地区药物贩卖手段与对策相关信息的收集)

④从各个国家和地区的侦查机关收集有关贩卖手段及相关对策等有关

课题的信息。(警察厅、厚生劳动省、海上保安厅)

(5)贯彻落实对药物滥用者的取缔

药物滥用不仅会腐蚀滥用者的身心,还有可能引发各种案件或事故等,给周围带来严重的危害或影响。购买药物的钱款还是支撑暴力团等药物贩卖组织的重要资金来源。通过开展对需求方即末端滥用者的取缔,阻止药物的流通,维持提升规范意识,进而遏制药物的需求,将开展以下工作。

(推动对药物滥用者的彻底取缔)

①对药物滥用的倾向等进行分析,贯彻落实对末端滥用者的取缔。(警察厅、厚生劳动省)

②推动对助长药物滥用的大麻种子的非法进口与销售者、注射器的非法销售者等的取缔。(警察厅、财务省、厚生劳动省)

(推动对于可能引发滥用的药物的重点取缔)

③以可能引发滥用蔓延的药物案件为对象,实施进一步的重点取缔。(警察厅、厚生劳动省)

④对于滥用蔓延的大麻,把握未加以禁止的现状所存在的课题,同时结合法律论证对大麻取缔的理想方式进行探讨。(厚生劳动省)

(6)推动对于未限制物质等的信息收集和及时迅速的管制等

要防止可能引发滥用蔓延的未限制物质等的流通,需要推进鉴定方法的研究,提高技术水平,并根据收集到的药物信息迅速实施相应的管制,因此将开展以下工作。

(强化未限制物质等相关的鉴定和研究体制,推动信息共享)

①针对觉醒剂类似物质等未限制物质以及所谓大麻浓缩物等新形态的管制药物,提高完善可进行高水平鉴定的器材和毒性评估、鉴定手法的研究与引进工作。(警察厅、财务省、厚生劳动省、海上保安厅)

②构建共享新指定药物等相关的数据库,并促进对其有效利用。(警察厅、财务省、厚生劳动省)

③针对新形态管制药物和未限制物质,通过相关机构召开“分析负责人员会议”等实现信息共享。(警察厅、财务省、厚生劳动省、海上保安厅)

(推动对未限制物质等进行迅速的指定)

④对于未限制物质中精神毒性的可能性大且用于人体时可能带来健康卫生危害的,结合国内外的流通情况等推动药物指定的迅速实施。(厚生劳动省)

⑤就指定药物的指定与相关机构进行信息共享。(厚生劳动省)

⑥运用侦查和海关检查等提供的未限制物质相关的信息,为迅速完成指定提供支持。(警察厅、财务省)

⑦对于进行指定药物的指定后非法流通仍持续,经确认与麻醉药品具有同种有害性等的药物,指定为麻醉药品,强化相应的管制。(厚生劳动省)

(7)强化对正规流通麻醉药品和精神药物等的监管

为了防止用于医疗的正规流通的麻醉药品和精神药物等因非法销售或转让等造成滥用、恶意使用等情况,必须进行彻底取缔。考虑到医疗用麻醉药品和精神药物等在国外滥用的实际情况,除了需要彻底遏制非法流通外,对于有关人员的不规范使用等也需要强化相应的监管,因此,将开展以下工作。

(强化国内外滥用实际情况相关信息的收集汇总体制)

①掌握国内外医疗用麻醉药品和精神药物等的滥用信息和药物依赖的实际情况,并向国内相关机构提供相关的信息。(厚生劳动省)

(加强防止恶意使用精神药物等案件发生的监管与取缔)

②为了合理管理与合理使用精神药物,贯彻落实对医疗机构、药店、使用企业的上门检查与监管。(厚生劳动省)

③发现医疗用麻醉药品和精神药物等非法流通的,积极与相关机构协作加以取缔。(厚生劳动省、警察厅)

(贯彻落实对相关机构和团体的指导与监督)

④为了促进医疗用麻醉药品的合理使用,面向医疗相关人员举办推动医疗用麻醉药品合理使用的讲座。(厚生劳动省)

⑤针对医疗用麻醉药品和精神药物等的合理管理,贯彻落实对医疗机构、使用企业及药店等的指导与监督。(厚生劳动省)

目标 4
贯彻落实海关边境对策遏制药物的走私进口

防止药物滥用,不仅应致力于遏制需求,关键在于要切断供给。包括觉醒剂在内我国国内滥用的药物几乎都是外国走私入境的,要阻止药物走私入境国内,需要继续贯彻落实海关边境相关的对策,对于可能用于非法制造药物的原料物质也需要进行合理的贸易管理。

要贯彻落实遏制非法药物走私相关的海关边境对策,需要提高对走私等相关信息的收集和分析能力,并强化相关机构相互协作的海关边境药物取缔体制。

同时,鉴于今后我国出入境旅客人数将持续增加,关键在于结合各国的药物情况推动面向访日外国人的宣传教育活动,预防携带入境案件的发生,并加强混杂在旅客中的走私案件的检举揭发工作。

为此将在相关机构密切配合下开展以下对策。

(1)强化走私等相关信息的收集

在国际物流和出入境旅客增多的背景下,要开展有效的海关边境管制,必须强化信息收集和分析能力,精准锁定取缔和检查对象,因此将开展以下工作。

(推动向相关机构收集信息的工作)

①与国内外相关机构协作,及时获得走私相关信息,通过分析工作,作为可触及要害的信息加以有效利用。(警察厅、财务省、海上保安厅、厚生劳动省)

(推动向国民和民间团体等收集信息的工作)

②有效利用新闻媒体、网站等,对药物咨询电话、走私信息(揭发检举)电话(0120-461-961)、海上紧急通报电话118等进行积极宣传,利用所有可能的机会,加强请求国民配合提供走私信息的活动。(警察厅、财务省、厚生劳动省、海上保安厅)

③确立通报体制,通过与渔业相关人员的协作请求其提供走私相关信息等。(警察厅、财务省、海上保安厅)

(推动利用相关事件等开展信息收集)

④通过对嫌疑人进行上线追踪侦查等获得可触及要害的信息。(警察厅、厚生劳动省、海上保安厅)

⑤通过走私入境对策相关省厅会议等场合,致力于进一步共享与可能运出药物的国家和地区相关的船舶、货物和人员等与走私形势相关的信息。(财务省、警察厅、厚生劳动省、海上保安厅、法务省)

(强化组织体制和装备)

⑥努力完善信息收集和分析体制,进一步强化信息收集活动。(警察厅、财务省、厚生劳动省、海上保安厅)

⑦实施药物走私入境的联合取缔演练,努力加强各取缔机构之间的协

作,提升能力。(警察厅、财务省、厚生劳动省、海上保安厅)

(强化原料物质的进出口对策与管理体制)

⑧致力于与国际麻醉药管制委员会(*INCB*)的协作,把握原料物质的国际进出口动向与实际的使用情况。(厚生劳动省、经济产业省)

⑨有效利用事前通知制度,强化对原料物质进出口的监管,确保合理流通。(厚生劳动省)

⑩开展严格审查和宣传教育活动,确保合理的原料物质贸易管理。(经济产业省)

⑪与相关机构协作开展联合上门检查等,强化对原料物质进出口的取缔工作。(海上保安厅)

⑫针对麻醉药品和觉醒剂原料使用企业开展上门检查,确保原料物质的合法流通。(厚生劳动省)

(2)查明药物走私渠道构建海关边境的取缔体制

为了阻止药物流入国内,需要通过有效利用走私相关信息和检测仪器以及相应的人才保障,强化取缔体制,因此,将开展以下工作。

(强化海上与港湾等的监管取缔体制)

①努力强化沿岸和港湾等的监管体制,收集可疑货物与船舶等的相关信息。(海上保安厅、警察厅、财务省、厚生劳动省)

②致力于强化海上、港湾等取缔体制所需的体制建设。(海上保安厅、警察厅、财务省、厚生劳动省)

③推动相关机构相互取长补短扩大信息交流,联合开展对船舶的上船检查、埋伏布控和调查等工作。(海上保安厅、警察厅、财务省)

④致力于强化对药物走私组织进行秘密侦查等的体制建设。(警察厅、厚生劳动省、海上保安厅)

(推动对走私手段的分析和相应的取缔工作)

⑤致力于相关机构之间的密切合作,努力提升各种侦查手法。(警察厅、厚生劳动省、海上保安厅)

⑥推动新形态的走私手段相关信息的共享。(警察厅、财务省、厚生劳动省、海上保安厅)

⑦进一步提高走私手段等相关信息的收集和分析能力,锁定检查对象开展重点取缔。(财务省)

⑧对可能运出药物的国家和地区相关的船舶、货物和人员等与走私形势

相关的信息进行分析,开展信息共享并体现在取缔工作中。(海上保安厅)

(结合走私风险实施取缔)

⑨通过有效利用旅客与货物(包括邮递货物)相关的事前信息等致力于取缔工作的不断完善与强化。(财务省)

⑩致力于需要注意的船舶及人物等相关数据库的不断完善,通过对收集汇总的信息进行分析评估,锁定对象船舶等,开展有效的监管与取缔。(海上保安厅)

(结合愈加巧妙的走私手段开展取缔器材的强化与研发等)

⑪致力于强化药物走私组织秘密侦查活动等所需器材的不断完善。(警察厅、财务省、厚生劳动省、海上保安厅)

⑫致力于 X 光等检测设备的合理配备,开展有效应用,强化检查工作。(财务省)

⑬为了应对新的隐匿手法,推动利用最新技术进行检测的仪器调查与研发,提升药物探知性能。(财务省)

(推动走私等相关的药物分析)

⑭持续推动药物分析方法的研发。(警察厅、财务省、厚生劳动省、海上保安厅)

⑮通过在相关省厅之间或研究机构之间的会议,致力于强化对海外流行的滥用药物及最新鉴定分析方法等进行相关信息交流、药物分析的体制。(警察厅、财务省、厚生劳动省、海上保安厅)

⑯开展针对海关边境收缴的觉醒剂进行科学特性分析的“觉醒剂特征(profile)分析”。同时,针对觉醒剂类似物质、浓缩大麻等新的滥用非法药物开展相关的调查研究。(财务省)

⑰对于以保护基对麻醉药品等遮盖的未限制物质,迅速建立相关的分析技术,并推动相关信息的共享。(厚生劳动省)

(3)海关边境与国内相关机构协作贯彻落实药物取缔工作

只有海关边境与国内相关机构充分协作,才能保证走私案件的取缔有效且高效的展开,因此将开展以下工作。

①积极采用控制下交付侦查等方式,相关机构协调联动,积极推动联合侦查的展开。(警察厅、财务省、厚生劳动省、海上保安厅)

②对侦查工作获取的信息进行分析,查明暴力团等与海外走私组织的交叉节点。(警察厅、财务省、厚生劳动省、海上保安厅)

③请日本邮便株式会社配合，以便进一步加强国际邮件检查等相关一线层面的协作，确保海关对国际邮件检查工作的有效展开。（总务省、财务省）

④通过与相关机构的密切配合，共享侦查手法，贯彻落实药物取缔工作。（警察厅、财务省、厚生劳动省、海上保安厅）

⑤致力于相关机构专业性的相互补充，进一步加强联合开展的船舶检查、埋伏布控、调查等方面的协作。（财务省、海上保安厅）

（4）推动面向访日外国人的宣传教育活动

在今后出入境旅客将进一步增多的背景下，要防止访日外国人的药物走私入境，需要持续进行宣传教育，因此将开展以下工作。

（利用广宣媒体等开展宣传教育）

①利用网站等广宣媒体，以多种语言介绍日本国内药物取缔现状相关的信息，强化面向外国人防止携带管制药物入境的宣传教育工作。（财务省、警察厅、厚生劳动省）

②开展面向船主和航运公司等禁止携带药物入境相关的宣传教育活动。（海上保安厅）

（与海外各国相关机构和团体协作开展宣传教育）

③利用国际会议等机会或通过驻外相关机构等，开展禁止携带药物入境相关的宣传教育活动。（警察厅、海上保安厅、厚生劳动省）

目标5

作为国际社会的一员通过国际协作与合作防止药物滥用

违法药物交易跨越大陆和海洋遍布全球。近年来觉醒剂的生产地区和面向我国的药物输出国、中转国均呈多样化趋势，因而构建并强化国际性药物取缔网络，从防止我国的药物滥用的角度来看亦是迫在眉睫的课题。

从国外形势看，继乌拉圭之后加拿大也将解禁个人娱乐用大麻，还有美国等发生的医疗用鸦片类麻醉药品的滥用问题等，这些均有可能影响我国的药物形势，引发各种问题。

今后在我国实现进一步的国际化发展目标过程中，需要与相关各国和国际组织紧密配合，巩固国际性取缔体制，密切关注各国的药物滥用形势，积极传递我国的药物滥用对策相关信息，在国际社会的药物滥用对策中积极发挥引导作用,因此将开展以下对策。

(1)构建国际性取缔体制阻止药物流入国内

鉴于日本国内流通的大部分违法药物都来自海外各国,为了强化国际性药物取缔网络,阻止药物流入国内,将开展以下工作。

(有效利用公约和协定等推动国际侦查合作)

①为了进一步强化与药物输出地或中转地国家和地区及其他周边国家的信息交流,强化对药物走私的取缔工作,将积极利用国际侦查互助和逃亡犯罪人员引渡等相关机制,推动国际联合警务工作(国际侦查合作)的开展。(法务省、警察厅、海上保安厅、财务省、厚生劳动省)

②利用所有可能的机会,向药物输出国等提出采取包括强化取缔在内防止药物输出的相关措施的请求及对既往案例的事实关系等进行确认。(警察厅、财务省、厚生劳动省、海上保安厅)

③通过向药物输出国等派遣职员等构建合作关系,推动国际合作。(警察厅、财务省、厚生劳动省、海上保安厅)

(2)把握各个国家和地区药物滥用的实际情况与取缔措施

要通过国际社会共同应对药物滥用问题,准确把握各个国家和地区面临的药物情况,采取相应的对策是不可或缺的。为了掌握各个国家和地区的应对现状,将开展以下工作。

(强化药物滥用对策相关信息的收集汇总体制)

①积极参与各个国家和地区举办的药物滥用对策相关的国际会议,努力掌握各个国家和地区的药物滥用对策。(警察厅、厚生劳动省、财务省、海上保安厅)

②参加以北太平洋地区海上保安部门为对象的北太平洋地区海岸警备执法机构论坛及以亚洲地区海上保安部门为对象的海上保安部门首长级会议,利用以药物走私对策为主题的信息交流平台,就药物滥用对策、药物走私对策及药物取缔措施交换意见,致力于合作体制的强化。(海上保安厅)

③积极开展各个国家和地区药物滥用对策相关知识经验的收集、分析,合理发布相关信息。(厚生劳动省)

④就包括互联网对策等在内的各个国家和地区的药物案件侦查手法等进行信息收集和有效利用。(警察厅、厚生劳动省、海上保安厅)

(强化与国际组织等合作的药物滥用对策相关信息共享体制)

⑤利用参加国际会议等机会,致力于强化与包括各国相关机构及联合

国毒品和犯罪问题办公室(*UNODC*)在内的国际组织之间的药物滥用对策相关信息共享体制。(厚生劳动省、警察厅、财务省、海上保安厅)

(3)积极参与国际会议和国际框架

需要通过积极参与联合国麻醉药品委员会(CND)有关药物政策的讨论、联合国毒品和犯罪问题办公室(*UNODC*)和国际刑事警察组织(ICPO)等国际组织开展的技术合作和国际性侦查合作,进一步强化国际协作,并促进对我国药物对策等的理解,因此将开展以下工作。

(通过信息交流与加强协作积极为国际社会贡献力量)

①积极参加亚太禁毒执法机构负责人会议(*HONLEA*)等地区会议,推动开展有效的药物对策所需的国际和地区性措施,致力于开展强化亚洲地区药物对策所需策略相关的协商以及经验的共享。(厚生劳动省、警察厅、财务省、海上保安厅)

②积极参加包括联合国麻醉药品委员会(CND)在内的国际会议和各种专家会议等,取得对我国的举措和理念的理解,并进一步强化与海外各国相关机构的协作。(外务省、厚生劳动省、警察厅、财务省、海上保安厅)

③在国际社会开展的降低危害(harm reduction)讨论中,针对降低药物需求与减少供给的平衡及结合各个国家和地区特有的药物情况开展对策的必要性,寻求对我国所持理念的理解。(厚生劳动省、外务省、警察厅、财务省、海上保安厅)

(有效利用协定等开展与各国相关机构的信息交流)

④致力于通过与外国海关部门之间通过签署顺利开展非法药物等相关信息交流的协定等,构建新的海关相互支援框架,让与协定签署国海关部门等的信息交流更加活跃,强化海关部门之间的合作关系,以便在海关边境更有效地开展非法药物等的取缔工作。(财务省)

⑤有效利用以国际组织为核心建立的信息共享网络系统(EWA·IONICS等)等,努力开展各国滥用药物的信息收集工作。(厚生劳动省)

(4)强化与主要输出国家和地区等的合作体制

要切断愈加复杂的药物走私渠道,需要药物输出地、中转地、目的地协作加以取缔,因此将开展以下工作。

(通过技术支援等加强国际协作)

①向亚洲等地区的输出国等提供技术和开展信息交流,致力于推动国

际性协作的展开。(厚生劳动省、财务省)

②作为师资参与联合国毒品和犯罪问题办公室(*UNODC*)主办的培训和研讨会,举办药物走私等海上犯罪取缔相关的培训等,并与参会各国相关部门进行信息交流。(厚生劳动省、海上保安厅)

③积极支持世界海关组织(WCO)成员国的亚太地区情报联络中心等开展的药物信息收集分析及阻止药物走私相关的多边措施。(财务省)

④邀请亚洲、非洲等海上安全部门的现场指挥官级人员,举办旨在强化取缔药物走私等海上犯罪相关能力的"海上犯罪取缔培训"。(海上保安厅)

⑤利用亚太缉毒执法会议(ADEC)等召开之机,促进取缔责任人之间交换意见及知识经验的共享。(警察厅)

⑥通过联合国毒品和犯罪问题办公室(*UNODC*),为世界最大的罂粟种植地阿富汗和缅甸等提供强化药物取缔能力和替代种植方面的支持。(外务省)

(强化与药物输出地或中转地国家和地区等协作的取缔体制)

⑦与主要药物输出地或中转地国家和地区及其他周边各国的侦查机关协作,积极推动国际侦查互助、逃亡犯罪人员引渡等国际侦查合作机制的有效利用,强化取缔体制。(警察厅、法务省、厚生劳动省、海上保安厅)

⑧向药物输出地或中转地国家和地区及其他周边国家派遣职员,开展信息收集等工作,强化与相关机构的国际侦查合作关系。(海上保安厅)

⑨致力于进一步强化与输出国家和地区及其周边国家和地区的外国当局之间的信息交流(财务省)

⑩发现利用国际邮件进行药物走私的案件后,分别向该案件相关输出国的邮政机构持续发函请求其配合,向邮政职员以及相关服务利用者对我国的药物进口限制进行广泛宣传告知。(总务省)

⑪为输出地或中转地国家提升取缔能力提供支持。(警察厅)

⑫为联合国毒品和犯罪问题办公室(*UNODC*)开展的全球合成毒品检测、分析、报告和趋势项目(SMART)提供支持,强化在亚洲实施的包括 NPS 在内的合成药物对策的相关活动。(外务省)

〔参考数据〕

1. 所有药物案件查获人数(人)

年份	2008	2009	2010	2011	2012	2013	2014	2015	2016	2017
查获人数	14,720	15,417	14,965	14,200	13,881	13,292	13,437	13,887	13,841	14,019

出处:警察厅、厚生劳动省、海上保安厅(厚生劳动省统计)调查。
(注)觉醒剂、大麻、麻醉药品和精神药物、鸦片案件查获人数的合计。

2. 觉醒剂案件查获件数、人数(件;人)

年份	2008	2009	2010	2011	2012	2013	2014	2015	2016	2017
查获件数	16,043	16,468	17,163	17,109	16,689	15,472	15,571	16,168	15,374	14,496
查获人数	11,231	11,873	12,200	12,083	11,842	11,127	11,148	11,200	10,607	10,284

出处:警察厅、厚生劳动省、海上保安厅(厚生劳动省统计)调查。

3. 觉醒剂以外药物案件的查获人数(人)

年份	2008	2009	2010	2011	2012	2013	2014	2015	2016	2017
大麻	2867	3087	2367	1759	1692	1616	1813	2167	2722	3218
麻醉药品和精神药物	601	429	375	346	341	540	452	516	505	505
鸦片	21	28	23	12	6	9	24	4	7	12

出处:警察厅、厚生劳动省、海上保安厅(厚生劳动省统计)调。

4. 药物收缴量(kg;MDMA 等片剂类合成麻醉药品为片数)

年份	2008	2009	2010	2011	2012	2013	2014	2015	2016	2017
觉醒剂	402.6	369.5	310.7	350.9	466.6	846.5	570.2	431.8	1521.4	1136.6
干燥大麻	382.3	207.4	181.7	141.1	332.8	198.0	166.6	104.6	159.7	270.5
大麻树脂	33.4	17.4	13.9	28.4	42.5	1.2	36.7	3.9	1.0	21.9
可卡因	5.6	11.6	7.2	28.8	6.9	124.1	2.3	18.6	113.3	11.6
海洛因	1.0	1.2	0.3	3.6	0.1	3.8	0.0	2.0	0.0	70.3

续表

年 份	2008	2009	2010	2011	2012	2013	2014	2015	2016	2017
鸦 片	6.6	3.2	3.7	7.6	0.2	0.2	0.2	0.0	0.7	0.0
MDMA 等片剂类合成麻醉药品	217,883	91,960	18,246	27,187	3708	2147	608	1074	5122	3244

出处:警察厅、财务省、厚生劳动省、海上保安厅(厚生劳动省统计)调查。

5. 少年觉醒剂案件查获人数(人)

年 份	2008	2009	2010	2011	2012	2013	2014	2015	2016	2017
总 数	255	258	228	185	148	125	94	119	136	93
其中:初中生	8	6	7	4	3	1	2	1	7	0
其中:高中生	34	25	30	25	22	15	12	14	18	8

出处:警察厅、厚生劳动省、海上保安厅(厚生劳动省统计)调查。

6. 少年及 20 ~ 29 岁觉醒剂案件查获人数(人)

年 份	2008	2009	2010	2011	2012	2013	2014	2015	2016	2017
总 数	2799	2692	2642	2420	2131	1682	1489	1556	1437	1334
其中:少年	255	258	228	185	148	125	94	119	136	93
其中:20 ~ 29 岁	2544	2434	2414	2235	1983	1557	1395	1437	1301	1241

出处:警察厅、厚生劳动省、海上保安厅(厚生劳动省统计)调查。

7. 少年大麻案件查获人数(人)

年 份	2008	2009	2010	2011	2012	2013	2014	2015	2016	2017
总 数	234	214	164	82	67	61	80	144	211	301
其中:初中生	2	5	11	1	0	0	3	3	2	2
其中:高中生	48	34	18	15	18	10	18	24	32	53

出处:警察厅、厚生劳动省、海上保安厅(厚生劳动省统计)调查。

8. 少年及20~29岁大麻案件查获人数(人)

年 份	2008	2009	2010	2011	2012	2013	2014	2015	2016	2017
总 数	1776	1880	1396	926	809	712	745	1049	1237	1519
其中:少年	234	214	164	82	67	61	80	144	211	301
其中:20~29岁	1542	1666	1232	844	742	651	665	905	1026	1218

出处:警察厅、厚生劳动省、海上保安厅(厚生劳动省统计)调查。

9. 觉醒剂案件查获人数中暴力团相关人员的数量(人;%)

年 份	2008	2009	2010	2011	2012	2013	2014	2015	2016	2017
查获人数	11,231	11,873	12,200	12,083	11,842	11,127	11,148	11,200	10,607	10,284
其中:暴力团相关人员	5849	6242	6361	6594	6421	6112	6066	5758	5114	4796
占比(%)	52.1	52.6	52.1	54.6	54.2	54.9	54.4	51.4	48.2	46.6

出处:警察厅、厚生劳动省、海上保安厅(厚生劳动省统计)调查。

10. 防止药物滥用教室的实施情况(%)

年 份		2008	2009	2010	2011	2012	2013	2014	2015	2016	2017
小 学	实施校数	7984	11,739	12,513	13,180	13,890	14,401	15,418	15,734	15,886	15,747
	实施率	37.5	54.0	62.3	62.6	65.9	67.1	72.3	76.4	77.3	79.1
初中校	实施校数	6107	7783	7888	8566	8745	8945	9519	9351	9541	9328
	实施率	58.4	72.8	79.1	81.6	82.7	82.8	88.3	89.2	91.0	91.0
小初一体学校	实施校数									25	85
	实施率									100.0	83.3
高中校	实施校数	3084	3731	3663	3835	3850	3883	3980	3995	4104	4092
	实施率	64.1	75.3	78.8	79.0	80.2	81.3	83.6	84.7	86.3	86.4
6年制中学	实施校数	16	22	29	32	34	38	37	39	40	68
	实施率	44.4	52.4	63.0	66.7	70.8	77.6	75.5	78.0	76.9	66.7

出处:文部科学省调查※因东日本地震2010年数据不包含岩手县、宫城县、福岛县。

11. 觉醒剂案件再犯率(人;%)

年份	2008	2009	2010	2011	2012	2013	2014	2015	2016	2017
查获人数	11,231	11,873	12,200	12,083	11,842	11,127	11,148	11,200	10,607	10,284
其中:再犯人数	6283	6865	7206	7152	7232	6989	7190	7237	6879	6740
比率	55.9	57.8	59.1	59.2	61.1	62.8	64.5	64.6	64.9	65.5

出处:警察厅、厚生劳动省、海上保安厅(厚生劳动省统计)调查。

12. 刑满释放人员2年以内再次入刑率(违反觉醒剂取缔法)(人;%)

年份	2008	2009	2010	2011	2012	2013	2014	2015
刑满释放人员数	6738	6467	6334	6422	6649	6788	6456	6184
其中:2年以内再次入刑人数	1312	1382	1279	1286	1316	1324	1338	1187
比率	19.5	21.4	20.2	20.0	19.8	19.5	20.7	19.2

出处:法务省调查。

13. 药物案件中查获伊朗籍人数等(人;%)

年份	2008	2009	2010	2011	2012	2013	2014	2015	2016	2017
访日外国人查获人数	693	664	601	536	469	454	467	439	498	651
其中:伊朗籍人数	171	143	70	48	35	25	30	18	32	23
占比	24.7	21.5	11.6	9.0	7.5	5.5	6.4	4.1	6.4	3.5

出处:警察厅、厚生劳动省、海上保安厅(厚生劳动省统计)调查。

14. 药物走私入境案件揭发举报件数及查获人数(件;人)

年份		2008	2009	2010	2011	2012	2013	2014	2015	2016	2017
觉醒剂	件数	79	168	136	189	127	127	154	78	85	130
	人数	99	227	163	222	179	181	180	102	108	159
大麻	件数	83	46	25	34	50	47	42	67	49	89
	人数	90	49	26	34	69	51	43	64	52	77
麻醉药品和精神药物	件数	42	54	33	27	37	70	66	129	86	108
	人数	53	59	33	24	41	61	76	125	87	80

续表

年份		2008	2009	2010	2011	2012	2013	2014	2015	2016	2017
鸦片	件数	1	4	2	1	1	1	0	0	0	0
	人数	2	2	2	1	1	1	0	0	0	0
合计	件数	205	272	196	251	215	245	262	274	220	327
	人数	244	337	224	281	290	294	299	291	247	316

出处:警察厅、厚生劳动省、海上保安厅(厚生劳动省统计)调查。

15. 危险药物案件查获人数(人)

年份	2014	2015	2016	2017
违反指定药物相关的医药品医疗器械法	549	1040	826	653
其中:少年	18	28	10	2
占比(%)	3.3	2.7	1.2	0.3
违反医药品医疗器械法以外的法令	348	236	162	73
其中:少年	9	2	4	0
占比(%)	2.6	0.8	2.5	0
合计	897	1276	988	726
其中:少年	27	30	14	2
占比(%)	3.0	2.6	1.4	0.3

出处:警察厅、厚生劳动省、海上保安厅(厚生劳动省统计)调查。

(注)违反医药品医疗器械法以外的法令,是指违反麻醉药品和精神药物取缔法、交通相关法令等。

图书在版编目(CIP)数据

域外预防犯罪与刑事司法新趋势. 第二卷 / 张桂荣, 葛向伟主编. -- 北京 : 法律出版社, 2020
ISBN 978 -7 -5197 -4684 -1

Ⅰ. ①域… Ⅱ. ①张… ②葛… Ⅲ. ①预防犯罪 - 研究 - 世界②刑事犯罪 - 司法制度 - 研究 - 世界 Ⅳ. ①D917.6②D914.04

中国版本图书馆 CIP 数据核字(2020)第 108408 号

域外预防犯罪与刑事司法新趋势(第二卷)
YUWAI YUFANG FANZUI YU XINGSHI SIFA XIN QUSHI(DI-ER JUAN)

张桂荣　葛向伟 主编

策划编辑 郑　导
责任编辑 郑　导
装帧设计 汪奇峰

出版 法律出版社
总发行 中国法律图书有限公司
经销 新华书店
印刷 永清县金鑫印刷有限公司
责任校对 郭艳萍
责任印制 张建伟

编辑统筹 独立项目策划部
开本 710 毫米×1000 毫米　1/16
印张 21.75
字数 347 千
版本 2020 年 7 月第 1 版
印次 2020 年 7 月第 1 次印刷

法律出版社/北京市丰台区莲花池西里 7 号(100073)
网址/www.lawpress.com.cn
投稿邮箱/info@lawpress.com.cn
举报维权邮箱/jbwq@lawpress.com.cn
销售热线/400 - 660 - 8393
咨询电话/010 - 63939796

中国法律图书有限公司/北京市丰台区莲花池西里 7 号(100073)
全国各地中法图分、子公司销售电话:
统一销售客服/400 - 660 - 8393/6393
第一法律书店/010 - 83938432/8433　西安分公司/029 - 85330678　重庆分公司/023 - 67453036
上海分公司/021 - 62071639/1636　深圳分公司/0755 - 83072995

书号:ISBN 978 - 7 - 5197 - 4684 - 1　**定价:**86.00 元
(如有缺页或倒装,中国法律图书有限公司负责退换)